21世纪全国高等院校物流专业创新型应用人才培养规划教材

现代物流信息技术（第2版）

主　编　王道平　张大川

丛书总序

物流业是商品经济和社会生产力发展到较高水平的产物，它是融合运输业、仓储业、货代业和信息业等的一种复合型服务产业，是国民经济的重要组成部分，涉及领域广，吸纳就业人数多，促进生产、拉动消费作用大，在促进产业结构调整、转变经济发展方式和增强国民经济竞争力等方面发挥着非常重要的作用。

随着我国经济的高速发展，物流专业在我国的发展很快，社会对物流专业人才需求逐年递增，尤其是对有一定理论基础、实践能力强的物流技术及管理人才的需求更加迫切。同时随着我国教学改革的不断深入以及毕业生就业市场的不断变化，以就业市场为导向，培养具备职业化特征的创新型应用人才已成为大多数高等院校物流专业的教学目标，从而对物流专业的课程体系以及教材建设都提出了新的要求。

为适应我国当前物流专业教育教学改革和教材建设的迫切需要，北京大学出版社联合全国多所高校教师共同合作编写出版了本套《21世纪全国高等院校物流专业创新型应用人才培养规划教材》。其宗旨是：立足现代物流业发展和相关从业人员的现实需要，强调理论与实践的有机结合，从“创新”和“应用”两个层面切入进行编写，力求涵盖现代物流专业研究和应用的主要领域，希望以此推进物流专业的理论发展和学科体系建设，并有助于提高我国物流业从业人员的专业素养和理论功底。

本系列教材按照物流专业规范、培养方案以及课程教学大纲的要求，合理定位，由长期在教学第一线从事教学工作的教师编写而成。教材立足于物流学科发展的需要，深入分析了物流专业学生现状及存在的问题，尝试探索了物流专业学生综合素质培养的途径，着重体现了“新思维、新理念、新能力”三个方面的特色。

1. 新思维

(1) 编写体例新颖。借鉴优秀教材特别是国外精品教材的写作思路、写作方法，图文并茂、清新活泼。

(2) 教学内容更新。充分展示了最新的知识以及教学改革成果，并且将未来的发展趋势和前沿资料以阅读材料的方式介绍给学生。

(3) 知识体系实用有效。着眼于学生就业所需的专业知识和操作技能，着重讲解应用型人才培养所需的内容和关键点，与就业市场结合，与时俱进，让学生学而有用，学而能用。

2. 新理念

(1) 以学生为本。站在学生的角度思考问题，考虑学生学习的动力，强调锻炼学生的思维能力以及运用知识解决问题的能力。

(2) 注重拓展学生的知识面。让学生能在学习了必要知识点的同时也对其他相关知识有所了解。

(3) 注重融入人文知识。将人文知识融入理论讲解，提高学生的人文素养。

3. 新能力

(1) 理论讲解简单实用。理论讲解简单化，注重讲解理论的来源、出处以及用处，不做过多的推导与介绍。

(2) 案例式教学。有机融入了最新的实例以及操作性较强的案例，并对案例进行有效的分析，着重培养学生的职业意识和职业能力。

(3) 重视实践环节。强化实际操作训练，加深学生对理论知识的理解。习题设计多样化，题型丰富，具有启发性，全方位考查学生对知识的掌握程度。

我们要感谢参加本系列教材编写和审稿的各位老师，他们为本系列教材的出版付出了大量卓有成效的辛勤劳动。由于编写时间紧、相互协调难度大等原因，本系列教材肯定还存在不足之处。我们相信，在各位老师的关心和帮助下，本系列教材一定能不断地改进和完善，并在我国物流专业的教学改革和课程体系建设中起到应有的促进作用。

齐二石

2009 年 10 月

齐二石 本系列教材编写指导委员会主任，博士、教授、博士生导师。天津大学管理学院院长，国务院学位委员会学科评议组成员，第五届国家 863/CIMS 主题专家，科技部信息化科技工程总体专家，中国机械工程学会工业工程分会理事长，教育部管理科学与工程教学指导委员会主任委员，是最早将物流概念引入中国和研究物流的专家之一。

前　言

随着现代物流理论和实践在我国的迅猛发展，社会需要大量既掌握基本物流理论知识，又具备实践操作技能的物流人才。在多年的物流管理专业的教学实践中，学生普遍反映学到的知识不少，但大多是理论型的经济管理类基础知识，而且不知道如何利用这些理论，缺乏实践应用，临近毕业也不知道自己能做些什么，对就业比较迷茫。究其原因，首先是绝大部分的本科生就业不可能一蹴而就进入管理层，而要在基层锻炼，大学所学的经济管理类知识能用到的不多；其次是学生动手技能缺乏，不知如何将理论知识灵活地应用到实践中去；最后是教师在教学过程中缺乏物流技术类知识的系统讲授和动手实践环节。现代物流技术理论的掌握和应用可以让学生学有所获，使学生所学在工作中能迅速得以应用，因此物流技术类教材所承担的角色非常重要。本书主要讲述现代物流信息技术，既要将各种尖端信息技术的复杂原理用通俗易懂的语言表达出来，又要将这些技术与实际应用紧密结合，着眼于学生实际能力的培养。这些要求综合在一起，大大增加了本书的编写难度，这也激发了编者斗胆为此一搏、努力尝试的决心。结合多年的教学实践，编者力求为学生打开物流信息技术理论与应用之门，尽可能追求较强的可读性和易引导性，做到好读易教。

本书共分 9 章。第 1 章介绍物流信息技术的基本理论知识，包括物流信息和物流信息技术的基本概念、物流信息技术涵盖的内容和物流信息化的现状与发展趋势等；第 2 章介绍物流条码技术的基础知识，包括条码的产生与发展过程、分类、结构、工作原理，以及物流条码在编码时遵守的规则及其在物流领域的应用现状和前景，着重介绍了二维条码的概念、种类及其发展和应用情况；第 3 章介绍射频识别技术的基本理论，包括射频识别技术的概念、特点、基本原理和工作流程、主要技术标准体系和频率标准，以及射频识别技术在现代物流中的应用；第 4 章介绍全球卫星导航定位系统(GPS)，包括 GPS 的基本概念及发展历程，GPS 的分类、特点、构成、工作原理及其应用，以及网络 GPS 的概念、特点、系统组成和工作流程；第 5 章主要介绍地理信息系统(GIS)的相关知识，包括 GIS 的基本概念、组成、功能、工作流程、GIS 空间数据组织与管理及在现代物流中的应用；第 6 章介绍网络技术与数据库技术，主要讲述了组建计算机网络的基础知识、物流信息网络的体系结构及组网方案，以及公共物流信息平台的概念和功能结构设计，还有数据库技术的基本知识及数据库系统的组成和设计；第 7 章是介绍物流 EDI 技术的相关知识，重点分析了 EDI 系统的工作原理，介绍了物流 EDI 系统的应用等；第 8 章介绍物流自动化技术的相关知识，着重分析了自动化仓库技术、自动分拣技术、自动识别技术和自动导向车系统在物流过程各环节中的应用及其为企业带来的显著效益，并介绍了物联网的发展与应用前景；第 9 章介绍物流管理信息系统，包括物流管理信息系统的基本概念、开发方法、开发过程，以及几种典型的物流业务信息系统。本书提供了大量生动的案例(包括导入案例、阅读案例和案例分析 3 种类型)、形式多样的思考与练习题，以供学生阅读、训练使用，便于学生巩固所学知识，并灵活应用。

本书在第 1 版基础上对各章节内容都有所修改和扩充，对各章知识点进行了更为详细的介绍，尤其对当下比较流行的二维条码、物联网等技术进行了着重讲解，使学生能够了解更多物流信息技术方面的前沿知识。

本书的建议课堂教学总学时为 46 学时，具体分配如下：第 1 章，4 学时；第 2 章，4 学时；第 3 章，6 学时；第 4 章，4 学时；第 5 章，6 学时；第 6 章，6 学时；第 7 章，6 学时；第 8 章，4 学时；第 9 章，4 学时；总结、复习，2 学时。

本书编写具有以下特点。

(1) 为体现本课程实践性和应用性较强的特点，本书提供了三大类约 30 个案例供学生分析、研读，用于加深和拓展学习者的视野，以便灵活运用所学的物流信息技术理论知识。

(2) 紧密结合本课程教学的基本要求，本书内容完整系统、重点突出；所用资料力求能更新、更准确地解读问题点。本书注重将物流信息技术的基本理论和物流实际业务相结合，强调知识的应用性和讲述的清晰性，具有较强的针对性。

北京科技大学王道平和张大川担任本书的主编，负责设计全书结构、草拟写作提纲、组织编写工作和最后统稿，参加本书编写的还有李志隆、李秀雅、肖扬、周丹云等。

编者在编写本书的过程中，参考了有关书籍和资料，在此向其作者表示衷心的感谢！本书在出版过程中，得到北京大学出版社的大力支持，在此一并表示衷心的感谢！

由于作者水平所限，加之时间仓促，书中难免存在疏漏之处，敬请广大读者批评指正。

编　者

2014 年 1 月

于北京科技大学

目　录

第1章 物流信息技术概述

【本章教学要点】

知识要点	掌握程度	相关知识	应用方向
信息的概念	熟悉	信息的定义和特点	信息、信息系统和物流信息的基本知识，熟悉后可以加深对物流信息技术作用的理解
信息系统的概念	熟悉	信息系统的定义和特点	
物流信息的概念	掌握	狭义和广义两个方面	
物流信息的内容	了解	物流特点、物流信息的特点、分类和作用	
信息技术的概念	熟悉	信息技术的定义和分类	现代物流信息技术决定了物流信息化的程度
物流信息技术的内容	重点掌握	从基础技术、信息采集技术、信息交换技术、地理分析与动态跟踪技术、企业资源信息技术5个方面理解	
物流信息化的现状	了解	物流信息化的任务和目前存在的问题	
物流信息化的发展趋势	了解	基础信息化仍然是物流信息化建设的主要内容	

导入案例

沃尔玛成功的奥秘：物流信息技术

沃尔玛是全球第一个发射物流通信卫星的企业，物流通信卫星使得沃尔玛产生了跳跃性的发展，很快就超过了美国零售业的龙头——凯玛特和西尔斯。沃尔玛从乡村起家，而凯玛特和西尔斯在战略上以大中小城市为主。沃尔玛通过便捷的信息技术急起直追，终于获得了成功。

建立全球第一个物流数据的处理中心，沃尔玛在全球第一个实现集团内部 24 小时计算机物流网络化监控，使采购库存、订货、配送和销售一体化。例如，顾客到沃尔玛店里购物，然后通过销售终端(Point of Sale，POS)打印发票，与此同时负责生产计划、采购计划的人及供应商的计算机就会同时显示信息，各个环节就会通过信息及时完成本职工作，从而减少了很多不必要的时间浪费，加快了物流的循环。沃尔玛物流又是如何借助信息技术的呢？

20 世纪 70 年代，沃尔玛建立了物流的信息系统，也叫管理信息系统，这个系统负责处理系统报表，加快了运作速度。80 年代，与休斯公司合作发射物流通信卫星。1983 年采用了 POS，就是销售始点数据系统。1985 年建立了电子数据交换系统，进行无纸化作业，所有信息全部在计算机上运作。1986 年它又建立了快速反应机制，对市场快速拉动需求。凭借这些信息技术，沃尔玛如虎添翼，取得了长足的发展。

沃尔玛物流应用的信息技术有以下几种。

(1) 射频技术。在日常的运作过程中可以跟条形码结合起来应用。

(2) 便携式数据终端设备。传统的方式到货以后要打电话、发 E-mail 或者发报表，通过便携式数据终端设备可以直接查询货物情况。

(3) 物流条形码。这里要注意物流条形码与商品条形码的区别。

沃尔玛如何建立配送中心？

(1) 配送中心设立在 100 多家零售店的中央位置，也就是配送中心设立在销售主市场。这使得一个配送中心可以满足 100 多个附近周边城市的销售网点的需求。另外，运输的半径基本上比较短，比较均匀。

(2) 以 320 公里为一个商圈建立一个配送中心是沃尔玛配送中心采用的作业方式。

(3) 一端为装货月台，另一端为卸货月台。配送中心就是一个大型的仓库，但是概念上与仓库有所区别。配送中心的一端是装货的月台，另外一端是卸货的月台，两项作业分开。看似与装卸一起的方式没有什么区别，但是运作效率由此提高很多。

(4) 交叉配送。交叉配送的作业方式非常独特，而且效率极高，进货时直接装车出货，没有入库储存与分拣作业，降低了成本，加速了流通。

(5) 800 名员工 24 小时倒班装卸搬运配送。沃尔玛工人的工资并不高，因为这些工人基本上是初中生和高中生，只是经过了沃尔玛的特别培训。

(6) 商品在配送中心停留不超过 48 小时。沃尔玛要卖的产品有几万个品种，吃、穿、住、用、行各方面都有，尤其像食品、快速消费品这些商品的停留时间直接影响到使用。

沃尔玛如何不断完善其配送中心的组织结构？

(1) 每家店每天送 1 次货(竞争对手每 5 天 1 次)。至少一天送货一次意味着可以减少商店或者零售店里的库存，这就使得零售场地和人力管理成本都大大降低。要达到这样的目标就要通过不断地完善组织结构，使得建立一种运作模式能够满足这样的需求。

(2) 配送成本占销售额 2%，是竞争对手的 50%(而对手只有 50%货物是集中配送)。沃尔玛的配送成本占其销售额的 2%，而一般来说物流成本占整个销售额一般都要达到 10%左右，有些食品行业甚至达到 20%或者 30%。沃尔玛始终如一的思想就是要把最好的东西用最低的价格卖给消费者，这也是它的成功所在。另外竞争对手一般只有 50%的货物进行集中配送，而沃尔玛百分之九十几是进行集中配送的，只有少数可以从加工厂直接送到店里去，这样成本与对手就相差很多了。

(资料来源：http://wenku.baidu.com/view/91576cd2b14e852458fb578e.html.)

讨论题

(1) 沃尔玛成功的奥秘是什么？

(2) 沃尔玛运用了哪些物流信息技术？

(3) 沃尔玛的配送中心有什么特别之处？

在经济全球化的大环境下，信息发挥越来越重要的作用。物流过程中会产生大量的信息，其对物流系统化、一体化运作管理至关重要。通过应用物流信息技术能准确、及时地获取、存储、处理及传递物流各环节的信息，达到对物流各环节及物流整个系统的及时、准确、科学的管理。本章主要介绍信息、信息技术、信息系统、物流信息和物流信息技术的基本概念，信息的特点、物流信息的特点、分类和作用、现代物流特点及物流信息技术蕴含的内容，以及我国物流信息化的现状及发展趋势等内容。

1.1 信息、信息技术与信息系统

1.1.1 信息概述

1. 信息的定义

尽管信息在自然界和人类社会中普遍存在，几千年前人类就能生产、加工、处理、传播和利用各种信息，但是最早把信息作为科学的概念进行认真研究还是 20 世纪 20 年代初的事情。到目前为止，对于信息没有统一的定义，学者们从不同的侧面对信息的概念给予不同的解释。信息论的创始人克劳德·艾尔伍德·香农(Claude Elwood Shannon)在 1948 年发表了《通信的数学理论》，提出从通信角度看，信息就是通信的内容的观点，并进一步说明通信的目的就是减少或消除通信者的不确定性。控制论的创始人诺伯特·维纳(Norbert Wiener)于 1950 年在《人有人的用处：控制论与社会》中指出："信息这个名称的内容就是我们对外界进行调节并使我们的调节为外界所了解时而与外界交换来的东西。"随着科学技术的发展，信息的概念也在不断地发展和变化，并且与材料、能源一起被称为现代社会的三大支柱。本书对信息的定义采用大多数学者的观点：信息是指能够反映事物内涵的知识、资料、情报、图像、数据、文件、语言、声音等。信息是事物的内容、形式及其发展变化的反映。

根据这个定义，我们可以从以下几个方面来理解信息。

(1) 信息反映客观世界各种事物的特征。客观世界中的事物总在不停地运动和变化，呈现出不同的特征。信息反映这些特征，因此信息的范围很广，如气温变化属于自然信息，遗传密码属于生物信息，企业报表属于管理信息等。

(2) 信息可以形成知识。所谓知识，就是反映各种事物的信息进入人们大脑，对神经细胞产生作用后留下的痕迹，是客观世界规律性的总结。千百年来，人们正是通过获得信息来认识世界、改造世界的。

(3) 信息和数据既有区别，又有联系。数据是用来表示客观事物的符号。数据和信息的关系可以看做是原材料和成品的关系。数据是未经加工的原始素材，是信息的符号表示，而信息是数据的内涵，是数据的语义解释，数据通过处理才能成为有用的信息。数据可以用数字、字符、图形、声音等不同的形式来表示，信息却不会随数据的不同形式改变。图 1.1 表示信息和数据之间的关系。

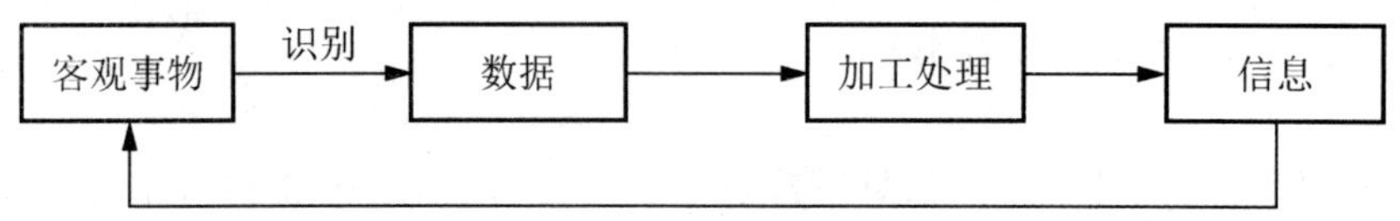

图 1.1 信息与数据之间的联系与区别

2. 信息的特点

信息具有以下特点。

1) 存储性

信息是可以存储的。除了用大脑记忆信息，人类还利用其他的载体存储信息，一切可记录信息的介质如纸张、磁带、磁盘、光盘等都是信息载体。

2) 可识别性

信息是可以识别的。识别方式分为直接识别和间接识别两种。直接识别是通过感官的直观感受和比较对信息进行识别；间接识别是通过各种测试手段对信息进行识别。

3) 传递性

信息是可以传递的。传递性是信息的本质特征，信息的传递可以分为时间传递和空间传递，在信息传递的过程中，同时也在进行物质和能量的传递。语言、表情、动作、书籍、电视、电话、广播等都是常用的信息传递方式。

4) 可扩散性

信息是可以通过各种介质向外扩散的。信息的扩散具有正负两种效应。正效应有利于信息的传播，扩大信息的使用范围；负效应造成信息的贬值，不利于信息的保密。

5) 共享性

信息是可以共享的。信息的传递性和可扩散性决定了信息资源可以被许多用户共同使用。共享性是信息和物质与能源的主要区别，在物质和能源的交换中，一方得到的正是另一方所失去的；而信息可以被不同的使用者同时利用，信息的提供者并没有丢失信息。

6) 价值性

信息是可以创造价值的。信息是一种资源，人们通过利用信息把握住各种机会，产生效益。

7) 不对称性

信息是不对称的。由于各种原因，在市场中交易的各方所掌握的信息是不相等的，这就形成了信息的不对称性。

8) 时效性

信息是有时效性的。有些信息的价值就体现在时效性上，一条及时的信息会价值连城，而一条过时的信息则分文不值。信息的生命周期是指信息从产生、搜集、加工、传输、使用到失效的全过程。

1.1.2 信息技术概述

信息技术是在信息科学的基本原理和方法的指导下扩展人类信息处理能力的技术。人的信息器官及其功能主要包括四大类：一是感觉器官(即视觉、听觉、嗅觉、味觉、触觉等器官)承担获取信息的功能；二是遍布全身的神经系统承担传递信息的功能；三是思维器官(即记忆、分析、推理等器官)承担处理信息的功能；四是效应器官(即行走器官脚、操作器官手、语言器官口等)承担执行信息的功能。人的这些器官功能通过信息技术得到延伸。

按扩展人的信息器官功能不同分类，信息技术可以分为以下 4 类技术。

1. 传感技术

传感技术是信息的采集技术，对应于人的感觉器官，作用是扩展人类获取信息的感觉器官功能。传感技术包括遥感、遥测及各种高性能的传感器，如卫星遥感技术，红外遥感技术，热敏、[illegible]传感器及各种智能传感系统等。传感技术的应用极大地增强了人类搜集信息的能力。

2. 通信技术

通信技术是信息的传递技术，对应于人的神经系统，主要功能是实现信息的迅速、准确、安全的传递。通信技术的出现，使人类社会信息传播发生深刻的变化。

3. 计算机技术

计算机技术是信息的处理和存储技术，对应于人的思维器官。计算机运行速度非常快，能自动处理大量的信息，并具有很高的精确度。计算机信息处理技术主要包括对信息的编码、压缩、加密和再生等技术；计算机存储技术主要包括内存储技术和外存储技术。

4. 控制技术

控制技术是信息的使用技术，对应于人的效应器官。控制技术是信息过程的最后环节，包括调控技术和显示技术等。

综上所述，信息技术是以计算机和现代通信为主要手段实现信息的获取、加工、传递和利用等功能的技术总和。信息技术中的四大基本技术中，通信(Communication)技术、计算机(Computer)技术和控制(Control)技术又称“3C”技术。

阅读案例 1-1

时捷物流：信息技术助阵效率大提升

在东莞，美宜佳是家喻户晓的便利店，但是没有多少人知道，这家连锁便利店的所有货物都是东莞市时捷物流有限公司(以下简称时捷物流)配送的。东莞市所有的可口可乐饮料也是这家公司配送的。

时捷物流创立于 2002 年，是东莞市糖酒集团有限公司下属子公司。经过 8 年时间发展，时捷物流和东莞本土连锁商店美宜佳、国美电器、苏宁电器、百事可乐、可口可乐等企业建立起合作关系，并在珠江三角洲(以下简称珠三角)主要城市建立了物流分支机构，构筑珠三角地区具有集成化、全过程物流服务功能的第三方物流企业。

时捷物流拥有珠三角主要城市四分部，时捷物流总经理张郁葱说，公司是靠着信息技术来提高效率的。

2006 年，时捷物流运用了新商品自动拣货系统。为了与重要客户美宜佳做好对接，时捷物流在2008 年进行信息技术系统升级，用于便利店仓储配送业务，与美宜佳实现数据的实时对接、实时更新。通过物流仓储系统，实现了商品“先进先出”管理；通过分拣系统，做到了无纸化作业，并采用各种电子显示板显示作业进度，实现流程的可视化。

东莞的物流公司不下百家，像时捷物流关注于为连锁商场配送货物的公司也不在少数，但时捷物流的信息化却是许多物流公司无法企及的。

时捷物流不但有自动拣货系统，还自动实现了内部行政后勤工作信息化，其中有自行开发的时捷系统和办公自动化(Office Automation，OA)系统，包括了第三方业务的信息数据和运行、运输车辆的管理、人事系统的运用、财务数据分析运用及内部的沟通交流等。

(资料来源：中国物流与采购网. http://www.chinawuliu.com.cn/xsyj/201106/28/144344.shtml.)

1.1.3 信息系统概述

1. 信息系统的基本组成

信息系统(Information System，IS)是具有采集、管理、分析和表达数据能力的系统。在信息时代，信息系统部分或全部由计算机系统支持，并由计算机硬件、软件、数据和用户四大要素组成：计算机硬件包括各类计算机处理及终端设备；软件是支持数据信息的采集、存储加工、再现和回答用户问题的计算机程序系统；数据则是系统分析与处理的对象，构成系统的应用基础；用户是信息系统所服务的对象。另外，智能化的信息系统还包括知识。

2. 信息系统的类型

根据系统所执行的任务，信息系统可分为事务处理系统(Transaction Process System，TPS)和决策支持系统(Decision Support System，DSS)。事务处理系统强调的是数据的记录和操作，民航订票系统是其典型示例之一。决策支持系统是用以获得辅助决策方案的交互式计算机系统，一般由语言系统、知识系统和问题处理系统共同构成。

1.2 物流信息与物流信息技术

1.2.1 物流信息概述

1. 物流信息的定义

物流信息(Logistics Information)是反映物流各种活动内容的知识、资料、图像、数据、文件的总称。物流信息所包含的内容可以从狭义和广义两个方面来说明。

从狭义范围来看，物流信息来源于客观物流活动的各个环节，是与物流活动有关的信息。在物流活动的管理与决策中，如运输工具的选择、运输路线的确定、仓库的有效利用、最佳库存数量的确定等，都需要详细和准确的物流信息。这些信息与物流过程中的运输、仓储、装卸、包装等各种职能有机结合在一起，保障整个物流活动的顺利进行。图 1.2 表示物流各项活动产生了物流信息，并最终反作用于物流活动。

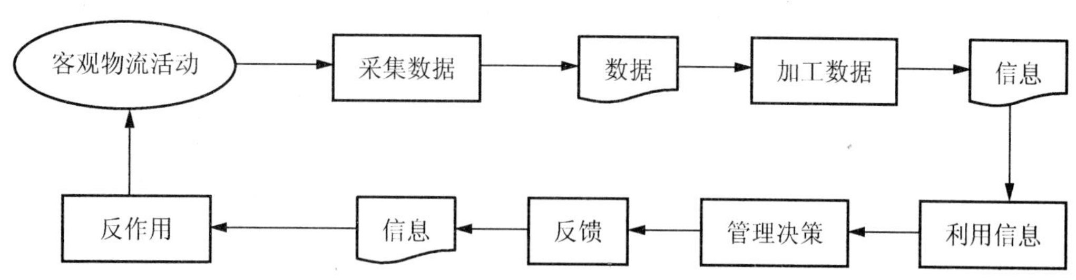

图 1.2 物流系统中信息的产生与流动

从广义范围来看，物流信息不仅包括与物流活动相关的信息，还包括大量与其他流通活动有关的信息，如商品交易信息和市场信息等。商品交易信息是指与买卖双方的交易过程有关的信息，如销售、购买、订货、发货、收款信息等；市场信息是指与市场活动有关的信息，如消费者的需求信息、竞争者或竞争性商品的信息、促销活动信息等。

广义的物流信息不仅对物流活动具有支持保证的功能，而且能起到连接整合从生产厂家，经过批发商和零售商最后到消费者的整个供应链的作用，并且通过应用现代信息技术实现整个供应链活动的效率化。例如，零售商根据市场需求预测和库存情况制订订货计划，向批发商或生产厂家发出订货信息。批发商收到订货信息后，在确认现有库存水平能满足订单要求的基础上，向物流部门发出配送信息；如果发现库存不足，则马上向生产厂家发出订单。生产厂家视库存情况决定是否组织生产，并按订单上的数量和时间要求向物流部门发出发货配送信息。

2. 物流信息的特点

物流信息除具有信息的一般特点外，还具有自身的特殊性，具体表现在以下 5 个方面。

1) 物流信息趋于标准化

随着信息处理手段的电子化，物流信息标准化越来越重要。物流信息标准化体系主要由基础标准、工作标准、管理标准、技术标准和单项标准组成。其中基础标准处于第一层，工作标准、管理标准和技术标准处于第二层，各单项标准处于第三层。

2) 物流信息具有极强的时效性

信息都具有生命周期，在一定的时间内才具有价值。绝大多数物流信息动态性强、时效性强，信息价值的衰减速度很快，这对信息管理的及时性和灵活性提出了很高的要求。

3) 物流信息量大、分布广

物流连接了生产和消费，在整条供应链上产生的信息都属于物流信息的组成部分。这些信息从产生到加工、传播和应用，在时间、空间上存在不一致，这需要性能较高的信息处理机构与功能强大的信息采集、传输和存储能力。

4) 物流信息种类多

物流信息不仅涉及物流系统内部各个环节不同种类的信息，还涉及与物流系统紧密联系的其他系统，如生产系统、销售系统、供应系统等，这使物流信息的采集、分类、筛选、统计、研究等工作的难度增加。

5) 物流信息更新速度快

现代物流的特点之一是物流服务供应商千方百计地满足客户个性化的服务需求，多品种小批量生产、多额度小数量配送。由此产生大量的新信息，原有的数据需要不断更新，并且更新速度越来越快。

3. 物流信息的分类

物流信息可以按不同的分类标准进行分类。

1) 按管理层次不同分类

按管理层次不同，物流信息可以分为战略管理信息、战术管理信息、知识管理信息和操作管理信息。

(1) 战略管理信息是企业高层管理决策者制定企业年经营目标、企业战略决策所需要的信息，如企业全年经营业绩综合报表、企业盈利状况和市场动向、国家有关政策法规等。

(2) 战术管理信息是部门负责人制定局部和中期决策所涉及的信息，如销售计划完成情况、库存费用等。

(3) 知识管理信息是知识管理部门相关人员对企业自己的知识进行收集、分类存储和查询，并进行知识分析得到的信息，如专家决策知识、物流企业相关业务知识等知识信息。

(4) 操作管理信息产生于操作管理层，反映和控制企业的日常生产和经营工作，如用户订货合同、供应厂商原材料信息等。

2) 按物流信息的功能不同分类

按物流信息的功能不同，可以将物流信息分为计划信息、控制及作业信息、统计信息和支持信息。

(1) 计划信息指的是尚未实现但已当做目标确认的一类信息，如仓库进出量计划、车皮计划、与物流活动有关的国民经济计划等。掌握了计划信息，便可对物流活动本身进行战略思考和安排，这对物流管理有非常重要的意义。

(2) 控制及作业信息是物流活动过程中发生的信息，如库存种类、在运量、运输工具状况、运费等信息，这类信息动态性强，更新速度快，时效性很强。掌握了控制及作业信息，可以控制和调整正在发生的物流活动及指导即将发生的物流活动，以实现对过程的控制和业务活动的微调。

(3) 统计信息是物流活动结束后，对整个物流活动的一种总结性、归纳性的信息，如上一年度或月度发生的物流量、运输工具使用量、仓储量、装卸量等。这类信息的特点是恒定不变，有很强的资料性。掌握了统计信息，可以正确掌握过去的物流活动及规律，以指导物流战略发展和制订计划。

(4) 支持信息是指对物流计划、业务、操作有影响的文化、科技、法律、教育等方面的信息，如物流技术革新、物流人才需求等。这些信息不仅对物流战略发展具有价值，而且对控制、操作物流业务也起到指导和启发的作用，是属于从整体上提高物流水平的一类信息。

3) 按物流信息的来源不同分类

按信息的来源不同，可以将物流信息分为外部信息和内部信息。外部信息是发生在物流活动以外但供物流活动使用的信息，如供货人信息、客户信息、订货信息、交通运输信息，及来自企业内生产、财务等部门的与物流有关的信息；内部信息是来自物流系统内部的各种信息的总称。

4) 按物流信息加工程度不同分类

按加工程度不同，物流信息可以分成原始信息和加工信息两类。原始信息是指未经加工的信息，是信息工作的基础，也是最有权威性的凭证性的信息，它是加工信息可靠性的保证；加工信息指对原始信息进行各种方式和各个层次处理后的信息，它是原始信息的提炼、简化和综合，它可以压缩信息存量并将信息整理成有使用价值的数据和资料。

4. 物流信息的作用

物流信息贯穿于物流活动的整个过程中，对物流活动起到支持保证的作用，可以被看做是物流活动的“中枢神经”。物流活动中的信息流可以被分为两类：一类信息流的产生先于物流，它控制物流产生的时间、流量的大小和流动方向，对物流起着引发、控制和调整的作用，如各种计划、用户的订单等，这类信息流被称做计划信息流或协调信息流；另一类信息流与物流同步产生，反映物流的状态，如运输信息、库存信息、加工信息等，这类信息流被称为作业信息流。

可见，物流信息除了反映物品流动的各种状态外，更重要的是控制物流的时间、方向、流量大小和发展进程。无论是计划流还是作业流，物流信息的总体目标都是要把涉及物流的各种企业具体活动综合起来，加强整体的综合能力。物流信息的作用主要表现在以下几个方面。

1) 物流信息有利于企业内部各业务活动之间的衔接

企业内采购、运输、库存及销售等各项活动互相作用，形成一个有机的整体系统，物流信息在其中充当桥梁和纽带。各项业务活动之间的衔接通过信息进行，基本资源的调度也通过信息的传递来实现。物流信息保证了整个系统的协调性和各项活动的顺利运转。

2) 物流信息有助于物流活动各个环节之间的协调与控制

在整个物流活动过程中，每一个环节都会产生大量的物流信息，而物流系统则通过合理应用现代信息技术对这些信息进行挖掘和分析，得到每个环节下一步活动的指示性信息，进而对各个环节的活动进行协调和控制。

3) 物流信息有助于提高物流企业科学管理和决策水平

物流管理需要大量、准确、实时的信息和用以协调物流系统运作的反馈信息，任何信息的遗漏和错误都将直接影响物流系统运转的效率和效果，进而影响企业的经济效益。物流管理通过加强供应链中各活动和实体间的信息交流与协调，使其中的物流和资金流保持畅通，实现供需平衡；并且运用科学的分析工具，对物流活动所产生的各类信息进行科学分析，从而获得更多富有价值的信息。这些信息在系统各结点间共享，有效地缩短了订货提前期，降低了库存水平，提高了搬运和运输效率，减少了递送时间，及时高效地响应顾客提出的各种问题，极大地提高了顾客满意度和企业形象，加强了物流系统的竞争力。

1.2.2 物流信息技术概述

1. 现代物流的特点

现代物流认为物流活动不是生产、销售等单个部门或企业的事情，而是包括供应商、批发商、零售商等关联企业在内的整个统一体的共同活动。这种观点使物流管理成为一种供应链管理(Supply Chain Management，SCM)，通过供应链上所有市场参与者的联盟达到提高流通生产全过程效率的目标。因此，现代物流呈现出以下几个特点。

1) 信息化

信息化表现为物流信息的商品化，物流信息收集的数据库化和代码化，物流信息处理的电子化和计算机化，物流信息传递的标准化和实时化及物流信息存储的数字化等。

2) 网络化

网络化指的是对物流经营管理机构、物流业务、物流资源和物流信息等要素的组织按照网络方式在一定市场区域内进行规划、设计和实施，以实现物流系统快速反应和总成本最低等目标。网络化的基础是信息化，而分散网点间数据信息的传输需要网络通信，网络化促进了信息化。

3) 自动化

现代技术的发展促进了物流过程各功能环节上的自动化，如自动化仓库、自动导向车系统等。物流系统的自动化提高了劳动生产率，减少了物流作业的差错，降低了时间成本。

4) 智能化

智能化是随着物流过程的信息化、自动化而产生的新特点。物流作业过程中存在很多待决策问题，如库存水平的确定、运输路线的选择、自动分拣机的运行等。这些问题需要借助大量的知识才能解决，决策支持系统、专家系统、智能机器人等代表了物流智能化的发展。

5) 柔性化

柔性化最初是在生产领域中被提出的，但要真正做到“以顾客为中心”，根据消费者需求的变化来灵活调节生产工艺，没有配套的柔性化的物流系统是不可能达到目的的。柔性化的物流是适应生产、流通与消费的需求而发展起来的一种新型物流模式，物流配送中心根据消费者需求“多品种、小批量、多批次、短周期”的特色，灵活组织和实施物流作业。

2. 物流信息技术的内容

为了满足现代物流的要求，物流信息技术应运而生。物流信息技术是指应用于物流各环节中的信息技术。物流信息技术主要包括电子数据交换(Electronic Data Interchange，EDI)技术、网络技术、条形码与射频识别(Radio Frequency Identification，RFID)技术、地理分析与动态跟踪技术等。在这些信息技术的支撑下，形成了以自动化仓储管理、运输管理、配送管理、财务管理、客户服务管理等多种业务集成的一体化的现代物流信息系统。

物流信息技术包含的内容见表 1-1。

表 1-1　物流信息技术包含的内容

名　称	项　目
基础技术	计算机技术
	数据库技术
	网络技术
信息采集技术	条形码技术
	射频识别技术
信息交换技术	电子数据交换技术
地理分析与动态跟踪技术	地理信息系统
	全球卫星定位系统
企业资源信息技术	物流需求计划、企业资源计划等

1) 基础技术

基础技术主要包括计算机技术、网络技术和数据库技术。

在物流信息技术中，计算机技术主要是指计算机的操作技术，数据库技术主要用于物流信息的存储、查询、提供信息支持和辅助决策，本书对基础技术的介绍主要着眼于网络技术。网络技术通过整合互联网分散的资源，实现资源的全面共享和有机协作，使人们能按需获取信息。在物流管理中，网络技术为物流 SCM 提供技术实现手段，实现信息在企业之间的交互与共享。

2) 信息采集技术

信息采集技术主要包括条形码技术和 RFID 技术。

(1) 条形码技术又称条码技术，是 20 世纪产生和发展起来的一种自动识别技术，是集条码理论、光电技术、计算机技术、通信技术、条码印刷技术于一体的综合性技术。由于具有制作简单、信息收集速度快、准确率高、信息量大、成本低等优点，成为物流信息管理工作的基础，被广泛应用于物流的数据采集。

(2) RFID 技术是一种基于电磁理论的通信技术，它通过射频信号自动识别目标对象来获取相关数据，是一种非接触式的自动识别技术，适用于要求非接触数据采集和交换的场合。

3) 信息交换技术

信息交换技术即 EDI 技术，是指通过电子方式，采用标准化的格式，利用计算机网络进行结构化数据的传输和交换。EDI 技术的基础是信息，这些信息可以由人工输入计算机，也可以通过扫描条码获取。物流技术中的条码包含了物流过程所需的多种信息，与 EDI 技术相结合，确保了物流信息的及时可得性。

4) 地理分析与动态跟踪技术

(1) 地理分析与动态跟踪技术主要包括地理信息系统(Geographic Information System，GIS)和全球定位系统(Global Positioning System，GPS)。

GIS 是以地理空间数据为基础，采用地理模型分析方法，适时地提供多种空间的和动态的地理信息，是一种为地理研究和地理决策服务的计算机技术系统。基本功能是将表格型数据(可来自数据库、电子表格文件或直接在程序中输入)转换为地理图形显示，然后对显示结果进行浏览、操作和分析。通过结合其他的软件，GIS 可以建立车辆路线模型、网络物流模型、设施定位模型等，辅助进行物流决策。

(2) GPS 是利用空中卫星对地面目标进行精确导航与定位，以达到全天候、高准确度地跟踪地面目标移动轨迹的目的。系统在物流领域主要应用于汽车自定位及跟踪调度、铁路车辆运输管理、船舶跟踪及最佳航线的确定、空中运输管理和军事物流配送等领域。

5) 企业资源信息技术

20 世纪 70 年代初，美国企业最早使用计算机辅助编制物料需求计划(Material Requirements Planning，MRP)。到 20 世纪 90 年代初，美国的高德纳公司(Gartner Group Inc.)首先提出并实施企业资源计划(Enterprise Resource Planning，ERP)。此后，ERP 技术在全世界范围内得到众多企业的广泛应用并不断完善和发展。例如，在一些领域，ERP 延伸发展为分销资源计划(Distribution Resource Planning，DRP)和物流资源计划(Logistics Resource Planning，LRP)。

ERP 是一整套企业管理系统体系标准，集信息技术与先进的管理思想于一身，为企业提供业务集成运行中的资源管理方案。ERP 是集合企业内部的所有资源，进行有效的计划和控制，以达到最大效益的集成系统。ERP 一般被定义为基于计算机的企业资源信息系统，其包含的功能除制造、供销、财务外，还包括工厂管理、质量管理、设备维修管理、仓库管理、运输管理、过程控制接口、数据采集接口、电子通信(EDI，电子邮件)、法律法规标准、项目管理、金融投资管理、市场信息管理、人力资源管理等。当然，仅仅只有企业内部资源的充分利用还不够。ERP 还能链接企业的外部资源，包括客户、供应商、分销商等资源。ERP 以这些资源所产生的价值，组成一条增值的供应链信息系统，将客户的需求、企业的制造活动与供应商的制造资源集成在一起，从而适应当今全球市场的高速运转需求。

1.3 物流信息技术的应用现状与发展趋势

1.3.1 信息技术的发展对物流的影响

1. 信息技术对物流发展的作用

作为 21 世纪的主要特点，全球化引起了诸多现象，如新的贸易伙伴大量涌现、更廉价的商品来源广泛及日益增多的市场等。这些现象都迫使不同规模的企业不得不建立联盟、建立网上商业系统和更为有效的物流系统，以便有效地将商品销售给全球的顾客。于是，无论是物流虚拟企业、巨型物流公司及传统的运输公司等都以全球的观点，制定其新的策略，力求能在物流的需求与供给之间共享信息、共同合作，从而抓住时代的需求，反映时代的变化，实时掌握从供应商到顾客的物资流动情况。在这种形势下，信息技术对物流的未来发展起到了非常关键的促进作用。

1) 信息技术的应用有利于现有资源的充分利用

我国目前物流能力供给与需求的状况是：一方面表现在需求仍不能得到满足，物流“瓶颈”时有出现，能力供给无法满足需求；另一方面却存在大量的物流能力过剩的现象，据中国仓储协会第三次调查，国内物流中心平均空置率为 60%，其主要原因是物流能力的利用率低，以及能力的供给与需求之间的信息不通畅。

信息技术的发展及信息充分化的趋势，将消除物流能力供需间的不平衡，从而使物流能力的利用率大大提高，这将导致在物流设施不增加的情况下物流能力得到提高。例如，20 世纪 70 年代，加拿大在铁路运输中采用卫星定位系统，使铁路通过能力提高了 33%。又如，根据美国和印度专家预测，公路运输实现信息化以后，仅车辆实载率就可以提高 5%，空驶率可以降低 30%。

2) 信息技术的应用有利于提高物流活动的有效性

信息技术的合理应用促进了物流信息的充分获取和有效的利用，充分的物流信息使物流活动更加有效，有利于物流活动由无序趋向于有序。

在信息不充分的情况下，物流活动得不到足够的信息支持，因此造成物流活动往往是不经济的。而在信息充分的情况下，物流活动将容易被科学地计划和控制，从而使得物品具有最合理的流动，整个物流活动经济、有序。物流的有序化使原先的“盲目调度”的情况降到最低程度，促使物流资源充分利用、货物周转次数大大减少、位移的平均运距缩短，减少不协调与浪费现象，使得物流活动的有效性大大提高。

3) 信息技术的应用有利于物流服务能力的提升

信息技术特别是互联网的广泛应用，将整个生产、流通、消费环节有效地整合成为一体，打破了传统意义上的地域限制、时区限制，扩大了物流服务的范围，同时也能为客户提供更优质的服务。

由于信息的及时、全面的获取与加工，供需双方可以充分地交互和共享信息，使得物流服务更准确、客户满意度提高。同时，顾客可以有更多自我服务功能，可以决定何时、何地、以何种方式获得定制的物流服务。另外，信息技术在提供物流服务的同时，可以为顾客提供信息、资金等双赢的和有效的增值服务。

4) 信息技术的应用有利于促进物流服务与技术的创新

现代物流的发展离不开信息技术的推进作用，物流的发展和信息技术的发展相辅相成。信息技术为物流服务提供了有力的工具，使为顾客提供及时、准确、周到的物流服务成为可能，促进了物流的发展。物流服务水平的提高和新需求的不断涌现也为信息技术提出了新的课题和应用领域，促使信息技术的推陈出新和在物流领域的深入应用。

5) 信息技术的应用有利于提高物流运作的透明度

物流经常被称做“经济领域的黑暗大陆”和“物流冰山”，信息技术的应用使得物流过程中货物的状态和变化透明化，使得物流成本和费用的实际情况更容易被掌握，从而增强了信息的准确性，使人们能更清楚地认识这片“大陆”和“冰山”下面的部分。同时由于动态信息的及时把握，可以根据情况作出快速而有效的反应，实现物流运作的动态决策。

企业在不明订货状况和库存量的条件下，要作出正确的决策和部署是很困难的，勉强作出决策则不容易达到最佳效果。不把各环节集成考虑，要管理好整个过程是非常困难的。为此，企业需要使整个物流过程的货物状态透明，并根据状态变化作出反应。

6) 信息技术的应用有利于提高物流效率

物流系统是一个复杂的、庞大的系统，其中又分很多个子系统，同时各系统密切交织在一起，相互联系紧密。只有充分应用信息技术，才能使整个物流系统的运作合理化；只有提高物流系统各环节、各子系统的信息化水平，才能提高整个物流系统的运行效率。

在物流活动的全过程中，始终贯穿着大量的物流信息。物流系统要通过这些信息把各个子系统有机地联合起来，只有通过信息技术的不断发展和应用，把物流信息收集、处理好，并使之可以指导物流活动，才能使整个物流系统的运作顺畅和高效。

7) 信息技术的应用有利于促进和实现 SCM

SCM 是一种集成的管理思想和方法，供应链上的各个企业作为一个不可分割的整体，相互之间分担的采购、生产、分销和销售的职能，成为一个协调发展的有机体。如果没有完善的信息交互、协同商务机制，信息不能共享，整条供应链上的结点还是彼此独立的“信息孤岛”，不能够成为完整的链条。信息技术的合理应用，进一步弱化了供应链上企业间有错的界限，建立起一种跨企业的协作，共同追求和分享市场份额。企业间通过信息平台和网络服务进行商务合作，合理调配企业资源，加速企业存货资金的流动，提升供应链运转效率和竞争力。

2. 信息技术对 SCM 的影响

信息技术的发展改变了企业应用 SCM 获得竞争优势的方式，成功的企业应用信息技术来支持它的经营业务。这些企业利用信息技术(如 EDI、Internet、EOS、POS、CFAR 等)提高了供应链活动的效率性，增强了整个供应链的经营决策能力，典型的例子是沃尔玛公司(Wal-Mart)。沃尔玛公司通过应用信息技术构筑快速反应(Quick Response，QR)系统，不仅使本企业获得了商业利益和相对于竞争对手的竞争优势，而且改变了整个行业的经营方式。Tom Nickles、James Mueller 和 T&T 的研究表明，有效地把信息技术特别是互联网技术融合在 SCM 过程中能带来以下 9 个方面的效果。

1) 了解消费者和市场需要的新途径

用互联网络等信息技术来交换有关消费者的信息已成为企业获得消费者和市场需要的有效信息的有效途径。例如，供应链的参与各方通过信息网络交换订货、销售、预测等信息。对于全球经营的跨国企业来说，信息技术的发展可以使它们的业务延伸到世界的各个角落。

2) 开发高效率的营销渠道

企业利用互联网与它的营销商协作建立零售商的订货和库存系统，通过这样的信息系统(如供应商管理库存系统)可以获知有关零售商商品销售的信息，在这些信息的基础上进行连续库存补充和销售指导，从而与零售商一起改进营销渠道的效率，提高顾客满意度。

3) 改变产品和服务的存在形式和流通方式

产品和服务的实用化趋势正在改变它们的流通和使用方式。例如，音像等软件产品多年来一直是以 CD 或磁盘等方式投入市场进行流通销售，这需要进行大量的分拣和包装作业。现在，许多软件产品通过互联网直接向顾客进行销售，无须分拣、包装、运送等物流作业。

4) 建立新型的顾客关系

信息技术使供应链管理者通过与它的顾客和供应商之间构筑信息流和知识流来建立新型的顾客关系。例如，通用电气公司(GE)建立了一个开放式的在线互联网络(Trading Process Network，TPN)，用来招标采购企业所需的原材料和零部件。GE 把企业内部各部门的采购需要集中起来通过电子市场进行招标，不仅可以发现优良的供应商，节约采购成本，使采购计划合理化，而且为公司内部的采购人员提供了进入全球市场的机会。对于广大的供应商来说，通过 GE 的 TPN，可以在任何时间进入 GE 的招标电子市场，了解 GE 的需要，参加投标活动。

5) 构筑企业间或跨行业的价值链

通过利用每个企业的核心能力和行业共有的做法，信息技术开始用来构筑企业间的价值链。当生产厂家和零售商开始利用第三方服务，把物流和信息管理等业务向外委托的时候，它们会发现管理和控制并不属于它们所有的供应链是一种挑战。然而，生产厂家、零售商及由物流信息服务业者组成的第三方服务供应商形成了一条价值链。例如，在航空运输行业，航空公司采用全行业范围的订票系统而不是各个企业独自的订票系统。

6) 改变传统的供应链构成

信息技术正在改变传统供应链的构成并模糊产品和服务之间的区别。例如，美国 3C 公司传统上或者直接向大宗消费者或者通过销售商的营销网络向消费者销售调制解调器(Modem)产品。由于调制解调器不断被改进和发生变化，新产品不停地投入市场，使得对具体品种的需要进行预测和计划很困难。对于这种类型的产品，协调制造商和分销商的物流成本和管理成本是很高的。信息技术的发展完全改变了 3C 公司调制解调器商品的销售方式。一旦消费者购买了调制解调器，在产品每次升级的时候，通过互联网电子购买升级版本，将完全排除传统上的调制解调器供应链。调制解调器的升级实际上成为3C公司提供的服务，而不是以材料表现的产品，这样，即使是有百万的顾客同时购买升级版本，3C 公司也能满足这些顾客的要求，而不受制于它的生产计划、生产能力和营销渠道能力等的约束。

7) 具有及时决策和模拟结果的能力

信息技术的发展使供应链管理者在进行经营革新或模拟决策结果的时候可以利用大量有效的信息，供应链管理者基于这些信息可以对供应链进行有效的管理。例如，企业在转移仓库设施或变换生产场所时，通过模型可预测能出现的结果。许多企业基于详细的销售服务信息和成本信息，对应市场的变化做出最佳决策。

当前，围绕高技术产品的市场环境变化迅速，由于这类产品的生命周期短，因此，企业需要对这类产品不停地进行经营决策。由于进行决策时涉及的变量越来越多，范围越来越广，信息的多样性和复杂性使得传统的决策模型不能适应SCM的需要。在这种情况下，许多适应于SCM的决策模型软件被开发出来(如WMS、ERP、SCP、CAPSLOGISTICS等)。

8) 具有全球化管理能力和基于消费者要求的大量生产的能力

经营的全球化一方面要求企业在全球市场进行经营活动，另一方面要求企业对应当地的需要、习惯、文化等从事经营活动。许多企业应用信息技术发展企业的信息系统来协调和管理世界各地的经营活动。

在美国计算机市场，Dell 公司在应用信息技术的基础上发展了根据消费者要求的大量生产系统。最终消费者通过 Dell 公司的互联网页在订货时说明自己对购买产品的功能要求。Dell公司根据消费者的具体要求生产产品，迅速地配送给顾客。Dell的电子商务和MC战略的效果表现在能直接与最终消费者建立信赖关系，高效率地向优良的消费者销售产品提供服务，减少与流通库存和营销业者运行有关的供应链成本。

9) 不断学习和革新

供应链管理者需要不断地改善它们供应链的运行过程，在供应链内部和企业内部分享有用的信息。重要的是企业有能力获得有关导致供应链革新和增强供应链能力的信息。为此，企业应该建立知识管理系统，使有效的信息和知识电子化，并且使之能与整个供应链共同分享。

1.3.2 我国物流信息化的任务与现状

1. 物流信息化的任务

信息化是现代化的标志和关键。物流管理很大程度上是对信息的处理，管理组织中存在的大量岗位只发挥信息的收集、挑选、重组和转发的“中转站”作用，而这些工作完全可以由信息系统来承担。因此，摆在物流企业和各级管理、决策人员面前的一个重要问题就是如何利用物流信息技术，充分发挥物流管理理论的作用，进行企业的物流实践。

物流信息化不仅包括物资采购、销售、存储、运输、流通加工等物流活动的信息管理和信息传送，还包括了对物流过程中的各种决策活动，如采购计划、销售计划、供应商的选择、顾客分析等提供决策支持，并充分利用计算机的强大功能，汇总和分析物流数据，进而做出更好的进销存决策，从而使企业充分利用各种资源，降低流通成本，提高服务质量，增强竞争优势。

物流企业信息化的任务就是要根据企业当前物流过程和可预见的发展，按照对信息采集、处理、存储和流通的要求，选购和构筑由信息设备、通信网络、数据库和支持软件等组成的环境，充分利用物流企业系统内部、外部的物流数据资源，促进物流信息的数字化、网络化、市场化，改进现存的物流管理，选取、分析和发现新的市场机会，作出更好的物流决策。

2. 物流信息化的现状

进入 21 世纪以来，我国物流业规模快速增长，物流业发展水平显著提高，物流基础设施条件逐步完善，物流业发展环境明显好转。2012 年，我国社会物流总额达 177.3 万亿元，同比增长 9.8%，比 2000 年增长 9.2 倍，年均增长 21.4%。全国物流业增加值为 3.5 万亿元左右，同比增长 9.1%，比 2000 年增长 4.1 倍，年均增长 14.5%。从以上数据可以看出，我国物流业的整体规模在扩大，发展速度加快，运行效率不断提高。

我国物流信息化的建设在稳步前进。在信息通信方面，目前我国已拥有电信网络干线光缆超过 30 万公里，并已基本形成以光缆为主体，以数字微波和卫星通信为辅助手段的大容量数字骨干线传输网络；四大骨干网络的覆盖范围包括全国地市以上的城市并连通世界主要国际网络；EDI、GPS、GIS、射频(Radio Frequency，RF)等围绕物流信息交流、管理和控制的技术得到广泛应用；越来越多的功能强大的物流软件被开发，物流信息系统的应用促使传统物流企业向现代物流企业转变。

物流公共信息平台的建设和应用也有很大进展。2012 年的第一天，投资近 4 亿元打造的四川省公共物流信息平台正式上线。该平台最大的特点是，电子政务网和电子商务网的融合，这也是国内首个两网融合的公共物流信息平台。紧随其后，1 月 8 日，甘肃省物流公共信息平台也上线运营，要“打造一个区域性物流公共服务平台”，提高物流信息传输效率和质量，简化物流手续，提高物流效率，缩短货物流转周期。1 月 11 日，南通交通物流公共信息平台启动试运行，旨在加快实现物流信息共享，促进本地物流企业发展。这些物流公共信息服务平台尽管各具特色，但其目标都是：为了尽快实现各种物流信息资源的有效整合和共享，促进物流及相关行业有效协同。毋庸置疑，物流公共信息服务平台的建立，对推动各地物流业的发展，有着重要作用。

尽管我国物流信息化发展成绩骄人，但仍有一些亟待完善的方面。

1) 绝大部分企业的物流信息化建设还处于起步阶段

据统计，目前我国一般工业品，从出厂经装卸、储存、运输等各个物流环节，最终到消费者手中的流通费用，约占商品价格的 50%。汽车零配件的生产更为典型，90%以上的时间是储存、装卸和搬运。从物流成本占 GDP 的比例来看，美国、日本等发达国家为 10%左右，而我国已接近 20%，物流成本的差距反映了物流信息化的落后。因此，通过物流信息化建设优化管理成为一个新的利润增长点，物流信息化建设也是提高物流效率的关键；而目前我国上千万的中小企业中，实现信息化的比例不到 10%，中小型物流企业的信息化更是亟待起步。

2) 物流信息系统的建设中严重缺失 SCM 系统

我国物流成本过高主要体现在运输和仓储方面。因此物流信息化的核心应该是以仓储管理和运输管理为主要内容，向外延伸到电子商务和 SCM。通过与客户的信息系统对接，形成以供应链为基础的、高效快捷便利的信息平台，使信息化成为提高整个供应链效率和竞争能力的关键工具。目前，70%的物流企业只是应用了一些标准的编码、协议、网络等基础设施建设及以内部整合资源和流程为目的的信息采集和交换技术，主要目标是实现信息通畅、低成本和标准化。这个层面的信息化只解决了信息的采集、传输、加工、共享，从而提

高决策水平，为企业带来效益，但不是严格意义上从 SCM 角度定义的真正的物流信息化。

3) 条码技术的应用不能满足现代物流发展的要求

我国企业很早就在商品标识方面应用了条码，其普及水平也相对较高。目前约 60%制造企业的产品采用了条码标识，大中型企业的普及程度更高。但值得注意的是，38.8%的零售企业并没有完全实现条码化。这不仅对零售企业利用 POS 系统提高销售效率有较大影响，而且还影响整个物流流程的信息采集与反馈、物流企业与工商企业之间的信息共享和相互合作及物流作业自动化的开展。

除商品条码标识外，高效的物流活动需要对由销售单元组成的储运单元、货运单元及其在物流流程中的位置进行条码标识。调查显示，我国 75%的企业的储运单元和货运单元都没有条码标识，93.6%的制造企业、100%的批发企业和 97%的零售企业都没有采用位置码。可见，货运单元条码、储运单元条码及位置码在我国企业中的应用水平还非常低。这种现状直接造成的结果一是影响计算机管理的物流系统的运作；二是限制了仓库管理自动化的实现。

4) 企业之间尚未形成物流信息的共享机制

企业之间要进行信息共享，可以利用的技术主要有 EDI 技术和网络技术。但 EDI 技术目前主要集中在进出口企业与海关、商检等管理部门之间的使用。就国内多数企业而言，真正意义上的 EDI 技术应用还远未开展。网络技术应用更是停留在初级水平上。局域网、增值网(Value Added Network，VAN)及互联网是目前国际上物流领域中应用比较普遍的网络技术。据调查显示，我国建有局域网的企业中，制造企业为 44.7%，批发企业为 31.3%，零售企业为 62.7%。从以上数据可以看出，局域网在我国企业中的普及水平还不高，只有零售企业的使用情况还比较好。而在实际应用中，企业局域网目前主要应用在信息共享、管理决策和打印服务等方面。此外，企业网站建设尚不普及，仅有少数企业开始探索利用互联网开展电子商务、电子物流等业务。

5) 企业对各种系统集成软件技术的利用不够

从发达国家的物流实践来看，信息技术在物流领域广泛应用的另外一个主要标志就是普遍使用针对物流活动需要开发的、依赖信息技术支持的管理软件。这些管理软件不仅使企业实现了物流功能和业务流程的集成，而且可以将供应厂商、协作企业、用户及竞争对手的资源纳入企业的管理系统之中，有利于实现各种物流资源的合理配置。目前应用十分广泛的物流系统集成软件，有制造资源计划(Manufacturing Resource Planning，MRP Ⅱ)、ERP、供应商管理库存系统(Vendor Managed Inventory，VMI)、SCM 等。据调查显示，ERP、VMI 及 SCM 等集成系统软件在我国企业中实施的尚不足 1/10，其中制造企业应用情况略好于流通企业，如流通企业中实施 ERP 的比例目前仅为 3%左右，这种状况严重制约了我国物流业的发展。

1.3.3 物流信息技术的发展趋势

物流信息技术的未来发展具有以下方向。

(1) 信息化。采用无线互联网技术、全球卫星定位系统(GPS)、地理信息系统(GIS)、射频识别技术(RFID)等。

(2) 自动化。自动导向车技术(AGV)、搬运机器人(Robot System)技术等。

(3) 智能化。电子识别和电子跟踪技术、智能运输系统(ITS)、商务智能(BI)。

(4) 集成化。信息化、机械化、自动化和智能化于一体。

(5) 以集成化为核心，物流信息化为目标，推动现代物流产业和电子商务以及供应链管理的快速发展与应用普及。

对于国内企业来说，基础信息化仍然是物流信息化建设的主要内容。此外，信息化建设仍将遵循循序渐进的规律，我国大部分企业还处于初级阶段，不可能在短时间内对供应链管理系统产生太大的需求。现阶段，制造业仍将以 ERP 为主，再逐步扩展到物流的一些主要环节上去。

随着第三方物流(3PL)在中国物流发展中起到越来越重要的作用，综合物流管理信息系统成为物流信息化的新趋势。综合物流管理信息系统强调从供应链角度优化企业物流，针对第三方物流业典型用户开发，支持现代第四方物流业务，蕴含了先进的物流管理理念。这种新型系统以仓储配送为核心，同时可挂接车队管理、货物跟踪等其他管理模块，实现多仓库、多客户、跨地域管理，强调仓储配送服务的灵活性、及时性、准确性。

物流行业涉及的面非常广，除了仓储及配送、货运代理、火车公路航空轮船运输、报关代理外，还有物流管理信息平台、物流解决方案、物流咨询、公共信息平台等物流服务中高附加值的部分。国内有少数企业开始逐步向现代物流靠拢，提供高附加值的服务，如中国物资储运总公司、北京西南物流中心有限公司等。

总而言之，我国要发展现代物流，抓住全球化和信息化带来的发展机遇，就必须加快物流信息资源的整合，大力推进公共信息平台的建设，建立健全电子商务认证体系、网上支付系统和物流配送管理系统，促进信息资源的共享。

本章小结

信息在现代物流中起着非常重要的作用，信息化是物流现代化的重要标志。通过在物流领域中应用信息技术，可以使企业降低物流成本，提高物流运作效率和对市场反应的灵敏度，从而更好地满足客户的需求，增强企业的核心竞争力。虽然我国的物流信息化建设还处于初级阶段，但是有广阔的发展空间，随着企业信息化基础设施的不断完善，物流信息化将进入高速发展的时期。

关键术语

信息　物流信息　知识　信息技术　数据　物流信息技术　原始信息　通信技术

习　题

1. 选择题

(1) ______与材料、能源一起被称为现代社会的三大支柱。

A. 知识　　B. 科技　　C. 信息　　D. 情报

(2) 下列选项中，______不属于信息的特点。

A. 价值性　　B. 对称性　　C. 共享性　　D. 传递性

(3) 物流信息按管理层次可以分为战略管理信息、战术管理信息、______和操作管理信息。

A．控制及作业信息　　B．知识管理信息
C．支持信息　　D．统计管理信息

(4) 由于各种原因，在市场中交易的各方所掌握的信息是不相等的，这形成了信息的______。

A．价值性　　B．共享性　　C．不对称性　　D．可扩散性

(5) 下列选项中，物流信息技术不包括______。

A．信息交换技术　　B．信息采集技术
C．动态跟踪技术　　D．信息处理技术

(6) 条形码技术属于______。

A．信息交换技术　　B．信息采集技术
C．动态跟踪技术　　D．基础技术

(7) ERP 属于物流信息技术中的______。

A．信息交换技术　　B．信息采集技术
C．企业资源信息技术　　D．基础技术

(8) 在物流信息标准化体系中，______为第一层。

A．工作标准　　B．管理标准　　C．技术标准　　D．基础标准

2. 简答题

(1) 什么是信息？它有哪些性质？
(2) 什么是信息系统？它由哪些部分组成？
(3) 什么是物流信息？
(4) 简述物流信息的特点和作用。
(5) 现代物流的特点是什么？
(6) 什么是物流信息技术？
(7) 物流信息技术包括哪些内容？
(8) 信息技术对物流的发展有哪些影响？

3. 判断题

(1) 信息会随数据的不同形式而改变。　(　)
(2) 数据就是信息。　(　)
(3) 语言是信息传递方式。　(　)
(4) 信息的扩散具有正负两种效应。　(　)
(5) 信息通过共享被其他用户使用，导致信息丢失。　(　)
(6) 计算机技术是信息的处理和存储技术，对应于人的感觉器官。　(　)
(7) 通信技术、计算机技术和控制技术又称“3C”技术。　(　)
(8) ERP 属于物流信息技术中的企业资源信息技术。　(　)

4. 思考题

(1) 物流信息技术怎样提高企业的科学管理和决策水平？

(2) 我国物流信息化存在哪些不足？应如何改善？

(3) 物流信息化的发展趋势是什么？

案例分析

华联超市的物流信息技术

华联超市成立于1992年9月，公司以连锁经营为特征，以开拓全国市场为目标，不断提高集约化水平和自我滚动发展的扩张能力。华联超市多年来的实践证明，运用信息技术来重组和提升超市的供应链管理，是连锁经营的核心战略，也是支撑连锁超市超常规发展的重要条件。

近年来，华联超市开发并建设了庞大的计算机网络系统。公司总部的计算机中心与各分公司、配送中心通过专线实时联网，与800家门店通过拨号联网，实现企业型联机事务处理。

(1) 门店实现了计算机联网，使公司的大量业务指令(如促销活动、调价信息、新品介绍、退调通知等)都可通过企业网络及时传输到门店。

(2) 华联与供应商实施了EDI自动补货系统，即在电脑系统中设置最低库存量等指标，并按照商品类别或采购员统计商品的周转期。这样，当某类商品达到最低库存水平时，供应商就会自动为华联补货。

(3) 配送中心全面采用计算机管理。华联超市在上海、南京和北京共建成了5座现代化管理的配送中心。特别是上海新建的占地2.8万m^2的桃浦配送中心全面采用了计算机管理，并应用先进的无线网技术，实现了无纸化收货验货、拣货理货、仓储保管盘点等业务，成为上海乃至全国最先进的配送中心。

(4) 华联超市在建设现代化配送中心的同时，还积极推广使用物流条码。华联超市在出入库管理、库存盘点、商品零售等环节广泛使用物流条码，使整个超市的运作一目了然。

(5) 科学辅助决策。为了辅助总经理、部门经理和店长进行决策，指导业务人员作业，计算机还提供了大量的业务分析功能，如按月、按日、按门店、按供应商统计销售业绩，分析配送中心的出货情况，根据业务员的需要编制统计分析报表等。

迄今，华联超市已经成功地利用信息技术重组了自己的业务流程，减少了不必要的环节，加快了总部、配送中心、门店和供应商之间的信息流动。

(资料来源：李贞. 物流信息技术与应用[M]. 北京：航空工业出版社，2011.)

讨论题

(1) 华联超市应用了哪些物流信息技术？

(2) 物流信息技术的应用对华联超市的运作有哪些积极作用？

第2章　物流条码技术

【本章教学要点】

知识要点	掌握程度	相关知识	应用方向
条码的概念	掌握	一组宽度不同、反射率不同的条和空按规定的编码规则组合起来，用以表示一定的字符、数字及符号组成的信息	条码技术概述，熟悉后对条码表达的意思更加清楚，能够应用到生活中
条码技术的产生与发展	了解	条码的起源、研究状况、国内外发展过程	
条码的分类与结构	重点掌握	条码的维度分类、一维条码码制分类、一维条码的结构	
条码的编码方法	了解	模块组合法和宽度调节法	
条码识别技术工作原理	掌握	条码识别过程、识读系统构成	数据的自动采集、自动识别；在物流过程中实现数据共享，使信息的传递更加方便、快捷、准确
条码识读设备	了解	识读设备的分类、选择原则	
物流编码技术	熟悉	物流编码的内容、特点、标准体系；通用商品条码	
二维条码概述	掌握	二位条码技术的产生、特点和码制	
常用的二维条码	熟悉	PDF417 码、QR Code	

导入案例

精诚软件的条形码仓库物流管理系统

1. 背景介绍

现代社会中，市场经济决定仓库地位不是或缺与否，而是市场经济中市场与现代企业之间商品流通的重要转移和仓储必需的基础设施。仓库管理实现现代化管理手段，条码技术是保证仓库作业优化，充分利用仓库空间，快速便捷为客户提供优质服务、创汇增值的优先手段。

精诚 EAS-WMS 系统集成了信息技术、RF 技术、条码技术、电子标签技术、WEB 技术及计算机应用技术等将仓库管理、无线扫描、电子显示、WEB 应用有机地组成一个完整的仓储管理系统，从而提高作业效益，实现信息资源充分利用，加快网络化进程。

条形码 WMS 仓库物流管理系统解决方案是北京精诚软件信息技术有限公司(EAS Software)从仓储管理发展的趋势出发，结合多年对物流管理模式的研究和信息系统的开发经验，研发出来的综合仓储管理解决方案，该方案覆盖了基于不同行业特点的单一专业仓储管理或多级网络仓储管理的各个方面，同时配合制造企业的 JIT 管理、流通企业的分销、物流企业的多货主仓储服务等，并针对数据的交换及信息的提供，与周边辅助系统进行完美结合的一整套仓库管理解决方案。

2. 系统功能

精诚 EAS-WMS 条码仓储系统是在仓库管理中引入条码技术，对仓库的到货检验、入库上架、分拣出库、移库移位、库存盘点等各个作业环节的数据进行自动化的数据采集，保证仓库管理各个作业环节数据输入的效率和准确性，确保企业及时准确地掌握库存的真实数据，合理保持和控制库存。

(1) 条码编码规则。编码规则需要根据企业具体情况而定。根据条码技术特点及产品属性，应使用国际流行的物流单元标识码 CODE 128 码，这种码制的特点是编码内容可长可短，完全根据需要来定。可按照如下规则编码：产品编号+生产日期+数量+流水号。

(2) 条码的生成、打印与粘贴。根据企业组织架构及生产需要，条形码可由各生产车间负责生成并打印。生产准备处通过系统下达生产任务，各车间根据生产任务中的产品属性(产品编码、数量、生产日期、包装形式等)及编码规则预先打印出条形码，条码的生成由系统按照既定的规则自动计算，通过专门的条码打印机进行打印而成。包装班组按照要求将不干胶的条码标签粘贴在包装的既定位置(麻袋或编织袋包装产品，条码可粘贴在合格证上，也可根据情况与合格证一同打印生成)。

(3) 货位管理。采用数据收集器读取产品条形码，查询产品在货位的具体位置(如 X 产品在 A 货区 B 航道 C 货位)，实现产品的全方位管理。通过终端或数据收集器实时地查看货位货量的存储情况、空间大小及产品的最大容量，管理货仓的区域、容量、体积和装备限度。

(4) 产品质检。产成品包装完成并粘贴条码之后，运到仓库暂存区由质检部门进行检验，质检部门对检验不合格的产品扫描其包装条码，并在采集器上作出相应记录，检验完毕后把采集器与计算机进行连接，把数据上传到系统中；对合格产品生成质检单，由仓库保管人员执行生产入库操作。

(5) 产品入库。从系统中下载入库任务到采集器中，入库时扫描其中一件产品包装上的条码，在采集器上输入相应数量，扫描货位条码(如果入库任务中指定了货位，则采集器自动进行货位核对)，采集完毕后把数据上传到系统中，系统自动对数据进行处理，数据库中记录此次入库的品种、数量、入库人员、质检人员、货位、产品生产日期、班组等所有必要信息，系统并对相应货位的产品进行累加。

(6) 入库的安全控制。入库扫描条码后进行上传时，系统根据条码自动核查是否有质检单样即可保证入库的数据准确性、安全性，同时各部门也可及时地查询到入库数。

(7) 物料配送。根据不同货位生成的配料清单包含非常详尽的配料信息，包括配料时间、配料工位、配料明细、配料数量等，相关保管人员在拣货时可以根据这些条码信息自动形成预警，对错误配料的明细和数量信息都可以进行预警提示，极大地提高仓库管理人员的工作效率。

(8) 产品出库。产品出库时仓库保管人员凭销售部门的提货单，根据先入先出原则，从系统中找出相应产品数据下载到采集器中，制定出库任务，到指定的货位，先扫描货位条码(如果货位错误则采集器进行报警)，然后扫描其中一件产品的条码，如果满足出库任务条件则输入数量执行出库，并核对或记录下运输单位及车辆信息(以便以后产品跟踪及追溯使用)，否则采集器可报警提示。保管人员核对所采集数据，自动生成出库单，同时系统生成出门证，并打印出集团内部发票(此处可根据企业实际情况由相应部门进行打印)，运输车辆凭出库单、出门证、集团内部发票运输出厂。

(9) 仓库退货。根据实际退货情况，扫描退货物品条码，导入系统生成退货单，确认后生成退货明细和账务的核算等。

(10) 仓库盘点。根据公司制度，在系统中根据要进行盘点的仓库、品种等条件制定盘点任务，把盘点信息下载到采集器中，仓库工作人员通过到指定区域扫描产品条码输入数量的方式进行盘点，采集完毕后把数据上传到系统中，生成盘点报表。盘点时节省了大量人力，可在较短时间内完成仓库盘点，获得准确数据，并能及时地把数据传输到相关部门，利用系统进行各种数据分析，为生产、销售和决策提供可靠依据。

(11) 库存预警。仓库环节可以根据企业实际情况为仓库总量、每个品种设置上下警戒线，当库存数量接近或超出警戒线时，进行报警提示，及时地进行生产、销售等的调整，优化企业的生产和库存。

(12) 质量跟踪与追溯。此环节的数据准确性与之前的各种操作有密切关系。可根据各种属性如生产日期、品种、生产班组、质检人员、批次等对相关产品的流向进行每个信息点的跟踪；同时也可以根据相关产品属性、操作点信息对产品进行向上追溯。无论跟踪或追溯都无须查找原始单据，能够在极短时间内完成，当产品出现质量问题时能够迅速反应，及时解决问题，追究相关人员责任，避免同样问题的继续出现，把损失降到最低，提升企业形象。

(13) 信息查询、报表生成。在此系统基础上，可根据需要设置多个客户端，为不同的部门设定不同的权限，无论是生产部门、质检部门、销售部门、领导决策部门都可以根据所赋权限在第一时间内查询到相关的生产、库存、销售等各种可靠信息，并可进行数据分析。同时可生成并打印所规定格式的报表。

3. 应用效果

精诚软件 WMS 条码仓储管理可帮助使用者计划、执行、监控和优化复杂的库存要求，从而保证在正确的地点、正确的时间、以正确的规格为客户或生产线提供所需的物品。

精诚 WMS 系统通过不同的功能模块支持企业仓储配送的执行并适应不断变化着的商务策略、电子商务、客户需求、现代化设备、订单的大小和结构环境，提高作业效率与资源利用率来降低物流成本和增强客户服务水平，实现对一个大型仓库或配送中心的所有执行过程的有效管理，从而使仓储管理策略长期处于领先地位，帮助企业打造物流管理的核心竞争力，诠释现代化物流管理理念。

(资料来源：中国物流与采购网. http://www.chinawuliu.com.cn/xsyj/200711/27/138511.shtml.)

讨论题

(1) 精诚软件将条码技术应用到仓库管理系统中达到了什么效果？

(2) 精诚软件的仓库管理系统中哪些环节通过条码技术实现了自动化管理？

本章着重介绍了条码技术的基础知识，包括条码技术的产生和发展过程、分类和结构，以及条码技术的工作原理，特别介绍了二维条码技术，最后分析了条码技术在物流领域的应用现状和前景。

2.1 条码技术概述

2.1.1 条码技术的产生与发展

条码是一种信息代码，由一组宽度不同、反射率不同的条和空按规定的编码规则组合起来，用以表示一定的字符、数字及符号组成的信息，它是一种用光电扫描阅读设备识读并使数据输入计算机的特殊代码。

在物流过程中，利用条码技术，可以实现数据的自动采集、自动识别。在商品从供应商到消费者的整个物流过程中，都可以通过条码来实现数据共享，使信息的传递更加方便、快捷、准确，也使经济效益得到提高。条码技术起源于 20 世纪 40 年代、研究于 60 年代、应用于 70 年代、普及于 80 年代，它的每一步发展都引起世界流通领域里的大变革。

早在 20 世纪 40 年代，美国的乔・伍德・兰德(Joe Wood Land)和伯尼・西尔沃(Berny Silver)两位工程师就开始研究用代码表示食品项目及相应的自动识别设备，并于 1949 年获得了美国专利。该图案很像微型射箭靶，被叫做“公牛眼”代码。在原理上，“公牛眼”代码与后来的条形码很相近，但当时的工艺和商品经济还没有能力印制出这种码。

不久，E. F. 布宁克(E. F. Brinker)申请了另一项专利，该专利是将条形码标识在有轨电车上。20 世纪 60 年代后期西尔沃尼亚(Sylvania)发明的一个系统，被北美铁路系统采纳。这两项可以说是条形码技术最早期的应用。

1970 年美国超级市场 Ad Hoc 委员会制定出通用商品代码(Universal Product Code，UPC)。UPC 首先在杂货零售业中试用，这为以后条形码的统一和广泛采用奠定了基础。第二年，布莱西公司研制出布莱西码及相应的自动识别系统，用以库存验算。这是条形码技术第一次在仓库管理系统中的实际应用。1972 年蒙那奇・马金(Monarch Marking)等人研制出库德巴(Code Bar)码，到此美国的条形码技术进入新的发展阶段。

1973 年美国统一编码委员会(Uniform Code Council，UCC)建立了 UPC 系统，实现了该码制标准化。同年，食品杂货业把 UPC 作为该行业的通用标准码制，为条形码技术在商业流通领域里的广泛应用，起到了积极的推动作用。

1974 年 Intermec 公司的戴维・阿利尔(Davide Allair)博士研制出 39 码，很快被美国国防部采纳，作为军用条形码码制。39 码是第一个字母、数字式的条形码，后来广泛应用于工业领域。

1976 年在美国和加拿大超级市场上，UPC 的成功应用给人们以很大的鼓舞，尤其是欧洲人对此产生了极大兴趣。第二年，欧洲共同体(欧洲联盟的前身，简称欧共体)在 UPC-A 基础上制定出欧洲物品编码 EAN-13 和 EAN-8，签署了欧洲物品编码协议备忘录，并正式成立了欧洲物品编码协会(European Article Numbering Association，EAN)。1981 年由于 EAN 已经发展成为一个国际性组织，故改名为“国际物品编码协会”，简称 IAN。但由于历史原因和习惯问题，国际物品编码协会多年来一直被称为 EAN，于 2005 年才更名为 GS1。

日本从 1974 年开始着手建立 POS 系统，研究标准化及信息输入方式、印制技术等。并在 EAN 基础上，于 1978 年制定出日本物品编码 JAN，同年加入了 EAN，开始进行厂家登记注册，并全面转入条形码技术及其系列产品的开发工作，10 年之后成为 EAN 最大的用户。

从20世纪80年代初，人们围绕提高条形码符号的信息密度，开展了多项研究。128码和93码就是其中的研究成果。128码于1981年被推荐使用，而93码于1982年使用。这两种条码的优点是条形码符号密度比39码高出近30%。随着条形码技术的发展，条形码码制种类不断增加，因而标准化问题显得很突出。同时一些行业也开始建立行业标准，以适应发展需要。条形码种类越来越多，常用的有10～20种，相应的自动识别设备和印刷技术也得到了长足的发展。

从20世纪80年代中期开始，我国一些高等院校、科研部门及一些出口企业，把条形码技术的研究和推广应用逐步提到议事日程。一些行业如图书、邮电、物资管理部门和外贸部门已开始使用条形码技术。1988年年底，我国成立了统一组织、协调、管理全国物品编码与自动识别标识技术的专门机构——中国物品编码中心，并于1991年加入EAN，致力于推广全球通用的、开放的、跨行业的供应链管理标准，负责我国商品条码、物品编码及自动识别技术的研究和推广应用，促进我国商品流通和对外贸易的发展，为全面开展我国条码工作创造先决条件。中国商品条码系统成员数量近年来迅速增加，截至2008年年底，我国使用商品条码的企业已达十多万家，采用商品条码标识的产品有300多万种。

条码技术现已应用在计算机管理的各个领域，渗透到商业，如POS系统、工业、交通运输业、邮电通信业、物资管理、仓储、医疗卫生、安全检查、餐饮旅游、票证管理及军事装备、工程项目等国民经济各行各业和群众日常生活中。目前，世界各国把条码技术的发展重点向生产自动化、交通运输现代化、金融贸易国际化、票证单据数字化、安全防盗防伪保密化等领域推进；在介质种类上，除大多印刷在纸质介质外，还研究开发了金属条码、纤维织物条码、隐形条码等，扩大应用领域并保证条码标识在各个领域、各种工作环境的应用。

2.1.2 条码的分类

1. 条码按维数不同分类

按照维数不同，条码可以分为一维条码和二维条码。

1) 一维条码

一维条码只在一个方向(一般是水平方向)表达信息，而在垂直方向不表达任何信息，其一定的高度通常是为了便于阅读器的对准。一维条码(如图2.1所示)由宽度不同、反射率不同的“条”和“空”，按照一定的编码规则(码制)编制而成，条码信息靠“条”和“空”的不同宽度和位置来传递，信息量的大小由条码的宽度和印刷的精度来决定，条码越宽，包容的“条”和“空”越多，信息量越大；条码的印刷精度越高，单位长度内可容纳的“条”和“空”越多，传递的信息量也就越大。

图2.1 一维条码

编码中的“条”指对光线反射率较低的部分，“空”指对光线反射率较高的部分。这种用“条”和“空”组成的数据编码很容易译成二进制数，因为计算机只能识读二进制数据，所以条码符号作为一种为计算机信息处理而提供的光电扫描信息图形符号，也应满足计算机二进制的要求。世界上约有 225 种以上的一维条码，每种一维条码都有自己的一套编码规格，一般较流行的一维条码有 39 码、EAN、UPC、128 码，以及专门用于书刊管理的 ISBN、ISSN 等。

一维条码的应用可以提高信息录入的速度，减少差错率，但是一维条码也存在一些不足之处。

(1) 数据容量较小，30 个字符左右。

(2) 只能包含字母和数字。

(3) 保密性能不高。

(4) 条码尺寸相对较大(空间利用率较低)。

(5) 条码遭到损坏后便不能阅读。

近年来，随着资料自动收集技术的发展，用条码符号表示更多资讯的要求与日俱增，而一维条码最大数据长度通常不超过 30 个字符，故多用来存放关键索引值(Key)，作为一种信息标识。不能用其对产品进行描述，要想获取更多的信息只能通过网络到数据库中寻找，因此在缺乏网络或数据库的状况下，一维条码便失去了意义。

2) 二维条码

在水平和垂直方向的二维空间存储信息的条码，称为二维条码。二维条码可以直接显示英文、中文、数字、符号、图形；储存数据容量大，可存放 1KB 字符；可用扫描仪直接读取内容，无须另接数据库；数据可加密，保密性高；安全级别最高时，损污 50%仍可读取完整信息。使用二维条码可以解决以下问题。

(1) 表示包括汉字、照片、指纹、签字在内的小型数据文件。

(2) 在有限的面积上表示大量信息。

(3) 对“物品”进行精确描述。

(4) 防止各种证件、卡片及单证的伪造。

(5) 在远离数据库和不便联网的地方实现数据采集。

二维条码可以分为堆叠式/行排式二维条码和矩阵式二维条码。堆叠式/行排式二维条码形态上是由多行短截的一维条码堆叠而成，它在编码设计、校验原理、识读方式等方面继承了一维条码的一些特点，识读设备和条码印刷与一维条码技术兼容。但由于行数的增加，要对行进行判定，其译码算法与软件也不同于一维条码。有代表性的行排式二维条码有 16K 码、49 码、PDF417 条码等。矩阵式二维条码以矩阵的形式组成，在矩阵相应元素位置上用点表示二进制“1”，用空表示二进制“0”，由点和空的排列组成代码，其中点可以是方点、圆点或其他形状的点。矩阵式二维条码是建立在计算机图像处理技术、组合编码原理等基础上的一种新型图形符号自动识读处理码制。具有代表性的矩阵式二维条码有 Maxicode、Data Matrix、QR Code 等。

目前二维条码主要的码制有 PDF417 条码(Protable Data File 417)、49 码(Code 49)、16K 码(Code 16K)、Data Matrix、Maxicode 和 QR Code 等，如图 2.2 所示。其中以 PDF417 条码应用范围最广，从生产、运货、行销到存货管理都很适合，故 PDF417 条码特别适用于流通业者；Maxicode 通常用于邮包的自动分类和追踪；Data Matrix 则特别适用于小零件的标识；QR Code 近年来在日本、韩国、中国的应用越来越普及。

(a) Data Matrix

(b) QR Code

(c) Maxicode

(d) PDF417 条码

(e) 49 码

(f) 16K 码

图 2.2　二维条码

2. 条码按码制不同分类

目前常用的一维条码的码制有 UPC、EAN、25 码、交叉 25 码(Interleaved Two of Five，ITF)、39 码、库德巴码和 128 码等，而商品上最常使用的就是 EAN。

1) UPC

UPC 是 UCC 制定的一种商品用条码，主要用于美国和加拿大地区，我们在美国进口的商品上可以看到。UPC 是最早大规模应用的条码，其特性是一种长度固定、连续性的条码，由于其应用范围广泛，故又被称万用条码。UPC 码仅可用来表示数字，其字码集为数字 0～9。UPC 共有 A、B、C、D、E 五种版本(表 2-1)，常用的商品条码版本为 UPC-A 和 UPC-E。UPC-A 是标准的 UPC 版本，UPC-E 为 UPC-A 的压缩版。

表 2-1　UPC 的各种版本

版　本	应用对象	格　式
UPC-A	通用商品	SXXXXX XXXXXC
UPC-B	医药卫生	SXXXXX XXXXXC
UPC-C	产业部门	XSXXXXX XXXXXCX
UPC-D	仓库批发	SXXXXX XXXXXCXX
UPC-E	商品短码	XXXXXX

注：S 为系统码；X 为数据码；C 为校验码。

UPC-A 供人识读的数字代码只有 12 位，它的代码结构由厂商识别代码(6 位，包括系统字符 1 位)、商品项目代码(5 位)和校验码(1 位)共 3 部分组成，如图 2.3 所示。UPC-A 的代码结构中没有前缀码，它的系统字符为一位数字，用以标识商品类别。UPC-E 是 UPC-A 码的缩短版，是 UPC-A 系统字符为 0 时，通过一定规则销 0 压缩而得到的。

2) EAN

1977 年，欧洲经济共同体各国按照 UPC 的标准制定了 EAN，与 UPC 兼容，而且两者具有相同的符号体系。EAN 目前已成为一种国际性的条码系统。EAN 系统的管理是由国际商品条码总会(International Article Numbering Association)负责各会员国的国家代表号码之分配与授权，再由各会员国的商品条码专责机构，对其国内的制造商、批发商、零售商等授予厂商代表号码。

EAN的字符编号结构与UPC相同，也是长度固定的、连续型的数字式码制，其字符集是数字0～9。它采用4种元素宽度，每个条或空是1、2、3或4倍单位元素宽度。EAN有两种类型，即标准版EAN-13和缩短版EAN-8，如图2.4所示。

图2.3　UPC-A

(a) 标准版EAN-13

(b) 缩短版EAN-8

图2.4　EAN

标准版EAN-13由13位数字组成，由厂商识别代码(包括3位前缀码和4位厂商代码)、商品项目代码(5位)及校验码(1位)组成。EAN分配给中国物品编码中心的前缀码为690～695，厂商代码由中国物品编码中心负责分配和管理，中国物品编码中心负责确保每个厂商识别代码在全球范围内的唯一性。产品代码占5位，代表单项产品的号码，由厂商根据规定自己编制，必须保证产品编码的唯一性原则。校验码占1位，由一定的规则计算得出，用于校验厂商识别代码和产品代码的正确性。

缩短版EAN-8由8位数字组成，包括前缀码(2位)、商品项目代码(5位)及校验码(1位)。其中，每一项产品的商品项目代码均需逐一申请个别号码，校验码的计算方式与标准版类似。在中国，凡需使用EAN-8的产品生产厂家，需将本企业欲使用EAN-8的商品目录及其外包装报至中国物品编码中心或其分支机构，由中国物品编码中心统一赋码。

3) 25码

25码(标准25码)是根据宽度调节法进行编码，并且只有条表示信息的非连续型条码，如图2.5所示。每一个条码字符由规则的5个条组成，其中有两个宽单元，3个是窄单元，故称为“25条码”。它的字符集为数字字符0～9。

4) 交叉25码

交叉25码是一种长度可变的连续型自校验数字式码制，其字符集为数字0～9，如图2.6所示。采用两种元素宽度，每个条和空是宽或窄元素。编码字符个数为偶数，所有奇数位置上的数据以条编码，偶数位置上的数据以空编码。如果为奇数个数据编码，则在数据前补一位0，以使数据为偶数个数位。交叉25码应用于商品批发、仓库、生产/包装识别、运输及国际航空系统的机票顺序编号等，条码的识读率高，可适用于固定扫描器可靠扫描。

图2.5　25码

图2.6　交叉25码

5) 39码

39码是1974年由美国Intermec公司研制的第一个字母数字式码制，如图2.7所示。它是可双向扫描的离散型自校验字母数字式码制。其字符集为数字0～9，26个大写字母和7个特殊字符（“-”、“·”、空格、“/”、“+”、“%”和“$”），共43个字符。每个字符由9个元素组成，其中有5个条(2个宽条，3个窄条)和4个空(1个宽空，3个窄空)，是一种离散码。

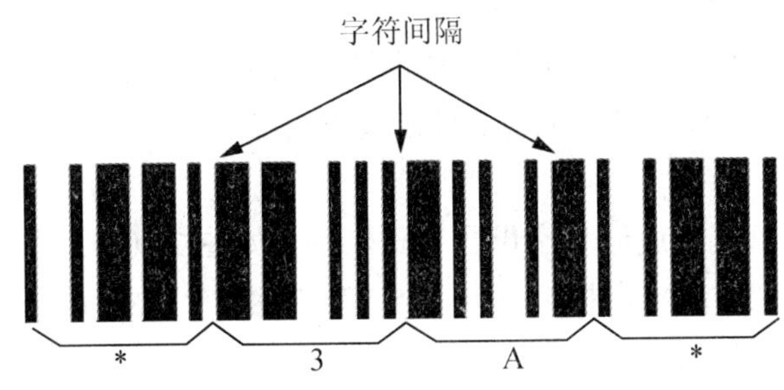

图2.7　39码

在39码供人识别的字符中，以“*”表示起始字符和终止字符，该字符不能在符号的其他位置作为数据的一部分，而且译码器不应将它输出。39码是离散码，符号之间的两个相邻字符用一个位空分隔开，此位空不包含任何信息。

39码具有误读率低等优点，首先被应用于美国国防部，目前广泛应用于汽车行业、经济管理、材料管理、储运单位、邮政和医疗卫生等领域。我国制定了国家标准 GB/T 12908—2002《信息技术 自动识别和数据采集技术条码符号规范 三九条码》，推荐使用的领域包含运输、仓储、工业生产线、图书信息和医疗卫生等。

6) 库德巴码

库德巴码出现于1972年，是一种非连续型、非定长、具有自校验功能的双向条码，如图2.8所示。其字符集为数字0～9和6个特殊字符（“-”、“：”、“/”、“·”、“+”、“$”），共16个字符。

库德巴码每一个字符由7个单元构成，包括4个条单元和3个空单元，其中2个或3个是宽单元(用二进制“1”表示)，其余是窄单元(用二进制“0”表示)。库德巴条码具有双向可读性，在阅读库德巴条码符号时，扫描方向的判定是通过终止符和起始符来实现的。库德巴码是一种具有强自校验功能的条码，适用于配送系统的货物追踪、供应链管理过程中的显示板系统(丰田生产模式的“看板”)、邮电系统挂号邮件、图书馆图书管理、医疗卫生等场合。美国输血协会还将库德巴码规定为血袋标识代码，我国则制定了国家标准GB/T 12907—2008《库德巴条码》。

7) 128码

128码出现于1981年，是一种长度可变、连续型的字母数字条码，如图2.9所示。与其他一维条码相比较，128码是较为复杂的条码系统，具有A、B、C三种不同的编码类型，可提供标准ASC II中128个字符的编码使用。因此，其所能支持的字符也相对比其他一维条码多，又有不同的编码方式可供交互运用，使用弹性较大。128 码的内容大致也分为起始码、资料码、终止码、检查码4个部分，其中检查码的精度极高，且记录密度高。128 码可表示从ASC II 0到ASC II 127共128个字符，故称128码。

图 2.8　库德巴码

图 2.9　128 码

目前所推行的 128 码是 EAN-128，它是以 EAN/UCC-128 作为标准将数据转变成条码符号，并采用 128 码逻辑，具有完整性、紧密性、连接性和高可靠度的特性。可运用于货运标签、携带式数据库、连续性数据段、流通配送标签等领域。

8) 93 码

93 码是一种长度可变的连续型字母数字式码制，如图 2.10 所示。其字符集是数字 0～9，26 个英文大写字母和 7 个特殊字符(“-”、“·”、空格、“/”、“+”、“%”、“$”)及 4 个控制字符。每个字符有 3 个条和 3 个空。

图 2.10　93 码

关于二维条码的码制分类将在 2.4 节介绍。

2.1.3　条码的结构

一个完整的一维条码(图 2.11)的组成次序依次为静区(前)、起始/终止符、数据符、中间分割符(主要用于 EAN)、校验符、终止符、静区(后)。

图 2.11　一维条码的结构

1. 静区

静区没有任何印刷符或条形码信息，它通常是白的，位于条形码符号的两侧。它是条码左右两端外侧与空的反射率相同的限定区域，它能使阅读器进入准备阅读的状态，当两个条码距离较近时，静区则有助于对它们加以区分，静区的宽度通常应不小于 6mm(或 10 倍模块宽度)。

2. 起始/终止符

起始/终止符是指位于条码开始和结束的若干条与空，标志条码的开始和结束，同时提供了码制识别信息和阅读方向的信息。

3. 数据符

数据符是位于条码中间的条、空结构，它包含条码所表达的特定信息。

4. 中间分割符

中间分割符是位于条码中间位置的若干条与空。

5. 校验符

有些码制的校验字符是必需的，有些码制的校验字符则是可选的。校验字符是通过对数据字符进行一种算术运算而确定的。当符号中的各字符被解码时，译码器将对其进行同一种算术运算，并将结果与校验字符比较。若两者一致时，说明读入的信息有效。

构成条码的基本单位是模块，模块是指条码中最窄的条或空，模块的宽度通常以 mm 为单位。构成条码的一个条或空称为一个单元，一个单元包含的模块数是由编码方式决定的，有些码制中，如 EAN，所有单元由一个或多个模块组成；而另一些码制，如 39 码，所有单元只有两种宽度，即宽单元和窄单元，其中的窄单元即为一个模块。

2.1.4 条码编码方法

条码编码是指通过设置条码中条与空的排列组合来表示不同的二进制数据。条码的编码方法是指条码中条空的编码规则及二进制的逻辑表示的设置。众所周知，计算机设备只能识读二进制数据(数据只有“0”和“1”两种逻辑表示)，条码符号作为一种为计算机信息处理而提供的光电扫描信息图形符号，也应满足计算机二进制的要求。一般来说，条码的编码方法有模块组合法和宽度调节法两种。

1. 模块组合法

模块组合法是指在条码符号中，条与空是由标准宽度的模块组合而成。一个标准模块的条表示二进制的“1”，而一个标准模块的空表示二进制的“0”。

商品条码一般采用模块组合法进行编码。其每个模块的标准宽度是 0.33mm，每个字符由 7 个模块构成，这 7 个模块组成 2 条 2 空，每一个条或空都由 1～4 个标准宽度的模块组成。模块组合法条码字符的构成如图 2.12 所示。

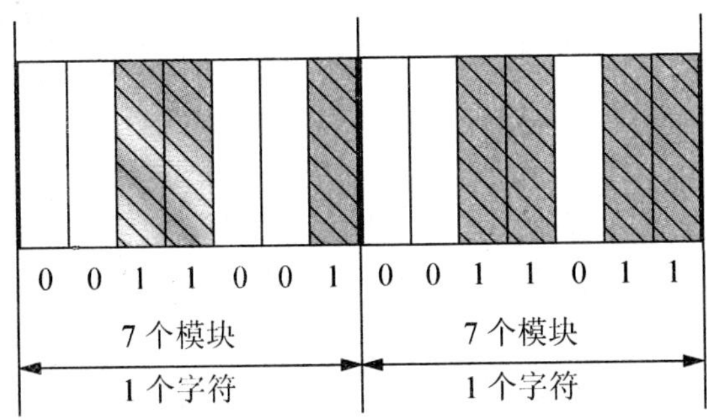

图 2.12 模块组合法条码字符的构成

2. 宽度调节法

宽度调节法是指条码中条与空的宽窄设置不同，宽单元表示二进制的“1”，窄单元表示二进制的“0”，宽单元的宽度通常是窄单元的 2～3 倍。39 码、库德巴码和常用的 25 码、交叉 25 码等都属于宽度调节型条码。

下面以 25 码为例，简单介绍宽度调节型条码的编码方法。

25 码是一种只有条表示信息的非连续型条码。条码字符由规则排列的 5 个条构成，其中有 2 个宽单元、3 个窄单元，宽单元的宽度一般是窄单元的 3 倍。字符为“1”的 25 码的结构如图 2.13 所示。

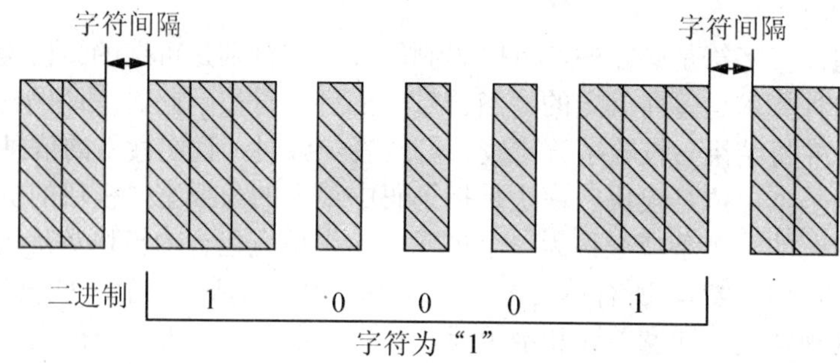

图 2.13 字符为“1”的 25 码结构

2.2 物流编码技术

2.2.1 物流编码的内容与特点

1. 物流编码的内容

物流编码的内容包括项目标识、动态项目标识、日期、度量、参考项目、位置码、特殊应用及内部使用等。

1) 项目标识

项目标识即对商品项目和货运单元项目的标识，由于相同项目的编码是相同的，所以其内容是无含义的，但其对项目的标识是唯一的。项目标识的主要编码方式有 13 位和 14 位两种，其中，13 位编码由 3 段组成，分别为厂商识别代码、商品项目代码和校验码；14 位编码通常是在 13 位编码的前面加 1 位数字组成。

2) 动态项目标识

动态项目标识是对商品项目中每一个具体单元的标识，即对系列货运包装箱的标识，其本身为系列号。每一个货运包装箱具有不同的编码，其编码为 18 位。

3) 日期

日期标识为 6 位编码，依次表示年、月、日，主要包括生产日期、包装日期、保质期、有效期等，有时会根据应用的需要有所增加。

4) 度量

度量的内容比较多，主要包括数量、重量、长、宽、高，以及面积、体积等内容。不同度量的编码位数不同，相同度量也有不同计量单位的分别。

5) 参考项目

参考项目的内容包括客户订单代码，收货方邮政编码，卷状产品的长、宽、内径、方向、叠压层数等各种信息，其编码位数也各不相同。

6) 位置码

位置码是对法律实体、功能实体和物理实体进行标识的代码。其中，法律实体是指合法存在的机构；功能实体是指法律实体内部的具体部门；物理实体是指具体的地址，如建筑物的某个房间、仓库的某个门等。

7) 特殊应用及内部使用

特殊应用是指在特殊行业(如医疗产品行业)的应用；内部使用是指在公司内部使用，由于其编码不与外界发生联系，编码方式和标识内容由公司自己制定。

2. 物流编码的特点

1) 是商品和货运单元的唯一标识

物流编码通常包括对商品单元和货运单元的标识。其中，商品单元的编码是消费单元的唯一标识，它常常是单个商品的唯一标识，用于零售业现代化的管理；货运单元的编码常常是多个商品的集合，也可以是多种商品集合的标识，用于物流现代化的管理。

2) 用于供应链全过程

供应链全过程包括从生产厂家生产出产品、包装、运输、仓储、分拣、配送，一直到零售业的各个环节。在这些环节中，随时随地都要用到物流的标识，在零售业中通常是需要对商品单元进行标识，而在其他环节中则需要对货运单元进行标识。因此，物流编码可用于生产业、运输业、仓储业、配送和零售业等领域，是多种行业共享的通用数据。

3) 信息多

物流编码所表示的信息较多，可以表示多种含义、多种信息的编码。它既可以表示无含义的商品和货运单元，也可以表示货物的体积、重量、生产日期、批号等信息。

4) 可变性

供应链中单个商品的标识是一个国际化、通用化、标准化的唯一标识，是零售业的共同语言。但是，随着国际贸易的不断发展和贸易伙伴对各种信息的需求不断增加，物流标识的应用在不断扩大，标识内容也在不断丰富，物流编码的新增和删除时有发生。

5) 维护性

由于物流编码具有可变性的特点，物流编码的标准也是需要经常维护的。因此，企业要及时了解用户需求，并及时传达标准化机构的编码变更内容，以保证物流编码的正确性。

2.2.2 物流条码的标准体系

物流条码涉及面较广，因此相关标准也较多。它的实施和标准化是基于物流系统的机械化、现代化和包装运输等作业的规范化、标准化。正因为物流条码体系的复杂性和广泛性，它的建立与应用将是一个长期探索实践的过程。

物流条码标准体系只是物流条码体系的一个组成部分，也是极其重要的一个组成部分。条码技术标准是对条码技术中重复性事物和概念所作的统一决定。它以科学技术和实践经验的综合成果为基础，经有关方面协商一致，由主管机构批准，以特定形式发布，作为共同遵守的准则和依据。

物流条码标准化体系已基本成熟，并日期完善。物流条码的相关标准是一个需要经常维护的标识。及时沟通用户需求，传达标准化机构有关条码应用的变更内容，是确保国际贸易中物流现代化、信息化管理的重要保障之一。物流条码标准体系主要包括码制标准、应用标准、产品包装标准三大部分，物流条码标准体系结构如图 2.14 所示。

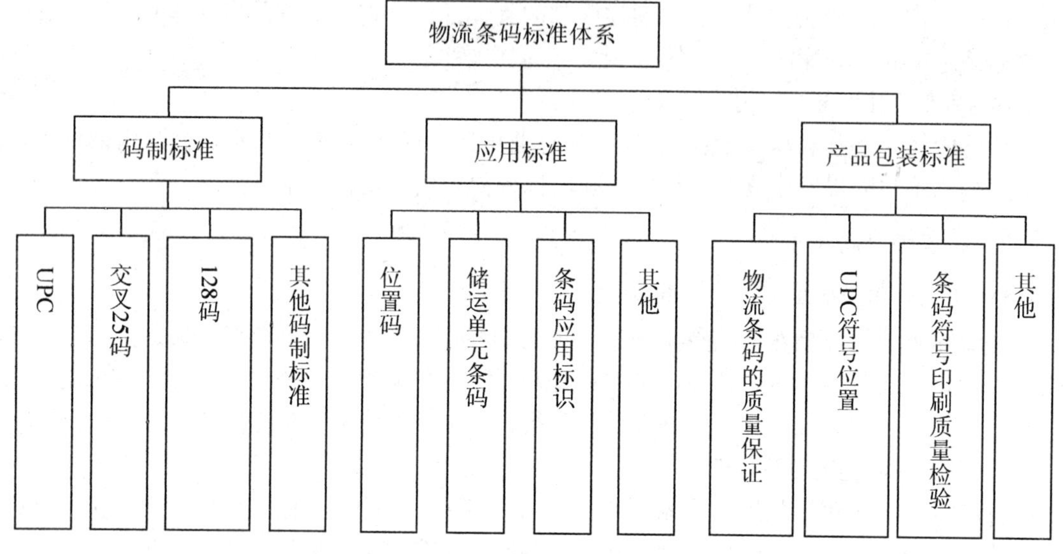

图 2.14　物流条码标准体系

1. 码制标准

表示物流标识编码的条码符号有不同的码制，条码的码制是指条码符号的类型，每种类型的条码符号都是由符合特定编码规则的条和空组成，都有固定的编码容量和条码字符集。目前，国际上公认的物流条码有 EAN-13、交叉 25 码和 UCC/EAN-128 三种，这 3 种码制基本上可以满足物流条码体系的应用要求。

1) UPC

我国于 2005 年制定了国家标准 GB 12904—2003《商品条码》标准，现行为国家标准 GB 12904—2008《商品条码零售商品编码与条码》。UPC 结构与 EAN 推行的 EAN 码结构相同，其标准与国际标准是兼容的。物流条码应用的是 EAN 码制中的 EAN-13。EAN-13 是国际通用符号体系，它是一种定长、无含义的条码，没有自校验功能。EAN-13 的 13 位数字分别代表不同的意义，它们分别是厂商识别代码、商品项目代码和校验码。

(1) 厂商识别代码。由国家(或地区)编码组织统一分配管理，由 7～9 位数字组成，用于对厂商的唯一标识。厂商识别代码是 EAN 在 EAN 分配的前缀码($X_{13}X_{12}X_{11}$)的基础上分配给厂商的代码。前缀码是标识 EAN 的代码，由 EAN 统一管理和分配，其中某些会员组织的前缀码见表 2-2。

表 2-2 EAN 某些会员组织的前缀码

前缀码	编码组织所在国家 (或地区)/应用领域	前缀码	编码组织所在国家 (或地区)/应用领域
000～019 030～039 060～139	美国	700～709	挪威
020～029 040～049 200～299	店内码	730～739	瑞典
050～059	优惠券	754～755	加拿大
300～379	法国	760～769	瑞士
400～440	德国	789～790	巴西
450～459 490～499	日本	800～839	意大利
460～469	俄罗斯	840～849	西班牙
471	中国台湾	870～879	荷兰
480	菲律宾	900～919	奥地利
489	中国香港特别行政区	930～939	澳大利亚
500～509	英国	940～949	新西兰
540～549	比利时和卢森堡	958	中国澳门特别行政区
570～579	丹麦	977	连续出版物
600～601	南非	978、979	图书
640～649	芬兰	980	应收票据
690～695	中国	981、982	普通流通券

(2) 商品项目代码。由 3～5 位数字组成，由厂商自行编码。在编制商品项目代码时，厂商必须遵守商品编码基本原则的唯一性和无含义性。在 EAN 系统中，商品编码仅仅是一种识别商品的手段，而不是商品分类的手段。

(3) 校验码。是最后一位数字，用于校验厂商识别代码和商品项目代码的正确性。

当前缀码为 690、691 时，EAN/UCC-13 的条码结构如图 2.15 所示。

X_{13} X_{12} X_{11} X_{10} X_9 X_8 X_7 X_6 X_5 X_4 X_3 X_2 X_1

厂商识别代码 商品项目代码 校验码

图 2.15 前缀为 690、691 时我国商品条码结构

当前缀码为 692～694 时，EAN/UCC-13 的条码结构如图 2.16 所示。

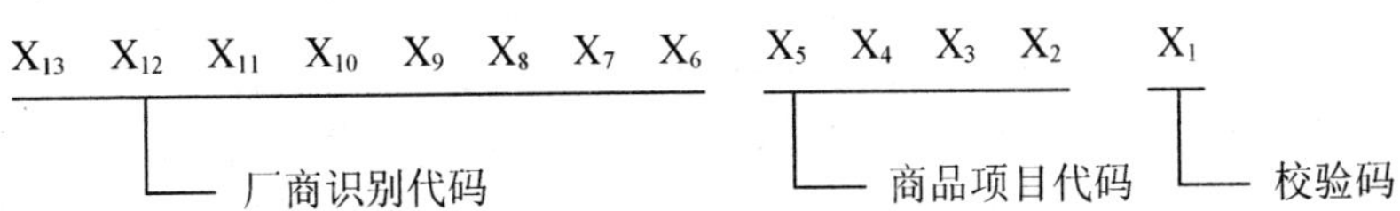

图 2.16 前缀为 692～694 时我国商品条码结构

在编码时必须遵守唯一性、稳定性和无含义性原则。

(1) 唯一性。唯一性原则是商品编码的基本原则。它是指同一商品项目的商品应分配相同的商品代码，不同商品项目的商品必须分配不同的商品代码。基本特征相同的商品应视为同一商品项目。商品的基本特征项是划分商品所属类别的关键因素，包括商品名称、商标、种类、规格、数量、包装类型等。不同行业的商品，其基本特征往往不尽相同；同一行业，不同的单个企业，可根据自身的管理需求，设置不同的基本特征项。

(2) 稳定性。稳定性原则是指商品代码一旦分配，只要商品的基本特征没有发生变化，就应保持不变。同一商品项目，无论是长期连续生产，还是间断式生产，都必须采用相同的商品代码。即使该商品项目停止生产，其商品代码应至少在 4 年之内不能用于其他商品项目上。

(3) 无含义性。无含义性原则是指商品代码中的每一位数字不表示任何与商品有关的特定信息。有含义的编码，通常会导致编码容量的缺失。厂商在编制商品项目代码时，最好使用无含义的流水号。

对于一些商品，在流通过程中可能需要了解它的其他附加信息，如生产日期、有效期、批号及数量等，此时可采用应用标识符(AI)来满足附加信息的标注要求。应用标识符由 2～4 位数字组成，用于标识其后数据的含义和格式。

2) 交叉 25 码

交叉 25 码是一种连续、无固定长度、具有自校验功能的双向条码。交叉 25 码可用于定量储运的单元包装上，也可以用于变量储运单元的包装上。

ITF 是在交叉 25 码的基础上扩展形成的，主要应用于储运包装箱上。ITF 字符的条码标识和交叉 25 码相同，ITF 条码应用到物流领域又发展出两种类型：ITF-14 和 ITF-16。通常用 ITF-14 条码和 ITF-16 条码来标识储运单元，ITF-14 条码和 ITF-16 条码共同使用还可以用于标识变量储运单元。

3) 128 码

128 码是一种连续型、非定长、有含义的高密度代码，其字符集包括全部 ASCII 字符，通过应用标识符可标识所有物流信息。128 码是物流条码实施的关键，它能够更多地标识贸易单元的信息，如产品批号、数量、规格、生产日期、有效期、交货地等，使物流条码成为贸易中的重要工具。

2. 应用标准

应用标准包括位置码、储运单元条码、条码应用标识 3 种码制，每种码制在不同的情况下发挥着不同的作用。

1) 位置码

中国物品编码中心根据 EAN 的技术规范《EAN 位置码》，并结合我国的具体情况，制定了国家标准 GB/T 16828—1997《位置码》，现行标准为 GB/T 16828—2007《商品条码参与方位置编码与条码表示》。位置码是对物理实体、功能实体、法律实体进行识别的代码，具有唯一性、无含义、国际通用等特点，并有严格的定义和结构，主要应用于 EDI 和自动数据采集。位置码由 13 位数字组成，前 3 位数字是前缀码，由 EAN 分配给各国，其中我国为 692，随后的 9 位数字组成位置参考代码，由各国物品编码中心统一分配，我国以 900000000～999999999 为参考代码范围，最后一位是检验代码，具体计算方法随位置码的国家标准不同而有所区别。

当位置码用条码符号表示时，应与位置码应用标识一起使用，条码符号采用128码制。EAN位置码提供了国际共同认可的标识团体和位置的标准，也正在日渐用于标识交货地点和起运地点，成为EDI实施的关键。

2) 储运单元条码

中国物品编码中心在遵守EAN《关于储运单元条码与标识的EAN规范》的前提下，结合我国的具体情况制定了国家标准GB/T 16830—1997《储运单元条码》，现行标准为国家标准GB/T 16830—2008《商品条码储运包装商品编码与条码表示》，此标准适用于商品储运单元的条码标识。

储运单元条码是专门表示储运单元编码的一种条码，通俗地说就是商品外包装箱上使用的条码标识，它可以在全球范围内唯一地识别某一包装单元的物品，从而做到在物品的运输、配送、订货、收货中方便地追踪、统计，保证数据的准确性和及时性。储运单元一般由消费单元组成的商品包装单元构成。在储运单元条码中，又分为定量储运单元(由定量消费单元组成的储运单元)和变量储运单元(由变量消费单元组成的储运单元)。使用储运单元条码可以使企业方便地实现进、销、存自动化管理，商业批发、零售则可以实现物流、配送的自动化，从而大大提高工作效率，降低企业成本。

(1) 定量储运单元。是指内容预先确定的、规则数量商品的储运单元。当大件商品的储运单元同时也是消费单元时，其代码就是通用商品代码；当定量储运单元内容有不同种的定量消费单元时，给储运单元分配一个区别于消费单元的13位数字代码，条码标识可用EAN-13码，也可用14位交叉25码(即ITF-14)。

(2) 变量储运单元。变量储运单元是指按基本计量单位计价的商品的储运单元。其编码是由14位数字的主代码和6位数字的附加代码组成的，都用交叉25码标识。附加代码是指包含在变量储运单元内按确定的基本计量单位计量取得的商品数量。

运输和仓储是物流过程的重要环节，GB/T 16830—2008起到了对货物储运过程中物流条码的规范作用，在实际应用中具有标识货运单元的功能，是物流条码标准体系中一个重要的应用标准。

3) 条码应用标识

中国物品编码协会根据EAN与UCC共同制定的《UCC/EAN应用标识符标准规范》和我国的实际需要制定了国家标准GB/T 16986—2009《条码应用标识符》。条码应用标识是商品统一条码有益和必要的补充，填补了其他EAN/UCC标准遗留的空白。它不仅仅是一个标准，更是一种信息交换的工具，将物流和信息流有机地结合起来，成为连接条码与EDI的纽带。

条码应用标识是指一组由条码标识的数据，用来表示贸易单元的相关信息，由数据和应用标识符两部分组成，通常不包括校验符。应用标识符由2～4个数字组成，用来定义条码数据域，不同的应用标识符用来唯一标识其后数据域的含义及格式。使用应用标识符后，在一个条码符号中可以标识很多不同内容的数据元素，不需要将不同的数据域相互隔离，既节省了空间，又为计算机的数据处理创造了条件。

条码应用标识是一个开放的标准，可根据用户的要求，随时定义新的应用标识符。条码应用标识用128码码制来表示，多个应用标识共同使用，可以用统一条码符号来表示，当前一个应用标识是一个定长的数据时，应用标识直接连接；当前一个应用标识是可变长度的数据时，必须加FNCI分割，但编码数据字符的最大数量为48，包括空白区在内的条码长度不能超过16.5cm。

3. 产品包装标准

使用物流条码后，物流过程中的数据可以实现共享，通过物流条码数据的采集和反馈可以提高物流系统的经济效益。但要想更好地实现这一目标，在物流条码标准体系中还应该在包装方面制定一些标准，保证物流条码能够快速、准确地被识别。目前虽然有了一些国家标准作为物流条码的保证，但仍然不够，物流条码体系还有待进一步完善。

为了便于运输、仓储，对物流单元一般采用集装包、集装箱或托盘。物流单元相对消费单元来说，具有体积大、选材坚硬、表面粗糙等特点。因此，物流条码的选择应该符合物流单元包装的特点，选择适当的位置以便于识读。因此，产品包装标准体系体现以下几项原则。

(1) 128码一般平行地放在主代码的右侧，在留有空白区的条件下，尽可能缩小符号间的距离。如果不能满足上述要求，应明显地印在与主代码关联的位置上，且两者方向一致。

(2) 箱式包装一般应把物流条码置于包装箱的侧面，条码符号下边缘距印刷面下边缘的最小距离为32cm，条码符号保护框外边缘距垂直边的最小距离为19cm。

(3) 集装箱托盘的条码符号的底边距托盘上表面 45cm，垂直于底边的侧边不小于50cm。

(4) 128码符号最小方法系数的选择取决于印刷质量，并且由印刷扩展的变化或允许误差来决定。当128码作为UPC或交叉25码的补充条码时，实际放大系数的选择必须考虑UPC或交叉25码的尺寸。一般原则是：128码的模块宽度不能小于主代码最窄宽度的75%。

对于不同码制的代码，在国家标准中都有具体的要求，来保证条码符号的质量。我国已经制定了国家标准GB/T 14257—2009《商品条码　条码符号放置指南》和国家标准GB/T 14258—2003《信息技术自动识别与数据采集技术条码符号印刷质量的检验》，可以作为物流条码标准体系的引用标准。

2.2.3 物流条码的应用

1. 应用环节

随着物流信息化建设的发展，条码在物流企业中的应用也逐步显现。具体来看，作为物流管理的工具，条码的应用主要集中在以下几个环节。

1) 物料管理

(1) 将物料编码，并且打印条码标签，不仅便于物料跟踪管理，而且也有助于做到合理的物料库存准备，提高生产效率，便于企业资金的合理运用。对采购的生产物料按照行业及企业规则建立统一的物料编码，从而杜绝因物料无序而导致的损失和混乱。

(2) 对需要进行标识的物料打印其条码标识，以便在生产管理中对物料的单件跟踪，从而建立完整的产品档案。

(3) 利用条码技术对仓库进行基本的进、销、存管理，有效地降低库存成本。

(4) 通过产品编码，建立物料质量检验档案，产生质量检验报告，与采购订单挂钩以建立对供应商的评价。

2) 生产线物流管理

(1) 制定产品识别码格式。根据企业规则和行业规则确定产品识别码的编码规则，保证产品规则化、唯一标识。

(2) 建立产品档案。通过产品标识条码在生产线上对产品生产进行跟踪，并采集生产产品的部件、检验等数据作为产品信息，当生产批次计划审核后建立产品档案。

(3) 通过生产线上的信息采集点来控制生产的信息。

(4) 通过产品标识码条码在生产线上采集质量检测数据，以产品质量标准为准绳判定产品是否合格，从而控制产品在生产线上的流向及是否建立产品档案，打印合格证。

3) 分拣运输

铁路运输、航空运输、邮政通信等许多行业都存在货物的分拣、搬运问题，大批量的货物需要在很短的时间内被准确无误地装到指定的车厢或航班。一个生产厂家如果生产上百个品种的产品，并将其分门别类，送到不同的目的地，就必须扩大场地，增加人员，还常常会出现人工错误。解决这些问题的办法就是应用物流标识技术，使包裹或产品自动分拣到不同的运输机上。我们所要做的只是将预先打印好的条码标签贴在发送的物品上，并在每个分拣点安装一台条码扫描器。

4) 仓储保管

在仓储系统，采用条码可以通过应用标识符分辨不同的信息，经过计算机对信息进行处理后，更有利于对商品的采购、保管和销售。

5) 货物通道

货物通道由一组扫描器组成，全方位扫描器能够从上下、前后和左右各方向识读条码。无论包裹有多大，无论运输机的速度有多快，无论包裹间的距离有多小，所有制式的扫描器可以一起工作，决定当前哪些条码需要识读，然后把一条条信息传送给主计算机或控制系统。新一代的货物通道能够以很高的速度同时采集包裹上的条码标识符、实际的包裹尺寸和包裹的重量信息，且这个过程不需要人工干预。

6) 产品售后跟踪服务

通过产品的售后服务信息采集与跟踪，为企业产品售后保修服务提供了依据，同时能够有效地控制售后服务中存在的各种问题，如销售产品重要部件被更换而造成保修损失、销售商虚假的修理报表等。其具体的应用体现在以下几方面。

(1) 根据产品标识条形码建立产品销售档案，记录产品信息、重要零部件信息。

(2) 通过产品上的条形码进行售后维修产品检查，检查产品是否符合维修条件和维修范围，建立产品售后维修档案。同时分析其零部件的情况，建立维修零部件档案。

(3) 通过产品标识条形码反馈产品售后维修记录，对产品维修点实施监督，记录统计维修原因，强化对产品维修的过程管理。

2. 应用前景

条码技术是在计算机的应用实践中产生和发展起来的一种自动识别技术，它是实现快速、准确而可靠地采集数据的有效手段。条形码技术已经成为物流现代化的一个重要组成部分。同时，它还有力地促进了物流体系各环节作业的机械化、自动化，对物流各环节的计算机管理起基础性作用。条码技术的应用解决了数据录入和数据采集的瓶颈问题，为物流管理提供了有力的技术支持，并贯穿于物流管理的全过程。

物流过程中，条码装载着物流信息，并附着于物流单元上，保证标识信息与实物同步。以条码识读为基础的POS自动销售系统，带来了销售、库存管理、订货、结算方式的变革，同时也促进了条码体系的发展及其在更大范围、更多领域的应用，逐步从物流供应链的零售末端前推到配送、仓储、运输等物流各个环节。近年来，EAN 与美国统一编码委员会合作建立了全球统一的开放系统的物品编码体系及条码标识，为全球供应链物流环节的条码应用提供了解决方案。不夸张地说，没有条码的物流过程不可想象。

条码技术具有使用价格低廉、应用范围广泛的优势，而且条码技术在物流行业应用的条件已经基本成熟，因此条码技术在物流行业的应用必将进入一个快速发展阶段。目前，我国条码技术在物流行业的应用才刚刚起步，应用普及率很低，因此发展空间很大，而且随着我国物流信息化的不断发展，条码技术在物流行业的发展空间还会进一步扩大。

阅读案例 2-1

火车票上的二维条码

1997 年，全国铁路系统开始实行计算机联网售票，启用第二代火车票，就是粉红色软纸票。第二代火车票使用一维条码，由于其容量较小，所以只能起到标识作用，而不具备防伪功能。

为了有力打击假票泛滥的现象，原铁道部(现划分为国家铁路局和中国铁路总公司)决定于 2009 年 12 月 10 日在全国范围内对火车票进行升级改版，启用第三代火车票，如图 2.17 所示。此次升级最大的变化是将车票下方的一维条码变成了二维防伪图案。该二维防伪图案呈正方形、黑白相间，形似以前的“三维立体画”。

图 2.17 第三代火车票

图 2.17 所示的火车票条码为 23693001011112 A013415，其中，2369300101 表示售票的车站和窗口，1112 表示售票日期，A013415 为车票号，与车票左上角的号码相对应。

第三代火车票采用的是 QR Code，图 2.17 中的 QR Code 中不仅包含火车票条码，还包含防伪加密码和里程数。

近几年来，二维条码成为国际上流行的携带和传递数据的高科技手段，具有存储量大、保密性高、追踪性强、抗损性强等特性。采用二维条码防伪客票系统后，售票人员根据乘客的购票类型，将相应信息(如车次、价格、售出地等)利用二维码制码软件加密后生成二维条码，并将其打印在客票的票面上。

乘客在进站口检票时，检票人员通过二维条码识读设备对客票上的二维条码进行识读，系统将自动辨别车票的真伪，并将相应信息存入系统中。此外，检票人员还可利用掌上式二维条码识读设备在车上检票，掌上识读设备自动将读到的信息与自有数据库中的数据进行对比，辨别客票的真伪。利用二维条码识读设备检查客票，不仅提高了工作效率，也避免了人为的错误。

(资料来源：李贞. 物流信息技术与应用[M]. 北京：航空工业出版社，2011.)

2.3　条码识别技术

在计算机技术与信息技术基础上发展起来的条码技术，集编码、印刷、识别、数据采集和处理于一身，其核心内容是利用光电扫描设备识读条码符号，从而实现机器的自动识别，并快速准确地将信息录入到计算机进行数据处理，以达到自动化管理的目的。

2.3.1　条码识读系统组成

从系统结构和功能上讲，条码识读系统由扫描系统、信号整形、译码等部分组成。扫描系统由光学系统及探测器，即光电转换器件组成，它完成对条码符号的光学扫描，并通过光电探测器，将条码图案的光信号转换成电信号。条码扫描系统可采取不同光源、扫描形式、光路设计实现其功能。

信号整形部分由信号放大、滤波、波形整形组成，它的功能在于将条码的光电扫描信号处理成为标准电位的矩形波信号，其高低电平的宽度和条码符号的条空尺寸相对应。各种条码识读设备都有自己的条码信号处理方法，随着条码识读设备的发展，判断条码符号条空边界的信号整形方法日趋科学、合理和准确。

译码部分由计算机方面的软硬件组成，它的功能是对得到的条码矩形波信号进行译码，并将结果输出到条码应用系统中的数据采集终端。各种条码符号的标准译码算法来自于各个条码符号的标准，不同的扫描方式对译码器的性能要求也不同。

2.3.2　条码识读系统工作原理

条码是由宽度不同、反射率不同的条(黑条)和空(白条)按照一定的编码规则(码制)编制成的。由于白色物体能反射各种波长的可见光，黑色物体则吸收各种波长的可见光，因此当条形码扫描器光源发出的光经凸透镜照射到黑白相间的条形码上时，反射光经凸透镜聚焦后，照射到光电转换器上，于是光电转换器接收到与白条和黑条相应的强弱不同的反射光信号，并转换成相应的电信号输出到放大整形电路，白条、黑条的宽度不同，相应的电信号持续时间长短也不同。

但是，由光电转换器输出的与条形码的条和空相应的电信号一般仅 10mV 左右，不能直接使用，因而先要将光电转换器输出的电信号送放大器放大，放大后的电信号仍然是一个模拟电信号，为了避免由条形码中的疵点和污点导致错误信号，在放大电路后需加一段整形电路，把模拟信号转换成数字信号，数字信号经译码器译成数字、字符信息，它通过识别起始、终止字符来判别条形码符号的码制及扫描方向；通过测量脉冲数字电信号 0、1 的数目来判别条和空的数目，通过测量 0、1 信号持续的时间来判别条和空的宽度。这样便得到了被辨读的条形码符号的条和空的数目及相应的宽度和所用码制，根据码制所对应的编码规则，便可将条形码符号换成相应的数字、字符信息，通过接口电路传送到计算机系统进行数据处理与管理，便完成了条形码识别的全过程，如图 2.18 所示。

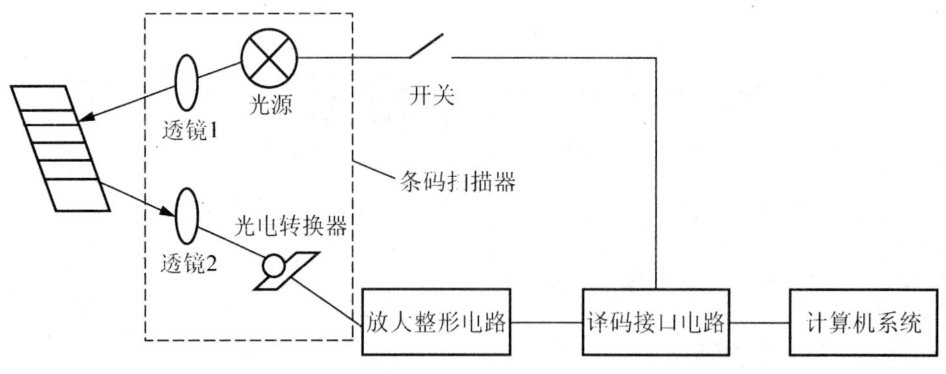

图 2.18　条码的识别过程

2.3.3　条码识读设备的分类与选择

条码识读设备是用来读取条码信息的设备。它使用一个光学装置将条码的条空信息转换成电平信息，再由专用译码器翻译成相应的数据信息。条码识读设备一般不需要驱动程序，接上后可直接使用，如同键盘一样。

1. 条码识读设备的分类

条码识别设备由条码扫描和译码两部分组成。现在绝大部分条码识读器都将扫描器和译码器集成为一体。人们根据不同的用途和需要设计了各种类型的扫描器。下面按条码识读器的扫描方式、操作方式、识读码制能力和扫描方向对各类条码识读器进行分类。

1) 按扫描方式不同分类

条码识读设备从扫描方式上可分为接触和非接触两种条码扫描器。接触式条码扫描器包括光笔与卡槽式条码扫描器；非接触式条码扫描器包括 CCD 扫描器、激光扫描器。

2) 按操作方式不同分类

条码识读设备按操作方式不同上可分为手持式和固定式两种条码扫描器。

手持式条码扫描器应用于许多领域，这类条码扫描器特别适用于条码尺寸多样、识读场合复杂、条码形状不规则的应用场合。在这类扫描器中有光笔、激光枪、手持式全向扫描器、手持式 CCD 扫描器和手持式图像扫描器。固定式扫描器扫描识读不用人手把持，适用于省力、人手劳动强度大(如超市的扫描结算台)或无人操作的自动识别应用。固定式扫描器有卡槽式扫描器、固定式单线、单方向多线式(栅栏式)扫描器、固定式全向扫描器和固定式 CCD 扫描器。

3) 按识读码制的能力不同分类

条码扫描设备按原理不同可分为光笔、CCD、激光和拍摄 4 类条码扫描器。光笔与卡槽式条码扫描器属于光笔类条码扫描器，只能识读一维条码；激光条码扫描器只能识读行排式二维条码(如 PDF417 条码)和一维条码；图像式条码识读器属于拍摄类条码扫描器，可以扫描常用的一维条码，还能识读行排式和矩阵式的二维条码。

4) 按扫描方向不同分类

条码扫描设备按扫描方向不同可分为单向和全向条码扫描器。其中全向条码扫描器又分为平台式和悬挂式。悬挂式全向扫描器是从平台式全向扫描器中发展而来的，这种扫描器也适用于商业 POS 系统及文件识读系统。识读时可以手持，也可以放在桌子上或挂在墙上，在使用时更加灵活方便。

2. 条码识读设备的选择

不同的应用场合对识读设备有不同的要求，用户必须综合考虑，以达到最佳的应用效果。在选择识读设备时，应考虑以下几个方面。

1) 与条码符号相匹配

条码扫描器的识读对象是条码符号，所以在条码符号的密度、尺寸等已确定的应用系统中，必须考虑扫描器与条码符号的匹配问题。例如，对于高密度条码符号，必须选择高分辨率的扫描器。当条码符号的长度尺寸较大时，必须考虑扫描器的最大扫描尺寸，否则可能出现无法识读的现象；当条码符号的高度与长度尺寸比较小时，最好不选用光笔，以避免人工扫描的困难。如果条码符号是彩色的，一定得考虑扫描器的光源，最好选用波长为633nm的红光，否则可能出现对比度不足的问题而给识读带来困难。

2) 首读率

首读率是条码应用系统的一个综合指标，要提高首读率，除了提高条码符号的质量外，还要考虑扫描设备的扫描方式等因素。当手动操作时，首读率并非特别重要，因为重复扫描会补偿首读率低的缺点。但对于一些无人操作的应用环境，要求首读率为100%，否则会出现数据丢失现象。为此，最好是选择移动光束式扫描器，以便在短时间内有几次扫描机会。

3) 工作空间

不同的应用系统都有特定的工作空间，所以对扫描器的工作距离及扫描景深有不同的要求。对于一些日常办公条码应用系统，对工作距离及扫描景深的要求不高，选用光笔、CCD扫描器这两种较小扫描景深和工作距离的设备即可满足要求。对于一些仓库、储运系统，一般要求离开一段距离扫描条码符号，所以要求扫描器的工作距离较大，选择有一定工作距离的扫描器如激光枪等。对于某些扫描距离变化的场合，则需要扫描景深大的扫描设备。

4) 接口要求

应用系统的开发，首先是确定硬件系统环境，而后才涉及条码识读器的选择问题，这就要求所选识读器的接口要符合该系统的整体要求。通用条码识读器的接口方式有串行通信口和键盘口两种。

5) 性价比

条码识读器由于品牌不同、功能不同，其价格也存在很大的差别，因此我们在选择识读器时，一定要注意产品的性能价格比，应本着满足应用系统的要求且价格较低的原则选购。扫描设备的选择不能只考虑单一指标，而应根据实际情况全面考虑。

2.4 二维条码技术

2.4.1 二维条码概述

1. 二维条码的产生

二维条码技术是在一维条码无法满足实际应用需求的前提下产生的。由于受信息容量的限制，一维条码通常是对物品的标识，而不是对物品的描述。所谓对物品的标识，就是给某物品分配一个代码，代码以条码的形式标识在物品上，用来标识该物品以便自动扫描设备的识读，代码或一维条码本身不表示该产品的描述性信息。

因此，在 UPC 的应用系统中，对商品信息，如生产日期、价格等的描述必须依赖数据库的支持。在没有预先建立商品数据库或不便联网的地方，一维条码表示汉字和图像信息几乎是不可能的，即使可以表示，也显得十分不便且效率很低。随着现代高新技术的发展，迫切需要用条码在有限的几何空间内表示更多的信息，以满足千变万化的信息表示的需要。

二维条码最早发明于日本。它是用某种特定的几何图形按一定规律在平面(二维方向上)分布的黑白相间的图形记录数据符号信息的；在代码编制上巧妙地利用构成计算机内部逻辑基础的“0”、“1”比特流的概念，使用若干个与二进制相对应的几何形体来表示文字数值信息，通过图像输入设备或光电扫描设备自动识读以实现信息自动处理。二维条码能够在横向和纵向两个方位同时表达信息，因此能在很小的面积内表达大量的信息，信息容量接近 2 000B，通过压缩技术能将凡是可以数字化的信息，包括字符、照片、指纹、声音等进行编码，在远离数据库和不便联网的地方实现信息的携带、传递和防伪。

2. 二维条码的特点

二维条码具有条码技术的一些共性：每种码制有其特定的字符集，每个字符占有一定的宽度，具有一定的校验功能等，同时还具有以下特点。

(1) 信息容量大。根据不同的条空比例每平方英寸可以容纳 250～1 100 个字符，比普通条码信息容量约高几十倍。

(2) 容错能力强。二维条码因穿孔、污损等引起局部损坏时，照样可以正确得到识读，损毁面积达 50%仍可恢复信息，比普通条码译码错误率低得多，误码率不超过 1/10 000 000。

(3) 引入加密措施。引入加密措施后保密性、防伪性好。

(4) 印刷多样。二维条码不仅可以在白纸上印刷黑字，还可以进行彩色印刷，而且印刷机器和印刷对象都不受限制，印刷方便。

(5) 可影印及传真。二维条码经传真和影印后仍然可以使用，而一维条码在经过传真和影印后机器就无法进行识读。

2.4.2 常用的二维条码

1. 行排式二维条码

1) 16K 码

16K 码是一种多层、连续型、可变长度的条码符号，可以表示全 ASCII 字符集的 128 个字符及扩展 ASCII 字符。它采用 UPC 及 128 码字符，如图 2.2(f)所示。一个 16 层的 16K 码符号，可以表示 77 个 ASCII 字符或 154 个数字字符。每个符号字符单元总数为 6，即每个字符由 3 个条和 3 个空组成，符号高度为 2～16 行(层)，每层具有自校验功能。16K 码的其他特性包括工业特定标志、区域分隔符字符、信息追加、序列符号连接和扩展数量长度选择等。

2) 49 码

49 码是一种多层、连续型、可变长度的条码符号，它可以表示全部的 128 个 ASCII 字符。每个 49 码符号由 2～8 层组成，每层有 18 个条和 17 个空，如图 2.2(e)所示。层与层之间由一个层分隔条分开。每层有一个起始字符和一个终止字符，每层具有自校验功能。最后一层包含表示符号层数的信息。

3) PDF417 条码

PDF 意为便携数据文件，由于组成条码的每个符号的字符均由 4 个条和 4 个空共 17 个模块组成，故称为 PDF417 条码，如图 2.2(d)所示。PDF417 条码是一种多层、非定长、具有高容量和纠错能力的二维条码。每个 PDF417 条码符号可表示 1 100B，或 1 800 个 ASCII 字符或 2 700 个数字的信息。PDF417 条码最大的优势在于其庞大的数据容量和极强的纠错能力。

由于 PDF417 条码的容量较大，除了可将人的姓名、单位、地址、电话等基本资料进行编码外，还可将人体的特征如指纹、视网膜及照片等个人记录存储在条码中，这样不但可以实现证件资料的自动输入，而且可以防止证件的伪造，减少犯罪。PDF417 条码已在美国、加拿大、新西兰的交通部门的执照年审、车辆违规登记、罚款及定期检验上开始应用。美国同时将 PDF417 条码应用在身份证、驾照、军人证上。此外，墨西哥也将 PDF417 条码应用在报关单据与证件上，从而防止了仿造及犯罪。另外，PDF417 条码是一个公开码，任何人皆可用其演算法而不必付费，因此是一个开放的条码系统。我国目前已制定了国家标准 GB/T 17172—1997《四一七条码》。

2. 矩阵式二维条码

1) QR Code

QR Code 是由日本 Denso Wave 公司于 1994 年 9 月研制出的一种矩阵式二维条码，如图 2.2(b)所示。QR 是英文“Quick Response”的缩写，即快速反应的意思，源自发明者希望 QR Code 可让其内容快速被解码，所以 QR Code 又被称为快速响应矩阵码。

QR Code 条码符号共有 40 种规格，分别为版本 1、版本 2、……、版本 40。版本 1 的规格为 21 模块×21 模块，版本 2 为 25 模块×25 模块，以此类推，每一版本符号比前一版本每边增加 4 个模块，直到版本 40，规格为 177 模块×177 模块。QR Code 呈正方形，只有黑白两色。位于符号的左上角、右上角和左下角，印有较小、像“回”字的正方图案。这 3 个图案是位置探测图形，能够帮助解码软件定位，使用者不需要对准，无论以任何角度扫描，资料仍可正确被读取。

QR Code 可用来表示数字、字母、8 位字节型数据、日文汉字和中文汉字字符等内容，其容量密度大，可以放入 1 817 个汉字、7 089 个数字、4 200 个英文字母。QR Code 用数据压缩方式表示汉字，仅用 13 位即可表示一个汉字，比其他二维条码表示汉字的效率提高了 20%。QR Code 具有 4 个等级的纠错功能，即使破损也能够正确识读。QR Code 条码与其他二维条码相比，具有识读速度快、数据密度大、占用空间小的优势。

知识链接

QR Code 如今被越来越广泛地应用于电子票务领域，电影票、电子优惠券、电子会员卡等给人们的日常生活带来无数便利。在国外电子机票登机已经普及了，我国也在推广电子机票。

电子票务一般是通过短信方式发送一张包含相关信息的二维码(我国一般是 QR Code)图片到用户手机，使用时用户只需在指定地点的二维码识别终端上照一下，相关信息便被读取出来，十分方便。目前使用比较广泛的电子票务二维码识别终端是上海夏浪科技的 SL-QC15S，春秋航空、海南航空也已将此设备运用于其系统中。

另外，2009年12月，广州机场已经开始使用电子机票了，无须登机牌，一条二维码短信就可以轻松登机。

原铁道部于2009年12月10日开始改版铁路车票，新版车票采用QR Code作为防伪措施，取代以前的一维条码。浙江省杭州市及河北省石家庄市的公交业者，在站台和车上，使用QR Code为市民提供公交的线路信息。

2) Maxicode

Maxicode是一种中等容量、尺寸固定的矩阵式二维条码，它由紧密相连的六边形模块和位于符号中央位置的定位图形所成，如图2.2(c)所示。

Maxicode每个符号由884个六边形模块组成，分为33层环绕着中央寻像图形，每层最多包含30个模块。Maxicode具有一个大小固定且唯一的中央定位图形，为3个黑色的同心圆，用于扫描定位。此定位图形在数据模组所围成的虚拟六边形的正中央，在此虚拟六边形的6个顶点上各有3个黑白色不同组合式所构成的模组，称为“方位丛”(Orientation Cluster)，其提供扫描器重要的方位信息。Maxicode特别为高速扫描而设计，主要应用于包裹搜寻和追踪上。

3) Data Matrix

Data Matrix二维条码原名Data Code，由美国国际资料公司(International Data Matrix，ID Matrix)在1989年发明。Data Matrix二维条码是一种矩阵式二维条码，其发展的构想是希望在较小的条码标签上存入更多的资料量。Data Matrix二维条码的最小尺寸是目前所有条码中最小的，尤其特别适用于小零件的标识，以及直接印刷在实体上。

Data Matrix二维条码的外观是一个由许多小方格所组成的正方形或长方形符号，其信息的存储是以浅色与深色方格的排列组合，以二位元码(Binary-code)方式来编码，故计算机可直接读取其资料内容，而不需要借助如传统一维条码的符号对应表，如图2.2(a)所示。深色代表 “1”，浅色代表 “0”，再利用成串(String)的浅色与深色方格来描述特殊的字元信息，这些字串再列成一个矩阵式码，形成Data Matrix二维条码，再以不同的印表机印在不同材质表面上。由于Data Matrix二维条码只需要读取资料的20%即可精确辨读，因此适用于条码容易受损的场所，如印在暴露于高热、化学清洁剂、机械剥蚀等特殊环境的零件上。

每个Data Matrix二维条码符号由规则排列的方形模块构成的数据区组成，数据区的四周由定位图形所包围，定位图形的四周则由空白区包围，数据区再以排位图形加以分隔。定位图形是数据区域的一个周界，为一个模块宽度。其中两条邻边为暗实线，主要用于限定物理尺寸、定位和符号失真。另两条邻边由交替的深色和浅色模块组成，主要用于限定符号的单元结构。

Data Matrix二维条码的尺寸可任意调整，最大可到9 032mm^2，最小可到0.13mm^2，这个尺寸也是目前一维与二维条码中最小的，因此特别适合印在电路板的零组件上。另一方面，大多数条码的大小与编入的信息量有绝对的关系，但是Data Matrix二维条码的尺寸与其编入的信息量却是相互独立的，因此它的尺寸比较有弹性。此外，Data Matrix二维条码最大储存量为2 000B，自动纠正错误的能力较低，只能用特别的CCD扫描器来解读。

2.4.3 二维条码的发展和应用

国外对二维条码技术的研究始于 20 世纪 80 年代，二维条码作为一种全新的信息存储、传递和识别技术，自诞生之日起就受到了全世界许多国家的关注。我国对二维条码技术的研究始于 1993 年，随着我国市场经济的不断完善和信息技术的迅速发展，国内对二维条码这一新技术的需求与日俱增。

二维条码具有储存量大、保密性高、追踪性高、抗损性强、备援性大、成本便宜等特性，这些特性特别适用于表单、安全保密、追踪、证照、盘点、备援等方面。

(1) 表单应用：公文表单、商业表单、进出口报单、舱单等资料之传送交换，减少人工重复输入表单资料，避免人为错误，降低人力成本。

(2) 保密应用：商业情报、经济情报、政治情报、军事情报、私人情报等机密资料之加密及传递。

(3) 追踪应用：公文自动追踪、生产线零件自动追踪、客户服务自动追踪、邮购运送自动追踪、维修记录自动追踪、危险物品自动追踪、后勤补给自动追踪、医疗体检自动追踪、生态研究(动物等)自动追踪等。

(4) 证照应用：护照、身份证、挂号证、驾照、会员证、识别证、连锁店会员证等证照之资料登记及自动输入，发挥“随到随读”、“立即取用”的资讯管理效果。

(5) 盘点应用：物流中心、仓储中心、联勤中心之货品及固定资产之自动盘点，发挥“立即盘点、立即决策”的效果。

(6) 备援应用：文件表单的资料若不愿或不能以磁碟、光碟等电子媒体储存备援时，可利用二维条码来储存备援，携带方便，不怕折叠，保存时间长，又可影印传真，做更多备份。

二维条码已经开始进入到各行各业中，并且发挥了极其重要的作用。在数据采集、数据传递方面，二维条码具有独有的优势。首先，二维条码存储容量多达上千字节，可以有效地存储货品的信息资料；其次，由于二维条码采用了先进的纠错算法，在部分损毁的情况下，仍然可以还原出完整的原始信息，所以应用二维条码技术存储传递采集货品的信息具有安全、可靠、快速、便捷的特点。

在供应链中采用二维条码作为信息的载体，不仅可以有效避免人工输入可能出现的失误，大大提高入库、出库、制单、验货、盘点的效率，而且兼有配送识别、服务识别等功能，还可以在不便联网的情况下实现脱机管理。

知识链接

手机扫描二维码技术简单地说是通过手机拍照功能对二维码进行扫描，快速获取到二维条码中存储的信息，进行上网、发送短信、拨号、资料交换、自动文字输入等，手机二维码目前已经被各大手机厂商使用开发。

手机二维码是二维码的一种，手机二维码不但可以印刷在报纸、杂志、广告、图书、包装及个人名片上，用户还可以通过手机扫描二维码，或输入二维码下面的号码即可实现快速手机上网功能，并随时随地下载图文、了解企业产品信息等。

本 章 小 结

条码技术是在计算机的应用实践中产生和发展起来的一种实现快速、准确数据采集和自动识别的技术，条码技术研究的是如何将计算机所需的数据用条码来表示，以及如何将条码表示的数据转变为计算机可读的数据。

条码技术起源于 20 世纪 40 年代、研究于 60 年代、应用于 70 年代、普及于 80 年代。按照维数不同，条码可以分为一维条码和二维条码。按照码制不同，一维条码分为 UPC、EAN、25 码、交叉 25 码、库德巴码等；二维条码有 QR Code、PDF417 条码、49 码、16K 码、Data Matrix 和 Maxicode 等。

条码识别技术的核心内容是利用光电扫描设备识读条码符号，从而实现机器的自动识别，并快速准确地将信息录入到计算机进行数据处理，以达到自动化管理的目的。条码在物流企业中的应用主要集中在物料管理、生产线管理、分拣运输、仓储管理、货物通道、产品售后跟踪服务环节。

条码技术作为物流管理的基本手段，大大地提高了基础数据的采集和传递速度，提高了物流效率，为物流管理的科学化和现代化作出了贡献。

关键术语

条码　一维条码　二维条码　条码识别技术　UPC　EAN　PDF417　QR Code

习　　题

1. 选择题

(1) 我国某商品使用 EAN-13 进行编码，前缀码为 692，则其厂商识别代码数字位数为______。

A．6　　B．7　　C．8　　D．9

(2) ______位于条码中间的条、空结构，它包含条码所表达的特定信息。

A．静区　　B．起始/终止符
C．数据符　　D．校验符

(3) 通用商品条码模块的一个字符由 2 个条和______个空构成。

A．1　　B．2　　C．3　　D．4

(4) ______二维条码形态上是由多行短截的一维条码堆叠而成，它在编码设计、校验原理、识读方式等方面继承了一维条码的一些特点，识读设备与条码印刷与一维条码技术兼容。

A．堆叠式/行排式　　B．矩阵式
C．图像式　　D．数字式

(5) 国际上公认的用于物流领域的条码不包括______。

A．EAN-13　　B．交叉 25 码　　C．QR Code　　D．UCC/EAN-128

(6) 从系统结构和功能上讲，条码识读系统由______等部分组成。

A．条码扫描和译码　　B．光学系统及探测器

C．信号放大、滤波、波形整形　　D．扫描系统、信号整形、译码

(7) ______又称手持终端。

A．激光扫描器　　B．CCD 扫描器

C．卡槽式扫描器　　D．便携式数据采集器

(8) 条码的编码方法中______，是指条码符号中，条与空是由标准宽度的模块组合而成。

A．模块组合法　　B．宽度调节法

C．矩阵法　　D．堆叠法

2. 简答题

(1) 简述条码的概念。

(2) 列举一维条码的主要码制。

(3) 简述 EAN-13 的代码结构。

(4) 商品条码在编码时应遵守哪些原则？

(5) 简述条码识别系统的组成。

(6) 选择条码识读设备时应考虑哪些因素？

(7) 简述二维条码与一维条码的区别。

(8) 简述 QR Code 的优点。

3. 判断题

(1) 一维条码只在一个方向(一般是水平方向)表达信息，而在垂直方向不表达任何信息。　　(　　)

(2) 编码中的“条”指对光线反射率较低的部分，“空”指对光线反射率较高的部分。　　(　　)

(3) 一个完整的一维条码由两侧空白区、起始符、数据符、校验符、终止符组成。　　(　　)

(4) 条码扫描设备按原理不同可分为光笔、CCD、激光和拍摄 4 类条码扫描器。(　　)

(5) 激光条码识读器可以识读常用的一维条码，还能识读行排式和矩阵式的二维条码。　　(　　)

(6) 二维条码因穿孔、污损等引起局部损坏时，照样可以正确识读，损毁面积达 50% 仍可恢复信息。　　(　　)

(7) QR Code 在扫描时需对准 3 个位置探测图形才能被识别。　　(　　)

(8) 条码技术的应用解决了数据录入和数据采集的瓶颈问题，为物流管理提供了有力的技术支持，并贯穿于物流管理的全过程。　　(　　)

4. 思考题

(1) 条码识别技术的工作原理是什么？

(2) 条码技术在物流领域主要应用在哪些环节？

案例分析

条形码在天津丰田汽车有限公司的应用

天津丰田汽车有限公司是丰田汽车公司在中国的第一个轿车生产基地。在这里，丰田汽车公司不惜投入最新技术，生产专为中国最新开发的，充分考虑到环保、安全等条件因素的新型小轿车。

二维码应用管理解决方案使丰田汽车在生产过程控制管理系统中成功应用了 QR Code 数据采集技术，并与天津丰田汽车有限公司共同完成了生产过程控制管理系统的组建。

1. 丰田汽车组装生产线数据采集管理

汽车是在小批量、多品种混合生产线上生产的，将写有产品种类生产指示命令的卡片安装在产品生产台，这些命令被各个作业操作人员读取并完成组装任务，使用这些卡片存在严重的问题和大的隐患：包括速度、出错率、数据统计、协调管理、质量问题的管理等在内的一系列问题。

1) 系统概要

如果用二维码来取代手工卡片，初期投入费用并不高，但建立了高可靠性的系统。

(1) 生产线的前端，根据主控计算机发出的生产指示信息，条码打印机打印出 1 张条码标签，贴在产品的载具上。

(2) 各作业工序中，操作人员用条码识读器读取载具上的条码符号，将作业的信息输入计算机，主系统对作业人员和检查装置发出指令。

(3) 各个工序用扫描器读取贴在安装零件上的条码标签，然后再读取贴在载具上的二维条码，以确认零件安装是否正确。

(4) 各工序中，二维条码的生产指示号码、生产线顺序号码、车身号数据和实装零部件的数据、检查数据等，均被反馈回主控计算机，用来对进展情况进行管理。

2) 应用效果

(1) 投资较低。

(2) 二维条码可被识读器稳定读取(错误率低)。

(3) 可节省大量的人力和时间。

(4) 主系统对生产过程的指挥全面提升。

(5) 使生产全过程和主系统连接成为一体，生产效益大大提高。

2. 丰田汽车供应链采集系统的应用

1) 应用环境

汽车零件供货商按汽车厂商的订单生产零配件，长期供货，这样可以减少人为操作，缩减成本，提高效率。

2) 应用描述

(1) 汽车厂家将看板标签贴在自己的周转箱上，先定义箱号。

(2) 汽车厂家读取看板标签上的一维条码，将所订购的零件编号、数量、箱数等信息制作成 QR Code，并制作带有该 QR Code 的看板单据。

(3) 将看板单据和看板标签一起交给零件生产厂。

(4) 零件生产厂读取由车辆提供的看板单据上的QR，处理接受的订货信息，并制作发货指示书。

(5) 零件生产厂将看板标签附在发货产品上，看板单据作为交货书发给汽车生产厂。

(6) 汽车生产厂读取看板单据上的QR Code进行接货统计。

3) 应用效果

(1) 采用QR Code使得原来无法条码化的“品名”、“规格”、“批号”、“数量”等可以自动对照，出库时的肉眼观察操作大幅减少，降低了操作人员人为识别验货的错误，避免了误配送的发生。

(2) 出库单系统打印二维条码加密，安全、不易出错。

(3) 验货出库工作可以完全脱离主系统和网络环境独立运行，对主系统的依赖性小，减少主系统网络通信和系统资源的压力，同时对安全性要求降低。

(4) 真正做到了二维条码数据与出库单数据及实际出库的物品的属性特征的统一。

(5) 加快了出库验收作业的时间，缩短了工作的过程，并且验收的信息量大大增加，从而提高了效率、降低了成本、保证了安全、防止了错误的发生。

(资料来源：百度文库. http://wenku.baidu.com/view/fb044e4c2b160b4e767fcf58.html.)

讨论题

(1) 天津丰田汽车有限公司使用手工卡片时存在哪些不足？

(2) 供应链采集系统的应用为天津丰田汽车有限公司解决了哪些问题？

(3) 二维条码技术在该供应链采集系统中发挥了什么作用？

第 3 章　射频识别技术

【本章教学要点】

知识要点	掌握程度	相关知识	应用方向
RF 的概念	熟悉	射频技术	RFID 基本概念
RFID 的概念	掌握	射频识别技术	
RFID 技术发展	了解	1941 年至现在现在的 RFID 技术发展	
RFID 技术的特点	掌握	射频识别技术的十大特点	
RFID 系统的构成	重点掌握	主机系统、阅读器、电子标签、天线	
RFID 系统的分类	掌握	RFID 的 6 种分类方式	RFID 的分类
RFID 的基本原理	重点掌握	应用系统、阅读器、电子标签	RFID 的基本原理与工作流程
RFID 的工作流程	重点掌握	RFID 具体的 7 个工作流程	
RFID 主要技术标准体系	了解	EPC Global、Ubiquitous ID、ISO 标准体系	RFID 主要技术标准体系和频率标准
RFID 频率标准	掌握	低频、高频、超高频	
RFID 应用	了解	交通运输领域的应用、在商品生产销售领域的应用、在军事物流中的应用	RFID 在现代物流中的应用

导入案例

RFID在生鲜食品冷链物流中的应用

RFID 的发展应用给生鲜食品冷链物流操作提供了机会。由于连锁经销体系的兴起，食品流通形态的变革，专业分工细化和低温食品的逐渐普及与成熟，使冷链物流急剧升温，成为人们关注的焦点。冷链物流泛指冷藏冷冻类食品在生产、储藏运输、销售，到消费前的各个环节中始终处于规定的低温环境下，以保证食品质量，减少食品损耗的一项系统工程。它是随着科学技术的进步、制冷技术的发展而建立起来的，是以冷冻工艺学为基础、以制冷技术为手段的低温物流过程。然而现阶段我国还缺乏行之有效的冷链物流的管理方法，原有监测技术手段滞后是最大的技术瓶颈。

RFID技术作为一种新型自动识别技术，已逐渐成为企业提高冷链物流管理水平、降低成本、实现企业管理信息化，特别是增强物流企业核心竞争能力不可缺少的技术工具和手段。

1. 我国生鲜食品冷链物流存在的问题

1) 尚未形成完整的冷链物流体系

目前，我国大部分鲜活产品物流主要是以常温物流或自然物流形式为主，没有形成连贯成型的冷链物流。非冷藏状态下的散装鲜活产品物流，在运输、分销和零售的多次装卸搬运中增加了二次污染的机会，降低了产品的新鲜度，降低了产品质量。

2) 市场化程度较低，缺乏专业化运作

我国连锁企业生鲜产品的物流配送业务多由生产商和经销商完成的，食品冷链的第三方物流发展十分滞后，服务网络和信息系统不够健全，大大影响了食品物流的在途质量、准确性和及时性，同时食品冷链的成本和商品损耗很高。

3) 生鲜食品物流设施落后，配送成本较高

我国冷链物流的现有设施设备陈旧，发展和分布不均衡，无法为易腐食品流通系统地提供低温保障，造成大量损耗，物流费用高，易出现安全隐患。用户较少的地方设施不足，无法保证冷链物流的全程温度控制，商品质量难以保障。

2. RFID技术在生鲜食品冷链物流中应用的优越性

1) 跟踪冷链物流，增加生鲜食品冷链管理的透明度

RFID 技术的核心是标签上的产品电子代码(Electronic Product Code，EPC)，由于EPC提供对物理对象的唯一标识，所以利用 EPC 可以实现货物在整个冷链上货物的物流跟踪，而且 RFID 温度标签还可以提供温度的监控，保证了冷链物流中货物的质量安全。应用RFID后，生鲜食品从生产开始，在供应链上的整个流动过程都会被及时、准确地跟踪，做到透明化。

2) 简化作业流程，提高生鲜食品物流效率

生鲜食品的自身特点决定对其操作应尽量简化，缩短操作时间。因此在生鲜食品托盘和包装箱上贴上RFID标签，在配送中心出入口处安装阅读器，无须人工操作，且可以满足叉车将货物进行出入仓库移动操作时的信息扫描要求，而且可以远距离动态地一次性识别多个标签。这样大大节省了出、入库的作业时间，提高了作业效率。另外，在顾客最后付款的时候，只需把选好地商品通过 RFID 阅读器，就可以直接在电脑屏幕上看到自己所消费的金额，而不用再花很长时间等收银员用扫描仪一件一件地扫描商品后再付款。这样节省了消费者的时间，也提高了零售商的工作效率。

3) 降低企业管理成本，增加市场销售机会

RFID 应用于生鲜食品库存管理，可以减少人工审核工作，保证储存货物质量的安全性，降低管理成本。对于零售商来讲，当自动补货系统显示需要补货，就可以立即向上游企业订货，通过切实可行的RFID 解决方案和 RFID 保证所需货物安全、准时到达，这样就不会出现短货和缺货现象，同时也提高了服务质量，增加销售机会，提高收入。

3. RFID 在超市生鲜食品销售环节的应用设计

(1) 配送中心的冷藏车准时到达超市指定的交货点，把货卸下。超市的工作人员用手持式 RFID 阅读器一次性读取所有货物信息，确认货物信息与订货单上的一致性。如果信息一致，则更新零售商的销售系统中的相关数据。

(2) 超市工作人员马上将货物推进超市，上架销售。冷冻食品及时上架，保证超市不会出现“缺货”、“断货”的现象，满足消费者的消费需求和零售商的销售需求。

(3) 超市在摆放冷冻食品的冷冻柜上方安装了一个 RFID 阅读器，该阅读器的读取范围可以辐射到整个冷冻食品摆放的区域。这个冷冻柜就能利用阅读器对每件商品包装上的 RFID 标签内信息的获取，来自动识别新添的商品。同时，冷冻柜上的 RFID 阅读器可以实时读取冷冻柜的温度信息并及时反馈给超市管理中心，保证冷冻柜的温度在一定的幅度范围内，以保证生鲜食品的新鲜度。

(4) 顾客从冷冻柜拿走一定数量的商品，RFID 阅读器能自动获取被取走商品的相关信息，并及时地向超市的自动补货系统发出信息。

(5) 顾客付款。冷冻食品的外包装上都贴有 RFID 标签，当顾客将购物车推过装有 RFID 阅读器的门时，阅读器可以一次性辨认出购物车中的商品种类、数量、金额等信息，电脑显示屏会显示该顾客消费总金额，然后顾客付款离开。

(6) 当顾客消费完毕离开，超市的销售系统立即自动更新，将所销售的商品信息及销售额全部记录下来。

(资料来源：慧文. RFID 在生鲜食品冷链物流中的应用[N]. 中国包装报，2011(006).)

讨论题

(1) 结合案例，分析 RFID 在生鲜食品冷链物流中的作用与应用设计。

(2) 通过该案例，谈谈 RFID 技术给现代物流业的发展带来的影响。

RFID 作为一种前沿技术，引起了国内外许多企业、零售商、院校、科研单位的关注和兴趣，从而做了很多实际性的研发工作。RFID 的应用，将大大降低流通成本与管理费用，为现代物流业的发展带来革命性的变化。RFID 技术已逐渐成为自动识别技术中最优秀和应用领域最广泛的技术之一。本章主要介绍的内容包括 RFID 的基本概念、RFID 的特点与构成、RFID 的基本原理与工作流程、RFID 主要技术标准体系和频率标准及 RFID 在现代物流中的应用。

3.1 RFID 概述

3.1.1 射频技术概述

1. 射频技术的概念

射频(Radio Frequency，RF)技术也称无线射频或无线电射频技术，是一种无线电通信技术，其基本原理是电磁理论，利用无线电波对记录媒体进行读写。目前，RF 用得较多的是 IEEE 802.11b 标准，且 2.4GHz 的高频道使服务器与终端之间的通信速度可达 12MB/s，这段频道干扰小，在绝大部分国家都不受无线管制。

RF 技术以无线信道作为传输媒体，建网迅速，通信灵活，可以为用户提供快捷、方便、实时的网络连接，也是实现移动通信的关键技术之一。

RF 技术的应用已经渗透到商业、工业、运输业、物流管理、医疗保险、金融和数学等众多领域。

2. RFID 的概念

RFID 是一项利用射频信号通过空间耦合(交变磁场或电磁场)实现无接触信息传递并通过所传递的信息达到识别目的的技术。简单地说，RFID 是利用无线电波进行数据信息读写的一种自动识别技术或无线电技术在自动识别领域中的应用。

埃森哲实验室首席科学家弗格森认为 RFID 是一种突破性的技术："第一，可以识别单个的非常具体的物体，而不是像条形码那样只能识别一类物体；第二，其采用无线电射频，可以透过外部材料读取数据，而条形码必须靠激光来读取信息；第三，可以同时对多个物体进行识读，而条形码只能一个一个地读。此外，存储的信息量也非常大。"

RFID 技术在 20 世纪 80 年代开始逐渐成熟起来。1985 年，美国在研究哥伦比亚鲑鱼迁移的特性时使用了 RFID 技术，获得了很大的成功。在欧洲，RFID 的技术已经在工业自动化、商业自动化、仓储管理及运输控制等领域得到广泛应用，例如，欧共体规定在 1997 年后生产的新车型必须装有基于 RFID 技术的防盗装置。RFID 改变了生活中的很多方面，同样这种高效的新技术也给供应链管理带来了巨大的影响。RFID 的发展历程见表 3-1。

表 3-1　RFID 技术的发展历程

时　　间	RFID 技术发展历程
1941—1950 年	雷达的改进和应用催生了 RFID 技术，1984 年奠定了 RFID 技术的理论基础
1951—1960 年	早期 RFID 技术的探索阶段，主要处于实验室实验研究
1961—1970 年	RFID 技术的理论得到了发展，开始一些应用尝试
1971—1980 年	RFID 技术测试得到加速，出现了一些早期的 RFID 应用
1981—1990 年	RFID 产品进入商业应用阶段，各种封闭式系统应用开始出现
1991—2000 年	RFID 技术标准化问题日趋得到重视，RFID 产品得到广泛采用
2001 年至今	标准化问题日趋为人们所重视，产品更加丰富，电子标签成本不断降低

由于 RFID 技术的先进性，应用范围逐渐扩大，随着使用成本的逐年下降，大有取代条形码和 IC 卡的趋势。

阅读案例 3-1

RFID 市场走向成功　离不开新型导电油墨

导电油墨是由金属导电微粒(银、铜、碳，通常为银)分散在联结料中形成的一种导电性复合材料，印刷到承印物上之后，起到导线、天线和电阻的作用。该油墨印刷在柔性或硬质材料(纸张、PVC、PE 等)上可制成印刷电路。导电油墨干燥后，由于导电粒子间的距离变小，自由电子沿外加电场方向移动形成电流，具有良好的导电性能，可接收 RFID 专用的 RF 信号。对于印刷 RFID 标签内置天线而言，一个好的导电油墨配方，要求具有良好的印刷适性，印刷后的墨层具有附着力强、电阻率低、固化温度低、导电性能稳定等特点。

根据 NanoMarkets 市场调查公司的分析，导电油墨市场将发展成为一个非常大的产业，到 2015 年，导电油墨市场总值将会是目前的 3 倍，达到 24 亿美元。由于市场发展潜力诱人，油墨制造商蜂拥而至，纷纷开始涉足导电油墨业务，希望能够从中分得一杯羹。

随着RFID技术应用的快速普及，一些大型油墨制造商也适时推出新型的导电油墨，进一步推动了RFID市场的发展。可以说，推动RFID市场逐步走向成功的关键因素之一就是导电油墨的成功开发。导电油墨的发展促进了印刷技术在RFID标签制造中的应用。虽然RFID市场一直保持增长，但长期以来一直期望的大幅增长还要依赖于RFID标签生产成本的降低及其在普通商品上的大规模的应用。印刷导电油墨将是降低RFID标签生产成本的理想解决方案。目前来看，用于RFID天线印刷的导电油墨在整个导电油墨市场仅占非常小的一部分。但业内人士认为，未来10年，印刷RFID天线所用的导电油墨在整个导电油墨市场中的份额将保持快速增长，同时，导电油墨在整个油墨市场中所占的份额也将大幅提升。

RFID技术目前比较成功的应用领域是智能卡，它采用HF RFID技术，最突出的特点是识读距离比较短、成本较低、可靠性较高，比较适合用于IC公交卡和银行卡等。同时，各行各业对远距离识读系统的需求也非常强劲，从而促进了UHF RFID技术的应用。而且，UHF RFID标签在SCM等领域可以代替传统条形码，用于产品的跟踪和识别。但是，UHF RFID标签及相关系统要想获得大规模的商业应用，就必须要克服标签生产成本较高这个最大的阻碍。一直以来，蚀刻是制作RFID天线最常用的方法，蚀刻RFID天线必须要经过干式蚀刻和湿式蚀刻两种工艺，降低生产成本的难度比较大。同时蚀刻RFID天线还需要经过化学处理工艺，处理过程中会产生大量废液，所以蚀刻RFID天线被认为是一种非常不环保的工艺。

导电油墨被认为是能赢得全球普遍认同的唯一技术。导电油墨印刷RFID天线的方法只需要经过干法工艺，不会像蚀刻工艺那样产生大量废液，被认为是一种更环保、更高效的工艺。此外，用导电油墨印刷RFID天线可以实现大批量生产，且废品率比较低，天线性能稳定，也能使RFID标签的总体生产成本大大降低。因此可以说，用导电油墨印刷RFID天线将是制作HF RFID和UHF RFID天线的首选工艺。

另外，采用网印导电油墨工艺也能降低RFID标签的生产成本，原因之一是引进印刷设备的投资比引进铜蚀刻设备要便宜得多。此外，由于印刷过程中无须为满足环保要求而追加额外的投资，故而生产成本及设备维护成本比铜蚀刻方法也要低，从而也减少了RFID标签的成本。

（资料来源：RFID世界网. http://news.rfidworld.com.cn/2012_12/55b99d6c43f7f572.html.）

3.1.2 RFID的特点

RFID的特点包括以下几个方面。

(1) 全自动快速识别多目标。RFID阅读器利用无线电波，全自动瞬间读取标签的信息，并且可以同时识别多个RFID电子标签。

(2) 追踪定位性。RFID具有全自动快速识别多目标的特点，使得利用RFID能够对标签所对应的目标对象实施跟踪定位。如果把RFID标签与GPS结合，可以对带有RFID标签的列车、货舱等进行有效的地理位置的追踪。

(3) 应用面广。电子标签很小，因此可以轻易地嵌入或附着在不同类型、形状的产品上，在利用RFID读取时不受尺寸大小与形状限制，不需要为了读取精确度而配合纸张的固定尺寸和印刷品质。此外，RFID标签可向小型化与多样形态发展，以应用于不同产品。

(4) 数据记忆量大。RFID系统中电子标签包含存储设备，可以存储的数据很大，而且随着存储技术的进一步发展，存储容量会越来越大。

(5) 环境适应性强。RFID电子标签是将数据存储在芯片中，不会或比较少受到环境因素的影响，从而可以保证在环境恶劣的情况下正常使用。

(6) 可重复使用。RFID可以重复使用，重复增加、修改、删除电子标签中的数据，不像条码是一次性、不可改变的。

(7) 防碰撞机制。RFID 标签中有快速防碰撞机制，能防止标签之间出现数据干扰。因此，阅读器可以同时处理多张非接触式标签，可同时处理多个标签。

(8) 穿透性和无屏障阅读。在被覆盖的情况下，RFID 标签可穿透纸张、木材和塑料等非金属或非透明的材质与读写器进行信息交换，具有很强的穿透性。只有铁质金属，由于具有屏蔽作用，阻碍电磁波的传播无法进行正常的通信。

(9) 易读取数据。RFID 采用的是无线电射频，可以透过外部资料读取数据，而条形码必须靠激光来读取数据。

(10) 安全性能高。RFID 电子标签中的信息，其数据内容可设密码保护，不易被伪造及修改，因此，使用 RFID 更具安全性。

阅读案例 3-2

我国 RFID 的应用情况

近年来，随着 RFID 的推广应用，我国 RFID 的市场规模呈现出良好的发展趋势。我国的 RFID 应用主要集中在中低频领域，在身份识别、安全门禁、电子购票、交通等领域得到了一定规模的应用。而高频 RFID 主要集中在政府部门的试点项目，整体规模不大，其中最典型的应用系统就是铁路车号自动识别系统(ATIS)、海关的自动验放系统和高速公路自动收费系统。

在全国铁路调度和统计系统中，已有 55 万辆机车安装了无源 RFID 标签。东北几省的高速路段已经开始尝试使用 RFID 进行联网收费；上海质量技术监督局也已应用 RFID 对全市 16 万只液化石油气瓶、1 万只剧毒化学品容器、10 万箱烟花爆竹和 4 万辆出租车的车载计价器进行电子追踪。此外，原铁道部、香港机场、中国重汽卡车公司、杭州卷烟厂和昆明市烟草公司等已率先采用 RFID，并获得了实实在在的效益。

虽然目前我国高频 RFID 的应用规模较小，但随着标签价格的逐渐下降和行业应用环境的逐步完善，物流和供应链管理成为 RFID 的重要发展领域，整个 RFID 市场将得到极大的推动。

(资料来源：李贞. 物流信息技术与应用[M]. 北京：航空工业出版社，2011.)

3.2 RFID 系统的构成及其分类

3.2.1 RFID 系统的构成

一个基本的 RFID 系统的 3 个组成部分是主机系统、阅读器、天线和电子标签，如图 3.1 所示。

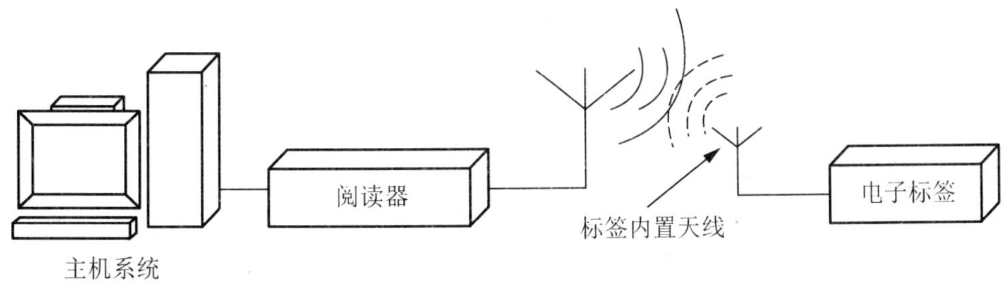

图 3.1 RFID 系统基本组成

1. 主机系统

主机系统是针对不同行业的特定需求而开发的应用软件系统，它可以有效地控制阅读器对标签信息的读写，并且对收到的目标信息进行集中的统计与处理。

主机系统可以集成到现有的电子商务和电子政务平台中，通过与 ERP、CRM(Customer Relationship Management，客户关系管理)和 SCM 等系统集成，提高工作效率。

2. 阅读器

阅读器又称读出装置或读写器，负责与电子标签的双向通信，使用多种方式与标签交互信息，接收标签数据，同时接收来自主机系统的控制指令。阅读器的频率决定了 RFID 系统工作的频段，其功能决定了 RFID 的有效距离。阅读器的组成如图 3.2 所示。

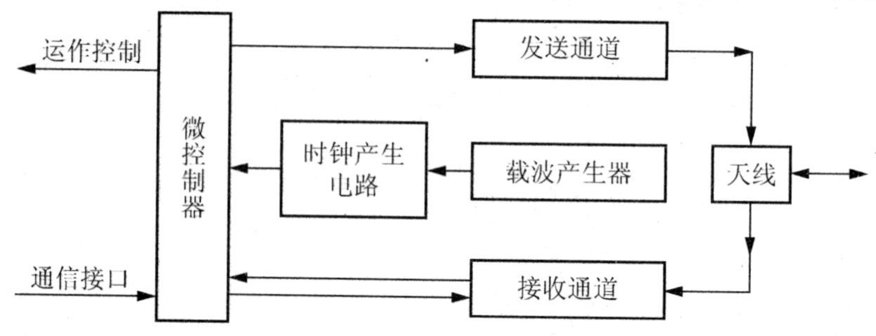

图 3.2　阅读器组成结构

阅读器组成结构图各部分具有以下功能。

(1) 微控制器(MCU)：微控制器是阅读器工作的核心，完成收发控制、向 RFID 标签发送命令及写数据、数据读取及处理、与高层处理应用系统的通信等工作。

(2) 发送通道：对载波信号进行功率放大，向 RFID 标签传送操作命令及输入数据。

(3) 载波产生器：采用晶体振荡器，产生所需频率的载波信号，并保证载波信号的频率稳定性。

(4) 接收通道：接收 RFID 标签传送至阅读器的相应数据。

(5) 时钟产生电路：通过分频器形成工作所需的时钟。

(6) 天线：与 RFID 标签形成耦合交联。

3. 电子标签

电子标签一般保存有约定格式的电子数据，由耦合元件及芯片组成，内置 RF 天线，用于与阅读器进行通信。电子标签携带 EPC，EPC 记录每个物品的全球唯一标识，由一个版本号加上另外 3 段数据组成，位数有 64 位、96 位和 256 位等多种格式。

RFID 标签按是否有源分为主动式标签和被动式标签。主动式标签自带电源(如板载电池)；被动式标签的能源则利用电磁感应通过读写器获取。

1) 主动式标签

主动式标签内部自带电池进行供电，具有可读写的特性。由于自带电源，主动式标签能传输较强信号，因而具有更远的读写距离。但是板载电源会使标签体积变大而且更加昂贵，所以主动 RFID 系统一般用于大型航空工具及普通交通工具等远距离识别。低功耗的主动式标签通常比一副扑克稍大。主动式标签可以在物体未进入识别距离时处于休眠状态，也可以处于广播状态持续向外广播信号。

由于自带电源，主动标签能在较高的频率下工作，如455MHz、2.45GHz及5.8GHz等，这取决于实际的识别距离和存储器需求。在这些频率下，读写器可以在20m～100m的范围内工作。

2) 被动式标签

被动式标签内部不带电池，从读写器产生的磁场中获得工作所需的能量。当标签进入读写器的识别范围后，标签通过天线感知电磁场变化，由电磁感应产生感应电流，标签通过集成的电容保存产生的能量。当电容积蓄了足够的电荷后，RFID标签就可以利用电容提供的能量向读写器发送带有标签ID信息的调制信号。由于被动式标签自身不带电源，因而比主动标签价格要低很多，在美国，通常一个标签花费20美分左右。随着微电子技术的不断进步，可以将标签做得更小、更便宜。由于价格上的优势，它比主动式标签具有更广泛的应用领域。

除了价格低之外，被动标签还非常小。但目前的天线技术会限制标签的大小，标签越大有效识别距离越远。目前的被动标签一般都只有2KB左右的内存，由于内存有限，除了存储ID信息和一些历史信息外，不能存储特别复杂的有用信息，因而在一定程度上限制了其应用领域。随着RFID技术的不断进步，标签能存储的信息容量将会不断增加，从而能存储较复杂的信息。

被动标签与读写器之间通信的ID信息一般通过高频和低频方式调制实现。在低频调制方式下(低于100MHz)，标签电容配合电感线圈，根据标签ID信息改变信号强度，并向外辐射，变化的快慢受调制频率的影响。在高频(高于100MHz)方式下，标签使用背向散射方式发送信号，这使得天线在内部电路的影响下是变阻抗的。当阻抗发生改变时，天线会向外辐射射频信号，读写器便可以获取并解调信号。被动标签工作频率一般为128kHz、13.6MHz、915MHz及2.45GHz等，识别距离因而在几十厘米到几米不等。系统频率的选取一般由环境因素、传输介质及识别范围需求决定。

RFID标签含有内置天线，用于发送和接收视频信号，实现和射频天线间的通信。目前125kHz、13.56MHz这两个时段的RFID芯片种类很多、技术成熟且价格低廉。其中，13.56MHz的RFID标签是主流产品，国外公司如TI、Philips、Ateml、EM等提供的产品占了大部分市场。

图3.3和图3.4分别是台式读写器和手持式读写器产品，图3.5为某一电子标签产品。

图3.3 台式读写器

图3.4 手持式读写器

图3.5 电子标签产品

4. 天线

天线用于在 RFID 标签和阅读器之间传递 RF 信号，即 RFID 标签的数据信息。任何一个 RFID 系统至少应包含一根天线(不管是内置还是外置)以发射和接收视频信号，所用天线的形式和数量视具体情况而定。有些 RFID 系统由一根天线完成发射和接收任务，有些 RFID 系统则将用于发射和接收的天线分开装置。RFID 系统中包括 RFID 标签天线和阅读器天线两种类型。RFID 标签天线和 RFID 标签集成一体。RFID 阅读器天线，既可以内置于阅读器中，也可通过同轴电缆与阅读器的射频输出端口相连。

3.2.2 RFID 系统的分类

1. 低频系统和高频系统

RFID 系统按其采用的频率不同可分为低频系统和高频系统两大类。

1) 低频系统

低频系统一般指其工作频率小于 30MHz，典型的工作频率有 125kHz、225kHz、13.56MHz 等，基于这些频点的 RFID 系统一般都有相应的国际标准。其基本特点是电子标签的成本较低、标签内保存的数据量较少、阅读距离较短(无源情况，典型阅读距离为 10cm)、电子标签外形多样(卡状、环状、纽扣状、笔状)、阅读天线方向性不强等。

2) 高频系统

高频系统一般指其工作频率大于 400MHz，典型的工作频段有 915MHz、2 450MHz、5 800MHz 等。高频系统在这些频段上也有众多的国际标准予以支持。高频系统的基本特点是电子标签及阅读器成本均较高、标签内保存的数据量较大、阅读距离较远(可达几米至十几米)，适应物体高速运动性能好、外形一般为卡状、阅读天线及电子标签天线均有较强的方向性。

2. 有源系统和无源系统

根据电子标签内是否装有电池为其供电，又可将其分为有源系统和无源系统两大类。

(1) 有源电子标签内装有电池，一般具有较远的阅读距离，不足之处是电池的寿命有限(3～10 年)。

(2) 无源电子标签内无电池，它接收到阅读器(读出装置)发出的微波信号后，将部分微波能量转化为直流电供自己工作，一般可做到免维护。相比有源系统，无源系统在阅读距离及适应物体运动速度方面略有限制。

3. 集成电路固化式系统、现场有线改写式系统和现场无线改写式系统

按照电子标签内保存的信息的注入方式可将其分为集成电路固化式、现场有线改写式和现场无线改写式三大类。

(1) 集成电路固化式电子标签内的信息一般在集成电路生产时就把信息以 ROM 工艺模式注入，其保存的信息是一成不变的。

(2) 现场有线改写式电子标签一般将电子标签保存的信息写入其内部的 E2 存储区中，改写时需要专用的编程器或写入器，改写过程中必须为其供电。

(3) 现场无线改写式电子标签一般适用于有源类电子标签，具有特定的改写指令，电子标签内保存的信息也位于其中的 E2 存储区。

一般情况下，改写电子标签数据所需时间远大于读取电子标签数据所需时间。通常改写所需时间为秒级，阅读时间为毫秒级。

知识链接

只有可读可写的标签系统才需要编程器。编程器是向标签写入数据的装置。编程器写入数据一般来说是离线完成的，也就是现在标签中写入数据，等到开始应用时直接把标签黏附在被标识项目上。也有一些 RFID 应用系统，写数据是在线时完成的，尤其是在生产环境中作为交互式便携数据文件来处理时。

4. 广播发射式系统、倍频式系统和反射调制式系统

根据读取电子标签数据的技术实现手段，可将 RFID 系统分为广播发射式 RFID 系统、倍频式 RFID 系统和反射调制式 RFID 系统三大类。

1) 广播发射式 RFID 系统

广播发射式 RFID 系统实现起来最简单。电子标签必须采用有源方式工作，并实时将其储存的标识信息向外广播，阅读器相当于一个只收不发的接收机。这种系统的缺点是电子标签因需不停地向外发射信息，既费电，又容易造成电磁污染，而且系统不具备安全保密性。

2) 倍频式 RFID 系统

倍频式 RFID 系统的实现有一定难度。一般情况下，阅读器发出射频查询信号，电子标签返回的信号载频为阅读器发出射频的倍频。这种工作模式给阅读器接收处理回波信号提供了便利，但是，对无源电子标签来说，电子标签将接收的阅读器射频能量转换为倍频回波载频时，其能量转换效率较低，提高转换效率需要较高的微波技巧，这就意味着电子标签的成本增加，同时这种系统工作须占用两个工作频点，一般较难获得无线电频率管理委员会的产品应用许可。

3) 反射调制式 RFID 系统

反射调制式 RFID 系统的实现首先要解决同频收发问题。系统工作时，阅读器发出微波查询(能量)信号，电子标签(无源)将部分接收到的微波查询能量信号整流为直流电供电子标签内的电路工作，另一部分微波能量信号被电子标签内保存的数据信息调制(ASK)后反射回阅读器。阅读器接收到反射回的幅度调制信号后，从中解出电子标签所保存的标识性数据信息。系统工作过程中，阅读器发出微波信号与接收反射回的幅度调制信号是同时进行的。反射回的信号强度较发射信号要弱得多，因此技术实现上的难点在于同频接收。

5. 只读标签、一次写入多次读出标签和可读写标签

(1) 只读(RO)标签：存在一个唯一的号码，不能更改，比较便宜。

(2) 一次写入多次读出(WORM)标签：用户一次写入数据，但写入后不能改变。

(3) 可读写(RW)标签：用户可以对标签内的数据进行多次修改，比一次写入多次读出标签和只读标签的成本都高。

6. EAS 系统、便携式数据采集系统、物流控制系统和定位系统

根据 RFID 系统的完成的应用功能的不同，大体可以把 RFID 应用系统分成 4 种类型：

电子商品防盗(Electronic Article Surveillance，EAS)系统、便携式数据采集系统、物流控制系统、定位系统。

(1) EAS 系统是一种设置在需要控制物品出入的门口的 RFID 技术。这种技术典型的应用场合是商店、图书馆、数据中心等地方，当未授权的人从这些地方非法取走物品时，EAS 系统将会发出警报。典型的 EAS 系统一般由 3 部分组成：附着在商品上的电子标签——电子传感器、电子标签灭火装置——以便授权商品能正常出入、监视器——在出口形成一定区域的监视空间。

(2) 便携式数据采集系统是使用带有 RFID 识读器的手持式数据采集器采集 RFID 标签上的数据。这使系统具有比较大的灵活性，适用于不易安装固定式 RFID 系统的应用环境。手持式阅读器(数据输入终端)可以在读取数据的同时，通过无线电波数据传入方式(RFDC)实时地向主计算机系统传输数据，也可以暂时将数据存储在阅读器中，再一批一批地向主计算机系统传输数据。

(3) 在物流控制系统中，固定布置的 RFID 阅读器分散布置在给定的区域，并且阅读器直接与数据 MIS 相连，RFID 标签是移动的，一般安装在移动的物体、人上面。当物体、人经过阅读器时，阅读器会自动扫描标签上的信息并把数据信息输入数据 MIS 系统存储、分析、处理，达到控制物流的目的。

(4) 定位系统用于自动化系统中的定位，以及对车辆、轮船、飞机等进行运行定位跟踪。阅读器放置在移动的车辆、轮船、飞机上或自动化流水线中移动的物料、半成品、成品上，RFID 标签嵌入到操作环境的地表下面。RFID 标签上存储有位置识别信息，阅读器一般通过无线的方式或者有线的方式连接到主信息管理系统。

阅读案例 3-3

神东榆家梁煤矿引进 RFID 便携仪器管理系统

2012 年，神东煤炭集团榆家梁煤矿引进 RFID 便携仪器管理系统，实现了电子化、数字化管理。

该管理系统由电脑主机服务器、读卡器、RFID 托盘、人员信息识别卡和植入芯片的便携仪组成。在发放便携仪时，只需将人员信息识别卡对准读卡器扫描，便携仪管理系统便可显示该人员的姓名、单位、工种、照片等信息，工作人员核对无误后，将植入芯片的便携仪放入 RFID 托盘，系统自动生成领取便携仪的数量、种类，并自动记录领用时间、设备状态且储存于数据库中。在交回便携仪时，只需将便携仪放入 RFID 托盘，系统便可记录领取人员使用时间、便携仪的完好状态，由工作人员核实信息之后确认归还，便完成了便携仪的发放与回收过程。

该系统的应用避免了误发、冒领、问题仪器入井等情况的发生。

(资料开源：RFID 世界网. http://news.rfidworld.com.cn/2012_12/a76b1881b891468a.html.)

3.3 RFID 的基本原理和工作流程

3.3.1 RFID 的基本原理

RFID 是利用感应无线电波或微波能量进行非接触式双向通信、识别和交换数据的自动识别技术。电子标签由耦合元件及芯片构成，里边含有内置天线，阅读器和电子标签之间可按约定的通信协议互传信息。

RFID 的基本原理是：阅读器通过发射天线发送一定频率的 RF 信号，当电子标签进入发射天线工作区域时，产生感应电流，电子标签获得能量被激活，将自动编码等信息通过内置发射天线发送出去；当系统接收天线收到从电子标签发送的载波信号，经天线调节器传送到阅读器，阅读器对接收的信号进行解调和解码，然后送到后台主系统进行相关处理。主系统根据逻辑运算判断该卡的合法性，针对不同的设定做出相应的处理和控制，发出指令信号控制执行机构动作。其工作基本原理如图 3.6 所示。

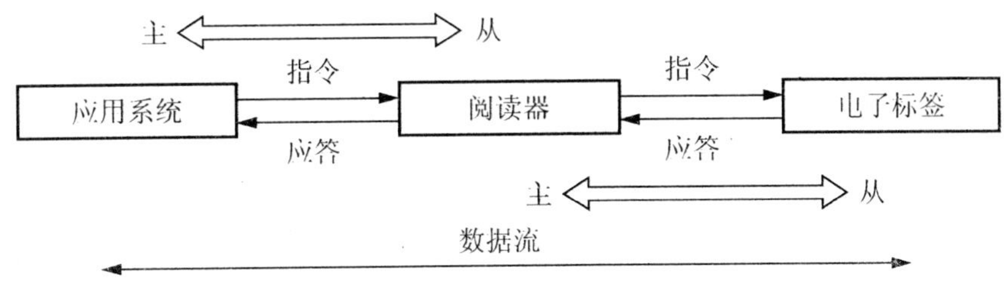

图 3.6 RFID 基本工作原理

3.3.2 RFID 的工作流程

RFID 系统两个重要的组成部分是电子标签和阅读器，通过它们可以实现系统的信息采集和存储功能。

电子标签由天线和专用芯片组成，天线是在塑料基片上镀上铜膜线圈，在塑料基片还嵌有体积非常小的集成电路芯片，芯片中有高速的 RF 接口。阅读器的控制模块能够实现与应用系统软件进行通信，执行应用系统软件发来的命令的功能，其工作流程如图 3.7 所示。

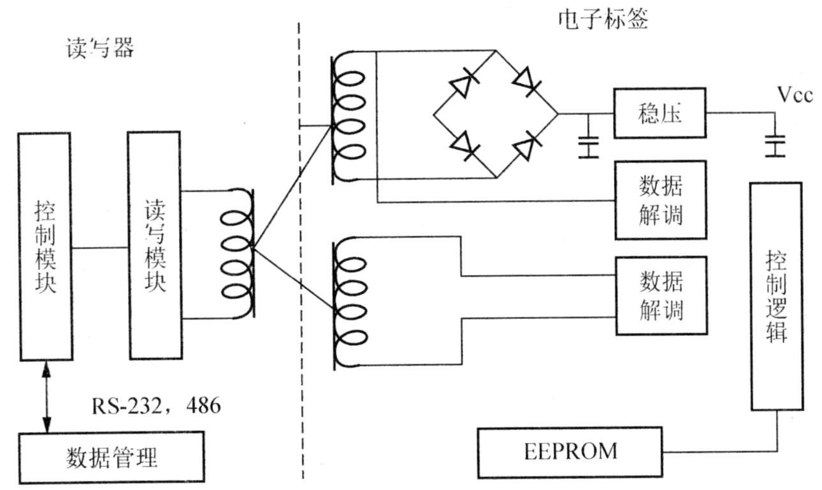

图 3.7 RFID 电子标签与读写器工作流程

RFID 具体包括以下工作流程。

(1) 编程器预先将数据信息写入标签中。

(2) 阅读器经过发射天线向外发射无线电载波信号。

(3) 当 RF 标签进入发射天线的工作区时，RF 标签被激活后立即将自身信息标签通过天线发射出去。

(4) 系统的接收天线收到射频标签发出的载波信号，经天线的调节器传给阅读器，阅读器对接收到的信号进行解调解码，送到后台计算机。

(5) 计算机控制器根据逻辑运算判断 RF 标签的合法性，针对不同的设定作出相应的处理和控制，发出指令信号控制执行机构的动作。

(6) 执行机构按计算机的指令动作。

(7) 通过计算机通信网络将各个监控点连接起来，构成总控信息平台。

3.4　RFID 的主要技术标准体系及应用

3.4.1　RFID 的主要技术标准体系及频率标准

1. RFID 标准概述

由于 RFID 的应用涉及众多行业，因此其相关的标准盘根错节，非常复杂。RFID 标准按类别不同可分为 4 类：技术标准(如 RFID 技术、IC 卡标准等)；数据内容与编码标准(如编码格式、语法标准等)；性能与一致性标准(如测试规范等)；应用标准(如船运标签、产品包装标准等)。

与 RFID 技术和应用相关的国际标准化机构主要有国际标准化组织(International Organization for Standardization，ISO)、国际电工委员会(International Electrotechnical Commission，IEC)、国际电信联盟(International Telegraph Union，ITU)、万国邮政联盟(Universal Postal Union，UPU)。此外，还有其他的区域性标准化机构(如 EPC Global、UID Center、CEN)、国家标准化机构(如 BSI、ANSI、DIN)和产业联盟(如 ATA、AIAG、EIA)等也制定与 RFID 相关的区域、国家或产业联盟标准，并通过不同的渠道提升为国际标准。

2. 主要技术标准体系

目前 RFID 存在 3 个主要的技术标准体系，总部设在美国麻省理工学院(MIT)的 EPC Global、日本的泛在 ID 中心(Ubiquitous ID Center，UIC)和 ISO 标准体系。

1) EPC Global

EPC Global 是由 UCC 和 EAN 于 2003 年 9 月共同成立的非营利性组织，其前身是 1999 年 10 月 1 日在美国麻省理工学院成立的非营利性组织 Auto-ID(自动识别)中心。

Auto-ID 中心以创建“物联网”(Internet of Things)为使命，与众多成员企业共同制定一个统一的开放技术标准。旗下有沃尔玛集团、英国 Tesco 等 100 多家欧美的零售流通企业，同时有 IBM 公司、微软公司、飞利浦公司、Auto-ID Lab 等公司提供技术研究支持。

目前 EPC Global 已在加拿大、日本、中国等国建立了分支机构，专门负责 EPC 码段在这些国家的分配与管理、EPC 相关技术标准的制定、EPC 相关技术在本国的宣传普及及推广应用等工作。

EPC Global“物联网”体系架构由 EPC 编码、EPC 标签及读写器、EPC 中间件、ONS 服务器和 EPCIS 服务器等部分构成。

(1) EPC 赋予物品唯一的电子编码，其位长通常为 64 位或 96 位，也可扩展为 256 位。对不同的应用规定有不同的编码格式，主要存放企业代码、商品代码和序列号等。最新的 GEN2 标准的 EPC 编码可兼容多种编码。

(2) EPC 标签是产品电子编码的信息载体，主要由天线和芯片组成。读写器是用来识别 EPC 标签的电子装置，与信息系统相连，以实现信息交换。

(3) EPC 中间件对读取到的 EPC 编码进行过滤和容错等处理后，输入到企业的业务系统中。它通过定义与读写器的通用接口(API)实现与不同制造商的读写器兼容。

(4) ONS 服务器根据 EPC 编码及用户需求进行解析，以确定与 EPC 编码相关的信息存放在哪个 EPCIS 服务器上。

(5) EPCIS 服务器存储并提供与 EPC 相关的各种信息，这些信息通常以 PML 的格式存储，也可以存放于关系数据库中。

2) Ubiquitous ID

日本在电子标签方面的发展，始于 20 世纪 80 年代中期的实时嵌入式系统 TRON，而 T-Engine 是其中核心的体系架构。

在 T-Engine 论坛领导下，UIC 于 2003 年 3 月成立，并得到日本政府经济产业省和总务省及大企业的支持，目前包括微软、索尼、三菱、日立、日电、东芝、夏普、富士通、NTT DoCoMo、KDDI、J-Phone、伊藤忠、大日本印刷、凸版印刷、理光等重量级企业。

UIC 的泛在识别技术体系架构由泛在识别码(uCode)、信息系统服务器、uCode 解析服务器和泛在通信器这 4 部分构成。

(1) uCode 采用 128 位记录信息，提供了 340 编码×1 036 编码空间，并可以以 128 位为单元进一步扩展至 256、384 或 512 位。uCode 能包容现有编码体系的元编码设计，可以兼容多种编码，包括 JAN、UPC、ISBN、IPv6 地址，甚至电话号码。uCode 标签具有多种形式，包括条码、RF 标签、智能卡、有源芯片等。把标签进行分类，设立了 9 个级别的不同认证标准。

(2) 信息系统服务器存储并提供与 uCode 相关的各种信息。

(3) uCode 解析服务器确定与 uCode 相关的信息存放在哪个信息系统服务器上。uCode 解析服务器的通信协议为 uCodeRP 和 eTP，其中 eTP 是基于 eTron(PKI)的密码认证通信协议。

(4) 泛在通信器主要由 IC 标签、标签读写器和无线广域通信设备等部分构成，用来把读到的 uCode 送至 uCode 解析服务器，并从信息系统服务器获得有关信息。

3) ISO 标准体系

RFID 国际标准的主要制定机构有 ISO 和其他国际标准化机构，如 IEC、ITU 等。大部分 RFID 标准都是由 ISO(或与 IEC 联合组成)的技术委员会(TC)或分技术委员会(SC)制定的。

目前常用的 RFID 国际标准主要有用于对动物识别的 ISO 11784 和 ISO 11785，用于非接触智能卡的 ISO 10536(Close coupled cards)、ISO 15693(Vicinity cards)、ISO 14443 (Proximity cards)，用于集装箱识别的 ISO 10374 等。有些标准正在形成和完善之中，如用于供应链的 ISO 18000 无源超高频(860～930MHz 载波频率)部分的 C1G2 标准。

知识链接

(1) ISO 11784 和 ISO 11785。ISO 11784 和 ISO 11785 分别规定了动物识别的代码结构和技术准则，标准中没有对应答器样式尺寸加以规定，因此可以设计成适合于所涉及的动物的各种形式，如玻璃管状、耳标或项圈等。代码结构为 64 位，其中的 27～64 位可由各个国家自行定义。技术准则规定了应答器的数据传输方法和阅读器规范。工作频率为 134.2kHz，数据传输方式有全双工和半双工两种，阅读器数据以差分双相代码表示。应答器采用 FSK 调制，NRZ 编码。由于存在较长的应答器充电时间和工作频率的限制，通信速率较低。

(2) ISO 10536、ISO 15693 和 ISO 14443。ISO 10536 主要发展于 1992—1995 年，由于这种卡的成本高，与接触式 IC 卡相比优点很少，因此这种卡从未在市场上销售。

ISO 14443 和 ISO 15693 在 1995 年开始操作，单个系统于 1999 年进入市场，两项标准的完成则是在 2000 年之后。二者皆以 13.56MHz 交变信号为载波频率：ISO 15693 读写距离较远，当然这也与应用系统的天线形状和发射功率有关；而 ISO 14443 读写距离稍近，但应用较广泛，目前的第二代电子身份证采用的标准是 ISO 14443 TYPE B 协议。

ISO 14443 定义了 TYPE A、TYPE B 两种类型协议，通信速率为 106Kb/s，它们的不同主要在于载波的调制深度信号的编码方式。

ISO 15693 标准规定的载波频率亦为 13.56MHz，VCD 和 VICC 全部都用 ASK 调制原理，调制深度为 10%和 100%，VICC 必须对两种调制深度正确解码。从 VCD 向 VICC 传送信号时，编码方式为两种："256 出 1"和"4 出 1"。二者皆在固定时间段内以位置编码。这两种编码方式的选择与调制深度无关。当"256 出 1"编码时，10%的 ASK 调制优先在长距离模式中使用，在这种组合中，与载波信号的场强相比，调制波边带较低的场强允许充分利用许可的磁场强度对 IC 卡提供能量。与此相反，阅读器的"4 出 1"编码可和 100%的 ASK 调制的组合在作用距离变短或在阅读器的附近被屏蔽时使用。

从 VICC 向 VCD 传送信号时，用负载调制副载波。电阻或电容调制阻抗在副载波频率的时钟中接通和断开。而副载波本身在 Manchester 编码数据流的时钟中进行调制，使用 ASK 或 FSK 调制。调制方法的选择是由阅读器发送的传输协议中 FLAG 字节的标记位来标明，因此，VICC 总是支持两种方法：ASK(副载波频率为 424kHz)和 FSK(副载波频率为 424/484kHz)。数据传输速率的选择同样由 FLAG 中的位来表明，而且必须两种速率都支持：高速和低速。这两种速率根据采用的副载波速率不同而略有不同，采用单副载波时低速为 6.62Kb/s，高速为 26.48Kb/s；采用双副载波时则分别为 6.67Kb/s 和 26.69Kb/s。

可见，ISO 15693 应用更加灵活，操作距离又远，更重要的是它与 ISO 18000-3 兼容，了解 ISO 15693 标准对将来了解我国的国家标准是有帮助的，因为我国的国家标准肯定会与 ISO 18000 大部分兼容。

如果在同一时间段内有多于一个的 VICC 或 PICC 同时响应，则说明发生冲撞。RFID 的核心是防冲撞技术，这也是和接触式 IC 卡的主要区别。ISO 14443-3 规定了 TYPE A 和 TYPE B 的防冲撞机制。二者防冲撞机制的原理不同：前者是基于位冲撞检测协议，而 TYPE B 通过系列命令序列完成防冲撞；ISO 15693 采用轮寻机制、分时查询的方式完成防冲撞机制。防冲撞机制使得同时处于读写区内的多张卡的正确操作成为可能，只用算法编程，读头即可自动选取其中一张卡进行读写操作。这样既方便了操作，又提高了操作的速度。

如果与硬件配合，可用一些算法快速实现多卡识别。例如，TI 公司的 R6C 接口芯片有一个解码出错指示引脚，利用它可以快速识别多卡：当冲撞产生时引脚电平发生变化，此时记录下用来查询的低 UID 位，然后在此低位基础上增加查询位数，直到没有冲撞发生，这样就可以识别出所有卡片。

(3) ISO 10374。ISO 10374 标准说明了基于微波应答器的集装箱自动识别系统。应答器为有源设备，工作频率为 850～950MHz 及 2.4～2.5GHz。只要应答器处于此场内就会被活化并采用变形的 FSK 副载波通过反向散射调制作出应答。信号在两个副载波频率 40kHz 和 20kHz 之间被调制。此标准和 ISO 6346 共同应用于集装箱的识别，ISO 6346 规定了光学识别，ISO 10374 则用微波的方式来表征光学识别的信息。

(4) ISO 18000。ISO 18000 是一系列标准。此标准是目前最新的也是最热门的标准，原因是它可用于商品的供应链，其中的部分标准也正在形成之中。其中 ISO 18000-6 基本上是整合了一些现有 RFID 厂商的产品规格和 EAN-UCC 所提出的标签架构要求而订出的规范。它只规定了空气接口协议，对数据内容和数据结构无限制，因此可用于 EPC。实际上，若采用 ISO 18000-6 对空气接口的规定加上 EPC 系统的编码结构再加上 ONS 架构，就可以构成一个完整的供应链标准。

3. RFID 频率标准

通常情况下，RFID 阅读器发送的频率称为 RFID 系统的工作频率或载波频率。RFID 载波频率基本上有 3 个范围：低频(30～300kHz)、高频(3～30MHz)和超高频(300～3GHz)。常见的工作频率有低频 125kHz 与 134.2kHz，高频 13.56MHz，超高频 433MHz、860～930MHz、2.45GHz 等，见表 3-2。

表 3-2 RFID 主要频率标准及特性

频率标准	低 频	高 频		超高频	微 波
工作频率	125～134kHz	13.56MHz	JM 13.56MHz	868～915MHz	2.45～5.8GHz
市场占有率	74%	17%	2003 年引入	6%	3%
读取距离	1.2m	1.2m	1.2m	4m(美国)	15m(美国)
速度	慢	中等	很快	快	很快
潮湿环境	无影响	无影响	无影响	影响较大	影响较大
方向性	无	无	无	部分	有
全球适用频率	是	是	是	部分(欧盟、美国)	部分(非欧盟国家)
现有 ISO 标准	11784/85，14223	18000-3.1/14443	18000-3/115693，A，B 和 C	EPC CO，C1，C2，G2	18000-4
主要应用范围	进出管理、固定设备、天然气、洗衣店	图书馆、产品跟踪、货架、运输	空运、邮局、医药、烟草	货架、卡车、拖车跟踪	收费站、集装箱

RFID 的低频系统主要用于短距离、低成本的应用中，如多数的门禁控制、校园卡、煤气表、水表等；高频系统则用于需传送大量数据的应用系统；超高频系统应用于需要较长的读写距离和高读写速度的场合，其天线波束方向较窄且价格较高，在火车监控、高速公路收费等系统中应用。

另外，值得一提的是在供应链中的应用，EPC Global 规定用于 EPC 的载波频率为 13.56MHz 和 860～930MHz 两个频段，其中 13.56MHz 频率采用的标准原型是 ISO/IEC 15693，已经收入到 ISO/IEC 18000-3 中，该频点的应用已经非常成熟。而 860～930MHz 频段的应用则较复杂，国际上各国家采用的频率不同：美国为 915MHz，欧洲为 869MHz，而我国由于被 GSM(Global System for Mobile Communication，全球移动通信系统)、CDMA(Code Division Multiple Access，码多分址)等占用，目前仍然待定。

高频系统一般指其工作频率高于 400MHz，典型的工作频段有 915MHz、2.45GHz、5.8GHz 等。高频系统在这些频段上也有众多的国际标准予以支持。其基本特点是电子标签及阅读器成本均较高、标签内保存的数据量较大、阅读距离较远(可达几米至十几米)，适应物体高速运动，性能好，外形一般为卡状，阅读天线及电子标签天线均有较强的方向性。

关于 RFID 频率的国际使用情况和我国标准见表 3-3 和表 3-4。

表 3-3　国际上 RFID 频率的使用情况

频　　率	空间耦合方式	主要用途	特点及问题
125kHz 左右	电感耦合(近场)	家畜识别、自动化生产线、精密仪器	工作距离十分短，速度低，成本低，电磁噪声高
13.56MHz 左右	电感耦合(近场)	无线 IC 卡，防盗，自动化生产线等	工作距离为近场，由于允许的带宽只有 14kHz，所采用的窄带调谐天线易受环境影响而失谐，同时速率较低，不适合大规模使用
433MHz 左右	反向散射耦合(远场)	货物管理及特定场合	该频段电磁波绕射能力强，工作距离较远，但天线尺寸较大，该频段附近的无线电业务繁杂，容易引起干扰问题
800/900MHz 段	反向散射耦合(远场)	商品货物流通	该频段电磁波绕射能力强，最大工作距离较远，可达 8m，甚至 10m。背景电磁噪声小，天线尺寸适中，RF 标签易于实现，是全球范围内货物流通领域大规模使用 RFID 技术的最合适频段。该频段除 ITU 划分的第二区中的国家将 902～928MHz 为 ISM 频段外，其他国家和地区在使用时都必须考虑与已有无线电业务的电磁兼容问题
2.4G/5.8GHz 段	反向散射耦合(远场)	车辆识别，货流速度	该频段电磁波为视距传播，绕射能力较差，且相对来讲空间损耗大，因此工作范围小。由于频率高，相对而言制造成本较高。同时该频段为 ISM 频段，电磁环境复杂，干扰问题在特定场合可能较为突出

表 3-4　我国目前用于 RFID 的频率及相关技术指标

频　　率	发射场强或功率	应用场合
50～190kHz	发射磁场强度： 72 dBμA/m(10 米处准峰值) 杂射发射限值： 27 dBμA/m(10 米处准峰值)	不限
13.553～13.567MHz	电场强度：准峰值 10020μV/m(3 米处频率容限)	不限
900MHz 3 个频段	0.3～1.6W(无线端口)	只限用于车辆自动识别，该文件有效期截至 2004 年年底，已研究续用的有关事项
主要通信方式 上行：5.795GHz、5.805GHz 下行：5.835GHz、5.845GHz 被动式通信方式 下行频率： 5.797 5GHz、5.802 5GHz 5.807 5GHz、5.812 5GHz	发射功率 主动式：300mW(e.i.r.p) 被动式：2W(e.i.r.p)	智能交通专用

知识链接

ISM(Industry Scientific Medical)频段，分为工业(902～928MHz)、科学研究(2.42～2.483 5GHz)和医疗(5.725～5.850GHz)，是由美国联邦通信委员会(FCC)分配的不必许可证的无线电频段(功率不超过 1W)。

3.4.2 RFID 在现代物流中的应用

现代物流是传统物流发展的高级阶段，它以先进的信息技术为基础，注重服务、人员、技术、信息与管理的综合集成，是现代生产方式、现代经营管理方式、现代信息技术相结合在物流领域的体现，现代物流强调物流的标准化和高效化，以相对较低的成本提供最大化的服务。

RFID 技术在国外发展非常迅速，RFID 产品种类繁多。它被广泛应用于工业自动化、商业自动化、交通运输控制管理等众多领域，如汽车火车交通监控、高速公路自动收费、停车场管理、物品管理、流水线生产自动化、安全出入检查、动物管理、车辆防盗等。其中最著名的例子是年营业额占全球零售业两成，美国零售业的六成，被美国《商业周刊》称为全球企业新独裁者的沃尔玛公司。据专业分析师估计，沃尔玛公司应用 RFID 技术以后，每年节省成本可达 84 亿美元。许多欧美国家将 RFID 技术用于高速公路收费站，在路口设有电子收费站，车主只要凭着粘在车上的 RFID 标签，就可直接通过收费通道，自动扣款，不需要停车。这样，极大舒缓了交通压力，缩短了在收费站等待的时间。

作为 20 世纪十大重要技术之一，RFID 在国外的应用已经越来越普及，而中国是世界生产中心之一并且是最具潜力的消费市场，它对 RFID 的应用需求也将越来越强烈。目前，在国内 RFID 技术主要应用于高速公路自动收费、公交电子月票系统、人员识别与物资跟踪、生产线自动化控制、仓储管理、汽车防盗系统、铁路车辆和货运集装箱的识别等。随着 RFID 的发展，人工收费和 IC 卡收费等多种停车收费方式将逐渐被基于 RFID 技术的不停车高速公路自动收费系统替代，如北京机场高速公路、深圳皇岗口岸等目前已经使用了 RFID 系统。

RFID 技术在物流行业的应用主要在以下几个领域。

1. 交通运输领域

1) 高速公路的自动收费系统

高速公路上的人工收费站由于效率低下而成为交通瓶颈。RFID 技术应用在高速公路自动收费上，能够充分体现它非接触识别的优势，让车辆在高速通过收费站的同时自动完成收费。据测试，采用这种自动收费方式，车辆通过自动收费卡口车速可保持为 40km/h，与停车领卡交费相比，行车时间可节省 30%～70%。

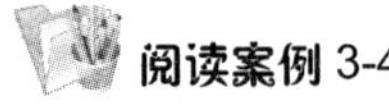

阅读案例 3-4

RFID 技术在 ETC 系统中的应用

1. ETC 系统概述

在车辆自动识别技术的发展过程中，实验和实施了多种不同的自动识别技术，如感应线圈识别技术、声表面波识别技术、条形码识别技术、红外通信识别技术和射频识别技术等，但最终主流归结到采用 RFID 技术作为 ETC(Electronic Toll Collection)系统的车辆自动识别技术。

ETC 系统即通常所说的电子不停车收费系统，它是以现代通信技术、电子技术、自动控制技术、计算机和网络技术等高新技术为主导，实现车辆不停车自动收费的智能交通电子系统。该系统通过路侧天线与车载电子标签之间的专用短程通信，进行车辆自动识别和有关收费数据的交换，通过计算机网络对收费数据进行处理，实现不停车自动收费。

RFID 系统是利用安装在车内的 RF 卡(无线电收发装置)存储车辆编号及相关信息，安装在车道的 RF 天线可与该无线电收发装置以专用短程通信(DSRC)方式交换信息，并对其存储内容进行读写操作，从而识别出当前通行车辆。

ETC 系统有 3 个主要特点：不停车、无人操作和无现金交易。ETC 技术在国外已有较长的发展历史，美国、欧洲等许多国家和地区的电子收费系统已经局部联网并形成规模效益。目前，广东高速已全面实现了 ETC 收费，只保留部分车道进行 ETC 和半自动混合收费。绝大部分的商业运营车辆已经装备了 ETC 车载单元，我国很多地区已经开始使用 ETC 系统对高速公路收费管理系统进行升级。

ETC 技术特别适于高速公路或交通繁忙的桥隧环境。传统的车道隔离收费系统称为单车道 ETC 系统，在无车道隔离情况下的自由交流的 ETC 系统通称为自由流 ETC 系统。ETC 技术的实施，不仅可以大大提高公路的通行能力，使公路收费走向自动化，同时也可以大大降低收费口的噪声水平和废气排放，从而节约了基建费用和管理费用，也为城市环境的改善作出了突出贡献。ETC 系统代表当今最先进的收费技术，也是未来发展的方向，有着广阔的发展前景。

2. ETC 系统的工作原理

1) ETC 系统的技术原理

ETC 系统是通过远距离、非接触采集 RF 卡的信息，实现车辆在快速移动状态下的自动识别从而实现目标的自动化管理。目前，该系统的要求是，远距离读卡器能识读至少 10m 的距离。由于技术要求和实际情况的不同，所采用的读卡器的型号也不同。而就工作频率范围而言，目前 ETC 系统确定在 5.8GHz 左右，欧洲、日本、美国、中国等大多数国家的标准定在 5.8～5.9GHz 频段。

我国选用的 5.8GHz 频段具有以下优点。

首先，我国通信系统标准体系接近欧洲标准体系，无线电频率资源的分配大致相同；其次，5.8GHz 频段背景噪声小，而且解决该频段的干扰和抗干扰问题要比解决 915MHz、2.45GHz 频段容易；再次，5.8GHz 频段的设备供应商较多，有利于我国 ETC 系统的设备引进，有利于降低系统成本，也有利于将来开展智能运输系统领域的其他服务。

2) ETC 系统的组成

ETC 系统主要由 ETC 收费车道、收费站管理系统、ETC 管理中心、专业银行及传输网络组成。车道控制子系统用于控制和管理各种外场设备与安装在车辆上的电子标签的通信，记录车辆的各种信息，并实时传送给收费站管理子系统。收费站管理子系统负责收集管理传送过来的数据。ETC 管理中心是 ETC 系统的最高管理层，既要进行收费信息与数据的处理和交换，又要行使必要的管理职能，它包括各公路的收费专营公司、结算中心和客户服务中心，根据收到的数据文件在公路收费专营公司和用户之间进行交易、拆账和财务结算，配有多台功能强大的计算机，完成系统中各种数据、图像的采集和处理，图 3.8 为其结构框图。

3. ETC 系统的工作流程

车主到客户服务中心或代理机构购置车载电子标签，交纳储值。由发行系统向电子标签输入车辆识别码(ID)与密码，并在数据库中存入该车辆的全部有关信息(如识别码、车牌号、车型、颜色、储值、车主姓名、电话等)。发行系统通过通信网将上述车主、车辆信息输入收费计算机系统。车主将标识卡贴在车内前窗玻璃上即可。当车辆进入 ETC 收费车道位于 L1 天线的发射区时，处在休眠状态的电子标签受到微波激励而苏醒，开始工作；电子标签以微波方式发出电子标签和车型代码；天线接收确认电子标签有效后，以微波发出进入 L1 车道代码和时间信号，写入电子标签的存储器内。当车辆驶入收费车道出口天线发射范围，经过唤醒、相互认证有效性等过程，天线读出车型代码及进入 LI 车道的代码和时间，传送给车道控制器，车道控制器存储原始数据并编辑成数据文件，上传至收费站管理子系统并转送收费结算中心。

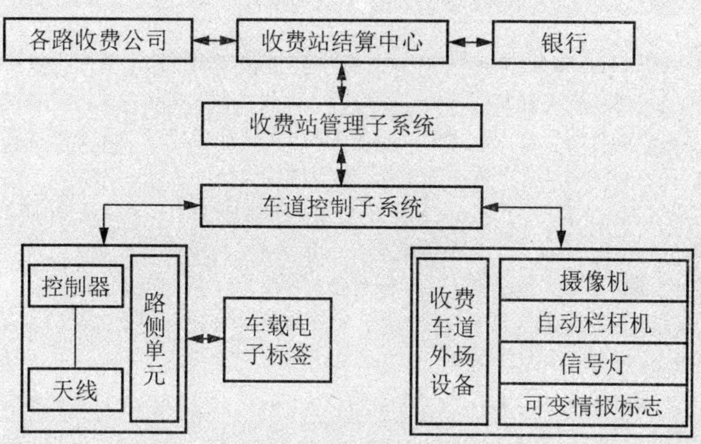

图 3.8 不停车收费示意图

如果持无效标识或无卡车辆，在收费车道上高速冲卡而过，天线在确认无效性的同时，将启动快速自动栏杆，关闭收费车道，当场将冲卡车辆拦截；在无专用收费车道的自由流收费时，可启动逃费抓拍摄像机，将逃费冲卡车辆的车头和牌照号码摄录下来，随同出 LI 代码和冲卡时间一并传送给车道控制机记录在案，事后依法处理。

收费结算中心与管理银行收到汇总的各路公司的收费信息后，从各个用户账号中，扣除通行费和算出金额，拨入相应公司账号。与此同时，银行核对各用户账号剩余金额是否低于预定的临界阈值，如低于，应及时通知用户补交金额。若用户继续通行，导致剩余金额低于危险门限值，则会被划归无效电子标签，编入黑名单。各收费站将拒绝无效电子标签在高速公路电子收费车道通行。

收费结算中心设有用户服务机构，向用户出售识别卡、补收金额和接待客户查询。后台有一个金融运行规则和强大的计算机网络及数据库的支持，处理事后收费等事项。

(资料来源：中国电子网. http://www.21ic.com/app/rf/200903/38877.htm.)

2) 交通督导和电子地图

利用 RFID 技术可以进行车辆的实时跟踪，通过交通控制中的网络在各个路段向司机报告交通状况，指挥车辆绕开堵塞路段，并用电子地图实时显示交通状况，使得交通流量均匀，大大提高道路利用率。通过实时跟踪，还可以自动查处违章车辆，记录违章情况。另外，公共汽车站实时跟踪显示公共汽车到站时间及自动显示乘客信息，可以方便乘客。

3) 铁路货运编组调度系统

火车按既定路线运行，读写器安装在铁路沿线，就可得到火车的实时信息及车厢内装的物品信息；通过读到的数据，能够得到火车的信息，监控火车的完整性，以防止遗漏在铁轨上的车厢发生撞车事故，同时在车站能将车厢重新编组。

阅读案例 3-5

铁路车号自动识别系统

信息的准确性和及时性，是物流及 SCM 的关键因素，对此 RFID 技术能够提供充分的保证，同时，RFID 系统使物流的透明度大大提高，车辆和承载的物品能在任何地方被实时追踪。据了解，目前国内应用 RFID 最早也最成功的案例之一是 ATIS。早在 20 世纪 90 年代中期，原铁道部在 ATIS 建设中，就最终确定 RFID 技术为解决“货车自动抄车号”的最佳方案。

ATIS 的目标是在所有机车、货车上安装电子标签，也就是 RFID 标签(至 2005 年已经安装 50 多万节车厢)；在所有区段站、编组站、大型货运站和分界站安置地面识别设备；对运行的列车及车辆信息进行准确的识别；经计算机处理后为 TMIS(铁路管理信息系统)等系统提供列车、车辆、集装箱实时追踪管理所需的准确的、实时的基础信息；为分界站货车的精确统计提供保证；为红外轴温探测系统提供车次、车号的准确信息；还可实现部、局、车站各级车的实时管理、车流的精确统计和实时调整等。从而建立一个铁路列车车次，机车和货车号码、标识、属性和位置等信息的计算机自动报告采集系统。

1. 识别是关键

ATIS 系统由四大部分构成：①货车/机车 RFID 标签。安装在机车、货车底部的中梁上，由微带天线、虚拟电源、反射调制器、编码器、微处理器和存储器组成。每个电子标签相当于每辆车的“身份证”。②地面识别系统(AEI)。由安装在轨道间的地面天线、车轮传感器及安装在探测机房的微波 RF 装置、读出计算机(工控机)等组成。对运行的列车及车辆进行准确的识别。③后台的集中管理系统(CPS)。车站主机房配置专门的计算机，把工控机传送来的信息通过集中管理系统进行处理、存储和转发。④原铁道部中央数据库管理系统，这是全路标签编程站的总指挥部。把标签编程站申请的每批车号与中央车号数据库进行核对，对重车号重新分配新车号，再向标签编程站返回批复的车号信息，即集中统一地处理、分配和批复车号信息，就像人脑的中枢神经系统。

这些组成部分中，将标签顺利识别并将数据传到后台是关键。

2. 自动启动与自动传输

当列车即将进站时，列车的第一个轮子压过开机磁钢时开始计数，大于等于 6 次时开启微波 RF 装置(在没有列车通过时保持关闭状态)。微波 RF 装置开启后，安装在轨道的地面天线开始工作，向急驰而过的列车的每辆车厢底部的 RFID 标签发射微波载波信号，为标签提供能量使其开始工作。标签在微处理器控制下，将标签内信息通过编码器进行编码，通过调制器控制微带天线，开始向地面反射信息；地面天线立即接收反射回的标签内信息，并传送到铁路旁的探测机房；由机房内无人值守的地面读出计算机将接收到的已调波信号进行解调、译码、处理和判别；然后将处理后的信息送入车站机房的 CPS。当列车的最后一节车厢的轮子压过关门磁钢后，关闭 RF 装置。CPS 对多台地面识别设备进行管理，按照铁路 TMIS 的通信协议规程，将识别后的信息向铁路 TMIS 等系统传送，即有目的的存储转发。

在采用 RFID 技术以后，铁路车辆管理系统实现了统计的实时化、自动化，降低了管理成本。按照铁路部门有关人员的统计，自动抄号后，货运物流每年的直接经济效益达到 3 亿多元。

3. 商机在未来

下一步，铁路信息化建设将更上一层楼，利用信息化网络方式加强铁路运行安全的管理。红外线轴温探测智能跟踪、货车运行故障动态图像检测、货车运行状态地面安全监测、货车滚动轴承早期故障轨边声学诊断和车辆轮对故障、尺寸动态检测系统联合形成了多层安全保障体系，2009 年六大干线搭建这个系统以提高在安全方面的监控水平。以红外线测轴温为例，每 30km 安装一个红外线探头以测试红外线轴温，并且结合 60 万辆货车配备的 RFID 标签，可以知道车辆的号码及每根轴的轴温。这种“分散检测，集中报警，网络运行，远程监控，信息共享”的防范、预警体系，极大地提高了车辆的保安能力。此外，还将在机车和客车上搭载传感系统，对大量轨道、桥梁和隧道加以静态数据和动态数据的双重检测，以提高安全系数。这么大的中国铁路市场，有能力进门的厂商，有的是机会。

(资料来源：中国测控网. http://www.ck365.cn/anli/1676.html.2008.8.)

4) 集装箱识别系统

将记录集装箱位置、物品类别、数量等数据的标签安装在集装箱上，借助 RFID 技术，就可以确定集装箱在货场内的确切位置，在移动时可以将更新的数据写入 RF 卡。系统还可以识别未被允许的集装箱移动，有利于管理和安全。

阅读案例 3-6

集装箱自动识别系统

集装箱自动识别系统的工作过程如下：将记录有集装箱号、箱型、装载货物的种类和数量等信息的标签安装在集装箱上，当载有集装箱的运输工具经过安装有识别设备的公路、铁路的出入口以及码头的检查门时，阅读器发出无线电波，RFID 标签自动感应后将相应的数据返回到阅读器，从而将标签上保存的信息传输到后台管理信息系统，实现集装箱的动态跟踪与管理。

集装箱自动识别系统一般都使用被动式的 RFID 标签，在集装箱码头的应用较多。然而，由于目前使用 RFID 技术的集装箱不是很多，而且需要对原有的系统平台做比较大的改造，所以，国内集装箱码头应用较多的是基于视频技术的自动识别系统。

(资料来源：李贞. 物流信息技术与应用[M]. 北京：航空工业出版社，2011.)

2. 商品生产销售领域

1) 邮政包裹管理系统

在邮政领域，如果在邮票和包裹标签中贴上 RFID 芯片，不仅可以实现分拣过程的全自动化，而且邮件包裹到达某个地方，标签信息就会被自动读入管理系统，并融入“物联网”供顾客和企业查询。

阅读案例 3-7

瑞士邮政局在境内包裹中心采用 RFID 技术

2008 年 8 月，瑞士邮政公司启动了公司的第三项 RFID 应用——用电子标签追踪在瑞士全境内的 45 000 个用来运送邮件和包裹的轮式运输容器。此项应用的实施是迄今为止瑞士最大的 RFID 项目，2008 年 10 月已完成。

瑞士邮政公司是一家提供包裹运送等邮政服务的国有公司，每年运送 100 多万件包裹。公司使用的轮式推车在包裹的运输过程中起到了极为重要的作用。作为公司的重要资产之一，公司每两年需要清点统计一次推车的数量和状态，每次清点工作需要每个运作点上的两名员工花费大约 200 个工作日的时间完成。

由于无法及时了解推车容器的位置及状态，计算统计丢失的推车数量，瑞士邮政公司无法列出任何统计数字来帮助提高使用效率，因此公司决定采用 RFID 技术来追踪这些非常难以进行管理和清点的轮式推车。终结轮式推车手工管理的状态，并节约开支。

瑞士邮政公司在一家通信及IT产品服务公司Swisscom Auto-ID的帮助下完成此项目，在3个包裹运输中心和44个运输枢纽安装了750个读写器。每个包裹中心都使用了高自动化包裹分拣设备。分拣完成后，包裹被运送到指定区域的中心进行再分拣或递送到运输枢纽后再被运送到指定的邮局。

瑞士邮政公司的每个推车上都安装了Confidex公司制造的Survivor电子标签。电子标签被安装到了轮式推车顶部边缘，已经有38 000辆推车完成了电子标签的安装。瑞士邮政公司选择Confidex Survivor标签是因为它采用被称为市场通用标准的EPC GEN2标准，并且有高性价比(每片平均售价在3瑞士法郎以下)和高可靠性。瑞士邮政公司也希望他们的客户，包括提供物流服务的公司更多地使用电子标签，从而提高运送系统整体的运作效率，以帮助公司提高客户的满意度。

当瑞士邮政公司的员工推着推车经过各个RFID门闸时，电子标签的唯一识别号会被识别，计算机系统也会根据推车的出库或入库的状态来更新推车的行踪记录数据库。该数据库可以用来制作各个操作点推车数量情况的报告。

瑞士邮政公司在此项目上投入了约400万瑞士法郎，包括软件、硬件和咨询费用在内。根据瑞士邮政公司的估算，该项目将为公司每年节省150万瑞士法郎，以后无须人工清点和统计推车，将有效地提高推车的管理水平。通过掌握推车的实时信息，确保每个中心有充足推车处理预期数量包裹邮件。这些信息还将帮助公司更好地管理推车，在运输点之间合理调配，避免延迟现象。

在推车管理项目启动后，瑞士邮政公司将精力集中在更多的RFID项目上。他们正在考虑使用RFID技术识别高价值包裹并更加轻松和准确地收集包裹追踪信息。另外，他们还计划在5年内使用RFID技术管理可回收资产。

(资料来源：RFID世界网. http://www.rfidchina.org/readinfo-30980-192.html.)

2) RFID库存跟踪系统

将RFID标签贴在托盘、包装箱或元器件上，无须打开产品的外包装，系统就可以对其成箱成包地进行识别，实现对商品从原料、半成品、成品、运输、仓储、配送、上架、最终销售，甚至退货处理等所有环节的实时监控，极大地提高自动化程度，大幅降低差错率，提高供应链的透明度和管理效率。

阅读案例 3-8

瑞士de Grisogono应用RFID系统追踪库存

日内瓦的手表和珠宝制造商de Grisogono认为条码不能确保该公司在追踪贵重物品存货时的准确度和安全性要求。因此，de Grisogono已经采用了单品级RFID系统，使用来自法国RFID系统制造商TAGSYS的标签和识读器及来自瑞士自动识别软件解决方案供应商Solid的软件。

TAGSYS欧洲、中东及亚洲(EMEA)行业及物流部销售经理Didier Mattalia表示，de Grisogono是高端手表和珠宝制造商Chopard(萧邦)的子公司，已经在其日内瓦和巴黎的商店都部署了RFID系统，2006年年底在全球15个零售区推广使用RFID系统。该公司手表及珠宝的平均零售价格为2万欧元。de Grisogono以前库存追踪方式是纯人工的，而且不能充分利用条码。公司现在希望通过RFID保持现有安全系统精确的库存记录和进行防盗。

Mattalia表示，TAGSYS协助de Grisogono安装RFID系统，开拓RFID技术的新市场。他提出用于追踪高端珠宝所需的标签数量远远少于其他单品级标签数量，如Pfizer的Viagra追踪系统。然而TAGSYS和Solid希望能在其他频繁更新其贵重资产的公司部署类似系统。

de Grisogono将在每个产品上加入一个TAGSYS ARI070－SM 13.56 MHz标签。标签包括一个飞利浦I－Code芯片，可以储存521位数据，而且识读范围为几厘米。该RFID标签面积为13×13mm^2，将附在一个很小的印有 de Grisogono Logo 的品牌标签上。每件物品上附着的标签都通过编码被赋予唯一的 ID 号、制造日期及与零售点相关的 ID 号。所有信息存储在一个 Solid 的数据库。数据库中每件物品的 ID 对应该物品的产品说明以及图片信息。

贴有标签的手表和珠宝在商店营业时间置于能容 20 件物品的首饰盒中，陈列于商店橱柜。每天营业时间结束时，店员将这些首饰盒置于和 AGSYS Medio L100 RFID 询问器相连的天线上方进行识读，然后再移至商店保险柜。询问器识读所有标签，并将这些 ID 号传给 Solid 库存软件。

据 Mattalia 说，询问器一次可以识读两个上下叠放的首饰盒，所有标签将被读取。第二个营业日将盒子运往销售层，再次识读，如果有标签没有识读记录，软件将对 de Grisogono 工作人员发出警报。在销售层，首饰盒放在保险陈列柜。当顾客想看产品时，工作人员将该产品先拿到装有 Medio 识读器和天线的柜台。库存记录实时更新，显示哪个产品被取出展示。当顾客购买产品时，记录再次更新。每个工作日结束时，识读器再次识读每个首饰盒并将标签数据与更新了的库存数据库进行核对，然后才将盒子放入保险柜。同样，如果有标签未记录，软件对 de Grisogono 工作人员发出警报。

一旦 de Grisogono 所有零售点都部署了 RFID 读头，工作人员将可以实时地看到每家商店的产品。这将有助于他们为自己的顾客发订单。

虽然 de Grisogono 没有明确与公众分享改善库存精确度或盗窃降低的情况，其 CFO 在新闻发布会上表示，新的系统正在帮助高端零售商更好地管理库存。

瑞士 RFID 制造商 Sokymat 宣布已设计出一种专门用于珠宝追踪的 RFID 标签，该珠宝批发零售商是由 Dubai 的服务供应商转变来的，正在使用 13.56 MHz ISO 15693-compliant 标签追踪库存，其方式与 de Grisogono 相似。其防窃取功能使窃贼无法将标签从一件产品移至另外一件可能更贵重的产品上。“标签一旦被贴在珠宝上，在没有废除标签功能的情况下不能移除，因为固定环是标签电路的一部分。” Sokymat 的行业及物流产品经理说。

(资料来源：安防交易网. http://www.safeonline.com.cn/cn/News/NewsText/News_1444.html.)

3) 生产物流的自动化及过程控制

用 RFID 技术在生产流水线上实现自动控制、监视，可提高生产率，改进生产方式，节约成本。

阅读案例 3-9

用于汽车装配流水线的 RFID

德国宝马汽车公司在装配流水线上应用 RF 卡以尽可能大量地生产用户定制的汽车。宝马汽车的生产是基于用户提出的要求式样而生产的，用户可以从上万种内部和外部选项中选定自己所需车的颜色、引擎型号及轮胎式样等。这样一来，汽车装配流水线上就得装配上百种式样的宝马汽车，如果没有一个经过高度组织的、复杂的控制系统，是很难完成这样复杂的任务的。宝马公司就在其装配流水线上配备了 RFID 系统，使用可重复使用的 RF 卡，该 RF 卡带有详细的装配汽车的所有要求，在每个工作点处都有读写器，这样可以保证汽车在各个流水线位置处能毫不出错地完成装配任务。

4) 仓储管理

在物流行业，RFID 技术使得合理的产品库存控制和智能物流技术成为可能。将 RFID 系统用于智能仓库货物管理，有效地解决了仓库与货物流动有关的信息的管理。RF 卡是贴在货物所通过的仓库大门边上的，阅读器和天线都放在叉车上，每个货物都贴有条码，所有条码信息都被存储在仓库的中心计算机上，该货物的有关信息都能在计算机里查到。当货物被装走运往别地时，由另一阅读器识别并告知计算中心货物所在的位置，这样管理员可以实时地了解到已经产生了多少产品和发送了多少产品，并可自动识别货物，确定货物的位置。

5) RFID 卡收费

国内外现在大都利用各种卡来完成各种交易，用现金交易的频率越来越低。现金交易极不方便也不安全，还容易出现税收的漏洞。目前的收费卡多有磁卡、IC 卡，RFID 卡也逐渐占领市场。RFID 卡能够逐渐占领市场是它本身突出的优势所决定的，无接触识别阅读距离远，识别速度快，适应物体的高速移动，可追踪定位，穿透性强，进行无屏障阅读，抗恶劣环境工作能力强等，同时 RFID 卡使用起来很方便、快捷，甚至不用打开包，在读写器前摇晃一下，就可以完成收费。

6) 商品零售业过程管理

RFID 技术在商品零售业的应用，极大地降低了劳动力成本，商品的可视度提高，降低了因商品断货造成的损失，有效地减少了商品偷窃现象等，RFID 技术应用的过程包括商品的销售实时统计、库存管理、防伪、防盗等。

阅读案例 3-10

RFID 让麦德龙的东西更便宜

麦德龙集团(METRO Group)是世界第三大零售商，当它宣布计划在整个供应链及其位于德国 Rheinberg 的“未来商店(Future Store)”采用 RFID 技术时，业界众说纷纭，其中不少是抱有怀疑的态度，然而随着麦德龙集团采用 RFID 的举措取得实效，预期采用 RFID 技术所得到的节省时间、降低成本及改进库存管理等运营优势一一兑现，外界原来置疑的眼光变成艳羡，而麦德龙集团也决定加快其部署 RFID 方案的步伐，从实验试点阶段转为正式投入使用。

麦德龙首席信息官表示：“我们使用 RFID 方案后取得的日常工作改进成果可谓立竿见影，正如设想一样，仓库及商店的货品交收程序大幅度提速，以往浪费于送货的时间大大减少。此外，RFID 协助我们找出及纠正货品处理流程中薄弱的环节，货品在仓库上架的工序也有改进，总的来说，我们的工作效率提高了，而商店脱货的情况则减少了。”

麦德龙集团在欧洲及亚洲 30 个国家及地区设有百货商店，大型超级市场和杂货店。在 2002 年，它公布其“未来商店计划”，号召了 50 多家伙伴携手开发及测试崭新的应用程序，涵盖零售供应链的各个环节，包括物流及零售店内顾客体验等方面。在 RFID 读写器方面，麦德龙集团只选择了两家供应商伙伴合作，其中一家便是 Intermec。Intermec 参与了麦德龙集团多个大型的 RFID 试点计划。

在 2004 年 11 月，当大部分的 RFID 厂商还在关注 EPC Global 第二代 RFID 标准的最终敲定和行将实施的强迫性标签项目期限时，麦德龙集团的托盘追踪应用已经完成试行阶段，正式投入运行。在 2005 年 1 月，其他供应链项目刚启用，而第二代标准的细节尘埃落定，麦德龙集团已率先庆祝“成功实施 RFID 百天纪念”，在这 100 天中，麦德龙集团通过使用 Intermec 的 Intellitag RFID 读写器，成功识别超过 50 000 个托盘，其标签的识读率更超过 90%。此外，麦德龙集团正式实施 RFID 所取得的成效与试验计划相仿：仓储人力开支减少了 14%、存货到位率提高了 11%，以及货物丢失率降低了 18%。

在 2005 年 3 月，麦德龙集团连同 Intermec 及飞利浦电子公司演示了 EPC 第二代 RFID 系统的首个商业应用，示范了如何从 ISO 18000-6B 为基础的系统，升级到 ISO、EPC 和 ETSI 兼容系统的简便途径，满足真正全球供应链的需要。

(资料来源：RFID 资讯网. http://case.rfid360.cn/200704/3726.html.)

3. 军事物流领域

军事领域作为最早采用RFID技术的领域，也成为推动RFID研究和应用的主要力量。美国和北大西洋公约组织(NATO)在波尼西亚的“联合作战行动”中，不但建成了战争史上投入战场最复杂的通信网，还完善了识别跟踪军用物资的新型后勤系统，这是吸取了“沙漠风暴”军事行动中大量物资无法跟踪造成重复运输的教训，无论物资是在订购中、运输途中，还是在某个仓库储存着，通过该系统，各级指挥人员都可以实时掌握所有的信息。

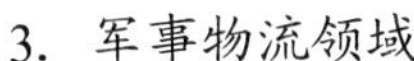
阅读案例 3-11

RFID在美国军用物流中的应用简况

早在第二次世界大战期间，美国率先将军火和军需品的供应作为一种物流活动来管理，强调军队的后勤保障部门必须以最快的速度、最高的效率、安全无误地将武器、弹药及军队吃、住、行等必需品，按战争要求及时有效地供给前线。

1991年海湾战争中，美国向中东运送了约4万个集装箱，但由于标识不清楚，其中2万多个集装箱不得不重新打开、登记、核查，并再次投入运输系统。战争结束后，还有8 000多个打开的集装箱未能加以利用。后来美军估计，如果当时采用了RFID技术来追踪后勤物资的去向并对军用物资进行有效管理，将可能为国防部节省大约20亿美元的支出。

事后，美国总结了在海湾战争中的经验和教训，在之后的伊拉克战争中，美军要求任何进入战区的物资必须贴有RFID标签。这样就得到了一张战区动态物流的全景图。凭借这张动态物流全景图，美军进行了灵活、快捷而有效的战区物资调动，取得了极佳的效果。美军在“全球资产可视系统”中，采用了RFID技术，不仅可以使后勤补给做到及时、快速、精确，而且可以对物资状态进行全程的、可视化的动态追踪，极大地提升了军事物流的保障能力和动态调动效能。与海湾战争相比，伊拉克战争中的海运量减少了87%，空运量减少了88.6%，战略支援装备动员量减少了89%，战役物资储备量减少了75%。这种新的运作模式，为美国国防部节省了几十亿美元的开支。

美军军事物流应用的主要类型有5类。

(1) 特定物品寻找系统。该系统由RF标签和手持式识读装置组成，其RF标签附在集装箱或托盘上，用于存储和发送集装箱内的物资信息。

(2) 在途物资可见系统。美军不仅在集装箱或整装卸车上安装RF标签，在运输起点、终点和各中途转运站还配置了固定或手持式识读装置和计算机系统，对在云物资进行实时监控。

(3) 用RFID标签跟踪受伤士兵。在伊拉克战争期间，美军将电子标签缝入到军装的袖口中，用于跟踪受伤士兵身份状况及其所在位置，并可以识别病人，修改或创建新的治疗记录。

(4) 军用服装发放系统。服装公司将带有电子条形码的标签系在作战服上，发往征兵中心。在新兵试穿时，用扫描器扫描标签信息，将军用者的作战服大小、颜色、式样等信息输入计算机系统，再由国防兵员保障中心将信息传到服装公司，制订生产计划。而现在使用RFID技术之后，过去需要多步完成的从程序可以一次完成，既节省了人力又可以提高效率。

(5) 单兵生命体征检测系统。这是一套基于采集、传输、存储、分析士兵生理数据的无线传感网络，它可以收集和检测包括人体的体温、脉搏、血压、呼吸、承受压力的情况，以及所能承受的工作强度等生命体征信号。利用该系统，还可以在未来战场上，建立以单兵电子生命检测为基础的卫勤保障信息链，进行战场伤病员定位搜索和身份确认，从而针对性地做好应急救援准备，精确调度卫勤力量与资源，全面提升卫勤保障能力。

(资料来源：王汝林. 物联网基础及应用[M]. 北京：清华大学出版社，2011.)

本章小结

RFID 技术是一项利用 RF 信号通过空间耦合(交变磁场或电磁场)实现无接触信息传递并通过所传递的信息达到识别目的的技术，是利用无线电波进行数据信息读写的一种自动识别技术或无线电技术在自动识别领域中的应用。

RFID 的基本工作原理是：阅读器通过发射天线发送一定频率的射频信号，当电子标签进入发射天线工作区域时，产生感应电流，电子标签获得能量被激活，将自动编码等信息通过内置发送天线发送出去；当系统接收天线收到从电子标签发送的载波信号，经天线调节器传送到阅读器，阅读器对接收的信号进行解调和解码，然后送到后台主系统进行相关处理。主系统根据逻辑运算判断该卡的合法性，针对不同的设定做出相应的处理和控制，发出指令信号控制执行机构动作。

在现代物流管理中，RFID 技术主要应用于高速公路自动收费、公交电子月票系统、人员识别与物资跟踪、生产线自动化控制、仓储管理、汽车防盗系统、铁路车辆和货运集装箱的识别等，以相对较低的成本提供最大化的服务。

关键术语

RF　RFID　RFID 工作原理　RFID 工作流程　RFID 频率标准　RFID 标准体系　电子标签　RFID 应用

习　题

1. 选择题

(1) ______不是 RFID 技术的特点。

A．全自动快速识别多目标　　B．数据记忆量大

C．应用面广　　D．安全性能不高

(2) 下列有关 RFID 标签的说法中，不正确的一项是______。

A．主动式标签能传输较强的信号，因而具有更远的读写距离

B．主动式标签的使用寿命与电池寿命无关

C．被动式标签可分为“有源”和“无源”两种模式

D．被动式标签比主动式标签具有更广阔的应用领域

(3) 被动标签与读写器之间通信的 ID 信息一般通过高频和低频______方式实现。

A．改变阅读距离　　B．解调

C．频率转换　　D．调制

(4) RFID 的低频系统和高频系统的主要区别在于______。

A．成本的高低　　B．频率的不同

C．标签内存的大小　　D．阅读距离

(5) ______是阅读器工作的核心。

A．载波产生器　　B．接收通道

C．MCU　　D．天线

(6) 不是 RFID 常见的工作频率高频的是______。

A．125kHz　　B．134.2kHz

C．860～930MHz　　D．433MHz

(7) uCode 采用______位记录信息。

A．64　　B.128　　C．256　　D．512

(8) 根据读取电子标签数据的技术实现手段，RFID 系统可将其分为三大类。其中不包括______。

A．广播发射式系统　　B．倍频式系统

C．反射调制式系统　　D．有源系统

(9) 通常情况下，RFID 阅读器发送的频率称为 RFID 系统的______。

A．使用频率　　B．最高频率

C．最低频率　　D．载波频率

(10) 在下列的应用中，______多使用 RFID 的低频系统。

A．门禁控制　　B．火车监控　　C．高速公路收费　　D．产品跟踪

2. 简答题

(1) 简述 RFID 技术的特点。

(2) 简述主动式标签和被动式标签的区别。

(3) 简述 RFID 的基本原理。

(4) 简述 RFID 工作的基本流程。

(5) 简述反射调制式 RFID 系统的工作原理。

(6) 根据 RFID 系统完成应用功能可以将它分为哪几类？

(7) RFID 使用的主要频率标准有哪些？

(8) RFID 技术在现代物流业中有哪些应用？

3. 判断题

(1) EPC Global 是由 UCC 和 EAN 于 2003 年 9 月共同成立的非营利性组织。　(　)

(2) 阅读器的频率决定了 RFID 系统工作的频段，其功能决定了 RFID 的有效距离。　(　)

(3) RFID 的低频系统主要用于长距离、高成本的应用中。　(　)

(4) RFID 技术应用在高速公路自动收费上，能够充分体现它非接触识别的优势，车辆在高速通过收费站的同时自动完成收费。　(　)

(5) 在一次写入多次读出标签中，用户一次写入数据，写入后也能对数据进行改变。　(　)

(6) RFID 采用的是激光，可以透过外部资料读取数据，而条形码靠无线电 RF 来读取数据。　(　)

(7) 被动标签与读写器之间通信的 ID 信息一般通过高频和低频方式调制实现。(　)

(8) 电子标签中一般保存有约定格式的电子数据，由耦合元件及芯片组成，内置 RF 天线，用于和阅读器进行通信。 ( )

(9) 高频系统一般指其工作频率高于 400MHz，典型的工作频段有 915MHz、2.45GHz、5.8GHz 等。 ( )

(10) 电子标签和阅读器是 RFID 系统两个重要组成部分，可实现信息采集和存储功能。 ( )

4. 思考题

(1) RFID 作为一种先进的技术，给现代物流业的发展带来了哪些影响？

(2) 针对 RFID 给现代物流业带来的影响，你认为现代物流业今后的发展趋势如何？

(3) 对于一个物流管理的决策者，RFID 在什么条件下应用会带来较大的成功？

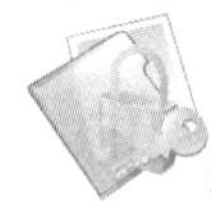

案例分析

材料 1：

中创物流利用 RFID 实现仓储系统管理

RFID 技术在企业内物流的应用越来越受到重视，企业负责人逐渐意识到，通过 RFID 技术可以提高供应链物流管理的透明度和库存周转率，有效减少缺货损失，提高企业内的物流效率。RFID 应用于企业内物流管理的功效体现在两点：①物流效率高，货品交接点数快，有效提高物流作业效率；②数据准，在物流管理的各个环节对货品的流通数据采集准确。

中创物流股份有限公司(以下简称中创物流)拥有精通物流业务的 IT 研发团队，自行开发了拥有独立知识产权的综合物流管理平台 CML E-Platform。中创物流根据目前仓库管理的现状和对 RFID 技术在物流管理中的可行性研究，提出在 WMS 中实现 RFID 系统的应用，目的是提高物流管理的先进性与高效性。

上海实甲智能系统有限公司(以下简称上海实甲)，结合现今的 RFID 技术并根据中创物流仓储管理的业务需求，提出了 RFID 技术应用在仓储管理的设备配置方案。方案采用 RFID 电子标签对叉车、集装箱及托盘进行标识，并在 WMS 中融合了先进的 RFID 数据采集手段，实现了企业物流管理的信息化与现代化。以此，提高企业物流管理水平和管理效率，降低企业管理成本。

1. 系统框架

根据中创物流 WMS 的 RFID 管理需求，目标系统将由智能 RFID 手持机系统、智能 RFID 车载终端系统、智能 RFID 识别通道终端系统、中间件/接口系统 3 个子系统和 WiFi/LAN 网络共同构成 RFID 仓储终端管理系统。即智能 RFID 手持机系统、智能 RFID 车载终端系统、智能 RFID 识别通道终端系统、中间件/接口系统，通过 WiFi /LAN 网络访问并操作 WMS 系统数据库，实现仓储管理所需数据的互通与共享。

2. 系统方案

中创物流采用 RFID 技术应用在仓储管理中，着重需要解决了两个问题：仓储管理流程的规范化，提高出入库效率。具体而言要实现以下管理目标。

(1) 仓储管理以 RFID 标签标识的托盘、叉车和集装箱。

(2) 货物收货后进行码盘时，将托盘 RFID 标签与所装载货物的物流信息进行关联。

(3) 通过智能 RFID 手持机，实现码盘、收货和发货确认、库存盘点。

(4) 智能 RFID 车载终端系统，实现入库、出库、装车等环节的高效识别与检验。

(5) 通过智能 RFID 识别通道终端系统，实现出入库计数、校验及库存自动更新。

为实现上述WMS管理目标，方案从标签选型和设备选型两方面，着重阐述了在物流管理中如何使用RFID设备，以便更好地发挥RFID的技术优势。

3. 系统特点及实施效益

1) 系统特点

采用RFID标签标识托盘、集装箱、叉车作为物流过程管理的基本单位，实现数据自动采集；多种数据采集方式集成应用，通过有线/无线的通信方式，实现智能RFID识别通道、智能RFID手持机、智能RFID叉车读写设备、条码标签打印机等读写设备进行数据采集并上传；完整的仓储管理流程，涵盖入库、出库、盘库、库存管理等；精确的库存管理，出入库自动校正库存，非法出入库及时告警。

2) 实施效益

完整的货物物流过程管理功能，出入库差错及时报警，对货物的实时动态管理的能力得到极大提高；管理实时，操作快捷，记录详尽，实现完整的管理链路；提高出入库准确率，使得库存盘点更高效；全过程数据的实时采集并记录，通过信息集中管理，达到信息共享，减少劳动环节，节约时间；通过对数据进行统计、分析处理，提供管理所需的各种数据，为决策者提供可靠依据。

灵活易用的RFID中间件技术，可在现有管理系统中方便地扩展RFID数据采集方式，充分保护企业的现有投资。

(资料来源：RFID中国网. http://www.rfidchina.org/solution/readinfos-5431.html.)

材料2：

广州亚运会采用RFID监测报食品安全

广州亚运会期间，所有食品都通过RFID检测技术拥有一张“身份证”，每款食品的包装封条必须内置一个微型芯片，储存着关于食品的所有生产信息，通过RF扫描器扫描就可以了解食品的“身份”信息。

这项专门为广州亚运会研发的食品安全追溯系统，可以对所提供食品进行“快、准、全”的监测，从原料来源到成品销售的范围都有监测信息，若在服务终端发现安全问题，可以迅速地追查是在哪一个环节出现漏洞，整个操作都可以在网上进行。据介绍，2012年9月前，所有为广州亚运会供给食品的企业及超过800种食品都会被纳入到全天候的生产动态及溯源监控系统的监控中。而在广州亚运会之后，这一食品生产动态监控平台将会陆续覆盖全市1 500多个食品生产企业。

RFID电子标签从食品种养殖及生产加工环节开始加贴，实现了“从农田到餐桌”全过程的跟踪和追溯，包括运输、包装、分装、销售等流转过程中的全部信息，如生产基地、加工企业、配送企业等都能通过电子标签在数据库中查到。

(资料来源：王晓丽. 物流信息管理[M]. 北京：中国物资出版社，2011.)

讨论题

(1) 结合材料1分析中创物流如何利用RFID技术实现仓储系统管理。

(2) 阅读上述两个材料，分析RFID目前主要使用的领域有哪些。

(3) 结合材料1与材料2，谈谈RFID技术在现代物流业中的作用。

第4章 全球卫星定位系统

【本章教学要点】

知识要点	掌握程度	相关知识	应用方向
GPS 的概念	了解	全球卫星定位系统	GPS 的基本知识，在熟悉的基础上才能掌握其工作原理
GPS 发展历程	了解	GPS 计划历经方案论证、系统论证、生产实验 3 个阶段	
GPS 的分类	掌握	根据接收机的用途、载波频率、通道数、工作原理进行分类	
GPS 的特点	熟悉	6 个特点	
GPS 的构成	重点掌握	空间部分——GPS 卫星星座，地面监控部分——地面监控系统，用户设备部分——GPS 信号接收机	
GPS 常用术语	了解	坐标、路标、路线、前进方向、导向、日出日落时间、足迹线等概念	GPS 的常用术语和工作原理，在了解并掌握的基础上才能在实际应用中发挥其准确定位的作用
GPS的基本工作原理	重点掌握	测定卫星的准确位置及卫星信号传输时间	
GPS 定位方式	掌握	依据各种标准将定位方式分为绝对定位、相对定位、动态定位、静态定位等	
网络 GPS	了解	网络GPS特点、组成、工作流程	互联网的发展促使了网络 GPS 的进一步的形成
GPS 应用	熟悉	在导航、交通运输、定位测量等方面有广泛应用	GPS 的广泛应用有助于提高物流管理的效率

导入案例

北京用 GPS 技术建最大规模快速交通系统

2009 年国庆庆典活动期间，如何保障庆典交通与社会交通并行不悖？北京目前已建成世界最大规模的智能化快速路交通控制系统，北京交警运用现代管理理念和智能交通技术提高路网效率，保证了 2009 年国庆庆典活动期间交通平安顺畅。

国庆节当天，覆盖全市快速公路、主干道 277 块可变信息板全部开启，24 小时实时发布国庆路况。交通管理在北京市交管局 122 交通控制指挥中心看到，巨大的电子屏幕上显示着北京道路交通状况，哪里畅通、哪里慢行、哪里拥堵尽收眼底；密密麻麻闪烁着路面交警和巡逻车组的卫星图标，可以清晰地看到民警的头像、警号、车号、位置。遍布北京市快速路、主干路网的上万个超声波、微波设备，24 小时自动采集的路面交通流量数据，迅速汇集到这里。

据北京交通管理局的数据，国庆节当天，北京 7 000 名交通干警将全体出动，携带 GPS 个人跟踪定位器设备到街面执勤，以确保国庆庆典交通、社会交通的安全有序和畅通。北京已建成当时世界上最大规模、最智能化的快速路交通控制系统，利用设置在二环、三环、四环、五环及其联络线主要出入口的信号灯，根据流量变化自动关闭和开启出入口，对进出快速路交通流进行智能控制。

智能交通将成为国庆庆典交通安保的重要支撑。以现代化的指挥中心为龙头，北京交通管理通过视频监控、信号监控、流量监测等 22 个科技系统，实现对天安门核心区及周边、庆典游行车辆行车路线及五环内主要道路的全时空覆盖。如有交通意外，检测系统可第一时间自动报警，指挥人员与执勤民警实时互动、精确调度，在现场处置的同时，综合利用各种科技手段对周边交通实施宏观调控。

此外，自动识别的交通监测系统也将“上岗”，适时对国庆期间上路的 384 万辆机动车进行自动检测，24 小时抓拍超速、违反信号灯、违反标线等多种违法行为，为保证道路的通畅提供强有力的技术支撑。

根据北京路网结构和行人、机动车、非机动车混合的交通特点，北京城区还建成了交通信号区域控制系统，通过埋设在路口的交通流检测器采集到的交通流信息，对路口交通信号进行实时优化，可以实现单点的感应优化控制、干线滤波协调控制和区域优化协调控制，综合通行能力提高 15%。

在公交密集的大街、路口，交管部门还建设了公交优先控制系统。根据优先级别，自动延长通过路口的绿灯信号时间，充分满足大容量、高速度的客运要求。首都一些中心区信号灯控路口，增加了行人过街绿灯倒计时和盲人语音提示功能，为行人提供直观的过街时间参考，向盲人提供直接的语音服务，保障行人安全。

(资料来源：王晓平. 物流信息技术[M]. 北京：清华大学出版社，2011.)

讨论题

(1) 结合以上案例，分析 GPS 在车辆交通中发挥的作用。

(2) 通过该案例分析，谈谈 GPS 在现代物流交通中的发展前景及其带来的影响。

科学技术的发展使我们判别方向和确定距离的能力有了划时代的进步。由最初的摄影测量法发展到多普勒法、激光测量法，以及现在的 GPS 卫星定位测量法。通过这些技术，我们可以知道自己所乘坐的飞机、船只、车辆的地理位置，并可以对移动的目标连续跟踪。GPS 技术高精度、高效率和低成本的优点，使其在各类大地测量控制网的加强改造和建立，以及在公路工程测量和大型构造物的变形观测中得到较为广泛的应用。本章主要介绍 GPS 的基本概念及发展历程，GPS 的分类及特点、构成和基本工作原理，网络 GPS 及 GPS 在现代物流中的应用等内容。

4.1 GPS 概述

4.1.1 GPS 的发展历程

GPS 是由美国国防部开发的一个基于卫星的无线导航系统。GPS 利用分布在高度为 20 200km 的 6 个轨道上的 24 颗卫星对地面目标的状况进行精确测定，每条轨道上拥有 4 颗卫星，在地球上任何一点、任何时刻都可以同时接收到来自 4 颗卫星的信号，卫星所发射的空间轨道信息覆盖整个地球表面。

GPS 主要应用于船舶和飞机的导航、对地面目标的精确定时和精密定位、地面及空中交通管制、空间与地面灾害的监测等。GPS 能对静态或动态对象进行动态空间信息的获取，快速、精度均匀、不受天气和时间限制地反馈空间信息。GPS 不仅是一种可以定时和测距的定点导航系统，它还可以向全球用户提供连续、定时、高精度的三维位置和时间信息，以满足军事部门和民用部门的需要。

20 世纪 50 年代末，苏联发射了人类第一颗人造地球卫星，美国科学家在对其跟踪研究中，发现了多普勒频移现象，并利用该原理建成了子午卫星导航系统(Navy Navigation Satellite System，NNSS)，又称多普勒卫星导航定位系统。该系统采用 6 颗卫星，并且每颗卫星都通过地球的南北极运行，地面上同一点上空子午卫星通过的间隔时间长，而且低纬度地区每天的卫星通过次数远低于高纬度地区。由于子午卫星轨道高度低、信号载波频率低，轨道精度难以提高，使得定位精度较低，其应用受到较大的限制，难以满足大地测量或工程测量的要求，更不可能用于天文地球动力学研究。

子午卫星导航系统存在的缺陷促使美国海军和空军研究更先进的卫星导航系统，以提高导航性能。海军提出的计划称为“时间导航”，空军的计划名为 621B。这两个方案差别很大，各有优缺点。“时间导航”方案采用 12～18 颗卫星组成全球定位网，卫星高度约 10 000km，轨道呈圆形，周期为 8 小时，并于 1967 年 5 月和 1969 年 11 月分别发射了两颗试验卫星。“时间导航”方案基本上是一个二维系统，它不能满足空军的飞机或导弹在高度动态环境中连续给出实时位置参数的要求。空军的 621B 计划能在高度动态环境下工作。为了提供全球覆盖，621B 计划采用 3～4 个星座，每个星座由 4～5 颗卫星组成，中间 1 颗采用同步定点轨道，其余几颗用周期为 24 小时的倾斜轨，每个星座需要一个独立的地面控制站为它服务。而该系统存在的主要问题有两个：一是极区覆盖问题；二是国外设站问题。

1973 年，美国国防部在这两个方案的基础上，决定发展各军种共同使用的 GPS。美国国防部指定这个计划由空军牵头负责研制。在空军系统司令部空间部成立了国务会议联合计划办公室，具体负责 GPS 的研制、试验、采购和部署工作。参加的单位有空军、陆军、海军、海军陆战队、海岸警卫队、运输部、国防地图测绘局及国防预研计划局。1978 年，一些北大西洋公约组织成员和澳大利亚通过双边协议也参加了 GPS 计划。

GPS 从 1973 年开始筹建，于 1989 年发射正式工作卫星，并于 1994 年全部建成并投入使用。该系统能在全球范围内，向任意多用户提供高精度的、全天候的、连续的、实时的三维测速、三维定位和授时。自 1974 年以来，GPS 计划已经历了方案论证、系统论证、生产实验 3 个阶段，总投资超过 200 亿美元。

第一个阶段为原理方案可行性验证阶段。1978—1979年，共发射了4颗试验卫星，建立了地面跟踪网，研制了地面GPS接收机，对系统的硬件和软件进行了试验，结果令人满意。

第二阶段为系统的研制与试验阶段。1979—1984年，又陆续发射了7颗试验卫星。第一阶段和第二阶段共发射了11颗试验卫星，这些试验卫星被称为第一代卫星——Block I。与此同时，科研人员研制了各种导航型接收机和彻底型接收机。实验表明，GPS的定位精度大大超过设计标准，其中粗码(C/A码)的定位精度超过设计指标高达20m。由此证明，GPS计划是成功的。

第三阶段为最后的工程发展与完成阶段。从1989年2月4日发射第一颗GPS工作卫星到1994年3月10日，共研制发射了28颗工作卫星。这些工作卫星被称为Block II和Block II A。与Block II相比，Block II A增强了军事应用功能，扩大了数据存储容量。与此同时，科研人员不仅研制了高精度导航型接收机，还研制了能对卫星载波信号进行相位测量的定位精度极高的接收机和采用相位差分的GPS载体姿态测量接收机，满足了精密导航与制导等一系列军事项目的要求。

GPS从根本上解决了人类在地球及其周围空间的导航及定位问题，它不仅可以广泛地应用于海上、陆地和空中运动目标的导航、制导和定位，而且可为空间飞行器进行精密定轨，满足军事部门的需要。同时，它在各种民用部门也获得了成功的应用，在大地测量、工程勘探、地壳监测等众多领域展现了极其广阔的应用前景。

1982年10月，苏联开始建设全球导航卫星系统(GLONASS)，到1996年完成了24颗工作卫星加1颗备用卫星的布局。GLONASS在系统组成和工作原理上与GPS类似，也是由空间卫星星座、地面控制和用户设备三大部分组成，可为全球海陆空及近地空间的各种军、民用户全天候、连续地提供高精度的三维位置和时间信息。GLONASS在定位、测速及定时精度上则优于施加选择可用性政策(SA)之后的GPS，并且俄罗斯向国际民航和海事组织承诺将向全球用户提供民用导航服务，为GLONASS的广泛应用提供了方便。

欧洲空间局(European Space Agency，ESA)所筹建的NAVSAT导航卫星系统，采用6颗地球同步卫星和12颗高椭圆轨道卫星，6颗地球同步卫星同处于一个轨道平面内。地面上任何一点、任何时间至少可以见到4颗NAVSAT卫星。

INMARSAT系统由国际移动卫星组织(原国际海事卫星组织)筹建，是全球移动卫星通信网络的领跑者。国际移动卫星组织成立于1979年，总部设在伦敦，直接成员国79个，是提供全球卫星移动通信的政府间国际合作团体，1999年变为国际商业公司，全面提供海事、航空、陆地移动卫星通信和信息服务，是船舶遇险安全通信的主要支持系统，并承担陆地应急通信和灾害救助通信。INMARSAT系统将全球分为4个区域，有9颗卫星在工作中覆盖全球。卫星通信不受环境、天气的影响，随时随地都可以进行通信。INMARSAT系统利用同步卫星向航海、航空和海上工业提供遇险和安全通信服务及电话、电传、数据和传真等服务。其覆盖面大，受地面无线电干扰小，接收速度快，自动化程度高，通信质量好，利用海事卫星系统可以有效地解决海上搜索机关的通信问题。该系统最初仅具有卫星通信能力，在其4颗INMARSAT-2型卫星于1992年全部投入全球覆盖并进行通信运营后，公司开始着手改进4颗INMARSAT-3型卫星的设计，即在其上加装卫星导航舱。1996年年初，这4颗新星入轨之后，在向全球提供通信服务的同时，已具备了导航定位能力。

1992 年 5 月，国际民用航空组织(OCAO)在未来空中航行系统(FANS)会议上审议通过了 GNSS(Global Navigation Satellite System)计划方案。该系统是一个全球性的位置和时间的测定系统，包括一个或几个卫星星座、机载接收机和系统完好性监视系统设备。具体方案：工作卫星星座由分布在 8 个高度为 11.5km×104km 的圆形轨道平面上的 30 颗中高度卫星和分布在一个椭圆轨道平面上 6～8 颗静止卫星组成。该系统建成后，不仅能提供与 GPS 和 GLONASS 类似的导航定位功能，还能同时具有全球卫星移动通信的能力。国际民用航空组织为了打破少数几个国家独霸卫星全球导航系统的被动局面，将 GNSS 的所有权、控制权和运营权实行国际化，贯彻“集资共建，资源共享”的方针。

伽利略定位系统(Galileo Positioning System)是欧洲联盟(以下简称欧盟)一个正在建造中的卫星定位系统。2003 年 3 月，伽利略定位系统计划正式启动。伽利略定位系统可与美国的 GPS 和俄罗斯的 GLONASS 兼容，但比它们更安全、更准确、更商业化，有助于欧洲太空业的发展。伽利略定位系统的卫星数量多达 30 颗，轨道位置高、轨道面少，更多用于民用，可为地面用户提供 3 种信号，且定位精度高。2003 年起中国也积极参加了伽利略定位系统计划。

1995 年，中国成立了中国卫星导航定位协会，如今协会下设 14 个专业委员会。中国的航天科技事业跻身于世界先进水平的行列，成为世界空间强国之一。同时，中国已着手建立自己的卫星导航系统(双星定位系统)。北斗卫星定位系统是由中国建立的区域导航定位系统。该系统由 4 颗(2 颗工作卫星、2 颗备用卫星)北斗定位卫星(北斗一号)、地面控制中心为主的地面部分、北斗用户终端 3 个部分组成。

北斗卫星导航系统由空间端、地面端和用户端三部分组成。空间端包括 5 颗静止轨道卫星和 30 颗非静止轨道卫星。地面端包括主控站、注入站和监测站等若干个地面站。用户端由北斗用户终端及与美国 GPS、俄罗斯 GLONASS、欧盟伽利略定位系统等其他卫星导航系统兼容的终端组成。

中国此前已成功发射 4 颗北斗导航试验卫星和 16 颗北斗导航卫星(其中，北斗-1A 已经结束任务)，将在系统组网和试验基础上，逐步扩展为全球卫星导航系统。

北斗卫星导航系统建设目标是建成独立自主、开放兼容、技术先进、稳定可靠、覆盖全球的导航系统。北斗卫星导航系统，促进卫星导航产业链形成，形成完善的国家卫星导航应用产业支撑、推广和保障体系，推动卫星导航在国民经济社会各行业的广泛应用。

该系统可在全球范围内全天候、全天时为各类用户提供高精度、高可靠的定位、导航、授时服务并兼具短报文通信能力。中国以后生产定位服务设备的产商，都将会提供对 GPS 和北斗卫星导航系统的支持，会提高定位的精确度。而北斗卫星导航系统特有的短报文服务功能将收费，这个功能的实用性还有待观察。

2011 年 12 月 27 日起，北斗卫星导航系统开始向中国及周边地区提供连续的导航定位和授时服务；2012 年 12 月 27 日开始向亚太地区正式提供服务。其民用服务与 GPS 一样免费。

4.1.2 GPS 的分类

1. 按接收机的用途不同分类

接收机按用途可以分为以下几种。

(1) 导航型接收机：此类接收机主要用于运动载体的导航，它可以实时给出载体的位置和速度。这类接收机一般采用 C/A 码伪距测量，单点实时定位精度较低，一般为±25m，这类接收机价格便宜，应用广泛。根据应用领域的不同，此类接收机还可以进一步进行分类，见表 4-1。

表 4-1 GPS 的导航型接收机的分类

类 型	用 途
车载型	用于车辆导航定位
航海型	用于船舶导航定位
航空型	用于飞机导航定位，由于飞机运行速度快，因此在航空上用的接收机要求能高速运动
星载型	用于卫星的导航定位，由于卫星的运动速度达 75km/s 以上，因此对接收机的要求更高

(2) 测地型接收机：主要用于精密的大地测量和精密的工程测量。这类仪器主要采用载波相位观测值进行相对定位，定位精度高。仪器结构复杂，价格较贵。

(3) 授时型接收机：这类接收机主要利用 GPS 卫星提供的高精度时间标准进行授时，常用于天文台及无线电通信。

2. 按接收机的载波频率不同分类

接收机按载波频率不同可以分为以下两种。

(1) 单频接收机：单频接收机只能接收 L1 载波信号，测定载波相位观测值进行定位。由于不能有效消除电离层和延迟影响，单频接收机只适用于短基线的精密定位。

(2) 双频接收机：双频接收机可以同时接收 L1、L2 载波信号，利用双频对电离层延迟不同的特点，可以消除电离层对电磁波信号延迟的影响，因此双频接收机可用于长达几千千米的精密定位。

3. 按接收机的通道数不同分类

GPS 接收机能同时接收多颗 GPS 卫星信号，并且将不同卫星信号进行分离，同时对卫星信号进行跟踪、处理和测量，因此被称为天线信号通道。根据通道种类，接收机分为多通道接收机、序贯通道接收机、多路多用通道接收机。

4. 按接收机工作原理分类

接收机按工作原理不同可以分为以下 4 种。

(1) 码相关型接收机：是利用码相关技术得到伪距观测值。

(2) 平方型接收机：利用载波信号的平方技术去掉调制信号，来恢复完整的载波信号，通过相位计测定接收机内产生的载波信号与接收到的载波信号之间的相位差，测定伪距观测值。

(3) 混合型接收机：这种仪器综合了上述两种接收机的优点，既可以得到码相位伪距，也可以得到载波相位观测值。

(4) 干涉型接收机：这种接收机是将 GPS 卫星作为射电源，采用干涉测量方法，测定两个测站间的距离。

4.1.3 GPS的特点与功能

1. GPS的特点

1) 定位精度高

GPS的定位精度很高，其精度由许多因素决定。用C/A码做差分定位时一般的精度是5m，采用动态差分定位的精度小于10cm，静态差分定位精度达到百万分之一厘米。GPS的测速精度为0.1m/s。

2) 覆盖面广

GPS可以在任何时间、任何地点连续地覆盖全球范围，从而大大提高了GPS的使用价值。

3) 观测时间短

随着GPS的不断完善，软件的不断更新，目前，以20km为相对静态定位，仅需15～20min；快速静态相对定位测量时，当每个流动站与基准站相距在15km以内时，流动站观测时间只需1～2min，然后可随时定位，每站观测只需几秒钟。

4) 被动式、全天候的导航能力

GPS被动式、全天候的导航定位方式隐蔽性好，不会暴露用户位置，用户数据也不受限制，接收机可以在各种气候条件下工作，系统的机动性强。

5) 操作简便

随着GPS接收机不断改进，自动化程度越来越高，有的已经达到“傻瓜化”的程度；接收机的体积越来越小，重量越来越小，极大地减轻测量工作者的工作紧张程度和劳动强度。

6) 功能多，应用广

随着人们对GPS认识的加深，GPS不仅在测量、导航、测速、测时等方面得到更广泛的应用，而且应用领域还将不断扩大，如汽车自定位、跟踪调度、陆地救援、内河及远洋船队最佳航程和安全航线的实时调度等。

2. GPS的功能

国外GPS技术已经被广泛应用于公交、地铁、私家车等各方面。目前，国内GPS的应用还处于萌芽状态，但发展势头迅猛，交通运输业已充分意识到它在交通信息化管理方面的优势，并且已经开始逐渐发挥它的作用，主要体现在以下几个方面。

1) 导航功能定位

导航功能也就是电子地图功能，这个功能是GPS的最正统、最基本的功能。车主只要输入起点和终点，该系统便可立即将两地之间的最佳捷径指给车主。目前市场上已有了很多不同种类的GPS导航产品，可以为车主提供便利的导航功能，这大大地方便了司机的出行。这一功能的发挥需要与GIS技术相结合使用。

2) 实时跟踪功能

监控中心能设定跟踪网内的任何车辆，时间可以是几秒钟一次(可精确到秒级)或者几分钟、几小时监控一次，监控时间和次数都由中心设定。被监控的车辆能直观地显示在中心电子地图上并详细地记载行驶路线，以便管理人员随时回顾查询。

3) 防盗报警功能

当车主离开车辆，车辆处于安全设防状态时，如果有人非法开启车门或发动车辆，车辆会自动报警，此时车主手机、车辆监控中心同时会收到报警电话，监控中心的值班人员会立即报警；且车辆自动启动断油、断电程序。

4) 反劫功能

车主将车尤其是出租车开到郊外，如果遇到几个劫匪，已不再是孤军奋战，因为有强大的 GPS 支持，车主只要按下报警开关，车辆就会向监控中心发出遇劫报警。如果报警开关被劫匪发现并遭到破坏，则遭到破坏的系统能自动发出报警信号，监控中心便立即启动实现自动跟踪系统，立即将车辆的位置信息反馈给公安机关，以便对车主进行及时营救。

目前，在国内主要是通过语音导航，车主可以通过车辆的监控中心得知车辆的所在位置，同时也可以向该中心查询行走路线。这种语音导航与国外的电子地图相比，虽然并不完美，但它可以减轻车主边开车边看地图的压力，车主只要利用免提电话，便可以轻松地得到指引。

4.2 GPS 的组成、工作原理及定位方式

4.2.1 GPS 的组成

GPS 系统包括三大部分：空间部分——GPS 卫星星座，地面监控部分——地面监控系统和用户设备部分——GPS 信号接收机。GPS 的构成如图 4.1 所示。

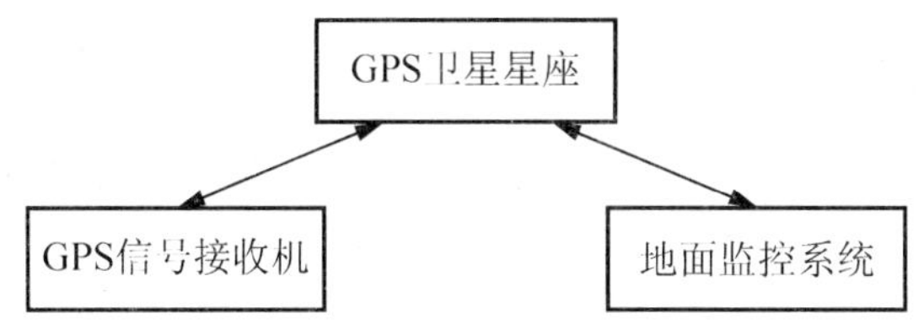

图 4.1 GPS 的构成

1. 空间部分——GPS 卫星星座

GPS 卫星星座由均匀分布在 6 个轨道平面上的 24 颗(其中有 3 颗备用卫星)高轨道工作卫星构成，每个轨道平面交点的经度相隔 60°，轨道平面相对地球赤道的倾角为 55°。每条轨道上均匀分布着 4 颗卫星，相邻轨道之间的卫星彼此成 30°，以保证全球均匀覆盖的要求。GPS 卫星轨道平均高度约为 20 200km，运行周期为 11h 58min。因此，地球上同一地点的 GPS 接收机的上空，每天出现的 GPS 卫星分布图形相同，只是每天提前约 4min。同时，位于地平线以上的卫星数目，随时间和地点的不同而相异，最少有 4 颗，最多可达 11 颗。3 颗在轨的备用工作卫星相间布置在 3 个轨道平面中，随时可以根据指令代替发生故障的其他卫星，以保证整个 GPS 空间星座正常而高效地工作。

GPS 卫星向广大用户发送的导航电文是一种不归零的二进制数据码 D(t)，码率 f(d)为 50Hz。为了节省卫星的电能、增强 GPS 信号的抗干扰性和保密性，实现遥远的卫星通信，GPS 卫星采用伪噪声码对 D 码进行二级调制，即先将 D 码调制成伪噪声码(P 码和 C/A 码)，

再将上述两噪声码调制在 L1、L2 两种载波上，形成向用户发射的 GPS 射电信号。GPS 信号包括两种载波(L1、L2)和两种伪噪声码(P 码和 C/A 码)，这 4 种 GPS 信号的频率皆源于 10.23MHz(星载原子钟的基准频率)的基准频率。基准频率与各信号频率之间存在一定的比例。

GPS 卫星具有以下作用。

(1) 用 L 波段的两个无线载波(波长为 19cm 和 24cm)向广大用户连续不断地发送导航定位信号。每个载波用导航信息 D(t)和伪随机码(PRN)测距信号进行双向调制，从而形成导航电文。由导航电文可以了解该卫星当前的位置和卫星的工作情况。

(2) 在卫星飞跃地面注入站上空时，接收由注入站用 S 波段(10cm 波段)发送到卫星的导航电文和其他有关信息，并通过 GPS 信号电路，适时地发送给广大用户。

(3) 接收地面主控站通过注入站发送到卫星的调度命令，适时地改正运行偏差或启用备用时钟等。

GPS 卫星的核心部件是高精度的时钟、导航电文存储器、双频发射机和接收机及微处理机，GPS 定位成功的关键在于高度稳定的频率标准。这种高度稳定的频率标准由高度精确的时钟提供。卫星钟由地面站检验，其钟差、钟速连同其他信息由地面站注入卫星后，再转发给用户设备。

2. 地面监控部分——地面监控系统

地面控制站是由美国国防部控制的，主要工作是追踪及预测 GPS 卫星、控制 GPS 卫星状态及轨道偏差、维护整套 GPS 卫星工作正常。GPS 工作卫星的地面监控系统由 3 部分组成，包括 1 个主控站、3 个注入站和 5 个监测站。地面监控系统主要用于追踪卫星轨道，根据接收的导航信息计算相对距离、校正数据等，并将这些资料传回主控制站，以便分析。

1) 主控站

主控站又称联合空间执行中心，它位于美国科罗拉多州斯普林市附近的福尔肯空军基地。其具有以下任务。

(1) 采集数据，推算、编制导航电文。主控站的大型电子计算机采集本站和 5 个监测站的所有观测资料，主要内容为监测站所测得的监测站与卫星的距离(因含误差而被称为伪距)和积分多普勒观测值、气象参数、卫星时钟、卫星工作状态参数、各监测站工作状态参数。根据搜集的全部数据，推算各卫星的星历、卫星钟差改正数、状态数据及大气改正数，并按一定的格式编辑成导航电文，传递到 3 个注入站。

(2) 给定 GPS 时间基准。GPS 的监测站和各个卫星上都有自己的原子钟，它们与主控站的原子钟并不同步。在 GPS 中，以主控站的原子钟为基准，测出其他卫星钟和监测站站钟对于基准钟的钟差，并将这些钟差信息编辑到导航电文中，传送到注入站，转发至各卫星。

(3) 协调和管理所有地面监测站和注入站系统，诊断所有地面支撑系统和天空卫星的健康状况，加以编码后向用户指示，使整个系统正常工作。

(4) 调整卫星运动状态，启动备用卫星。根据观测到的卫星轨道参数及卫星姿态参数，当发生偏离时，注入站发出卫星运动修正指令，使之沿预定轨道和正确姿态运行；当出现失常卫星时，主控站启用备用卫星取代失效卫星，以保证整个 GPS 的正常工作。

2) 注入站

3个注入站分别设在大西洋的阿森松岛、印度洋的迪戈加西亚岛和太平洋的卡瓦加兰。任务是将主控站传来的导航电文注入相应卫星的存储器中。每天注入3次，每次注入14天的星历。此外，注入站能自动向主控站发射信号，每分钟报告一次自己的工作状态。

3) 监测站

5个监测站除了位于主控站和3个注入站的4个站之外，还包括在夏威夷设立的一个监测站。监测站的主要任务是为主控站提供卫星的观测数据。每个监测站均用GPS信号接收机对每颗可见卫星每6min进行一次伪距测量和积分多普勒观测，采集气象要素及电离层和对流层所产生的延迟时间等数据。在主控站的遥控下自动采集定轨数据并进行各项改正，每15min平滑一次观测数据，依此推算出每2min间隔的观测值，然后将数据发送给主控站。

3. 用户设备部分——GPS信号接收机

GPS的空间星座部分和地面监控部分是用户应用该系统进行导航定位的基础，用户只有使用GPS信号接收机才能实现其定位、导航的目的。GPS信号接收机能够捕获到按一定卫星高度截止角所选择的待测卫星的信号，并跟踪这些卫星的运行，对所接收的GPS信号进行变换、放大和处理，以便测量出GPS信号从卫星到接收机天线的传播时间，解译出GPS卫星所发送的导航电文，实时地计算出测站的三维位置，甚至三维速度和时间。

GPS信号接收机的基本结构是天线单元和接收单元两部分。天线单元的主要作用是，当GPS卫星从地平线上升起时，能捕获、跟踪卫星，接收放大GPS信号；接收单元的主要作用是记录GPS信号并对信号进行解调和滤波处理，还原出GPS卫星发送的导航电文，求解信号的传播时间和载波相位差，实时地获得导航定位数据或采用侧后处理的方式，获得定位、测速、定时等数据。其中微处理器是GPS信号接收机的核心，承担整个系统的管理、控制和实时数据处理。视屏监控器是接收机与操作人员进行人机交流的部件。

GPS信号接收机一般用蓄电池做电源，同时采用机内机外两种直流电源。设置机内电池的目的在于更换外电池时不中断连续观测。在用机外电池的过程中，机内电池自动充电。关机后，机内电池为RAM存储器供电，以防止丢失数据。

目前主要存在两种基本的接收机类型：一种是同时跟踪C/A码和P码的接收机；另一种是仅跟踪C/A码的接收机。精确定位服务(PPS)用户一般使用同时在载波L1和L2上跟踪P码的接收机。P码跟踪必须在加密单元的辅助下才能实现(如果卫星信号加密了，而接收没有合适的保密单元，接收机一般会放弃转而去跟踪载波L1上的C/A码)。另外，标准定位服务(SPS)用户使用只跟踪载波L1上的C/A码的设备，这是因为载波L1是C/A码通常在其上面广播的唯一频率。在这两种基本接收机类型中，还有其他一些变形，如无码L2频率跟踪接收机。这种接收机跟踪L1频率上的C/A码，同时跟踪L1和L2频率上的载波相位。利用载波相位作为测量观测值，能够得到厘米级甚至毫米级的测量精度。

GPS的主要目的是为美国军方服务。美军使用的导航型GPS信号接收机可为其飞机、导弹、舰艇、战车及野外作战人员提供导航和定位服务。近年来出现了阵列式天线(十字形、三角形或四方形)的GPS信号接收机，不仅能提供精确位置信息，还能确定运动载体的姿态。星载接收机可以为低空侦察卫星定位，例如，法国的SPOT卫星就是利用星载GPS信号接收机来确定遥感图像的精确位置的。国际上用于工程测量工作的GPS信号接收机也有众多产品问世，它们被广泛地应用于交通、大地测量、勘探和地球物理等领域。目前，各种类型的 GPS 接收机体积越来越小，质量越来越好，便于野外携带操作。

4.2.2 GPS 的工作原理

GPS 定位采用空间被动式测量原理，即在测站上安置 GPS 用户接收系统，以各种可能的方式接收 GPS 发送的各类信号，由计算机求解站星关系和测站的三维坐标。GPS 的基本定位原理是：卫星不间断地发送自身的星历参数和时间信息，用户接收到这些信息后，经过计算求出接收机的三维位置、三维方向及运动速度和时间信息。如图 4.2 所示，假设 t 时刻在地面待测点上安置 GPS 接收机，可以测定 GPS 信号到达接收机的时间Δt，再加上接收机所接收到的卫星星历等其他数据可以建立以下 4 个方程式：

$$[(x_1-x)^2+(y_1-y)^2+(z_1-z)^2]^{1/2}+c(v_{t_1}-v_{t_0})=d_1$$
$$[(x_2-x)^2+(y_2-y)^2+(z_2-z)^2]^{1/2}+c(v_{t_2}-v_{t_0})=d_2$$
$$[(x_3-x)^2+(y_3-y)^2+(z_3-z)^2]^{1/2}+c(v_{t_3}-v_{t_0})=d_3$$
$$[(x_4-x)^2+(y_4-y)^2+(z_4-z)^2]^{1/2}+c(v_{t_4}-v_{t_0})=d_4$$

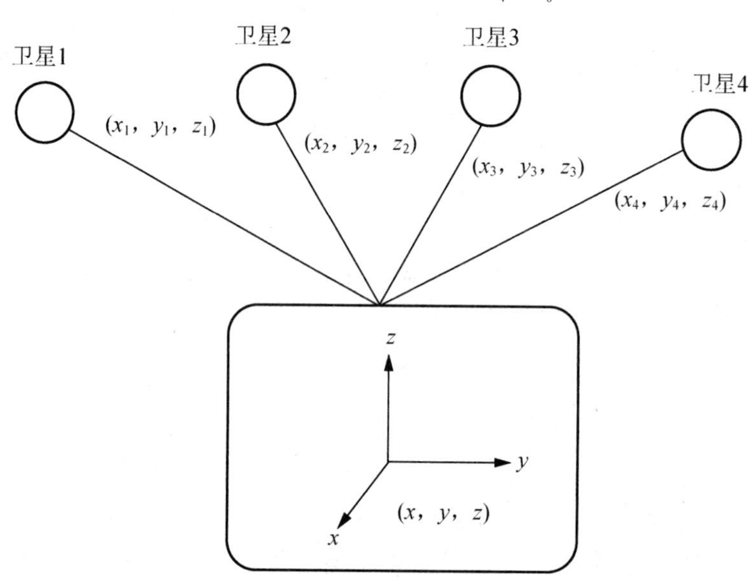

图 4.2 GPS 定位原理

4 个方程式中各个参数的意义如下：

待测点坐标 x、y、z 和 v_{t_0} 为未知参数，其中 $d_i=c\Delta t_i$ (i=1，2，3，4)，d_i (i=1，2，3，4)分别为卫星 1、卫星 2、卫星 3、卫星 4 到接收机之间的距离。Δt_i (i=1，2，3，4)分别为卫星 1、卫星 2、卫星 3、卫星 4 的信号到达接收机所经历的时间。x_i，y_i，z_i (i=1，2，3，4)分别为卫星 1、卫星 2、卫星 3、卫星 4 在 t 时刻的空间直角坐标，可由卫星导航电文求得。v_{t_i} (i=1，2，3，4)为卫星钟的钟差，由卫星星历提供。v_{t_0} 为接收机的钟差。

c 为 GPS 信号的传播速度(即光速)。

由以上 4 个方程可解算出待测点的坐标 x，y，z 和接收机的钟差 v_{t_0}，即可求出目标的三维坐标和相对速度、方向，实现定位功能。

从原理上看，3 颗卫星就可以确定接收机所在位置。例如，一颗卫星在一个规定的时间发送一组信号到地面，假设每天 8:00 开始，如果地面接收机在 2s 后收到了这一组信号，那么信号从卫星到接收机的距离是电波花 2s 能够到达的距离，由于这颗卫星的位置和电波的速度已知，就可以肯定接收机就在以卫星为球心的一个球面上，再多测两颗卫星的距离，得到 3 个空间球，3 个空间球的焦点只有两个，逻辑排除一个不在地球表面的，剩下的即接收机的位置。但是，这只是假想的情况，卫星和接收机的时钟必须完全同步和准确，否则距离偏差会很大。实际上，如果接收机端不配备一个铯原子钟，定出来的位置肯定相差较远。而普通 GPS 信号接收机不会安装铯原子钟。所以，需要第 4 颗卫星校准时间。可以从方程中看到，时间都不是绝对时间，而是以卫星之间的钟差来计量的。由以上可知，要实现精确定位需解决两个问题：一是要确定卫星的准确位置；二是要准确测定卫星信号的传播时间。

1. 确定卫星的准确位置

要确定卫星所处的准确位置，首先要优化设计卫星运行轨道，而且要由监测站通过各种手段连续不断地监测卫星的运行状态，适时发送控制指令，使卫星保持在正确的运行轨道。将正确的运行轨迹编成星历，注入卫星，且经由卫星发送给 GPS 接收机。正确接收每个卫星的星历，就可确定卫星的准确位置。

2. 准确测定卫星信号的传输时间

首先举个例子，在所处的地点和卫星上同时启用录音机来播放《东方红》乐曲，我们会听到一先一后两支《东方红》曲子，但一定不合拍。为了使两者合拍，必须延迟启动地上录音机的时间。当听到两支曲子合拍时，启动录音机所延迟的时间就等于曲子从卫星传送到地上的时间。实际上我们播送的不是《东方红》乐曲，而是一段叫作伪随机码的二进制电码。延迟 GPS 接收机产生的伪随机码，与接收到卫星传来的码字同步，测得的延迟时间就是卫星信号传到 GPS 接收机的时间。这就解决了测定卫星至用户的距离问题。

但上述是理想情况，实际情况要复杂得多。例如，电波传播的速度并不总是一个常数，在通过电离层中电离子和对流层中水汽的时候，会产生一定的延迟。一般可以利用监测站收集到气象数据，再利用典型的电离层和对流层模型来进行修正。另外，在电波传送到接收机天线之前，还会由于各种障碍物与地面折射和反射产生多径效应。

故在设计 GPS 接收机时，要采取相应措施以提高 GPS 接收机的精确度。GPS 接收机中的时钟，不可能像卫星上那样设置昂贵的铯原子钟，所以就利用测定第 4 颗卫星，来校准 GPS 接收机的时钟。如上所述，每测量 3 颗卫星定位一个点，利用第 4 颗卫星和前面 3 颗卫星的组合，可以测得另一些点。理想情况下，所有测得的点都应该重合，但实际上并不完全重合。利用这一点，反过来可以校准 GPS 接收机的时钟。测定距离时选用卫星的相互几何位置对测定的误差也有一定影响。为了精确地定位，可以多测一些卫星，选取几何位置相距较远的卫星组合，测得误差要小。

4.2.3 GPS 的定位方式

GPS 依据不同标准有多种定位方式，不同的定位方式各具特性和优势，在一定的环境条件下有其各自合理的使用范围。

1. 根据定位的模式不同分类

1) 绝对定位

绝对定位又称为单点定位，通常是指在协议地球坐标系中，采用一台接收机，直接确定观测站相对于坐标系原点(地球质心)绝对坐标的一种定位方法。利用 GPS 进行绝对定位的基本原理，是以 GPS 卫星和用户接收机天线之间的距离(或距离差)测量为基础，并根据已知的卫星瞬时坐标，来确定用户接收机天线所对应的点位，即观测站的位置。

这种定位模式的特点是作业方式简单，可以单机作业，一般用于对导航和精度要求不高的作业中。

2) 相对定位

相对定位又称为差分定位，这种定位方式采用两台或者两台以上的接收机，同时对一组相同的卫星进行观测，以确定接收机天线间的相互位置关系。在相对定位中，至少其中一点或几个点的位置已知，即其在 WGS84 坐标系的坐标为已知，称为基准点。

在 GPS 定位过程中，存在 3 部分误差：第一部分是每一个用户接收机所共有的，如卫星钟误差、星历误差、电离层误差、对流层误差等；第二部分为不能由用户测量或由矫正模型来计算的传播延迟误差；第三部分为各用户接收机所固有的误差，如内部噪声、通道延迟、多径效应等。利用差分技术，第一部分误差可以完全消除，第二部分误差大部分可以消除，这和基准接收机至用户接收机的距离有关。第三部分误差则无法消除，只能靠提高 GPS 接收机本身的技术指标。此外，在提到测量误差时，要考虑美国的 SA 政策。美国政府在 GPS 设计中，计划提供两种服务：一种为 SPS，利用 C/A 定位，精度约为 100m，提供给民用；另一种为 PPS，利用 P 码定位，精度达到 10m，提供给军方和特许民间用户使用。多次试验表明，SPS 的定位精度已高于原设计。美国政府出于对自身安全的考虑，对民用码进行了一种称为“选择可用性(Selective Availability，SA)”的干扰，以确保其军用系统具有最佳的有效性。由于 SA 通过卫星在导航电文中随机加入了误差信息，使得民用信号 C/A 码的定位精度降至二维，均方根误差在 100m 左右。

采用差分 GPS 技术(DGPS)可消除以上所提到的大部分误差，以及由于 SA 所造成的干扰，从而提高卫星导航定位的总体精度，使系统误差达到 10～15m。例如，在距离用户 500km 之内，设置一部基准接收机和用户接收机同时接收某一卫星的信号，信号传至两部接收机所途经电离层和对流层的情况基本相同，所产生的延迟也相同。由于接收同一颗卫星信号，故星历误差、卫星时钟误差也相同。通过其他方法确知所处的三维坐标(也可以用精度很高的 GPS 接收机来实现，其价格比一般 GPS 接收机高得多)，就可从测得的伪距中扣除误差，达到更精确的定位。但相对定位要求各站接收机必须同步跟踪观测相同的卫星，因而其作业组织和实施较为复杂，且两点间的距离受到限制，一般在 1 000km 以内。

相对定位是高精度定位的基本方法，广泛应用于高精度大地控制网、精密工程测量、地球动力学、地震监测网和导弹火箭等外弹道测量方面。

2. 根据获取定位结果的时间不同分类

1) 实时定位

实时定位是根据接收机观测到的数据，实时地解算出接收机天线所在的位置。

2) 非实时定位

非实时定位又称后处理定位，它是对接收机接收到的数据先处理再定位的方法。

3. 根据定位时接收机的运动状态不同分类

1) 静态定位

静态定位就是GPS接收机在捕获和跟踪GPS卫星的过程中固定不变，接收机测量GPS信号的传播时间，利用GPS卫星在轨的已知位置，解算出接收机天线所在位置的三维坐标。在测量中，静态定位一般用于高精度的测量定位，其具体观测模式为多台接收机在不同的测站上进行静止同步观测，时间有几分钟、几小时甚至数十小时不等。

2) 动态定位

动态定位就是在进行GPS定位时，认为接收机的天线在整个观测过程中的位置是变化的，是GPS接收机对物体运动轨迹的测定。GPS信号接收机所位于的运动物体叫做载体(如航行中的船舰、空中的飞机、行驶的车辆等)，载体上的GPS信号接收机可以实时地测得运动载体的状态参数(瞬间三维位置和三维速度)。

4.3　网络GPS

GPS在经过多年的发展之后，当前已经进入了实用阶段并深入到军事与民用的各个领域中。随着互联网的蓬勃发展，GPS也进入了网络时代。GPS、GIS、GSM等各项先进技术的强强联合造就了现代的网络GPS，它的出现将大大促进物流产业的发展。

网络GPS移动跟踪与通信服务平台，由专门提供公共GPS服务的公司运营，向运输企业或货主提供车辆、货物监控服务。网络GPS会员可以在世界的任何地方使用浏览器，通过Internet访问运营这个平台的网站，即可对移动物品(如车辆)进行跟踪定位。同时也可以实现双方或者多方通信，而所有车辆的情况都显示在监控中心的电子地图上，一目了然。

4.3.1　网络GPS的概念和特点

网络GPS就是指在互联网上建立起来的一个公共GPS监控平台，它同时融合了卫星技术、GSM技术及国际互联网技术等多种目前世界上先进的科技成果。网络GPS示意图如图4.3所示。

网络GPS综合了Internet与GPS的优势与特色，取长补短，解决了原来使用GPS所无法克服的障碍：首先，其可降低投资费用。网络GPS免除了物流运输公司自身设置监控中心的大量费用，其不仅包括各种硬件配置，还包括各种管理软件。其次，网络GPS一方面利用互联网实现无地域限制的跟踪信息显示；另一方面，又可通过设置不同权限做到信息的保密。网络GPS具有以下特点。

(1) 功能多、精度高、覆盖面广，在全球任何位置均可进行车辆的位置监控工作，充分保障了网络GPS所有用户的要求实现度。

(2) 定位速度快，有力地保障了物流运输企业能够在业务运作上提高反应速度，降低车辆空驶率，降低运作成本，满足顾客需求。

(3) 信息传输采用GSM公用网络，具有保密性高、系统容量大、抗干扰能力强、漫游性能好、移动业务数据可靠等优点。

(4) 构筑在国际互联网这一最大的网上公共平台上，具有开放度高、资源共享程度高等优点。

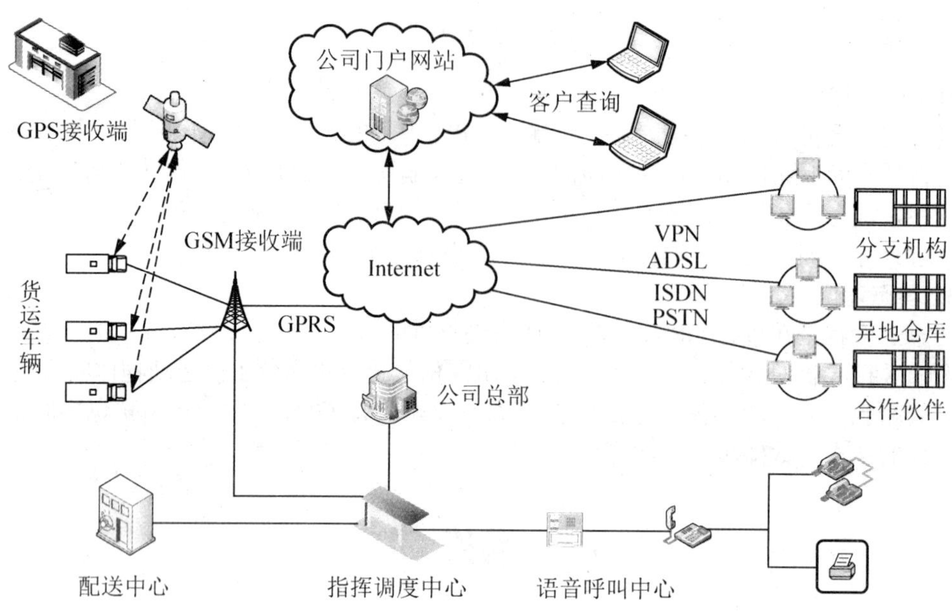

图 4.3　网络 GPS 示意图

4.3.2　网络 GPS 的组成

网络 GPS 由 3 部分组成，如图 4.4 所示。

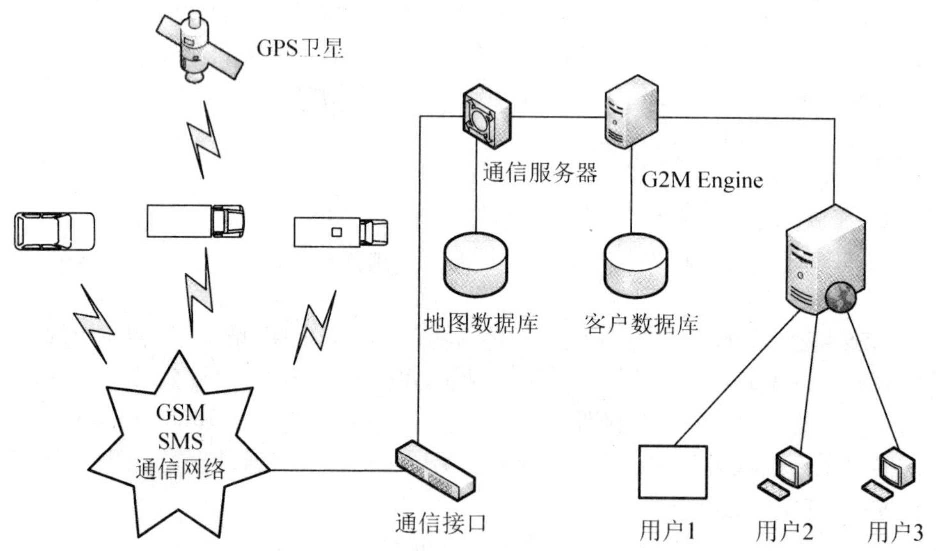

图 4.4　网络 GPS 系统组成结构

1. 网上服务平台

网上服务平台由能为其提供服务的运营商负责运营管理。

2. 用户端设备

用户只需要具备一台可以与互联网连接的普通计算机，当接收服务时，用户通过普通

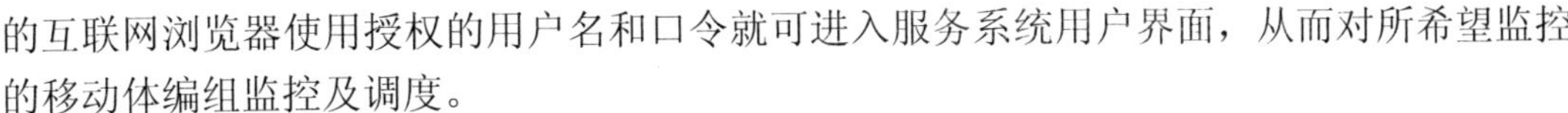

的互联网浏览器使用授权的用户名和口令就可进入服务系统用户界面，从而对所希望监控的移动体编组监控及调度。

3. 车载终端设备

车载终端设备主要由 GPS 定位信息接收模块及通信模块组成，用来实现监控中心对移动体的跟踪定位与通信。

4.3.3　网络 GPS 的工作流程

车载单元即 GPS 接收机在接收到 GPS 卫星定位数据后，自动计算出自身所处的地理位置的坐标，后经 GSM 通信机发送到 GSM 公共数字移动通信网，并通过与 MIS 连接的 DDN 专线将数据送到物流信息系统监控平台上，中心处理器将受到的坐标数据及其他数据还原后，与 GIS 的电子地图相匹配，并在电子地图上直观地显示车辆实时坐标的准确位置。网络 GPS 的工作流程如图 4.5 所示。

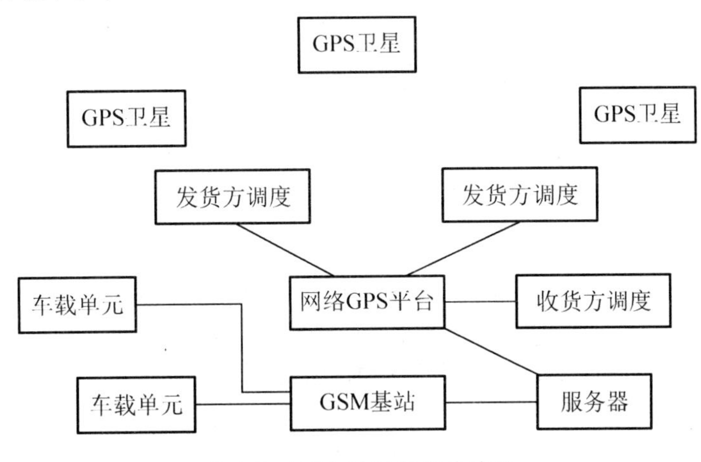

图 4.5　网络 GPS 的工作流程

各网络 GPS 用户可用自己的权限上网进行自有车辆信息的收发、查询等工作，在电子地图上清楚而直观地掌握车辆的动态信息(位置、状态、行驶速度等)。同时还可以在车辆遇险或出现意外事故时进行种种必要的遥控操作。

4.4　GPS 在现代物流中的应用

4.4.1　GPS 的导航与定位

1. 导航功能

三维导航是 GPS 的首要功能，飞机、船舶、地面车辆及步行者都可以利用导航接收器进行导航。例如，如果用户拥有一台 GPS 接收机，就再也不用为外出可能迷路的问题而烦恼，它可以指出用户所在的准确的地理位置。

在航海的应用中，卫星技术用于船舶海上导航最早可以追溯到 20 世纪 60 年代的第一代卫星导航系统 TRANSIT，这种卫星导航系统最初设计主要服务于极区，不能连续导航，其定位的时间间隔随纬度而变化，主要用于二维导航。GPS 的出现克服了 TRANSIT 卫星系统的局限性，不仅精度高、可连续导航、有很强的抗干扰能力；而且能提供七维的时空位置速度信息。

航空飞行用的 GPS 可以说是功能最复杂的，它非常详细地提供各机场的详尽资料，广泛应用于地面监视和管理、航路导航飞行试验与测试、飞机着陆等各个方面。例如，计算机中存储飞行地区地形高度变化的电子地图，利用 GPS 接收机即时计算出飞机飞行高度，与电子地图结合就能计算出这架飞机的飞行高度。一旦飞机离一座山太近，计算机将向驾驶员发出警告。

汽车导航系统是在 GPS 基础上发展起来的一项新型技术。汽车导航系统一般由 GPS 接收机、微处理器、车速传感器、陀螺传感器、CD-ROM 驱动器、LCD 显示器组成。GPS 接收机接收 GPS 卫星信号(3 颗以上)，求出车辆所在地理位置的经、纬度坐标，再利用地图匹配技术，将汽车的位置和 CD-ROM 中存储的道路数据等信息相结合，LCD 显示器就可显示汽车在电子地图中的具体位置。车载 GPS 导航仪如图 4.6 所示。

图 4.6　车载 GPS 导航仪

司机驾驶安装了 GPS 车辆导航系统的汽车，只要通过车前的显示器触摸屏输入需要到达的目的地，显示器上即可出现标有本车位置和行使最佳路线的电子地图。司机按照电子地图上显示的行驶方向箭头及扬声器发出的行使指令行驶，就可以快速到达目的地。这样的导航系统帮助司机以最佳的路径驶向目的地，在任何时间、任何地点、任何天气及任何地域都不会迷失方向。

2. 定位功能

GPS 是当今世界上精度最高的一种卫星无线电定位测量系统，可以全天候在全球范围内为固定目标和移动目标连续提供高精度的位置定位信息。有些高度精确的 GPS 接收系统可以即时得到公分级的测量精度。因此 GPS 技术在土地测绘、建筑测量、工程测绘等领域有广泛的应用前景。

同样，GPS 技术也应用于特大桥梁、隧道的控制测量中。例如，在江阴长江大桥的建设中，首先用常规方法建立了高精度边角网，然后利用 GPS 对该网进行检测，GPS 检测网达到了毫米级精度，由于速度快、精度高，因此具有明显的经济和社会效益。

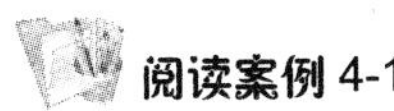

阅读案例 4-1

辽宁某大型物流车队的GPS应用

辽宁某大型物流车队，现有大型集装箱运输车150台，物流公司分为全国物流线路，全国线路物流车辆据测算每月每辆车因司机偷油致公司损失高达2 000元左右，绕路行驶报销过路过桥费用每月约1 000元左右，这其中不包含每辆车绕路行驶所耗油量的费用及绕路对汽车本身的磨损费用。这样算下来一辆物流车因以上两大原因造成公司的损失高达3 000元左右/月。每年物流公司损失达500万元。安装GPS定位追踪器以后，公司监控调度系统针对司机偷油解决手段采取油耗分析和行驶公里相结合的办法；GPS监控平台对每辆车都实施跟踪检测，有效地杜绝了司机私自配货，虚报过路费、过桥费等问题的发生。

(资料来源：http://news.wuliu800.com/2009/0319/13217.html.)

4.4.2 GPS 在物流运输中的应用

移动数据库技术配合GPS技术，可以实现智能交通管理、大宗货物运输管理等许多功能。

1. 车辆跟踪

车辆跟踪监控系统是集GPS、GIS和现代通信技术于一身的高科技系统。其主要功能是对移动车辆进行实时动态跟踪，利用无线通信设备将目标的位置和其他信息传送至主控中心，在主控中心进行地图匹配后显示在监视器上。利用GPS和电子地图可以实时显示出车辆的实际位置，并跟随目标移动，使目标始终保持在屏幕上；还可实现多窗口、多车辆、多屏幕同时跟踪。

2. 信息查询

GPS的信息查询功能为用户提供主要物标，如道路的准确位置、沿路设施、旅游景点、宾馆等数据库，用户能够在电子地图上根据需要进行查询。通过查询可实时地从电子地图上直观地了解运输车辆所处的地理位置，以及经度、纬度、速度等数据，还可以查询到行车的路线、时间、里程等信息。系统可自动将车辆发送的数据与预设的数据进行比较，对发生的较大偏差进行报告，从而使后方管理人员轻松准确地掌握公司的运输作业。

3. 话务指挥

监控中心可监视车辆的运行状况，对系统内的所有车辆进行动态调度管理，通过实施车辆调度，可提高车辆的实载率，有效地减少车辆的空驶率，从而降低运输成本，提高运输效率。

4. 紧急援助及事故处理

通过GPS定位和监控管理系统可以对遇有险情或发生事故的车辆进行紧急援助。监控中心的电子地图显示求助信息和报警目标，并以报警声光提醒值班人员进行应急处理。

阅读案例 4-2

GPS 车载终端

由于超市配送车辆行驶路线及其时间都要求得比较严格，而恰恰这又一直是超市管理人员的一片盲区。而 GPS 车载终端的出现使曾经的这片盲区清楚地出现在超市管理人员的屏幕上。只要装备 GPS 车载终端，超市管理人员就可以随时查看本企业车辆状态，所在位置、街道及其附近建筑。有高清晰卫星云图和平面地图可交换进行选择查看。同时可对装备 GPS 车载终端的车辆设置电子栅栏，规定行车路线，对车辆进行准确的管理调度，使货车能够及时准确的到达目的地。车载终端配备有报警装置，车辆遇到紧急情况，司机可按动报警按钮，系统在立刻发送一条 SOS 信息到设定的中心号码。

(资料来源：http://www.xk-gps.com/gpswebs/gps2/gpsanli4.htm.)

4.4.3 网络 GPS 对物流产业所起的作用

1. 实时监控

在任意时刻通过发出指令查询运输工具所在的地理位置(经度、维度、速度等信息)并在电子地图上直观地显示出来。

2. 双向通信功能

网络 GPS 的用户可以使用 GSM 的话音功能与驾驶员进行通话或使用本系统安装在运输工具上的移动设备的汉字液晶显示终端进行汉字消息收发对话。驾驶员通过按下相应的服务键、动作键，将该信息反馈到网络 GPS，质量监督员可在网络 GPS 工作站的显示屏上确认其工作的正确性，了解并控制整个运输作业的准确性(发车时间、到货时间、卸货时间、返回时间等)。

3. 动态调度功能

调度人员能在任意时刻通过调度中心发出文字调度指令，并得到确认信息。可进行运输工具待命计划管理，操作人员通过在途信息的反馈，在运输工具未返回车队前即做好待命计划，可提前下达运输任务，减少等待时间，加快运输工具周转速度。

4. 运输管理

将运输工具的运能信息、维修记录信息、车辆运行状况登记处、司机人员信息、运输工具的在途信息等多种信息提供给调度部门决策，以提高正确率，尽量减少空车时间和空车距离，充分利用运输工具的性能。

5. 数据存储、分析功能

要实现路线规划及路线优化，须事先规划车辆的运行路线、运行区域及何时应该到达什么地方等，并将该信息记录在数据库中，以备以后查询、分析使用。可靠性分析：汇报运输工具的运行状态，了解运输工具是否需要较大的修理，预先做好修理计划，计算运输工具的运行状态，计算运输工具平均每天的差错时间，动态衡量该型号车辆的性能价格比。

6. 服务质量跟踪

在监控中心设立服务器，并将车辆的有关信息(运行状态、在途信息、位置信息等用户关心的信息)让有该权限的用户能异地方便地获取自己需要的信息。同时还可以将用户索取信息中的位置信息用相对应的地图传送过去，并将运输工具的历史轨迹印在上面，使该信息更加形象化。

依据资料库储存的信息，可随时调阅每台运输工具的以前工作资料并可根据各管理部门的不同要求制作各种不同形式的报表，使各管理部门能更快速、更准确地做出判断及提出新的指示。

网络 GPS 的出现无论是对 GPS 供应商还是对物流运输企业来讲都是一个真正的好消息，因为其直接导致的是投资费用的降低与信息显现的无地域性限制，而最终的结果则是 GPS 门槛的降低及普及率的提高，从而使更多的物流企业从中受益。

本章小结

GPS 是由美国国防部开发的一个基于卫星的无线导航系统。GPS 由 GPS 卫星星座(空间部分)、地面监控系统(地面监控部分)和 GPS 信号接收机(用户设备部分)组成，它能对静态、动态对象进行动态空间信息的获取，快速、精度均匀、不受天气和时间限制地反馈空间信息。

GPS 定位采用空间被动式测量原理，即卫星不间断地发送自身的星历参数和时间信息，用户接收到这些信息后，经过计算求出接收机的三维位置、三维方向及运动速度和时间信息。

网络 GPS 就是指在互联网上建立起来的一个公共 GPS 监控平台，它同时融合了卫星定位技术、GSM 技术及国际互联网技术等多种目前世界上先进的科技成果。网络 GPS 系统由 3 部分组成：网上服务平台、用户端设备、车载终端设备。

在现代物流管理中，GPS 广泛应用于导航、交通运输、定位测量等方面，提高了物流管理的效率。

关键术语

GPS　接收机　主控站　定位　导航　差分定位　多普勒频移　网络 GPS

习　题

1. 选择题

(1) 美国科学家利用______原理建成了子午卫星导航系统。

A. 多普勒频移　B. 时间导航　C. 双星定位　D. 载波射频

(2) GPS 信号包括两种载波(L1、L2)和两种伪噪声码(P 码和 C/A 码)，其中，_____为精确码，美国为了自身的利益，只供美国军方、政府机关及得到美国政府批准的民用用户使用。

A．C/A 码　　B．P 码　　C．D 码　　D．以上各项

(3) GPS 卫星向广大用户发送的导航电文是一种不归零的_____。

A．十进制数码　　B．二进制数码　　C．八进制数码　　D．十六进制数码

(4) _____是 GPS 信号接收机的核心，承担整个系统的管理、控制和实时数据处理。

A．视屏监控器　　B．原子钟　　C．蓄电池　　D．微处理器

(5) _____主要用于运动载体的导航，它可以实时给出载体的位置和速度。

A．测地型接收机　　B．单频接收机

C．授时型接收机　　D．导航型接收机

(6) 当 GPS 能够收到_____及以上卫星的信号时，它能计算出本地的三维坐标(经度、纬度、高度)。

A．1 颗　　B．2 颗　　C．3 颗　　D．4 颗

(7) _____是 GPS 数据核心，它是构成“路线”的基础。

A．坐标　　B．路标　　C．前进方向　　D．导向

(8) 根据定位的模式，GPS 定位可以分为_____。

A．绝对定位和相对定位　　B．实时定位和非实时定位

C．静态定位和动态定位　　D．差分定位和非差分定位

(9) 网络 GPS 是由网上服务平台、用户端设备、_____这 3 部分组成。

A．运输终端设备　　B．物流终端设备

C．车载终端设备　　D．网络终端设备

(10) 以下不是网络 GPS 的功能特点是_____。

A．功能多、精度高、覆盖面广　　B．观测时间短

C．定位速度快　　D．信息传输可靠性高

2. 简答题

(1) 简述 GPS 的发展历程。

(2) GPS 接收机按用途分类，可分为哪几种接收机？

(3) 简述 GPS 与网络 GPS 各自的特点。

(4) 地面监控系统中的主控站的主要任务是什么？

(5) GPS 在交通运输方面有哪些功能？请举例说明。

(6) 简述 GPS 各种定位方式的适用范围。

(7) 解释 GPS 工作的基本原理。

(8) 简述网络 GPS 的工作流程。

3. 判断题

(1) GPS 不仅是一种可以定时和测距的定点导航系统，它还可以向全球用户提供连续、定时、高精度的三维位置、三位速度和时间信息。（　）

(2) GLONASS 在系统组成和工作原理上与 GPS 类似，也是由空间卫星星座、地面控制和用户设备三大部分组成。（　）

(3) GPS 卫星的核心部件是高精度的时钟、导航电文存储器、双频发射机和接收机及微处理机，而对于 GPS 定位成功的关键在于高度稳定的载波信号。　　( )

(4) GPS 工作卫星的地面监控系统由 3 部分组成，包括 1 个主控站、3 个注入站和 4 个监测站。　　( )

(5) 网络 GPS 可以利用互联网实现无地域限制的跟踪信息显示，但是无法通过设置不同权限做到信息的保密。　　( )

(6) GPS 信号接收机的基本结构是天线单元和接收单元两部分。天线单元的主要作用是：当 GPS 卫星从地平线上升起时，能捕获、跟踪卫星，接收放大 GPS 信号。　　( )

(7) 网络 GPS 综合了 Internet 与 GPS 的优势与特色，取长补短，解决了原来使用 GPS 所无法克服的障碍，但是投资费用较高。　　( )

(8) 汽车导航系统一般由 GPS 接收机、微处理器、车速传感器、陀螺传感器、CD-ROM 驱动器组成。　　( )

(9) GPS 定位采用空间被动式测量原理，即在测站上安置 GPS 用户接收系统，以各种可能的方式接收 GPS 卫星系统发送的各类信号，由计算机求解站星关系和测站的三维坐标。　　( )

(10) 车辆跟踪监控系统能够为用户提供主要物标，如道路的准确位置、沿路设施、旅游景点、宾馆等数据库。　　( )

4. 思考题

(1) 网络 GPS 与传统的 GPS 有哪些异同？

(2) 3 种 GPS 定位方式各有哪些优缺点？

(3) 如何将 GPS 与网络 GPS 共同运用于物流业以提高管理效率？请结合实际分析。

案例分析

沃尔玛的 GPS 物流信息管理

沃尔玛公司是全世界零售业年销售收入位居第一的巨头企业，素以精确掌握市场、快速传递商品和最好地满足客户需求著称，是全球“500 强”企业之一。目前沃尔玛公司在全球 27 个国家开设了超过 10 700 家商场，员工总数超过 200 万。从沃尔玛公司的发展历程可以看出，沃尔玛的成功实际上得益于长期积累所建立起来的高效的物流管理体系，而物流管理体系的高效运营离不开现代信息通信技术所发挥的独特作用。某种意义上可以说，沃尔玛公司成长与发展的历程，是物流电子化深入推进的过程。

沃尔玛公司是第一个发射和使用自有通信卫星的零售公司，它的信息系统是全美最大的民用系统，专门用于全球店铺的信息传送与运输车辆的定位及联络。截至 20 世纪 90 年代初，沃尔玛公司在该系统已经投资了 7 亿美元，而它不过是一家纯利润只有 2%～3%的折扣百货零售公司。这一系统的建成，使得沃尔玛公司所有店铺、配送中心的购销调存及运输车队的详细信息，都可以通过与计算机相连的通信卫星传送到总部的数据中心，总部能够掌握分布在全世界所有分店的瞬时销售情况及货物运输情况，所有的商店、配送中心、供应商和车队也可以通过总部的数据中心和卫星系统进行通信和信息交流。它们有相同的补货系统、相同的 EDI 条形码系统、相同的库存管理系统、相同的会员管理系统、相同的收银系统，实现了极高效率的信息传输和管理。位于全球各地的所有门店通过这一卫星网络可在 1h 之内对每种商品的库存、上架、销售量全部盘点一遍，速度之快让人为之赞叹。卫星通信网络系统使沃尔玛公司的配送系统变得几近完美无缺。配送中心、供应商及每一分店的每一销售点都能形成高效的在线作业——在短短数小时内便可完成“填妥订单—各分店订单汇总—送出订单”的整个流程，大大提高了物流运作过程的高效性和准确性。

高效率的信息化运输队伍，是沃尔玛公司缩短商品供给时间、降低运输成本的关键。在整个物流过程中，运输环节是最昂贵的部分，运输车队节省的成本越多，整个物流链节省的钱就会越多。为降低运输成本和提高效率，沃尔玛公司拥有世界上最大的商用车队，采用先进的全球定位系统对车辆进行定位，任何时候都能知道卡车与货物的具体位置，随时、准确地对车辆进行调度，大大提高了整个物流系统的效率。例如，沃尔玛公司各店铺在总部从订货到补货仅需 2 天，而美国的另外两家折扣商店达格特和诺玛特却分别需要 4 天和 5 天。沃尔玛公司的商品运往商店的成本，占商品总成本的比例只有 3%，而竞争对手则需要 4.5%～5%，这就使得沃尔玛公司能以低廉的价格和快速的服务获得与竞争者同样的利润。

发达的高科技信息处理系统是沃尔玛公司实现“无缝点对点”式的平滑物流衔接、减少分销费用的强大后盾。首先，配送中心可随时根据数据中心提供的各店铺信息，进行准确的销售预测和及时补充货源，以便降低库存量、提高资金周转速度、保持低成本存货；其次，运输车队的调度中心可根据数据中心提供的信息，及时合理地编排运输车辆，以保证将货物准确快速地运送至各店铺；再次，总部的数据中心将供应商纳入自己的信息系统，通过与供应商组建 EDI 联系系统，实现信息共享。供应商通过该系统可了解其所供应商品的流通动态状况，如配送中心的存货情况、销售预测、电子邮件、付款通知及各店铺的销售统计数据等，并据此及时安排生产、供货和送货，避免了因无货可供而导致配送中心等货及因无目的生产而导致的库存过多等现象，不仅有效降低了成本、提高了效率，而且还做到了 SCM 的快速反应，取得竞争优势。

(资料来源：姚国章. 沃尔玛的物流运行体系及其电子化演进[J]. 南京邮电大学学报(社会科学版)，2007(1).)

讨论题

(1) 为降低物流运输成本，沃尔玛公司采取了哪些措施？

(2) 通过该案例分析，谈谈 GPS 在沃尔玛公司中有何作用。

第 5 章　地理信息系统

【本章教学要点】

知识要点	掌握程度	相关知识	应用方向
GIS 的基本概念	掌握	信息、地理信息、信息系统、地理信息系统	GIS 的基本知识，在熟悉的基础上才能掌握其功能、原理及工作流程
GIS 的特点	了解	GIS 具有的主要特点	
GIS 的分类	了解	按内容、功能、数据结构分类	
GIS 的组成	掌握	计算机硬件系统、计算机软件系统、地理空间数据、系统管理操作人员	
GIS 的基本功能	掌握	空间信息查询和分析、可视化、制图、辅助决策	GIS 的功能、原理及工作流程，在了解并掌握的基础上才能在实际应用中发挥其作用
GIS 的基本原理	掌握	GIS 中的信息存储方式、数字地图的显示与输出、GIS 的数据来源	
GIS 的工作流程	重点掌握	数据采集与输入、数据编辑与更新、数据存储与管理、空间统计与分析、数据显示与输出	
GIS 空间数据组织与结构	重点掌握	栅格数据模型、矢量数据模型、空间数据分层组织	GIS 空间数据组织与管理，在掌握的基础上才能更好地在物流中应用
GIS 空间数据管理	掌握	数据库的管理、数据模型、地理信息系统空间数据库	
GIS 应用	了解	GIS 在物流系统中的应用、GIS 应用于物流分析、GIS 在物流电子商务中的应用、GIS 与 IT 技术的综合应用	GIS 在物流各个领域的广泛应用有助于提高物流效率

导入案例

有趣的物流——京东商城的 GIS 物流系统

在如今电商的竞争中，用户体验逐渐成为人们关注的焦点，配送的速度是用户体验的关键点之一，国内大型 B2C 电子商务网站京东商城上线了一个新的服务，名为“订单轨迹”。通过这项服务顾客可以在购物之后追踪到购得物品的准确位置，什么时间发货，距离顾客有多远，什么时间可以抵达都可以通过这一系统来进行追踪。

通过单击“订单详情”链接，在“订单轨迹”一栏就可以看到和平时看到的 Google 电子地图无异的地图界面，但是上面会多出来一条轨迹，而这条轨迹就记录了所购买的物品从库房一直到派送员手中的过程，有了定位的数据，不会再模糊地判断送货员现在到哪里了。原来物流也是可以这么的有趣。而这一切，都是源于京东商城新开发的 GIS。

这个 GIS 来自于京东商城 CEO 刘强东的创意。他在一次阅读客服简报时发现，有 32%的用户咨询电话是货物配送以后打来的。用户打电话来，大多数询问订单配送了没有，目前到哪里了，什么时候能到等。刘强东认为，实际上，客服人员根本无法知道每一张订单到达的具体位置，也不可能准确地告诉用户到达时间。因此，用户这样的咨询电话往往是无效的，与其让用户打电话来问，还不如让他自己适时地看。这样就减少了用户的麻烦，提升了用户体验。在刘强东的提议下，京东商城开始开发 GIS，现阶段已经开始上线使用。

通过 GIS，物流管理者在后台可以实时看到物流运行情况，同时，车辆位置信息、车辆的停留时间、包裹的分拨时间、配送员与客户的交接时间等都会形成原始的数据。这些数据经过分析之后，可以为管理者提供更多、更有价值的参考。

在仓库生产的子订单包装好后，就放在待发货区。在北京、上海、广州是由京东商城自己的配送队伍在配送，在一些其他城市，京东商城给每个快递公司的货都分区域摆放好。每个区都有联网的计算机，快递公司把货拿走的同时，会进行计算机扫描，此时，用户在页面上看到的订单信息会变为“已经配送”。原先，用户在自己的页面上可以观察到这个订单每个时间点分别到达什么位置如什么时间到达配送站点，什么时间分配给配送员等。目前，很多电子商务企业甚至是淘宝网的大卖家基本都能提供上述物流信息查询的服务。

京东商城在电子商务企业中第一个使用 GIS，这使用户感到很新奇。京东商城副总裁张立民介绍，这个 GIS 是物联网的典型应用，是一种可视化物流的实现。在传统的线下店，用户可以看到摸到商品，眼见为实的体验是电子商务无法代替的。而这种可视化物流可以消除用户线上线下的心理差距。用户可以适时感知到自己的订单，是一种提升了的用户体验。

“GIS 在技术上不是特别难。”张立民介绍，京东商城和一家提供地图服务的公司合作，将后台系统与地图公司的 GPS 进行关联，在包裹出库时，每个包裹都有一个条形码，运货的车辆也有相应的条形码，出库时每个包裹都会被扫描，同一辆车上包裹的条形码与这辆车的条码关联起来。当这辆车在路上运行时，车载 GPS 与地图就形成了实时的位置信息传递，与车载 GPS 是一个道理。

当车辆到了分拨站点分配给配送员时，每个配送员在配送时都有一台手持 PDA(掌上计算机)，而这台手持 PDA 也是一个 GPS，通过扫描每件包裹的条形码，这个包裹又与地图系统关联，而这个适时位置信息与京东商城的后台系统打通之后开放给前台用户，用户就能实时地在线上页面上看到自己的订单从出库到送货的运行轨迹。

电子商务企业供应链的完善是一个系统工程。前台网站搭建起来非常迅速，但是要与后台的库存管理、物流配送关联起来，这就是一个巨大的工程。因此，用户往往会发现，在北京、上海、广州这样有自建库房和自己的物流队伍的地区，用户从下单到收单的过程就更快，体验会更好。

(资料来源：王蓉. 京东商城：看得见的包裹[N]. 中国经营报，2011(7).)

> **讨论题**
> (1) 结合案例，分析GIS技术为京东商城的物流带来的变化。
> (2) 通过该案例分析，谈谈GIS技术给电子商务行业的发展带来的影响。

GIS 可以降低物流成本，开发物流增值服务，克服多频次、小批量配送等方面的负面影响，并利用GIS强大的地理数据功能来完善物流分析技术，能够建立功能强大的物流信息系统，使物流变得实时并且成本最优。因此，GIS 技术对于现代物流的发展起了积极的推动作用。本章主要介绍的内容包括GIS的基本概念、GIS的组成与功能、GIS的工作流程、GIS空间数据组织与管理及GIS在现代物流中的应用。

5.1 GIS 概述

5.1.1 GIS 的基本概念

信息是向人们或机器提供关于现实世界新的事实的知识，是数据、消息中所包含的意义，它不随载体物理设备形式的改变而改变。信息具有客观性、实用性、传输性、共享性等特点。数据是指对某一目标定性、定量描述的原始资料，包括数字、文字、符号、图形、图像及它们能转换成的数据等形式。地理数据是指表征地理圈或地理环境固有要素或物质的数量、质量、分布特征、联系和规律的数字、文字、图像和图形等的总称。

地理信息是有关地理实体的性质、特征和运动状态的表征和一切有用的知识，它表示地球表层物体及环境固有的数量、质量、分布特征、相互联系和变化规律，是对地理数据的解释。在地理信息中，其位置是通过数据进行标识的，这是地理信息区别于其他类型信息的最显著的标志。地理信息具有空间性、多维结构和动态变化的特性。地理数据的种类、特征是与其地理位置联系在一起的，因此具有空间性。地理信息具有多重结构，即在同一经纬度位置上可以有多种专题和属性的信息结构。例如，在同一地域有其相应的高程值、地表状况等多种信息。此外，地理信息还有明显的时序特征，即动态变化特征。这就要求及时采集和更新地理信息，并根据多时相的数据或信息来寻求随时间分布和变化的规律，进而对未来做出预测或预报。

信息系统是具有数据采集、管理、分析和表达数据能力的系统，它能够为单一的或有组织的决策过程提供有用的信息。GIS 是以空间数据库为基础，在计算机软件硬件的支持下，对空间数据进行采集、处理、分析、模拟和显示，为地理研究、综合评价和管理、定量分析和决策而建立的计算机应用系统。

GIS 是一种特定的十分重要的空间信息系统。它是在计算机硬件、软件系统支持下，对整个或部分地球表层(包括大气层)空间中的有关地理分布数据进行采集、存储、管理、处理、分析、显示和描述的技术系统。GIS 处理、管理的对象是多种地理空间实体数据及其关系，包括空间定位数据、图形数据、遥感图像数据、属性数据等，用于分析和处理在一定地理区域内分布的各种现象和过程，解决复杂的规划、决策和管理问题。

GIS 与地理信息、信息系统之间的关系如图 5.1 所示。

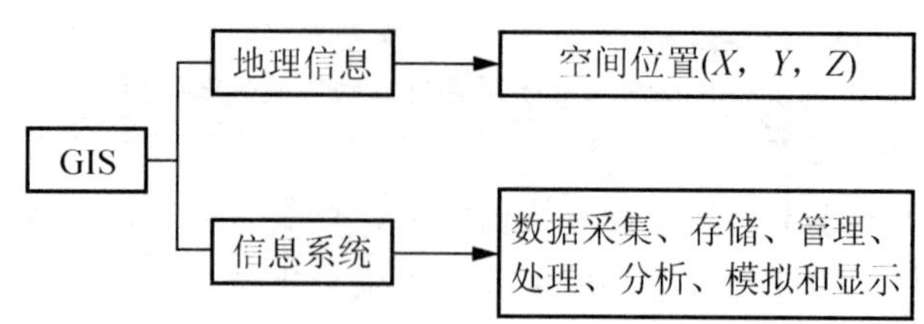

图 5.1　GIS 与地理信息、信息系统关系示意

(1) GIS 的物理外壳是计算机化的技术系统，它由若干个相互关联的子系统构成，如数据采集子系统、数据管理子系统、数据处理和分析子系统、图像处理子系统、数据产品输出子系统等。这些子系统的优劣、结构直接影响 GIS 的硬件平台、功能、效率、数据处理的方式和产品输出的类型。

(2) GIS 的操作对象是空间数据，即点、线、面、体这类有三维要素的地理实体。空间数据的最根本特点是每一个数据都按统一的地理坐标进行编码，实现对其定位、定性和定量的描述，这是 GIS 区别于其他类型信息系统的根本标志，也是其技术难点之所在。

(3) GIS 的技术优势在于它的数据综合、模拟与分析评价能力，可以得到常规方法或普通信息系统难以得到的重要信息，实现地理空间过程演化的模拟和预测。

5.1.2　GIS 的特点与分类

1. GIS 的主要特点

与一般的 MIS 相比，GIS 具有以下特点。

(1) GIS 使用了空间数据与非空间数据，并通过数据库管理系统(Database Management System，DBMS)将两者联系在一起共同管理、分析和应用；而 MIS 只有非空间数据库的管理，即使存储了图形，也往往以文件形式机械地存储，不能进行有关数据的操作，如空间查询、检索、相邻分析等，不能进行复杂的空间分析。

(2) GIS 强调空间分析，GIS 所具备的空间叠置分析、缓冲区分析、网络路径分析、数字地形分析等功能是一般 CAD(Computer Aided Design，计算机辅助设计)系统所不具备的。

(3) GIS 的成功应用不仅取决于技术体系，而且依靠一定的组织体系(包括实施组成、系统管理员、技术操作员、系统开发设计者等)。

(4) 信息的可视化。GIS 将不同区域的各个属性如人口等显示在地图上，形象、直观，一目了然。

2. GIS 的分类

1) 按内容分类

(1) 专题 GIS。指具有有限目标和专业特点的 GIS，为特定的、专门的目的服务，如道路交通管理信息系统、水资源管理信息系统、矿产资源信息系统、农作物估产信息系统、水土流失信息系统、环境管理信息系统等。

(2) 区域 GIS。主要以区域综合研究和全面信息服务为目标，可以有不同规模，如国家级、地区或省级、市级或县级等为各不同级别行政区服务的区域信息。也有以自然分区或流域为单位的区域信息系统。

2) 按功能分类

(1) 工具型 GIS。常称为 GIS 工具、GIS 开发平台、GIS 外壳、GIS 基础软件等，它具有 GIS 的基本功能，但没有具体的应用目标，只是供其他系统调用或用户进行二次开发的操作平台。由于在应用 GIS 技术解决实际问题时，有大量软件开发任务，如果各种用户重复开发，就对人力、财力造成很大的浪费。而有了工具型 GIS，只要在其中加入地理空间数据，加上专题模型和界面，就可开发成为一个应用型的 GIS 了。

工具型 GIS，如国外的 ARC/Info、MapInfo 软件，国内的 MAPGIS、GeoStar 软件等是建立应用型 GIS 的支持软件。工具型 GIS 具有图形图像数字化、数据管理、查询检索、分析运算和制图输出等 GIS 的基本功能，通常能适应不同的硬件条件。

(2) 应用型 GIS。具有具体的应用目标、特定的数据、特定的规模和特定的服务对象。通常，应用型 GIS 是在工具型 GIS(基础软件)的支持下建立起来的。这样，可节省大量的软件开发费用，缩短系统的建立周期，提高系统的技术水平，使开发人员能把精力集中于应用模型的开发，且有利于标准化的实行。

3) 按数据结构分类

(1) 矢量型 GIS。当空间数据是由矢量数据结构表示地理实体时，这种 GIS 称为矢量型 GIS。

(2) 栅格型 GIS。当空间数据是由栅格数据结构表示标的物或现象的分布时，这种 GIS 称为栅格型 GIS。

(3) 混合型 GIS。指矢量、栅格数据结构并存的 GIS。

5.1.3　GIS 的组成

完整的 GIS 主要由 4 个部分构成：计算机硬件系统，计算机软件系统，地理空间数据及系统开发、管理和使用人员。其核心部分是计算机软硬件系统，空间数据库反映 GIS 的地理内容，而管理人员和用户则决定系统的工作方式和信息的表现方式。GIS 的组成如图 5.2 所示。

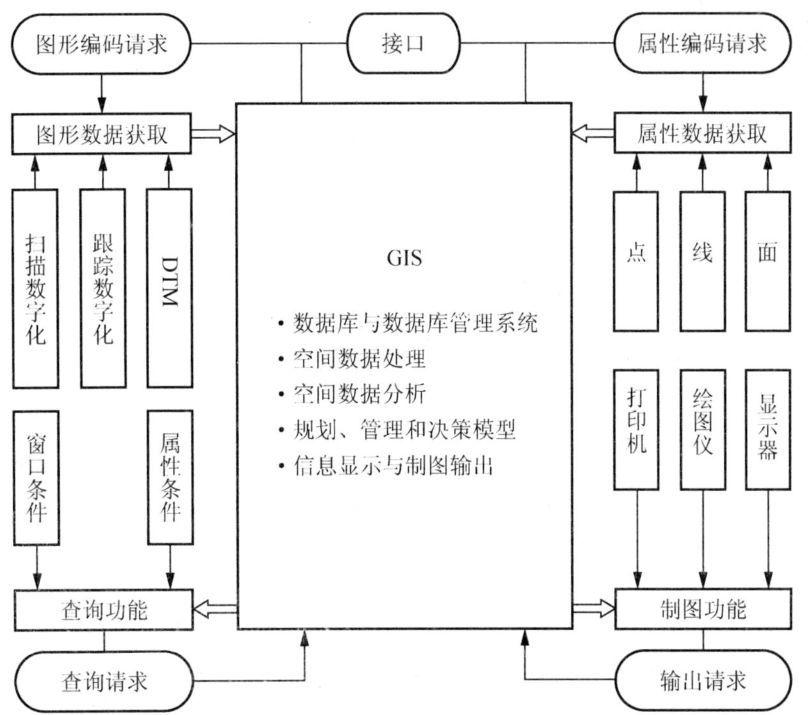

图 5.2　GIS 的组成

1) 计算机硬件系统

计算机硬件是计算机系统中的实际物理装置的总称，可以是电子的、电的、磁的、机械的、光的元件或装置，是 GIS 的物理外壳，系统的规模、精度、速度、功能、形式、使用方法甚至软件都与硬件有极大的关系，受硬件指标的支持或制约。GIS 由于其任务的复杂性和特殊性，必须有计算机设备支持。GIS 硬件配置一般包括 4 个部分，如图 5.3 所示。

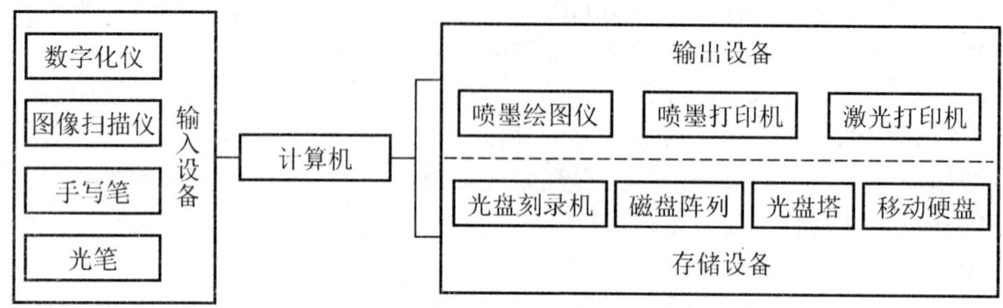

图 5.3　GIS 硬件组成示意

(1) 计算机主机：显示器、键盘、鼠标等。

(2) 数据输入设备：数字化仪、图像扫描仪、手写笔、光笔、键盘、通信端口等。

(3) 数据存储设备：光盘刻录机、磁带机、光盘塔、移动硬盘、磁盘阵列等。

(4) 数据输出设备：笔式绘图仪、喷墨绘图仪(打印机)、激光打印机等。

2) 计算机软件系统

计算机软件系统，指 GIS 运行所必需的各种程序，通常包括以下几种。

(1) 计算机系统软件：由计算机厂家提供的、为用户开发和使用计算机提供方便的程序系统，通常包括操作系统、汇编程序、编译程序、诊断程序、库程序及各种维护使用手册、程序说明等，是 GIS 日常工作所必需的。

(2) GIS 软件和其他支撑软件：可以是通用的 GIS 软件，也可包括数据库管理软件、计算机图形软件包、CAD 软件、图像处理软件等。

GIS 软件应包括 5 类基本模块，即以下诸子系统。

① 数据输入模块：将系统外部的原始数据(多种来源、多种形式的信息)传输给系统内部，并将这些数据从外部格式转换为便于系统处理的内部格式的过程，如将各种已存在的地图、遥感图像数字化，或者通过通信或读磁盘、磁带的方式录入遥感数据和其他系统已存在的数据；还包括以适当的方式录入各种统计数据、野外调查数据和仪器记录的数据。

数据输入方式与使用的设备密切相关，常有 3 种形式：第一是手扶跟踪数字化仪的矢量跟踪数字化。它是通过人工选点或跟踪线段进行数字化，主要输入有关图形点、线、面的位置坐标；第二是扫描数字化仪的光栅扫描数字化，主要输入有关图像的网格数据；第三是键盘输入，主要输入有关图像、图形的属性数据(即代码、符号)，在属性数据输入之前，须对其进行编码。

② 数据存储与管理模块：GIS 的关键组成部分之一。数据存储和数据库管理涉及地理元素(表示地表物体的点、线、面)的位置、连接关系及属性数据如何构造和组织等。用于组织数据库的计算机系统称为数据库管理系统。空间数据库的操作包括数据格式的选择和转换，数据的连接、查询、提取等。

③ 数据分析与处理模块：指对单幅或多幅图件及其属性数据进行分析运算和指标量测，在这种操作中，以一幅或多幅图输入，而分析计算结果则以一幅或多幅新生成的图件表示，在空间定位上仍与输入的图件一致，故可称为函数转换。空间函数转换可分为基于点或像元的空间函数，如基于像元的算术运算、逻辑运算或聚类分析等；基于区域、图斑或图例单位的空间函数，如叠加分类、区域形状量测等；基于邻域的空间函数，如像元连通性、扩散、最短路径搜索等。量测包括对面积、长度、体积、空间方位、空间变化等指标的计算。函数转换还包括错误改正、格式变化和预处理。

④ 数据输出与表示模块：指 GIS 内的原始数据或经过系统分析、转换、重新组织的数据以用户可以理解的某种方式提交给用户，如以地图、表格、数字或曲线的形式表示于某种介质上，或采用 CRT(Cathode Ray Tube)显示器、胶片复制、点阵打印机、笔式绘图仪等输出，也可以将结果数据记录于存储介质设备或通过通信线路传输到用户的其他计算机系统。

⑤ 用户接口模块：该模块用于接收用户的指令、程序或数据，是用户和系统交互的工具，主要包括用户界面、程序接口与数据接口。由于 GIS 功能复杂，且用户又往往为非计算机专业人员，用户界面(或人机界面)是 GIS 应用的重要组成部分，它通过菜单技术、用户询问语言的设置，还可采用人工智能的自然语言处理技术与图形界面(GUI)等技术，提供多窗口和光标或鼠标选择菜单等控制功能，为用户发出操作指令提供方便。该模块还随时向用户提供系统运行信息和系统操作帮助信息，这就使 GIS 成为人机交互的开放式系统。而程序接口和数据接口可分别为用户连接各自特定的应用程序模块和使用非系统标准的数据文件提供方便。

(3) 应用分析程序：是系统开发人员或用户根据地理专题或区域分析模型编制的用于某种特定应用任务的程序，是系统功能的扩充与延伸。在优秀的 GIS 工具支持下，应用程序的开发是透明的和动态的，与系统的物理存储结构无关，而随着系统应用水平的提高不断优化和扩充。应用程序作用于地理专题数据或区域数据，构成 GIS 的具体内容，这是用户最为关心的真正用于地理分析的部分，也是从空间数据中提取地理信息的关键。用户进行系统开发的大部分工作是开发应用程序，而应用程序的水平在很大程度上决定系统的实用性、优劣和成败。

3) 地理空间数据

地理空间数据是指以地球表面空间位置为参照的自然、社会和人文景观数据，可以是图形、图像、文字、表格和数字等，由系统的建立者通过数字化仪、扫描仪、键盘、磁带机或其他通信系统输入 GIS，是系统程序作用的对象，是 GIS 所表达的现实世界经过模拟抽象的实质性内容。不同用途的 GIS 的地理空间数据的种类、精度是不同的，但基本上都包括 3 种互相联系的数据类型。

(1) 某个已知坐标系中的位置，即几何坐标。标志地理实体在某个已知坐标系(如大地坐标系、直角坐标系、极坐标系、自定义坐标系)中的空间位置，可以是经纬度、平面直角坐标、极坐标，也可以是矩阵的行、列数等。

(2) 实体间的空间相关性，即拓扑关系。表示点、线、面实体之间的空间联系，如网络节点与网络线之间的枢纽关系，边界线与面实体间的构成关系，面实体与外或内部点的包含关系等。空间拓扑关系对于地理空间数据的编码、录入、格式转换、存储管理、查询检索和模型分析都有重要意义，是 GIS 的特色之一。

(3) 与几何位置无关的属性，即常说的非几何属性或简称属性，是与地理实体相联系的地理变量或地理意义。属性分为定性和定量两种，前者包括名称、类型、特性等；后者包括数量和等级。定性描述的属性如岩石类型、土壤种类、土地利用类型、行政区划等；定量的属性如面积、长度、土地等级、人口数量、降雨量、河流长度、水土流失量等。非几何属性一般是经过抽象的概念，通过分类、命名、量算、统计得到。任何地理实体至少有一个属性，而 GIS 的分析、检索和表示主要是通过属性的操作运算实现的，因此属性的分类系统、量算指标对系统的功能有较大的影响。

GIS 特殊的空间数据模型决定了 GIS 特殊的空间数据结构和特殊的数据编码，也决定了 GIS 具有特色的空间数据管理方法和系统空间数据分析功能，成为地理学研究和资源管理的重要工具。

4) 系统开发、管理和使用人员

人是 GIS 中的重要构成因素，GIS 不同于一幅地图，而是一个动态的地理模型，仅有系统软硬件和数据还不能构成完整的 GIS，需要人进行系统组织、系统管理、系统维护和数据更新。一个成熟的 GIS 也需要人来不断更新完善，需要人来利用系统的功能完成显示、分析、决策和研究。因此，GIS 行业中的技术人员是 GIS 的重要组成部分。

GIS 是信息技术、数据和数据处理过程的综合体，一个机构在开发和使用 GIS 时，不仅需要对技术人员本身有足够的了解，还要具备有效、全面和可行的组织和管理能力。GIS 的管理是多层次的，从高到低可以分为决策性管理层、计划性管理层和实施性管理层。决策性管理层主要是指机构或企业制定 GIS 战略的高级决策层。计划管理层是指决策管理层制定了 GIS 的战略方向后，计划 GIS 实施的阶层。实施管理层则是具体进行实施管理的阶层。对于大型机构或企业，这三级管理层是很明显的。例如，一个城市 GIS 的建立，常常首先是市级主管技术的领导层从整个城市的发展角度出发来制定有关 GIS 对该城市的发展的战略方向；这种战略方针确定以后，将下达到有关的部门，由下一层领导该项目的发展和实施。这种组织可能是暂时建立的，如城市 GIS 发展委员会或类似机构，它的成员可能是从各个实施层的部门中调用，也可能是一个常设的机构。而实施管理层是由各具体的市政部门组成，可以包括市政部门、税务部门、交通部门、土地管理部门和环境保护部门等。

GIS 的组织者要尽量使整个生产过程形成一个整体。要真正做到这些，不仅要在硬件和软件方面投资，还要在适当的组织机构中重新培训工作人员和管理人员方面投资，使他们能够应用新技术。近年来，硬件设备连年降价，而性能则日趋完善与增强，但有技能的工作人员及优质廉价的软件仍然不足。只有在对 GIS 合理投资与综合配置的情况下，才能建立有效的 GIS。

5.2 GIS 的功能、原理及工作流程

5.2.1 GIS 的基本功能

GIS 将表格类数据(无论它来自数据库、电子表格或直接在程序中输入)转换为地理图形显示出来，然后对显示的结果进行浏览、操作和分析。其显示范围可以从洲际地图到非常详细的街区地图，显示对象包括人口、销售情况、运输路线及其他内容。GIS 具有以下基本功能。

1. 数据采集与编辑功能

GIS 的核心是一个地理数据库，为此必须将地面上实体图形数据和描述它的属性数据输入到数据库中。输入的数据要求有统一的地理基础，并要求对输入的图形及文本数据进行编辑和修改。具体来说包括以下几项内容：人机对话窗口，文件管理数据获取，图形显示，参数控制，符号设计，建立拓扑关系，属性数据输入与编辑，地图修饰，图形几何要素计算统计，查询，图形接边处理及属性数据采集、编辑、分析等功能。

2. 空间信息查询和分析功能

空间信息的查询和分析是 GIS 的基本功能。例如，GIS 可以在各种咨询服务中为房地产开发商找到适合开发的土地；房地产经纪人可以利用 GIS 在一定的区域内寻找满足如小高层、三室两厅等条件的所有房屋，并可列出这些房屋的所有特点；农业人员可以利用 GIS 寻找粮食、土壤和天气之间的相关关系等。GIS 不仅能提供静态的查询和检索，还可以进行动态的分析，如空间信息量测与分析、地形分析、网络分析、叠置分析等。

空间查询是 GIS 及许多其他自动化地理数据处理系统应具备的最基本的分析功能，而空间分析是 GIS 的关键性功能，也是 GIS 与其他计算机系统的根本区别。空间分析是在 GIS 的支持下，分析和解决现实世界中与空间相关的问题，是 GIS 应用深入的重要指标。GIS 的空间分析可分为 3 个不同的层次。

(1) 空间检索。包括从空间位置检索空间物体及其属性和从属性条件集检索空间物体。空间索引是空间检索的关键技术，如何有效地从大型的 GIS 数据库中检索出所需数据，将影响 GIS 的分析能力；另一方面，空间物体的图形表达也是空间检索的重要部分。

(2) 空间拓扑叠加分析。空间拓扑叠加实现了输入要素属性的合并，以及要素属性在空间上的连接，其本质是空间意义上的布尔运算。

(3) 模型分析。在空间模型分析方面，目前多数研发工作着重于如何将 GIS 与空间模型分析相结合。其研究可分为以下 3 类。

① GIS 外部的空间模型分析，将 GIS 当做一个通用的空间数据库，而空间模型分析功能则借助于其他软件。

② GIS 内部的空间模型分析，试图利用 GIS 软件提供空间分析模块及发展适用于问题解决模型的宏，这种方法一般适用于基本空间的复杂性与多样性分析，且易于了解和应用，但由于 GIS 软件所能提供的空间分析功能极为有限，这种紧密结合的空间模型分析方法在实际的 GIS 设计中较少使用。

③ 混合型的空间模型分析，其宗旨在于尽可能地利用 GIS 提供的功能，同时也充分发挥 GIS 用户的主动性。

3. 可视化功能

GIS 通过对跨地域的资源数据进行处理、分析，揭示其中隐含的模式，发现其内在的规律和发展趋势，而这些在统计资料和图表里并不是很直观地表示出来。GIS 把空间和信息结合起来，实现了数据的可视化。对于许多类型的地理信息操作，最好的结果是以地图或图形显示出来。GIS 把数据显示集成在三维动画、图像或多媒体形式中输出，使用户能在短时间内对资料数据有直观的、全面的了解。

4. 制图功能

制图功能是GIS最重要的一项功能，对多数用户来说，也是用得最多最广的一项功能。GIS的综合制图功能包括专题地图制作，在地图上显示出地理要素，并赋予数值范围，同时可以放大和缩小以表明不同的细节层次。GIS不仅可以为用户输出全要素图，而且可以根据用户需求分层输出各种专题地图，以显示不同要素和活动的位置，或有关属性内容，如矿产分布图、城市交通图、旅游图等。通常这种含有属性信息的专题地图主要有多边形图、线状图、点状图这3种基本形式，也可由这几种基本图形综合组成各种形式和内容的专题图。

5. 辅助决策功能

GIS技术已经被用于辅助完成一些任务，如为计划调查提供信息，为解决领土争端提供信息服务，以最小化视觉干扰为原则设置路标等。GIS可以用来帮助人们在低风险、低犯罪率的地区，以及离人口聚集地近的地区进行新房选址。所有的这些数据都可以用地图的形式简洁而清晰地显示出来，或者出现在相关的报告中，使决策的制定者不必将精力浪费在分析和理解数据上。GIS快速的结果获取，使多种方案和设想可以得到高效的评估。

5.2.2 GIS的基本原理

GIS的基本原理：GIS把地理事物的空间数据和属性数据以数字的方式存储在计算机中，再利用计算机图形技术、数据库技术及各种数学方法来管理、查询、分析和应用，输出各种地图和地理数据。

1. GIS中的信息存储方式

一幅地图包含的最基本的信息有两种：空间信息和描述性信息。前者反映了地理特征的位置和形状及特征间的空间关系，后者则反映了这些地理特征的一些非空间属性。例如，地图上的一个城市，其经纬坐标属于空间信息，而城市名称、级别、人口等都属于描述性信息。点、线、面作为组成地图的3种基本元件，分别反映了不同的地图特征，其中点特征(Point Feature)用一个独立的位置来代表，它所反映的地图对象因太小而无法用线特征(Line Feature)和面特征(Area Feature)来表示，或者该对象不具备面特征(如机井、村庄等)；线特征由一组有序的坐标点相连接而成，反映的是那些宽度太窄而无法表示为一个面积区域的对象(如水渠、道路)或本身就没有宽度的对象(如等高线)；面特征由一个封闭的图形区来代表，其边界包围着同一性质的一个区域(如同一土地类型、同一行政区域等)。在地图上，一定的地图对象的地理特征及其非空间特性往往是用特定的符号同时反映出来的。

计算机GIS存储的地图(即数字地图)，不是传统观念上的存储着一幅地图的计算机图形文件。数字地图是以数据库的形式存储的。数据库是GIS的中心概念，也是GIS与那些绘图系统或仅能产生好的图形输出的地图制作系统的主要区别。流行的GIS软件都结合了DBMS。

数字地图同样包含两种类型的信息：空间信息和描述性信息。它们都是以一系列的数据库文件的形式存储于计算机中。

1) 空间信息数据的存储

地图实际上是将地球表面的特征以点、线、面的形式映射到一个二维平面上，过去采用 xy(笛卡儿)坐标系确定地图位置与地面位置的对应关系。一个点可由一个独立的(*x*，*y*)坐标对代表，一条线段可由一系列的(*x*，*y*)坐标对表示。在 GIS 中，线与线间的交点称为结点，结点间的线段称为弧(Arc)，线与线围合成的图形称为多边形(Polygon)，一个多边形是由一个或多个弧围成的。为了让计算机能区分地理特征间的空间关系、空间信息，在数据文件中存储时采用了拓扑学的方法。具体的记录结构是这样的：①对于点，每条记录可由点代号和坐标对共两个字段组成；②对于弧，每条记录可以由弧代号、起始结点、终了结点、左侧多边形代号、右侧多边形代号，以及坐标对系列共 6 个字段构成；③对于多边形，每条记录可以由多边形代号和弧代号系列共两个字段构成。

空间信息是与位置坐标(*x*，*y*)密切联系的。同平面地图一样，GIS 中采用的是平面坐标系(Planar Coordinate Systems)。地球是个椭圆形的球体，经度和纬度常用于表示地球表面上任何一点的位置，其单位为度、分、秒。但是，经度和纬度不能用作平面坐标系中的 *x*、*y* 坐标，因为同样的经度差所反映的地面距离是随纬度而变的。例如，1° 的经度差值间的地面距离，在赤道上是 111km，在两极上则为 0。所以，要根据不同的需要，采用适合的坐标映射体系将地球表面映射到平面上。常用的映射体系有若干种，各自都在形状、面积、距离或方向等方面产生某些程度的失真。

2) 描述性信息数据的存储

对于一个地理特征的描述性信息，记录的字段数因该特征具有的信息项数而异。例如，对于城市道路，可以有 6 个字段：①路段(弧)代号；②类型；③路面材料；④宽度；⑤车道数目；⑥名称。可以想象，一个地理特征的描述性信息数据文件，就如同一个表格一样，记录着对应特征的非空间属性的信息，每一条记录就相当于一个表行，所以，描述性信息数据文件又叫做特征属性表(Feature Attribute Table)。

3) 数据间的连接

通过前面的介绍还可以发现，不论在空间信息数据文件还是在描述性信息数据文件中，有一个共同的字段，即特征代号。这个代号可以就是记录号，也可以是用户指定的识别码。这个代号必须是唯一的，也就是说，同一数据文件中，不同的记录必须有不同的代号，绝对不能重复，因为 GIS 正是通过这个代号存取和交换信息，在空间信息数据和描述性信息数据之间建立连接。两类数据之间借由识别代号保持一一对应的关系。通过用识别代码作桥梁，还可以将同一空间对象的两个或多个特征属性表合并为一个文件，这使得空间对象增加新的描述性信息变得很方便。

2. 数字地图的显示与输出

如前所述，GIS 并不以图形或图像文件的形式保存地图，而是存储着地图元件的空间信息数据库和描述性信息数据库。在显示数字地图时，GIS 能实时地访问空间信息数据库并读取其中的数据进行分析处理，然后在计算机屏幕上显示出相应的图形。这个过程可称为“添加主题”。可以同时添加多个主题，如干旱类型、土壤类型、渠道、道路及村镇等。所有主题都有“开”(ON)与“关”(OFF)的可控选择，可以根据需要，随时让某个主题显示(ON)或不显示(OFF)。还可以将某个主题移出(删除)。一般地，在添加主题(即访问空间信息数据库)的同时，GIS 还同时访问相应的描述性信息数据库，打开对应的特征属性表，并通过识别代码在二者之间建立联系。这样，用户可方便地进行双向查询。GIS 在退出时，将当前添加的主题及其开关状态、颜色、线形、符号等选项都保存在配置文件中，使得当前的所有选择能够在下次启动时快速重现。

在输出方面，GIS 提供了多种地图版式(Layout)供用户选择。用户在选择了某个版式以后，还可以按自己的爱好对版面重新安排，如标题字体、字号、颜色，图例大小、位置，比例尺的样式、位置等，甚至还可以添加或删除某些成分，直到满意后再将结果输送到打印机或绘图仪。也可以把结果按一定的比例放大或缩小并转换为 BMP 或其他格式的图形文件，供图形图像软件处理。

3. GIS 的数据来源

GIS 可用的数据非常广泛，包括现有的地图、以计算机图形图像文件形式存放的影像资料和表格资料及绘图软件(如 AutoCAD)绘制的图形等。对现有的地图，可利用数字化仪对需要的地理图形进行数字化，并输入相应的描述性信息。先进的 GIS 软件都支持对数字化仪的操作。此外，还可以用扫描仪将地图扫描成图像文件。对表格文件，有的可以直接显示为视图，有的则作为与已有的空间信息相连接的描述性信息而成为特征属性表的内容。GIS 可直接利用以数据库文件及文本文件形式提供的表格资料。对影像资料和 CAD 图形资料，GIS 可通过一定的方法对其进行数字化处理。

随着空间技术的发展，遥感(Remote Sensing，RS)和 GPS 成为 GIS 重要的数据来源。尤其是 GPS，其技术不断完善，其定位的高精度和高灵活性是遥感和常规测量无法比拟的。由于其接收机价格逐渐降低，GPS 的应用将逐渐广泛，GIS 与 GPS 的结合将更趋紧密。

5.2.3 GIS 的工作流程

GIS 将现实世界从自然环境转移到计算机环境，其作用不仅仅是真实环境的再现，更主要的是 GIS 能为各种分析提供决策支持。也就是说，GIS 实现了对空间数据的采集、编辑、存储、管理、分析和表达等加工处理，其目的是从中获得更加有用的空间信息和知识。这里“有用的空间信息和知识”可归纳为位置、条件、趋势、模式和模拟 5 个基本问题，GIS 的价值和作用就是通过地理对象的重建，利用空间分析工具，实现对这 5 个基本问题的求解。

(1) 位置。位置问题回答“某个地方有什么”，一般通过空间对象的位置(坐标、街道编码等)进行定位，然后利用查询获取其性质，如建筑物名称、地点、建筑时间、使用性质等。位置问题是地学领域最基本的问题，反映在 GIS 中，则是空间查询技术。

(2) 条件。条件问题即“符合某些条件的地理对象在哪里”，它通过空间对象的属性信息列出条件表达式，进而查找满足该条件的空间对象的分布位置。在 GIS 中，条件问题虽然是查询的一种，但也是较为复杂的空间查询问题。

(3) 趋势。趋势即“某个地方发生的某个事件及其随时间的变化过程”。它要求 GIS 能根据已有的数据(现状数据、历史数据等)对现象的变化过程做出分析判断，并能对未来做出预测和对过去做出回溯。例如，土地覆被变化研究中，可以利用现有的和历史的土地覆被数据，对未来土地覆被状况做出分析预测，也可展现不同历史时期的覆被情况。

(4) 模式。模式问题即“地理实体和现象的空间分布之间的空间关系问题”。例如，城市中不同功能区的分布与居住人口分布的关系模式；地面海拔升高、气温降低，导致山地自然景观呈现垂直地带分异的模式等。

(5) 模拟。模拟即“某个地方如果具备某种条件会发生什么”，是在模式和趋势的基础上，建立现象和因素之间的模型关系，从而发现具有普遍意义的规律。例如，通过对某一城市的犯罪概率和酒吧、交通、照明、警力分布等要素关系分析，对其他城市进行相关问题研究，一旦发现带有普遍意义的规律，即可将研究推向更高层次，建立通用的分析模型，进行未来的预测和决策。

在建立一个实用的 GIS 的过程中，面对以上 5 个问题，从数据准备到系统完成，必须经过各种数据转换，每次转换都有可能改变原有的信息。因此，一般的 GIS 需要完成以下 5 个任务或过程：数据采集与输入、数据编辑与更新、数据存储与管理、空间统计与分析、数据显示与输出。GIS 的工作流程如图 5.4 所示。

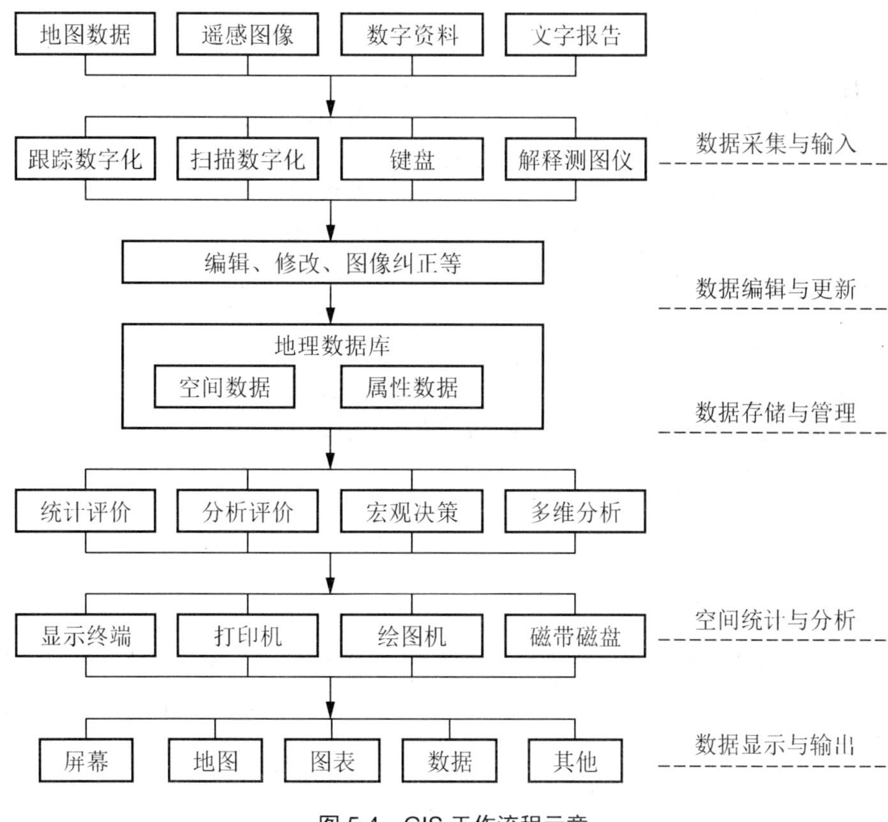

图 5.4　GIS 工作流程示意

1. 数据采集与输入

根据任务的需要，将各种系统外部的原始数据转化为 GIS 软件可以识别的格式并加以利用的过程称为数据采集。数据采集就是保证各层实体的要素按顺序转化为 x、y 坐标及对应的代码输入到计算机中。通常数据采集的方式有以下几种：通过纸质地图的数字化获取数据；直接通过数值数据获取数据；通过 GPS 采集数据；直接获取坐标数据。

数据输入是将系统外部的原始数据传输到系统内部，并将这些数据从外部格式转换为系统便于处理的内部格式的过程。对多种形式和多种来源的信息，可以实现多种方式的数据输入，主要有图形数据输入、栅格数据输入、测量数据输入和属性数据输入等。它包括数字化、规范化和数据编码3个方面的内容。

(1) 数字化是指根据不同信息类型，经过跟踪数字化或扫描数字化，进行模数转换、坐标变换等，形成各种数据文件，存入数据库。

(2) 规范化是指对不同比例尺、不同投影坐标系统和不同精度的外来数据，必须统一坐标和记录格式，以便在统一的数学基础上进一步工作。

(3) 数据编码是指根据一定的数据结构和目标属性特征，将数据转换为计算机识别和管理的代码或编码字符。数据输入方式与使用的设备密切相关，常用的有3种形式：手扶跟踪数字化、扫描数字化和键盘输入。

2. 数据编辑与更新

数据编辑主要包括图形编辑和属性编辑。图形编辑主要包括图形修改、增加和删除，图形整饰，图形变换，图幅拼接，投影变换，误差校正和建立拓扑关系等。属性编辑通常与数据库管理结合在一起完成，主要包括属性数据的修改、删除和插入等操作。

数据更新是以新的数据项或记录来替换数据文件或数据库中相应的数据项或记录，它是通过修改、删除和插入等一系列操作来实现的。由于空间信息具有动态变化的特征，人们所获取的数据只反映地理事物某一时刻或一定时间范围内的特征，随着时间推移，数据会随之改变。因此，数据更新是GIS建立空间数据的时间序列，满足动态分析的前提是对自然现象的发生和发展做出科学合理的预测预报的基础。

3. 数据存储与管理

数据存储，即将数据以某种格式记录在计算机内部或外部存储介质上。属性数据管理一般直接利用商用关系数据库软件，如Oracle、SQL Server、FoxBase、FoxPro等进行管理。但是，当数据量很大而且是多个用户同时使用数据时，最好使用一个DBMS来帮助存储、组织和管理空间数据。

4. 空间统计与分析

空间统计与分析是GIS的核心，是GIS最重要和最具有魅力的功能。其以地理事物的空间位置和形态特征为基础，以空间数据与属性数据的综合运算(如数据格式转换、矢量数据叠合、栅格数据叠加、算术运算、关系运算、逻辑运算、函数运算等)为特征，提取与产生空间的信息。

例如，依据GIS，可以解决以下基于空间的简单统计查询。

(1) 这块土地属于谁？

(2) 两个地点之间距离是多少？

(3) 工业用地的边界在哪里？

(4) 哪些地方适合建新的住宅区？

(5) 如果要在这里建一条高速公路，将对周围用地产生怎样的影响？

只需要通过鼠标操作，GIS就可以非常方便地提供从基本的空间查询到复杂的空间分析功能，为管理者和相关的分析专家提供及时而有用的信息。不同的商业GIS软件都具有支持缓冲区分析、叠置分析、网络路径分析和数字地形分析(DTM)等基本的空间分析功能。

5. 数据显示与输出

数据显示是中间处理过程和最终结果的屏幕显示，通常以人机交互方式来选择显示的对象与形式，对于图形数据根据要素的信息量和密集程度，可选择放大或缩小显示。输出是将 GIS 的产品通过输出设备(包括显示器、绘图机、打印机等)输出。GIS 不仅可以输出全要素地图，还可以根据用户需要，分层输出各种专题地图、各类统计图、图表、数据和报告等。

5.3 GIS 的空间数据组织与管理

5.3.1 空间数据组织与结构

描述地理实体的数据本身的组织方法，称为内部数据结构。

内部数据结构基本上可分为两大类，即栅格结构和矢量结构，如图 5.5 所示。两类结构都可用来描述地理实体的点、线、面 3 种基本类型。实体的非几何属性可以和几何属性存储在一起，也可以通过指针结构相联系。

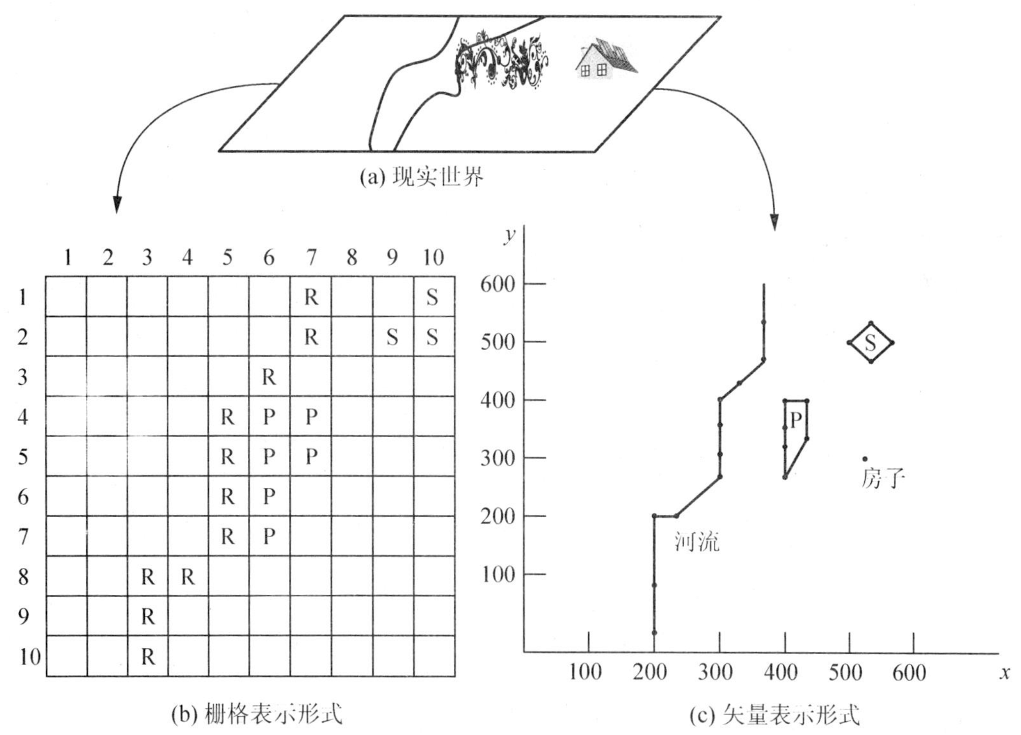

图 5.5 栅格和矢量数据结构

内部数据结构是和一定的输出设备相联系的。矢量结构是跟踪式数字化仪的直接产物，也是和增量式绘图仪相适应的；栅格结构则是经扫描式数字化仪得到数据格式，适用于屏幕显示和行式打印输出。

在矢量结构中，现实世界的物体或状态用点线面表达，与它们在地图上表示相似，每一个实体的位置是用它们在坐标参考系统中的空间位置(坐标)定义。地图空间中的每一位置都有唯一的坐标值。点、线和多边形用于表达不规则的地理实体在现实世界的状态(多边形是由若干直线段围成的封闭区域的边界)。一条线可能表达一条道路，一个多边形可能表达一块林地等。矢量模型中的空间实体与要表达的现实世界中的空间实体具有一定的对应关系。

在栅格结构中，空间被规则地划分为栅格(通常为正方形)，如图 5.5 所示。地理实体的位置和状态是用它们占据的栅格行、列号来定义的。每个栅格的大小代表了定义的空间分解力。由于位置是由栅格行列号定义的，所以地理特征的位置由距它最近的栅格记录决定。例如，某个区域被划分成 10 个×10 个栅格，那么仅能记录位于这 10 个×10 个栅格附近的物体的位置。栅格的值表达了这个位置上物体的类型或状态。用栅格方法，空间要被划分成大量规则格网，而且每个栅格的取值可能不一样。空间单元是栅格，每一个栅格对应于一个待定的空间位置，如地表的一个区域，栅格的值表达了这个位置的状态。与矢量模型不一样，栅格模型的最小单元与它表达的真实世界空间实体没有直接的对应关系。栅格数据模型中的空间实体单元不是通常概念上理解的物体，它们只是彼此分离的栅格。例如，道路作为明晰的栅格是不存在的，栅格的值表达了路是一个实体。道路是被具有道路局性值的一组栅格表达的，这条路不可能通过某一个栅格实体被识别出来。

在这两种数据结构中，空间信息都是使用统一的单位表达。在栅格方法中，统一的单位是栅格(栅格是不可再分的，其属性用于表达对应位置物体的性质)，表达一个区域所用栅格的数量很大，但其栅格单元的大小一样。栅格数据文件通常包含有上百万个栅格，每一个栅格的位置都被严格定义。在矢量方法中，统一的单元是点、线和多边形，与栅格方法相比，在数量上所用的表达单元较少，但大小可变。在矢量文件中，元素的个数或许有数千个，但毕竟没有栅格数据那么多。同一类型的矢量单元的位置用连续坐标值定义。矢量数据能提供比栅格数据用行、列号表达位置更精确的坐标位置。这两种方法各有优缺点，其主要差别见表 5-1。

表 5-1　栅格数据模型与矢量数据模型比较

比较项目 模　型	优　点	缺　点
栅格数据模型	①数据简单； ②叠加操作易实现，更有效； ③能有效地表达空间可变性； ④栅格图像便于做图像的有效增强	①数据结构不严密，不紧凑，需用压缩技术解决这个问题； ②难以表达拓扑关系； ③图形输出不美观，线条有锯齿，需用增加栅格数量克服；但会增加数据文件
矢量数据模型	①提供更严密的数据结构； ②提供更有效的拓扑编码，因而对需要拓扑信息的操作更有效； ③图形输出美观，接近于手绘	①比栅格数据结构复杂； ②叠加操作没有栅格有效； ③表达空间变化性能力差； ④不能像数字图像那样做增强处理

究竟采用何种数据结构，取决于利用数据的目的。有些地理现象用栅格数据表达更合适，有些地理现象则用矢量数据更有利，以便表达它们之间的空间关系。

1. 栅格数据结构

栅格数据结构最简单的格式是由规则的正方形或矩形栅格组成的。每个栅格或像素(对图像元素)的位置由栅格所在的行列号定义，栅格的值为栅格所表达内容的属性值，如图 5.5 所示。一个点(如房屋)由单个栅格表达，一条线(如河流)由具有相同取值的一组线状栅格表达，一个面状地块(如林地)由若干行和列组成的一片具有相同取值的栅格表达。更为复杂的表达方法是使用其他规则形状的栅格图形单元而不是正方形格网，如三角形或多边形。然而正方形栅格单元是容易用程序语言处理的栅格阵列。栅格数据格式通常是硬件设备用于空间数据输入和输出的接口转换格式。由于这个原因，最初的 GIS 都是用 Fortran 程序语言编写并且是基于栅格格式的。

在栅格文件中，每个栅格只能被赋予唯一的值，因此，某一个栅格若有不同的值，则要分别存储于不同的文件。例如，对于某个区域来说，其土壤类型和森林覆盖类型就要分别存储为土壤和森林数据文件。进行数据恢复处理操作时，对于一个栅格单元要涉及多个相应的栅格文件操作。

在栅格数据模型中，每个栅格单元代表了地表上的一个区域，因为赋予每一个栅格的属性是唯一的值，因此，总的属性个数是可以计算的，它等于栅格文件的行数乘以列数的积。如果栅格单元取得越小，数据的分解力就越高，但需要存储的数据量就越大。文件大小随分解力提高会迅速增长。如果取 250m×250m 地面尺寸的栅格单元尺寸，那么 1km 长的距离需 4 个单元，对于 1km×1km 的区域则需要 16 个栅格单元。如果提高分解力，采用 100m×100m 的栅格单元尺寸，则 1km×1km 的区域就需要 100 个栅格单元表达。因为文件的大小是与表达的分层区域有关的，因此，文件的大小随分解力提高成平方增加。

给定一个用户笛卡儿叠置层组成栅格数据文件，如何在计算机内组织这些数据才能达到最优数据存取、最少的存储空间、最少处理过程呢？如果每一层中每一个像元在数据库中都是独立单元即数据值、像元与位置之间存在一对一的关系时，按上述要求组织数据的可能方式有 3 种，如图 5.6 所示。

(1) 以像元为记录的序列，不同层上同一个像元位置上的各属性值表示为一个列数组，如图 5.6(a)所示。

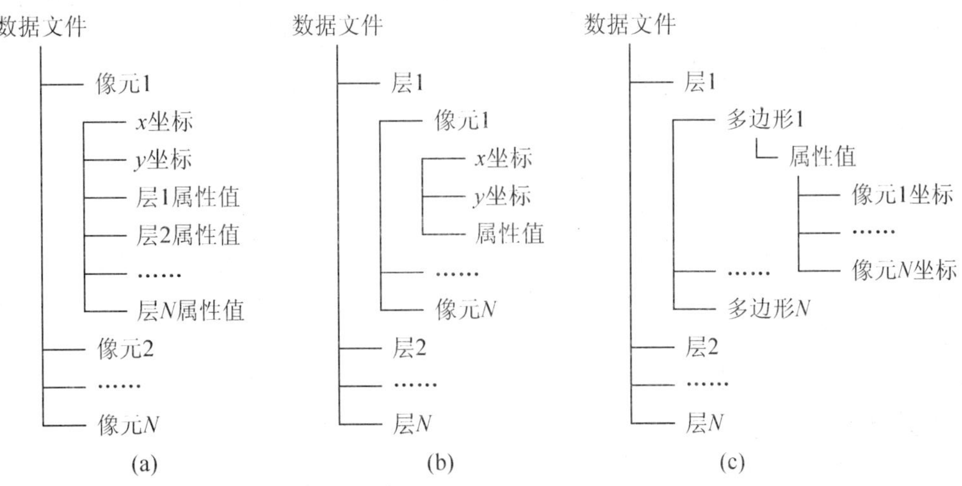

图 5.6　栅格数据组织方法

(2) 以层为基础，每一层又以像元顺序记录它的坐标和属性值，一层记录完后再记录第二层，如图 5.6(b)所示。这种方法较为简单，但需要的存储空间最大。

(3) 与方法(2)一样以层为基础，但每一层内则以多边形(也称制图单元)为序记最多边形的属性值和充满多边形的各像元的坐标，如图 5.6(c)所示。

这 3 种方法中方法(1)节省了许多存储空间，因为 *N* 层中实际是只存储了一层的像元坐标；方法(3)则节省了许多用于存储属性的空间，同一属性的制图单元的几个像元只记录一次属性值。它实际上是地图分析软件包(MAP)中所使用的分级结构，多像元对应一种属性值，这种多对一的关系相当于相同属性的像元排列在一起，使地图分析和制图处理较为方便；方法(2)则是每层每个像元一一记录，它的形式最为简单。

栅格文件一般都很大，一个栅格数据文件通常都由数百万个栅格单元组成。然而，许多栅格单元与其邻近的若干栅格单元都具有相同的值。因此，出现了各种各样的数据压缩(将数据表示成更紧凑些的格式)技术，如变长编码和四叉树编码等。

1) 变长编码

变长编码是按行的顺序存储多边形内的各像元，这种情况通常用于对专题数据的处理。因为类型相同的地区其栅格的取值也相同，其值表达的图案也与实体相对应。变长编码对“多对一”的结构即许多像元具有同一个地理属性值的情况下，大大改善了传统编码法的存储状况。这种编码方法最适合于小型计算机，同时也减少了栅格数据库的数据输入量，但计算期间的处理和制图输出处理的工作量却有所增加。由此可以看出，存储量和计算速度总是矛盾的。

2) 四叉树编码

一种更有效的压缩数据的方法是四叉树编码，它是 2 像元×2 像元矩阵连续地进行 4 等分，一直分到正方形的大小正好与像元的大小相等为止，而块状结构则用四叉树来描述，习惯上称为四叉树编码。

四叉树结构即把整个 2^n 像元×2^n 像元组成的矩阵当作树的根节点，数的高度为 n 级(最多为 n 级)。每个节点又分别代表西北、东北、西南、东南 4 个象限的 4 个分支，4 个分支中要么是树叶要么是树杈，树叶用方框表示，它说明该 1/4 范围内或全属多边形范围(黑色)或全不属多边形范围，即在多边形以外(空心正方形)，因此不再继续划分这些分枝；树杈用圆圈表示，它说明该 1/4 范围内，部分在多边形内，另一部分在多边形外，因而必须继续划分，直到变成树叶为止。

2. 矢量数据结构

矢量数据结构尽可能地将目标表示得精确无误，并假定坐标空间是连续空间，不必像栅格数据空间结构那样进行量化处理。因此矢量数据能更精确地定义位置、长度和大小。实际上，因如下原因也不可能绝对精确：①表示坐标的计算机字长有限；②所有矢量显示设备包括绘图仪在内，尽管分辨率比栅格设备高，但也有一定的步长；③矢量法输入时曲线上选取的点不可能太多。

除数学上的精确坐标假设外，矢量数据存储是以隐式关系以最小的空间存储复杂的数据，当然这只是相对而言，在 GIS 中没有所谓“最好”的方法。

在矢量数据结构中，地表实体的位置参照地图上使用的笛卡儿坐标系表达。地理特征通常以点、线、面为基本元素表示在二维地图上。

1) 点实体

点实体包括由单独一对 x、y 坐标定位的一切地理或制图实体，在矢量数据结构中，除点实体的 x、y 坐标外还应存储其他一些与点实体有关的数据来描述点实体的类型、制图符号和显示要求等。例如，“点”可能是一个与其他信息毫无关系的符号，但在记录时都应包括符号类型、大小、方向等有关信息；如果“点”是文字实体，记录的数据应包括字符大小、字体、排列方式、比例、方向及与其他属性数据的连接方式等信息。对其他类型的点实体也应做相应的处理，如图 5.7 所示。

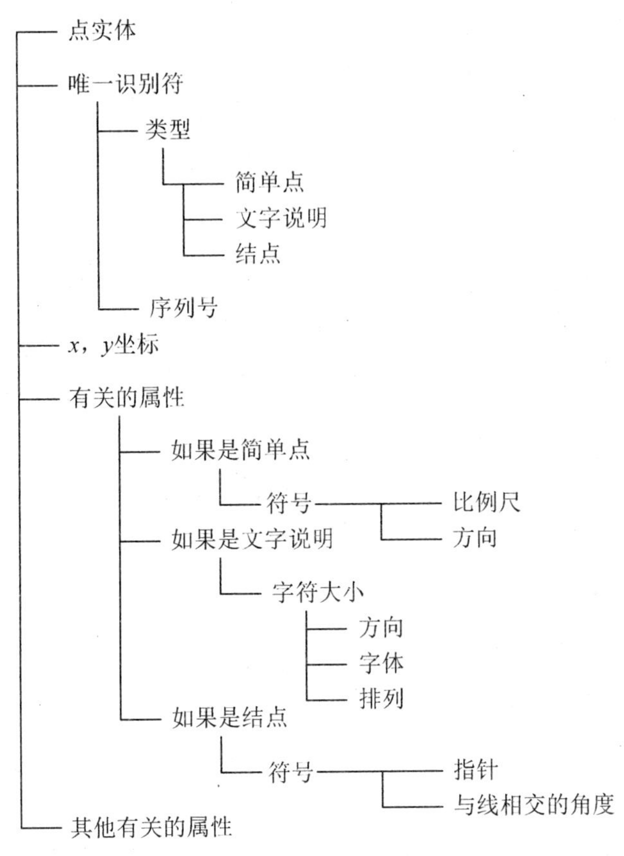

图 5.7 点实体的数据结构

2) 线实体

线实体可以定义为直线元素组成的各种线性特征。直线元素由两对以上的 x、y 坐标定义，最简单的线实体只存储它的起止点坐标、属性、显示符等有关数据。例如，线实体输出时可能用实线或虚线描绘，这类信息属符号信息，它说明线实体的输出方式，虽然线实体并不是以虚线存储，仍可用虚线输出。

弧、链是 n 个坐标对的集合，这些坐标可以描述任何连续而且复杂的曲线。组成曲线的线元素越短，x、y 坐标数量就越多，越接近于一条复杂曲线。既要节省存储空间，又要求较为精确地描绘曲线，唯一的办法是增加数据处理工作量，即在线实体的记录中加入一个指示字，当启动显示程序时，这个指示字告诉程序需用数学内插函数(如样条函数)加密数据点且与原有的点匹配，于是能在输出设备上得到较精确的曲线，但增加了数据内插工作。

弧和链的存储记录中也要加入线的符号类型。由于简单的线或链没有携带彼此间互相连接的空间信息，而这种连接信息又是提供排水网和道路网分析中必不可少的信息。因此表示线实体的网络结构时，要在数据结构中建立指针系统，才能让计算机在复杂的线网结构中逐线跟踪每一条线。

3) 面实体

多边形(有时称为区域)在矢量数据库中可用多种方法来加以表示。用于 GIS 的多种专题制图都必须处理多边形问题。

研究多边形数据结构的目的是描述它的拓扑特征，如形状、邻域关系、分级结构等。多边形数据结构的构造方法对多边形的要求如下。

(1) 组成地图的每一个多边形应有唯一的形状、周长和面积。不像栅格结构那样具有简单而标准的基本单元，任何规则街区也不能设想它们具有完全一样的形状和大小。对土壤或地质图上的多边形来说更不可能有相同的形状和大小。

(2) 地理分析要求的数据结构应能够记录每一个多边形的邻域关系。

(3) 专题图上的多边形并不都是同一等级的多边形，而可能是多边形内嵌套小多边形(次级)。这种结构是多边形关系中较难处理的问题。

处理空间数据要比非空间数据复杂得多。过去利用手工处理技术的空间数据，大部分是以图纸、图像、表格或文字描述形式存在的，然而，随着地理信息的迅速增加，现今大多数手段采集的数据都直接是以数字形式存储，为使用计算机处理和更新数据提供了条件。以数字形式存储的数据使用起来比图纸方便。但计算机处理数据的范围与人工相比，仍然有许多限制，目前最合适的处理范围还限制在同一空间数据库之内。

在 GIS 中，在 DBMS 管理下数据存储具有独立性，其数据的存储结构独立于应用程序。所有的空间实体和同性之间通过一定的关系加以定义，其关键字用于连接与空间特征相对应的属性信息，把所有有关的空间元素联系在一起的是拓扑关系。

3. 栅格与矢量数据结构的选择与转换

空间数据的栅格结构和矢量结构是模拟地理信息的两种不同的方法。以前，人们习惯的观点是这两种结构势不两立、互不相容。原因是栅格数据结构需要大量的计算机内存来存储和处理地理数据，才能达到与矢量数据结构相同的空间分辨率；而矢量结构在某些特定形式的处理中，如多边形叠置，空间均值处理等却表现出大量的技术问题没有解决。

另一方面，栅格数据结构十分有利于空间分析，但输出的专题地图不美观也不精确；相反矢量数据结构的存储量小并且能输出精美的地图，但空间分析相当困难。

计算机技术的发展使运算速度、存储能力、地理数据的空间分辨率等大大提高。为了更有效地利用 GIS，人们面临的问题之一是栅格和矢量数据结构的选择问题。

1) 栅格和矢量数据结构均为有效的方法

从图形质量出发，最初研究和发展的是矢量数据处理技术。原因很简单：矢量数据结构是人们最熟悉的图形表达形式。但到 20 世纪 70 年代后期，许多数字处理工作者都认为，在多边形数据的矢量数据结构计算方法中应该具有栅格选择方案，而且在许多情况下，栅格方案还更有效。例如，多边形周长、面积、总和、平均值的计算等在栅格数据结构中都简化为简单的计数操作。又因为栅格坐标是规则的，删除和提取数据都可按位置确定窗口来实现，比矢量数据结构方便得多。

另一方面，相互连接的线网络或多边形网络则只有矢量数据结构模式才能做到。因此矢量结构更有利于网络分析(交通运输网，供、排水网等)和制图应用，最近以矢量数据结构为基础发展起来的栅格算法表明存在更有效的方法去解决某些栅格结构曾经存在的问题。

其实，矢量表示的多边形网络、线网络数据结构中包括了大量拓扑信息即关系数据等多余数据，也使矢量数据结构的数据库容量严重增多。

由此可见，栅格结构和矢量结构都有一定的局限性。一旦解决了这些问题，两种数据结构都是表示空间数据的有效方法。

目前国际上流行的商用 GIS 软件也都在向优化数据组织结构的方向努力。

2) 栅格与矢量数据间的转换

目前，GIS 的开发者和使用者都积极研究这两类数据结构的相互转换技术，而且已产生了许多转换程序。矢量到栅格的转换是简单的，有很多著名的程序可以完成这种转换，而且通过简单的处理就可以自动完成转换工作。栅格到矢量的转换也很容易理解，但具体算法要复杂得多，因为转换过程中必然包括“细化”处理，从而产生的大量多余坐标需去除。

从点、线、面实体转化为规则单元，这个过程叫栅格化。首先要选择单元的大小和外形，然后检测实体是否落在这些单元上，记录存在或空缺。一般根据行或列方向上的扫描来完成，生成一个二维阵列。栅格化过程包括以下操作。

(1) 将点和线实体的角点的笛卡儿坐标转换到预定分辨率和已知位置值的矩阵中。

(2) 利用单根扫描线(沿行或沿列)或一组相连接的扫描线去测试线性要素与单元边界的交叉点，并记录有多少个栅格单元穿过交叉点。

(3) 对多边形而言，测试过角点后，剩下线段处理，这时只要利用两次扫描就可以得知何时到达多边形的边界，并记录其位置与属性值。

3) 从栅格到矢量

从栅格单元转换成几何图形的过程，通常称为矢量化。矢量化过程要保证以下两点。

(1) 拓扑转换，即保持栅格表示的连通性与邻接性。

(2) 转换物体正确的外形。

矢量化过程中，遇到某个单元的值与周围均不同，则该单元代表一个点；如果具有某一属性值的单元是连续的，可以将它们搜索出来，并细化处理，取中间的单元连成的位置作为一条线。对面状图形的处理则有些复杂，先要将所有单元编码，然后将具有同一属性值的单元归为一类，这时检测两类不同属性值的边界作为多边形的一条边，沿左方向或右方向，用八邻域方向测算子顺序搜索出一条完整边界，然后标注内点。通过以上处理，即可完成点、线、面的矢量化。

4. 空间数据分层组织

栅格数据结构可按每种属性数据形成一个独立的叠置层，各层叠置在一起则形成三维数据阵列。原则上，层的数量是无限制的，仅因存储空间有限才限制了层的数量。

同样层的概念也用于矢量数据结构，特别是 CAD 系统中很频繁地使用。但与栅格结构不同的是，CAD 系统中的矢量结构的层是用来区分空间实体的主要类别，目的是制图和显示。而在栅格结构中新的属性就意味着在数据库中增加新的一层。

层信息通常加在图形数据中，即将位序列码附在每个图形实体的数据记录头上，位序列码可以形成 64 或 256 种不同的层。具体层数取决于信息系统本身。另外，记录头还可按主要属性类别进行更加灵活的编码。属性类别则可由用户定义，如铁路、主要公路、小河流或土壤类型等。层系统使被显示图形实体的计数、标记、选择都变得很方便。

在地理信息中，空间数据的分层组织方法主要有专题分层法、时间序列分层法和垂直高度分层法等。

(1) 专题分层法是每层对应一个专题，包含一种或几种不同的信息服务，为的是某一特定的用途或目的。

(2) 时间序列分层法是以不同的时间或者时期进行分层。

(3) 垂直高度分层法是以地面垂直高度分层的。

在空间数据的组织中，可按行政界线、图幅或某一单元面积分块(Tiles)组织数据，这种组织方法是由专题和分块组成的。另外，也可用面向对象的组织方法，即把研究的区域视为一个实体，这种方法与人们的认识水平和推理水平紧密相关。

5.3.2 空间数据管理

1. 数据库的管理

数据库是关于事务及其关系的信息组合。

在早期的数据库中，实体本身与其属性是分开存储的，只能满足简单的数据恢复和使用。数据定义使用特定的数据结构定义，利用文件形式存储，称为文件处理系统，如图 5.8 所示。

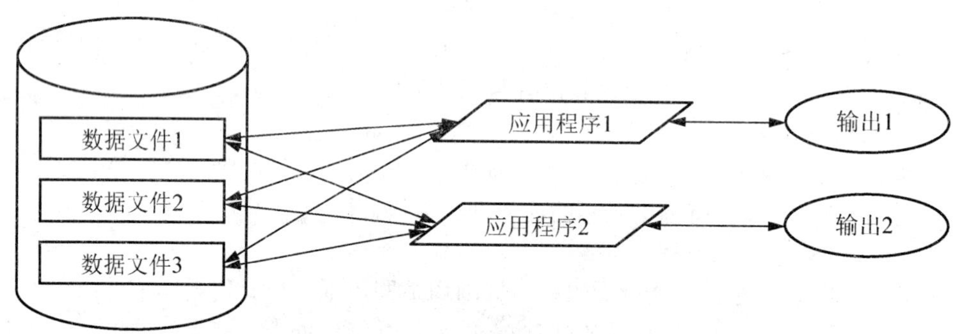

图 5.8　共享数据文件的文件处理系统

文件处理系统是数据库管理最普遍的方法，但是有很多缺点：首先每个应用程序都必须直接访问所使用的数据文件，应用程序完全依赖于数据文件的存储结构，数据文件修改时应用程序也随之修改；另外的问题是数据文件的共享，由于若干用户或应用程序共享一个数据文件，要修改数据文件必须征得所有用户的认可。缺乏集中控制也带来数据库安全一系列的问题。数据库的完整性是严格的，信息质量很差，比没有信息更糟。

DBMS 是在文件处理系统的基础上进一步发展的系统。DBMS 在用户应用程序和数据文件之间起到了桥梁作用。DBMS 的最大优点是提供了两者之间的数据独立性。即应用程序访问数据文件时，不必知道数据文件的物理存储结构。当数据文件的存储结构改变时，不必改变应用程序，如图 5.9 所示。

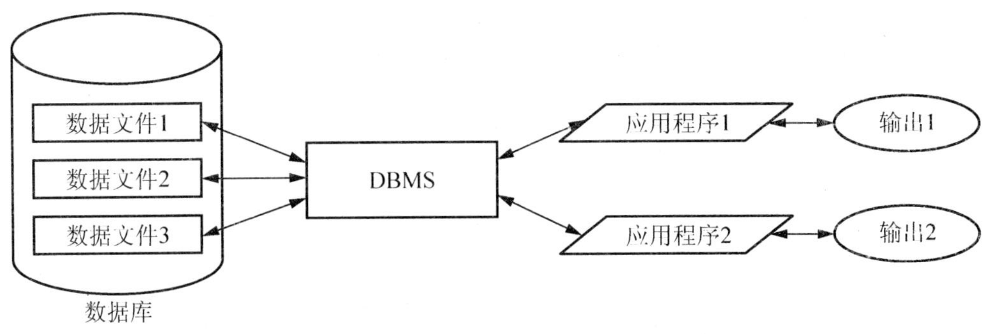

图 5.9　在 DBMS 管理下的数据文件共享

DBMS 也可以改组成不同的信息风格以适应不同用户的需要。每一种数据格式称之为一个数据视图，如图 5.10 所示。

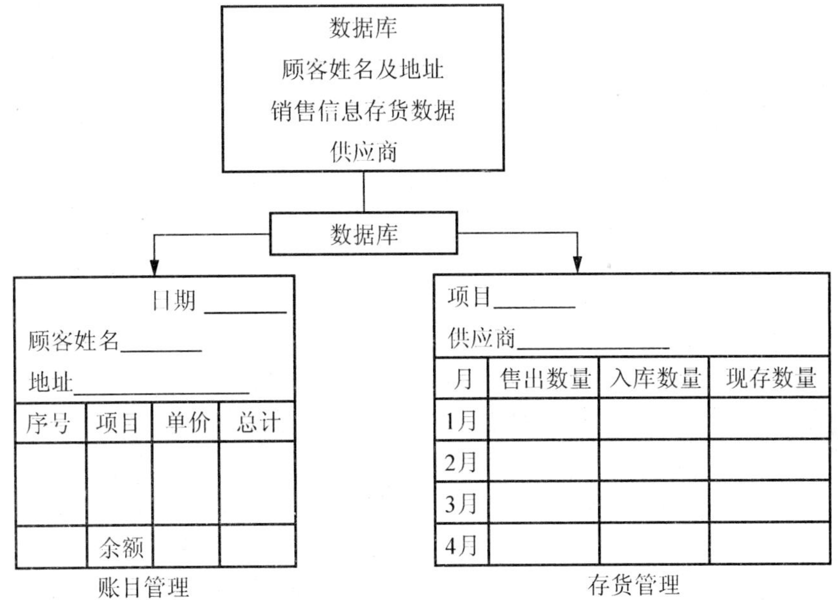

图 5.10　使用多视图的数据库信息显示

数据库方法与文件管理方法相比，具有以下优点。

(1) 集中控制。一个数据库在一个人或一个小组的集中管理之下保证了数据信息的完整性、安全性和数据质量标准的规范性。

(2) 数据可以充分共享。数据库数据可以被不同用户共享使用，对于应用程序产生的新的数据，又可充实数据库的内容。

(3) 数据的独立性。应用程序与数据的物理存储格式独立。

(4) 易扩充新的数据库应用。使用 DBMS 提供的服务工具，易于扩充新的数据库应用程序和数据库查询。

(5) 用户直接访问数据库。数据库系统一般都提供一种界面，使用户不需要编程就能完成复杂的分析，同时提供一种方法来控制数据库的访问和操作，维护一致性和保护数据库的完整性。

(6) 冗余信息得到控制。在文件管理的系统中，彼此分离的数据文件对应于特定的应用程序有较多的冗余数据，这种数据冗余不仅增加了数据存储的时间和空间，而且也给数据更新带来了不便。DBMS 则有效地控制了这种冗余。

(7) 多用户观点。DBMS 能提供给用户方便的界面，用以产生和支持多用户观点。

数据库方法存在的缺点主要表现在以下几方面。

(1) 建立数据库的费用较高，数据库系统软件和与之相联系的任何硬件可能都比较昂贵。

(2) 添加内容时变得复杂，数据库系统比文件系统管理复杂得多。从理论上讲，系统越复杂越容易失败，恢复也越困难。

(3) 风险集中化。数据集中存储，虽然减少了数据冗余，但集中存储也同样使数据损坏和丢失的风险增加了。一般 DBMS 会使这种风险降低到最小程度。

在 GIS 中，地理信息主要是为满足数据使用的有效性和方便性要求而组织的，数据组织的形式取决于使用数据类型、分析类型、数据编码的方法和数据表达的方法。

在纸质的地图上，地理信息通常组织成一系列专题集合，如道路、河流、土地覆盖类型、行政境界等，通常称为图层。每层可分别输出，也可任意合并输出。它们可以覆盖较大的区域，如一个城市，或许要很多幅图拼接起来，也可在必要的时候划分成任意的若干幅图。要表达的地理信息的详细程度可根据存储需要和存储介质的限制来决定。在纸质地图上，地图本身既是存储介质又是表达介质，符号、颜色、线宽、地图元素都是可选择的，以满足地图分析的需要。

在基于计算机的 GIS 中，采用与纸质地图一样的表现形式和存储形式具有一定的困难。因为数据的存储和表达(输出)是分离处理的。地理信息的表达详细程度受硬件存储能力和软件对数据处理能力的限制。图形的输出产品受到选择的比例尺、内容多少、信息表达程度、绘图时所用的符号的限制(输出产品的详细程度只能比存储的信息低而不会比数据库内容更详细)等。由于这个原因，信息一旦输入，信息的详尽程度就决定了。

在 GIS 中，一般用现在商业化的 DBMS 管理空间数据，在使用中还存在一定的局限性。在 GIS 中，广泛用于管理非空间数据的数据模型是关系模型，属性数据被组织成一系列的表，这些既能被进一步划分也能被进一步合并的表，既容易理解又能有效存储。关系数据库使用非过程查询语言，容易被 GIS 用户学习和掌握，而且能提供有效的分析能力。使用关系 DBMS 存储空间数据和查询语言能提供比手工处理难得多的分析功能。

空间信息越复杂，对之修改就越麻烦。往往修改一条记录，涉及的一系列文件都要修改。

用标准的 DBMS 来存储空间数据，不如存储表格数据那样好，主要存在以下问题。

(1) 在 GIS 中，空间数据记录是变长的，因为需要存储的坐标点的数目是变化的，而一般数据库都只允许把记录的长度设定为固定长度。不仅如此，在存储和维护空间数据拓扑关系方面，DBMS 也存在严重的缺陷。因而，一般要对标准的 DBMS 增加附加的软件功能。

(2) DBMS 一般都难以实现对空间数据的关联、连通、包含、叠加等基本操作。

(3) GIS 需要一些复杂的图形功能，一般的 DBMS 不能支持。

(4) 地理信息是复杂的，单个地理实体的表达需要多个文件、多条记录，或许包括大地网、特征坐标、拓扑关系、空间特征量测值、属性数据的关键字及非空间专题属性等，一般的 DBMS 也难以支持。

(5) 具有高度内部联系的 GIS 数据记录需要更复杂的安全维护系统，为了保证地理数据库的完整性，保护数据文件的完整性，保护系列必须与空间数据一起存储，否则一条记录的改变就会使其他数据文件产生错误。一般的 DBMS 都难以保证。

在过去的几十年中，GIS 数据管理方法的发展主要有以下 4 种类型，如图 5.11 所示。

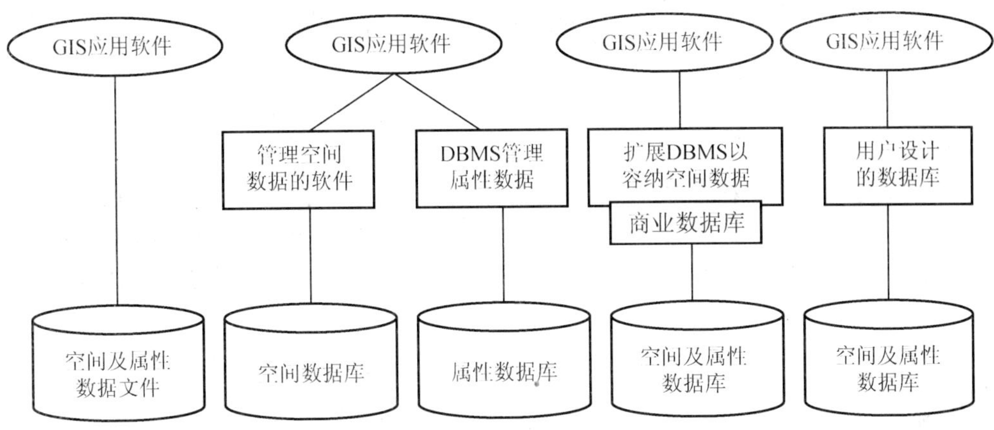

图 5.11 GIS 数据管理方法的发展历程

(1) 对不同的应用模型开发独立的数据管理服务，这是一种基于文件管理的处理方法。

(2) 在商业化的 DBMS 基础上开发附加系统。开发一个附加软件用于存储和管理空间数据和空间分析，使用 DBMS 管理属性数据。

(3) 使用现有的 DBMS，通常是以 DBMS 为核心，对系统的功能进行必要扩充，空间数据和属性数据在同一个 DBMS 管理之下。需要增加足够数量的软件和功能来提供空间功能和图形显示功能。

(4) 重新设计一个具有空间数据和属性数据管理及分析功能的数据库系统。

2. 数据模型

从 GIS 数据管理的角度看，数据模型主要是指用来管理和存储空间数据的数据库模型。数据模型是对客观事物及其联系的数据描述，即实体模型的数据化。系统的有效性和适用性很大程度上取决于数据库的数据模型的选择。常用的数据模型有以下 3 种。

1) 层次数据库模型

层次数据库模型是将数据组织成一对多(或双亲与子女)关系的结构，其特点为：①有且仅有一个结点无双亲，这个结点即树的根；②其他结点有且仅有一个双亲。例如，图 5.12 所示的是一幅地图 M，如果用层次结构来存储就是图 5.13 的形式。

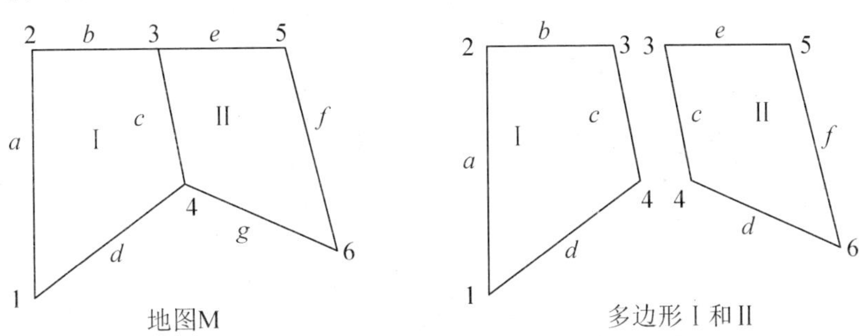

图 5.12 地面图的表示方法

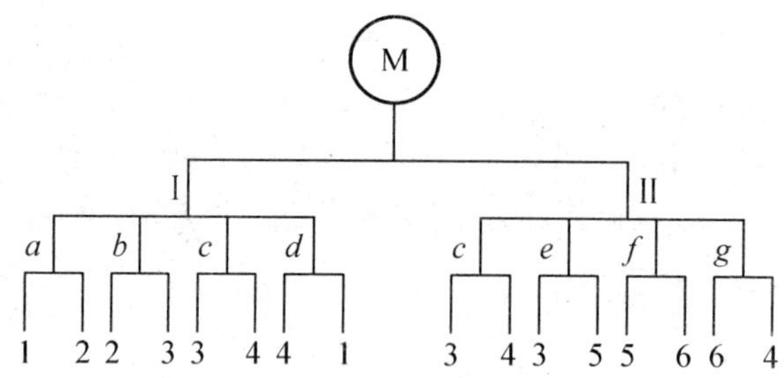

图 5.13　层次数据库结构

层次结构采用关键字来访问其中每一层次的每一部分，并假定关键属性和数据项可能具有的关联属性之间存在紧密的相关性。关键字是指识别标志如记录序号、数据项名称等，它由能够唯一标识记录的一个或多个数据项所组成。其中用于组织文件的关键字称为主关键字。

关键属性即选为关键字的那些数据项，它们可以是一个记录中的任一数据项。

层次数据库结构的优点是存取方便且速度快，结构清晰，容易理解，数据修改和数据库扩展都比较容易实现，检索关键属性十分方便。但是，层次数据库也有一些缺陷，它的结构比较呆板，缺乏灵活性，而且要保留大量的索引文件，同样一个属性数据要存储多次，因而引起大量的冗余数据。以上面的例子来说，地图 M 中多边形 I 和 II 有一条公共边 *c*，在层次数据库中这条边必须被存储两次，它的两个结点 3 和 4 的坐标也要存两遍。显然，这种数据库结构不适用于拓扑空间数据的组织。

2) 网络数据库模型

层次结构数据库中数据的连接只限于上下通路，许多情况下，特别是上面提到的图形数据的数据库结构要求具有更多的通路，以便更为快速地把需要的数据组织起来。网络数据库模型能够比较有效地解决这个问题。

网络数据库模型是用连接指令或指针来确定数据间的显式连接关系，且具有多对多类型的数据组织方法，其特点为：①可以有一个以上的结点无双亲；②至少有一个结点有多于一个的双亲。图 5.12 中所示的地图 M 如果用一个网络数据库来存储，其形状如图 5.14 所示。

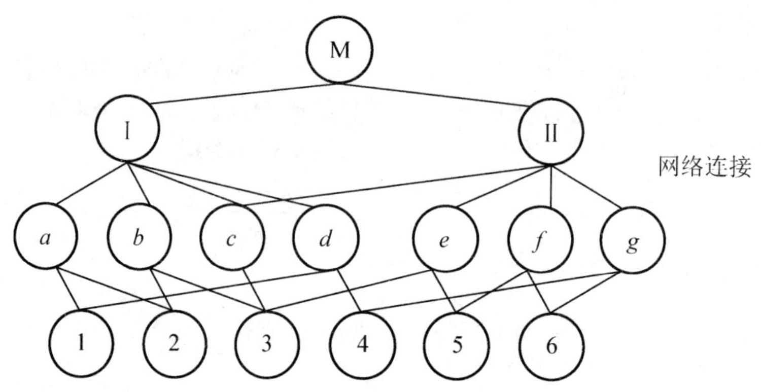

图 5.14　网络数据库结构

网络数据库模型特别适用于数据间相互关系非常复杂的情况，除了上面说的图形数据外，不同企业部门之间的生产、消耗联系也可以很方便地用网状结构来表示。网络数据库模型的优点是能够明确而方便地表示数据间的复杂关系，数据冗余小，图 5.12 中公共边 c 及公共点 3 和 4 的坐标都只要存储一次，使用起来很方便。

网络数据库模型的缺点是：由于数据间联系要通过指针表示，指针数据项的存在使数据量大大增加，当数据间关系复杂时指针部分会占大量数据库存储空间。另外，修改数据库中的数据时，指针也必须随着变化。因此，网络数据库中指针的建立和维护可能成为相当大的额外负担。

3) 关系数据库模型

关系数据库模型是以记录组或数据表的形式组织数据，以便于利用各种实体(图形)与属性之间的关系进行数据存取和变换，不分层也无指针。

我们知道，GIS 中研究的数据有两类：空间(主要指图形)数据和非空间(主要指属性)数据。关系数据库就是建立这两类数据之间关系的一种非常有效的数据组织方法。点、线、面图形数据的记录中都包含一个有序特征值，即关键字，其后面存储其他有关信息。整个记录称为一个“元组”，多个元组组成一张二维表，称为“关系”。每个关系通常是一个独立的文件。图 5.15 是图 5.12 中两个多边形的图形数据在关系数据库中的存储方式，其中多边形序号 I 和 II 是特征值(关键字)。

地图

M	I	II

多边形

I	a	b	c	d
II	c	e	f	g

线

I	a	1	2
I	b	2	3
I	c	3	4
I	d	4	1
II	e	3	5
II	f	5	6
II	c	3	4
II	g	6	4

点

1	x_1	y_1
2	x_2	y_2
3	x_3	y_3
4	x_4	y_4
5	x_5	y_5
6	x_6	y_6

图 5.15　关系数据结构

属性数据如与线 $a \cdots f$ 有关的属性和与多边形 I、II 有关的属性则存储在另外的数据表中。属性的数据项可以很多，例如，线属性可包括线性质、宽度，建筑材料，使用情况等，视需要而定。点和面的属性以同样方式组织。为与图形数据连接，属性数据表中的每个记录也应包含一个或多个关键字。图形和属性数据表中的关键字还必须同时存储在另一个独立的表——关系表中。关系数据库主要依靠这个关系表把图形和属性连接在一起。关系数据库建立的关键在于设计好关系框架，确定关键字。

从关系数据库中提取数据时，用户要用询问语言编写一个简单的程序，称为“过程”。在这个过程中，用户按自己的需要定义数据间的关系，数据库管理程序则用关系代数法取出用户需要的数据，并建立起一个新的数据表。

关系数据库结构的最大优点是它的结构特别灵活，可满足所有用布尔逻辑运算和数学运算规则形成的询问要求；关系数据还能搜索、组合和比较不同类型的数据，加入和删除数据都非常方便，因为这一活动只涉及单个元组。

关系数据库的缺点是许多操作都要求在文件中顺序查找满足特定关系的数据，如果数据库很大，这一查找过程要花很多时间。搜索速度是关系数据库的主要技术标准，也是建立关系数据库花费高的主要原因。

3. GIS 空间数据库

一个信息系统及其数据库的组成，取决于系统的应用目的、数据的类型和系统的工作方式。关于 GIS 的内容及其功能，以及 GIS 的一个重要特点，或者说与一般 MIS 的区别，是数据具有空间分布的性质。对于 GIS 来讲，不仅数据本身具有空间属性，系统的分析和应用也无不与地理环境直接关联。因此，我们可以说资源与环境信息系统是一种空间信息系统，或者称为地理空间信息的处理系统。

信息系统的这一基本特性，深刻地影响数据的结构、数据库的设计、分析算法和软件，以及系统的输入和输出。

从数据源的角度来看，图形和图像数据是 GIS 数据的一个主要来源，分析处理的结果也常用图形的方式来表示。而一般的 MIS，则多以统计数据、表格数据为主。这一点也使资源与环境信息系统在硬件和软件上与一般的 MIS 有所区别。首先在硬件上，为了处理图形和图像数据，系统需要配置专门的输入和输出设备，如数字化仪、绘图机、图形图像的显示设备等，许多野外实地采集和台站的观测记录所得到的资源信息是模拟量形式，系统还需要配备模-数转换设备，这些设备往往超过中央处理机的价格，体积也比较大；在软件上，则要求研制专门的图形和图像数据的分析算法和处理软件，这些算法和软件又直接和数据的结构及数据库的管理方法有关。

图形分析是很重要的，事实上，许多地理空间信息系统正是在计算机自动制图系统的基础上发展起来的。将系统存储的若干要素图进行重叠和组合运算，并将结果绘制成图，这是常用的一种地理信息的分析方法。由于图形是表示信息空间分布的一种有效的方法，因此，不仅在传统的人工定性分析中，就是利用计算机进行定量的分析，图形也起着重要作用。

从遥感图像中提取特征和专题要素，建立数据库，将图像处理、模式识别的方法和数据库的技术相结合，使用户通过简单的询问语言就可获得所需要的信息。这一概念已显示出广阔的应用前景。

在信息处理的内容和采用目的方面，一般的 MIS 主要是查询检索和统计分析，处理的结果大多是制成某种规定格式的表格数据，而 GIS，除了基本的信息检索和统计分析外，主要用于分析研究资源的合理开发利用，制定区域发展规划、地区的综合治理方案，对环境进行动态的监视和预测预报，为国民经济建设中的决策提供科学依据，为生产实践提供信息和指导。由于 GIS 是一个复杂的自然和社会的综合体，所以信息的处理必然是多因素的综合分析，系统分析是基本的方法。

在工作方式上，人机对话的交互方式，应该是 GIS 的主要工作方式。批处理的方式是不适用的，因为它把人的思维过程和系统的处理分割开来，不能形成人机间的及时信息交流，而这种交流对于问题的解决和发挥系统的作用是十分必要的。不难想到，许多复杂问题的解决，事先并不是已经知道解决途径和具体步骤，而是在处理过程中，通过信息的反馈，不断地积累知识和经验，逐步找到问题的答案，即所谓非构造型求解(Unstructured Problem-solving)。人机交互的工作方式为此提供了灵活的手段，通过人机之间的创造性交流和相互支持，可将人的经验与智慧和系统的信息处理能力有机地结合起来。

应该指出，GIS 只是一种技术手段或工具，它的作用在很大程度上取决于用户(规划人员、管理人员、领导者)的水平、技能和经验。系统可快速地采集和显示所需的数据(按地理位置分布的空间信息)，执行指定的分析计算，提供结果信息，帮助用户制定决策，但系统本身并不做决策，它只是辅助或支持用户，而不是代替用户决策。因此，GIS 是一个决策支持系统。

5.4　GIS 在物流中的应用

GIS 已广泛应用于土地管理、资源管理、环境监测、交通运输、经济建设、城市规划、工程设计和规划及为政府行政管理提供新知识和辅助决策等方面。在现代物流中，GIS 也发挥了重要作用，主要体现在以下几个方面。

1. GIS 在物流系统中的应用

GIS 不仅具有对空间和属性数据采集、输入、编辑、存储、管理、空间分析、查询、输出和显示功能，而且可为系统用户进行预测、监测、规划管理和决策提供科学依据。可见，将其应用于物流信息系统中，可大大加强对物流过程的全面控制和管理，实现高效、高质的物流服务。GIS 技术与物流管理技术的集成将是发展的必然趋势。以某一城市中的物流配送过程(见图 5.16)为例，那么基于 GIS 的物流配送系统的需求主要集中在以下几个方面。

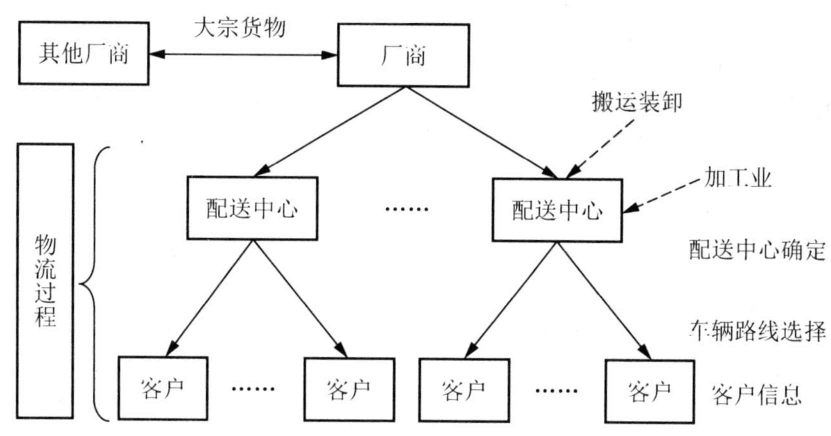

图 5.16　物流配送过程

(1) 通过客户提供的详细地址字符串，确定客户的地理位置和车辆路线。

(2) 通过基于 GIS 的查询、地图表现的辅助决策，实现对车辆路线的合理编辑(如创建、删除、修改)和客户配送排序。

(3) 用特定的地图符号在地图上表示客户的地理位置，不同类型的客户(如普通客户和会员客户，单位客户和个人客户等)采用不同的符号表示。

(4) 通过 GIS 的查询功能或在地图上点击地图客户符号，显示此客户符号的属性信息，并可以编辑属性。

(5) 在地图上查询客户的位置及客户周围的环境以发现潜在客户。

(6) 通过业务系统调用GIS，以图形的方式显示业务系统的各种相关操作结果的数值信息。

(7) 基于综合评估模型和GIS的查询，实现对配送区域的拆分、合并。

阅读案例 5-1

白沙物流公司的GIS配送优化系统

白沙物流公司烟草配送GIS及线路优化系统是基于集成了国际上发展成熟的多个产品为核心开发技术平台，结合白沙物流公司的实际，开发设计的集烟草配送线路优化、烟草配送和烟草稽查车辆安全监控、烟草业务(访销、CRM等)可视化分析、烟草电子地图查询为一体的物流Web/GIS综合管理信息系统。白沙物流公司开发使用GIS线路优化系统后，将实现以下六大应用功能。

1. 形成烟草配送线路优化系统

选择订单日期和配送区域后自动完成订单数据的抽取，根据送货车辆的装载量、客户分布、配送订单、送货线路交通状况、司机对送货区域的熟悉程度等因素设定计算条件，系统进行送货线路的自动优化处理，形成最佳送货路线，保证送货成本及送货效率最佳。线路优化后，允许业务人员根据业务具体情况进行临时线路的合并和调整，以适应送货管理的实际需要。

2. 烟草综合地图查询

能够基于电子地图实现客户分布的模糊查询、行政区域查询和任意区域查询，查询结果实时在电子地图上标注出来。通过使用图形操作工具，如放大、缩小、漫游、测距等，来具体查看每一客户的详细情况。

3. 烟草业务地图数据远程维护

提供基于地图方式的烟草业务地图数据维护功能，还可以根据采集的新变化的道路等地理数据及时更新地图。对客户点的增、删、改；对路段和客户数据的综合初始化；对地图图层的维护操作；地图服务器系统的运行故障修复和负载均衡等功能。

4. 烟草业务分析

实现选定区域、选定时间段的烟草订单访销区域的分布，进行复合条件查询；在选定时间段内的各种品牌香烟的销量统计和地理及烟草访销区域分布；配送车组送货区域的地图分布。通过在各种查询统计、分析现有客户分布规律的基础上，通过空间数据密度计算，挖掘潜在客户；通过对配送业务的互动分析，扩展配送业务(如第三方物流)。

5. 烟草物流GPS车辆监控管理

通过对烟草送货车辆的导航跟踪，提高车辆运作效率，降低车辆管理费用，抵抗风险。其中车辆跟踪功能是对任一车辆进行实时的动态跟踪监控，提供准确的车辆位置及运行状态、车组编号及当天的行车线路查询。报警功能是当司机在送货途中遇到被抢被盗或其他紧急情况时，按下车上的GPS报警装置向公司的信息中心报警。轨迹回放功能是根据所保存的数据，将车辆在某一历史时间段的实际行车过程重现于电子地图上，随时查看行车速度、行驶时间、位置信息等，为事后处理客户投诉、路上事故、被抢被盗提供有力证据。

6. 烟草配送车辆信息维护

根据车组和烟草配送人员的变动及时在这一模块中进行车辆、司机、送货员信息的维护操作。包括添加车辆和对现有车辆信息的编辑。

(资料来源：天极网. http://solution.chinabyte.com/181/2476181.shtml.)

2. GIS 在物流分析中的应用

GIS在物流分析中的应用主要是指利用GIS强大的地理数据功能来完善物流分析技术。国外企业已经开发出利用GIS为物流分析提供专门分析的工具软件。完整的GIS物流分析软件集成了车辆路线模型、设施定位模型、网络物流模型和分配集合模型等。

(1) 车辆路线模型。用于解决在一个起点、多个终点的货物运输问题中，如何降低操作费用并保证服务质量，包括决定使用多少车辆，每个车辆经过什么路线的问题。物流分析中，在一对多收发货点之间存在着多种可供选择的运输路线的情况下，应该以物资运输的安全性、及时性和低费用为目标，综合考虑，权衡利弊，选择合理的运输方式并确定费用最低的运输路线。

例如，一个公司只有一个仓库，而零售店却有30个，并分布在各个不同的位置上，每天用卡车把货物从仓库运到零售商店，每辆卡车的载重量或者货物尺寸是固定的，同时每个商店所需的货物重量或体积也是固定的，因此，需要多少车辆及所有车辆所经过的路线就是一个最简单的车辆路线模型。实际问题中，车辆路线问题还应考虑很多影响因素，问题也变得十分复杂。

(2) 设施定位模型。用来确定仓库、医院、零售商店、加工中心等设施的最佳位置，其目的同样是为了提高服务质量，降低操作费用，及使利润最大化等。设施定位模型可以用于确定一个或多个设施的位置。在物流系统中，仓库和运输线共同组成了物流网络，仓库处在网络的“结点”上，运输线就是连接各个“结点”的“线路”，从这个意义上看，“结点”决定着“线路”。

(3) 网络物流模型。用于解决寻求最有效的分配货物路径问题，也就是物流网点布局问题。例如，将货物从 N 个仓库送到 M 个商店，每个商店都有固定的需求量，因此需要确定有哪个仓库提货送给哪个商店，所耗的运输费用最小。

(4) 分配集合模型。可以根据各个要素的相似点把同一层上的所有或部分要素分为几个组，用以解决确定服务范围的销售市场范围等问题。例如，某一公司要设立 X 个分销点，要求这些分销点要覆盖某一地区，而且要使每个分销点的顾客数目大致相等。

阅读案例 5-2

海尔集团利用 GIS 进行售后服务

海尔集团引入了GIS的空间分析功能后，在售后服务系统中增加了地理信息处理能力。GIS包含了全国所有的县级道路网和200个城市的详细道路信息，还记录了全国100多万条地址信息。在如此海量的地理信息基础上，售后服务系统可以在很短时间内计算出距离用户最近的网点，以及网点到用户家的详细路径描述和距离，并及时将这些信息派送到最合理的服务网点。

应用GIS之后，海尔集团的售后服务流程变为这样：用户打电话报修，之后接线员登记用户信息，关键是位置信息。接线员记录后，系统自动匹配用户地址，计算出距离用户最近的网点，之后自动将维修信息派送到网点，网点维修工程师再上门服务。整个地址匹配和服务商挑选工作由系统自动完成，无须手工操作，堵住了服务漏洞。而同时，系统的快速也远不是手工能比的，以前要花几十秒甚至几分钟翻信息，现在系统自己匹配，每次处理的时间缩短到0.1s以内，大大提高了客服部门的效率。在GIS的支持下，海尔集团客服部门现在每天可以处理10万次左右的服务请求，得以满足全国用户的需求。

(资料来源：天极网. http://solution.chinabyte.com/181/2476181.shtml.)

3. GIS与信息技术的综合应用

近年来，计算机技术飞速发展，特别是软件技术的发展，促使GIS技术发生了很大的变化。国际GIS技术的发展趋势主要体现在两个方面：一是技术的综合；二是软件技术的分化。其中GIS技术的综合，在物流领域中得到广泛的应用，主要体现在GIS的一体化。GIS的综合运用是值得注意的重要方向，GIS与相关信息技术的结合简要介绍如下。

1) GIS与CAD

CAD为计算机辅助制图和设计，是一门空间设计技术，用以设计地球；GIS是一门空间管理技术，用以管理地球。两者结合为人们提供了一个设计和管理地球的工具。

2) GIS和遥感

早期GIS通常与遥感联系在一起。广义上讲，遥感是GIS的重要组成部分，是GIS的一种重要信息源。GIS的应用提高了遥感的数据提取和分析能力。

3) GIS和GPS

GPS被认为是21世纪影响人类社会的十二大技术之一。GPS不能离开GIS，必须与GIS结合。特别是智能化交通与物流，为GIS和GPS应用开辟了新的途径。这为物流业提供了新的现代管理和控制技术。

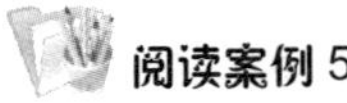
阅读案例5-3

GIS/GPS结合应用于物流配送

GIS/GPS技术相结合，在物流配送中的应用主要有以下几个方面。

(1) 车辆和货物跟踪：利用GPS和GIS技术可以实时显示出车辆的实际位置，并任意放大、缩小、换图；可以随目标移动，使目标始终保持在屏幕上；还可实现多窗口、多车辆、多屏幕同时跟踪，可对重要车辆和货物进行跟踪运输，以便进行合理调度和管理。

(2) 货物配送路线规划和导航：利用GIS/GPS技术，设计最佳行驶路线，包括最快的路线、最简单的路线、通过高速公路路段次数最少的路线等。路线规划好之后，利用GPS的三维导航功能，通过显示器显示设计路线及汽车运行路线和运行方法。

(3) 信息查询：对配送范围内的主要物标进行查询，查询资料可以文字、语言及图像的形式显示，并在电子地图上显示其位置。

(4) 指挥与决策：指挥中心通过GIS/GPS可以监测区域内车辆的运行状况，对被监控车辆进行合理调度。利用长期客户、车辆、订单和地理数据等建立模型来进行物流网络的布局模拟，并以此来建立决策支持系统，提供更有效而直观的决策依据。

随着GIS/GPS技术的逐步成熟，经济全球化带来的物流业的迅速发展，以及第三方物流企业的兴起，GIS/GPS技术在现代物流配送系统中的应用将有广阔的前景。

(资料来源：孔祥强. GIS/GPS在物流配送中的应用[J]. 价值工程，2006(11):87-89.)

4) GIS和Internet

基于互联网技术的GIS，即网络/GIS，已经日益成为GIS技术发展的重要动向，利用互联网发布空间信息和提供各种应用，是GIS进入千家万户的重要途径。

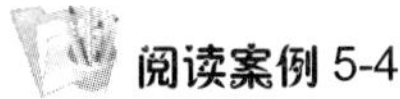

阅读案例 5-4

GIS 飞入寻常百姓家

2012 年，全球最大的 GIS 技术提供商 Esri 公司在中国举办了 2012 地理即平台与新兴地理能力研讨会。会上传递出这样一个信息，历经 40 余年发展的 GIS 正处于“拐点”的位置上：从当初的“阳春白雪”，到现在的“雅俗共赏”；从专业人员逐步走向大众；从专业终端到任何终端。

1. GIS 借“云”成长

GIS 插上了“云”的翅膀，正在飞向大众，飞向无限广阔的新天地。Esri 中国公司武汉分公司总经理说，近年来，Esri 一直致力于云 GIS 平台的架构与研发，所谓云 GIS，就是将云计算的各种特征用于支撑地理空间信息的各要素，包括建模、存储、处理等，从而改变用户传统的 GIS 应用方法和建设模式，以一种更加友好的方式，高效率、低成本地使用地理信息资源。云 GIS 带来了很多好处，给用户提供了前所未有的灵活性，人们不需要再购买硬件、软件、基础数据，要做的就是提需求，从云 GIS 中抽取可用的服务。

2. GIS 正变得普适

我国七大战略性新兴产业之一的地理信息技术正变得普适化。北京大学数字研究院副院长方裕认为，现在 GIS 的发展绝不是走入一个阳春白雪的阶段，GIS 的服务渠道、服务模式越来越多，越来越宽。

如今，人们不再需要端坐在“面目冷峻”的计算机前去查询、检索，而是随时随地都能用携带的笔记本、PAD、手机，方便地运用 GIS。例如，和朋友共约午餐，可以用 GPS 导航定位餐馆所在，GIS 可以帮助人们选择在最短的时间、走最便捷的路线去餐馆。

再如，出门逛街走在繁华的大街上，猖獗的小偷正带着赃物逃窜，警察手拿“警务通”快速查询小偷可能前进的街道，及时进行布防预警，轻而易举地将犯罪分子绳之以法。路边，一个年轻人赶忙掏出手机，拍照并发布到微博上，对警察的英勇举动进行直播。

这样的场景并非虚拟，而是实实在在地发生在我们身边。《2012 年第 3 季度中国手机地图客户端市场季度监测报告》显示，截至 2012 年第三季度，中国手机地图客户端市场累计账户数已达 3.07 亿，同比增长 206.4%。

(资料来源：Eris 中国.http://www.esrichina-bj.cn.)

5) GIS 和虚拟现实技术

GIS 和虚拟现实技术结合，提高了 GIS 图形显示的真实感和对图形的操作性。

随着信息技术发展和社会需求的增加，GIS 应用日趋广泛，不但在资源和环境管理与规划中成功应用，而且在设施管理和工程建设中发挥重要作用，同时也在军事、商业、文化等其他领域发挥积极的作用。

本章小结

GIS 是一种特定的十分重要的空间信息系统，用于分析和处理在一定地理区域内分布的各种现象和过程，解决复杂的规划、决策和管理问题。

完整的 GIS 主要由 4 个部分构成，即计算机硬件系统，计算机软件系统，地理空间数据及系统开发、管理和使用人员，其核心部分是计算机软硬件系统，空间数据库反映 GIS

的地理内容，而管理人员和用户则决定系统的工作方式和信息的表现方式。

GIS 具备空间信息查询和分析功能、可视化功能、制图功能和辅助决策功能等，GIS 的工作原理包括信息存储方式、数字地图的显示与输出、GIS 的数据来源等。

内部数据结构是描述地理实体的数据本身的组织方法，是和一定的输出设备相联系的。矢量结构是跟踪式数字化仪的直接产物，也是和增量式绘图仪相适应的；栅格结构则是经扫描式数字化仪得到数据格式，适用于屏幕显示和行式打印输出。

GIS 空间数据管理主要包括数据库的管理、数据模型等方面的内容。

GIS 在现代物流中的应用，是指利用 GIS 强大的地理数据功能来完善物流分析技术，完整的 GIS 物流分析软件集成了车辆路线模型、设施定位模型、栅络物流模型和分配集合模型等。

关键术语

地理　信息系统　GIS　空间数据　栅格数据结构　矢量数据结构　数据模型　GIS 应用

习　　题

1．选择题

(1) ______不是地理信息的特征。

A．空间性　　B．多维结构　　C．静态特征　　D．动态特征

(2) GIS 处理、管理的对象不包括______。

A．空间定位数据　　B．图形数据
C．图像数据　　D．时间数据

(3) GIS 的空间分析的层次不包括______。

A．空间检索　　B．空间拓扑叠加分析
C．定位分析　　D．模型分析

(4) 数据输入方式与使用的设备密切相关，不是其常用形式的是______。

A．键盘输入　　B．光栅扫描数字化
C．编码输入　　D．矢量跟踪数字化

(5) ______不是 GIS 的基本功能。

A．可视化功能　　B．制图功能
C．信息通信功能　　D．空间信息查询

(6) ______不是层次数据库结构的优点。

A．结构复杂　　B．容易理解
C．数据库扩展容易　　D．存取方便且速度快

(7) 以记录组或数据表的形式组织数据的数据模型是______。

A．层次结构数据库　　B．关系型数据库
C．网络数据库　　D．指针型数据库

(8) ______不是 GIS 输出的内容。

A．全要素地图　B．各种专题图　C．各类统计图　D．统计报表

(9) 不是 GIS 数据输入方法的是______。

A．图形数据输入　　B．矢量数据输入

C．属性数据输入　　D．栅格数据输入

(10) 描述地球表面空间位置为参照的自然、社会和人文景观数据的是______。

A．人文景观数据　　B．自然数据

C．社会数据　　D．地理数据

2. 简答题

(1) 简述 GIS 的基本功能。

(2) 简述 GIS 的基本原理及工作流程。

(3) 简述栅格数据结构的栅格化过程包含的内容。

(4) 简述数据库方法与文件管理方法相比具有哪些优点。

(5) 简述四叉树编码的原理。

(6) 什么是网络数据库模型和关系数据库模型？

(7) 简述 GIS 在物流信息系统中有哪些方面的应用。

(8) 简述 GIS 与信息技术结合有哪些综合应用。

3. 判断题

(1) 点实体包括由单独一对坐标(x、y)定位的一切地理或制图实体。　(　　)

(2) 关系数据库的缺点结构比较呆板，缺乏灵活性，而且要保留大量的索引文件。(　　)

(3) 最简单的线实体只存储它的起止点坐标、属性、显示符等有关数据。　(　　)

(4) 栅格数据结构层的存储空间是有限制的，因此层的数量也必须是有限的。(　　)

(5) 从几何图形转换到栅格单元的过程，通常称为矢量化。　(　　)

(6) 信息系统及其数据库的组成，决定于系统应用目的、数据类型和系统工作方式。(　　)

(7) 栅格数据模型最简单的格式是用规则的正方形或矩形栅格组成。　(　　)

(8) 网络数据库结构的最大优点是它的结构特别灵活，可满足所有用布尔逻辑运算和数学运算规则形成的询问要求。　(　　)

(9) 栅格数据空间结构比矢量数据结构能更精确地定义位置、长度和大小。　(　　)

(10) 在矢量数据结构中，地理特征通常以点、线、面为基本元素表达到二维地图上。(　　)

4. 思考题

(1) GIS 作为一种先进的技术，给现代物流业的发展带来了哪些影响？

(2) 结合实际案例，分析 GIS 在现代物流领域中的具体应用。

(3) 作为一个物流管理的决策者，你认为在现代物流中 GIS 今后的发展趋势如何？在什么条件下应用会带来较大的成功？

智慧物流给GIS应用带来“新机遇”

近年来，随着“智慧物流”概念的炒热，以“物联化”、“互联化”和“智能化”为核心的智慧物流信息技术和应用体系开始树立。空间信息管理作为一直以来物流构建中必不可少的内容，更是被智慧物流所重视。GIS自然就成为推动和实现物流信息化的关键技术，它是智慧物流物联网体系的重要枢纽，互联化的必要信息平台，智能化的分析要件。

1. 智慧物流中GIS的“新角色”

物流是在空间、时间变化中的商品等物质资料的动态状态。因此，很大程度上物流管理是对商品、资料的空间信息和属性信息的管理。在以物联网为基础的智能物流技术流程中，智能终端利用RFID技术、红外感应、激光扫描等传感技术获取商品的各种属性信息，再通过通信手段传递到智能数据中心对数据进行集中统计、分析、管理、共享、利用，从而为物流管理甚至是整体商业经营提供决策支持。

GIS对空间和属性数据采集、输入、编辑、存储、管理、分析、查询、输出和显示的功能，不仅能够实现对物流货物运输路径的选择、仓库地址的选择、有效地降低成本，更能够在订单管理、运输、仓储、装卸、送递、报关、退货处理、信息服务及增殖业务等物流程序中，提供预测、监测、规划管理和决策的科学依据。

在智能物流体系中，GIS能通过车辆、货物跟踪、运输路线规划、导航、信息查询、模拟与决策等功能，实现对物流过程的全面控制和管理，创造高效率、高质量的物流配送服务。而在智慧物流体系中，基于物联网的物流感知体系，加大了GIS对物质资料的属性管理的范畴，也拓宽了GIS在物流应用中的内容。

另外，由于智慧物流强调的是企业内部生产过程，同企业与企业、企业与个人之前的全部物流活动一体化，智慧物流也不仅仅局限于一个企业、地区、国家，它更重视一个社会化物流体系建设。因此，在智慧物流的应用需求下，GIS本身不再被看做一个可孤立的物流管理平台，而将融入到企业商业决策的应用，或大众公共服务提供中，最大化地实现GIS物流配送分析与区域地理分析、商圈地理分析、竞争状况分析等功能的整合。

2. GIS的物流分析不再“单薄”

在智慧物流中，集成RFID技术、GPS通信技术和传感技术的信息采集终端，不仅能识别物体的身份信息，还可以识别物体的不同状态。温度、密度、压力、颜色、体积等更为丰富的信息被添加到GIS中，使货物的空间属性变得更为具体和完善，扩大了GIS的分析源，强化了GIS的分析功能和分析效果。

首先，数据源方面。在物联网环境下，货物单一ID标签被集成位置、状态信息的标签所替代，可视化的纳入GIS基础平台上。GIS在智慧物流中，不再局限于对商品、物质资料不可变属性身份的表达，传感网下如温度、湿度、密度、重量、体积等各种物质变量属性，被整合到GIP信息平台中，GIS本身也不仅仅停留于货物运输的动态空间变化，更将关注诸如天气、气候、环境等地理因素对货物的影响。

其次，分析功能方面。例如，在冷链物流中，GIS不仅只关注整车货物位置移动分析，还需要将冷冻货物的传感温度、保质期等信息与货车本身行车里程、保养状况、载重变化、油耗标准等各种动态属性，与道路交通状况、气候状况、加油、维修站分布等差异化的地理环境因素，甚至是与中转站的吞吐能力、库房湿度、温度等环境信息相结合进行分析，及时了解货物及车辆的动态变化，了解各地库房的使用情况，对车辆配置、路径选择、中转调度等物流活动进行分析，并提供支持。

3. GIS的物流管理更加“精细”

在智慧物流的物联网环境下，GIS对货物不仅是成批次空间分析与查询，还可以具体到某一货物，实现物流管理的精细化。

从沃尔玛公司物流配送来说，在商品装车发往分店的途中，借助GPS或者沿途设置的RFID监测点，GIS可以准确地表达单件商品的位置与完备性，并预知准确的运抵时间；商品运抵门店后，一旦进入到RFID阅读器覆盖的场所，GIS还可以表现具体商品的位置，有效地防止商品失窃现象，并可以通过覆盖分店的RFID阅读器找到由顾客随意放置的商品位置由店员归位。

另外，GIS可以有效解决目前物流配送中配送员的单笔配送效率与多笔配送效率的优化问题，这是传统GIS在智能物流中无法体现的。无论是当前众多电子商务公司的如京东商城、凡客诚品，还是专门的物流配送如顺丰速运(集团)有限公司、圆通速递有限公司等企业，广大的配送员在分区配送的模式下基于人工的配送路线选择，受配送分区大小、复杂情况、配送员对区域的熟悉度等影响，面对少则十来单，多则上百单的商品配送时，往往不能规划出最优的配送秩序和配送线路，更不能有效掌控单笔商品在配送员手中的流传情况，造成大量的客户投诉和客户流失。由于智慧物流下的单件识别和移动通信的突破，使得GIS可以完全克服这些问题，通过给物流员配备移动设备，借助GIS的分析功能，可以迅速地将不同配送区域下的配送任务分发到不同的配送员手中，并同时为配送员提供当批配送商品的最优配送方案，更重要的是还可以通电子围栏等技术实时掌控配送员和商品的动态，并传递给数据中心提供给管理者和客户。

4. GIS物流应用趋向更加“开放”

在智慧物流的环境下，GIS可以最大程度地发挥其地理分析功能，对商业决策进行辅助，并朝着开放的数据中心和公共信息平台的趋势发展。白沙物流公司已启用的烟草配送GIS及线路优化系统，2006年经过3个多月在配送区域内送货线路上的试运行，已取得初步成功的经验和数据，为全面启动该系统打下了良好的基础。

(资料来源：RFID世界网. http://news.rfidworld.com.cn.)

讨论题

(1) 结合案例，分析智慧物流给GIS带来了哪些新的机遇。

(2) 通过该案例分析，谈谈GIS在未来的发展方向。

第6章 网络技术与数据库技术

【本章教学要点】

知识要点	掌握程度	相关知识	应用方向
计算机网络基本概念	熟悉	计算机网络概念、计算机网络分类	组建计算机网络的基础知识及物流信息网络的基本概念，为物流信息网络的组建打基础
计算机网络体系结构	掌握	计算机网络体系结构概念；网络协议与参考模型；OSI 与 TCP/IP 参考模型比较	
计算机网络组建模式	了解	常用的3种计算机网络组建模式及其区别	
物流信息网络基本概念及发展现状	掌握	物流信息网络基本概念；建设物流信息网络的重要性；物流信息网络的国内外发展现状及趋势	
物流信息网络的体系结构	掌握	基于Internet/Intranet及基于网格技术的物流信息网络体系结构	构建物流信息网络体系结构及组建物流企业内部网络
物流企业内部网络的组建	重点掌握	物流企业内部网络的建设原则、拓扑结构及组建方案	
数据库的基本知识	掌握	数据库的概念、基本组成，数据库的设计，数据仓库	数据库的优化设计，数据仓库的应用

导入案例

上海铁联储运物流信息化历程

上海铁联国际储运有限公司(以下简称上海铁联储运)是由上海市外高桥保税区三联发展有限公司和上海铁路局合资组建而成，如今，企业已在服务实践中逐渐成长为以仓储业务为龙头，以运输、货代为翼的国际性物流企业经营格局。

上海铁联储运由于企业经营机制上的弊端，曾经走过一段艰难的日子。通过使用 MIS，企业沿着快速发展的道路前进全年利润指标。如今，企业已在服务实践中逐渐成长为以仓储业务为龙头，以运输、货代为翼的国际性物流企业经营格局。

作为上海外高桥保税区内最大的物流企业之一，上海铁联储运在发展过程中为何不在原领域纵深推进而向国际型物流企业转轨？揭开上海铁联储运的物流信息化面纱，上海铁联储运的成功转型或许会给更多徘徊在物流信息边缘的物流企业以更多的启示。

1. 寻找企业发展的金钥匙

上海外高桥保税区是国务院批准设立的中国第一个保税区，是浦东开发最早启动的四大功能小区之一，规划建设面积 10 平方公里，已开发面积 8.5 平方公里。经过多年的建设，外高桥保税区的展示、贸易、加工和研发功能初具规模，IT 芯片封装，第三方物流、高科技的机电一体化、新材料产业发展迅猛，已成世界经济登陆中国的桥梁、中国经济向外辐射的窗口。目前，外高桥保税区的 GDP、工业生产总值、进出口额、集装箱吞吐量、税收收入在全国十五个保税区中排名第一。

上海铁联储运地处外高桥保税区内，在保税区占地 40 000 多平方米，拥有 3 座共 21 000 平方米的大型单层钢结构室内保税仓库、10 000 平方米的集装箱堆场，并享有保税区各类优惠政策。公司具有中国对外贸易经济合作部(于 2003 年 3 月整合为商务部)批准的海、陆国际一级货代经营权，是集国际贸易、国际货代、报关报检、海陆联运、保税仓储等一体的综合性国际储运公司。作为保税区内成长型企业，如何在发展中不断地提升企业管理水平、增强企业竞争力、成功地向国际性物流企业转型呢？

上海铁联储运的企业领导认为：“我国保税区国际物流的发展趋势是不仅需要依托保税区其他各项主体功能的发展，更要依托高水平的物流运作来促进保税区其他各项主体功能的深化，使保税区各种功能形成协调互动的发展格局。作为保税内的企业，就必须实现物流流程的合理化和物流服务的规范化，提高自身的经营管理水平和物流服务质量，从而使企业真正具有独特的市场竞争能力。”

如何实现物流管理的规范化呢？信息技术成为上海铁联储运从一般意义上的物流公司转型为国际型物流公司的锦囊妙计。上海铁联储运选择物流管理软件的理念是能否与企业发展方向所吻合，技术力量是否雄厚，咨询团队是否专业，实施方法是否合理，厂商是否具有一定知名度等，这些综合因素都成为上海铁联储运选择合作伙伴的必要条件。

2003 年，在上海铁联储运的企业领导对国内外知名的管理软件厂商进行考察和对比选择之后，博科资讯股份有限公司(以下简称博科资讯)的物流信息系统深深地打动了上海铁联储运领导的心。博科资讯是一家全国性大型专业管理信息化解决方案供应商，主要为物流、零售、制造业等行业的企业提供信息化管理解决方案。该公司从 1996 年开始就介入 MIS 的规划、设计和开发，其第三方物流软件为大物流网络体系结构，支持多层组织架构，是根据中国物流业发展过程特点、结合国际现代物流发展理念和按国情实际定制的，用供应链的思想，设计的一套既能满足目前中国物流的需求，又能随着物流业的发展，不断拓展新的功能并与国际接轨的物流信息管理系统。

回忆起与博科资讯合作的这段时间，上海铁联储运信息部主管不禁会说：“众里寻它千百度，蓦然回首却在身边处。与博科资讯在物流管理信息化方面的合作，保证了上海铁联储运更加贴近国际化客户的需求，成为国际性物流专业公司。而博科资讯也在上海铁联储运原有的国际贸易项目基础上，进一步树立国际物流的保税物流管理信息化方面领先的品牌形象。”

2. 强强合作，推进物流企业国际化的转型

上海铁联储运的企业领导在企业发展策略上提倡与强手合作，企业才会学得更多，走得更远。该公司与博科资讯的合作，虽是不同领域的合作，但是选择管理软件中的强者，才会让企业的信息化管理更彻底、更有效。而博科资讯也用事实证明了它物流管理系统的领先地位。

针对上海铁联储运所提出的发展目标和企业目前所存在的问题，博科资讯的咨询顾问进行了深入细致的调研，在调研中发现，由于长期采用人工操作的管理办法，物流管理无法实现细化和量化，当货流量大时，手工操作的出错率较高，成本增加，企业效益得不到提高。

面对这些急需解决的问题，博科资讯提出了一套包括集中处理、进出货作业、报关业务、库存管理、物流计费、运输管理的良好的 MIS。这套系统首先解决了上海铁联储运人工管理物流信息无法量化的问题，建立了货主及货主的客户档案资料，可对货主或货主客户提供满足货主要求的服务，为货主提供进、出、存精细化管理，可对货物进出库和库存情况进行实时查询和跟踪。对不同的货主可设定不同的物流计费策略，提供各种物流作业计费的设定功能，从而进行物流自动计费。在进出库管理模块、库存管理模块中博科资讯使用先进的RF和激光识别条码技术，使仓库货物的进库、出库、装车、库存盘点、货物的库位调整、现场库位商品查询等数据实现实时双向传送，做到快速、准确、无纸化，大大提高效率，将人为的出错率降到最低，从而降低仓储的成本。在物流计费模块中增加了应收应付功能，可对货主的代垫费用进行记录和管理，并将相关数据传输至财务系统，从而大大提高了财务人员的工作效率。使用运输管理模块后，通过设置车辆的基本资料、记录车辆的业务情况和运行中发生的各种费用，从而实现对车辆的有序管理，减少流转过程，提高营运效率，紧缩人员编制，降低营运成本。

“工欲善其事，必先利其器”，选择了适合企业发展的信息化合作伙伴，就如同为企业的发展添上了虎翼。通过使用博科资讯物流信息系统，上海铁联储运已与国际运输方式接轨，实现国际国内“门到门”的物流服务，2004 年已通过 ISO 9002 质量体系国际认证。公司提供的仓储物流服务的客户中多数为德国巴斯夫公司、美国杜邦公司、法国埃尔夫阿托公司等世界“500 强”企业。受马士基物流公司、道康宁公司的委托，上海铁联储运还输出管理服务，提供从换单、报关、进库、到运输至客户的一条龙服务。随着保税区、港区合一、上海铁联储运已成功地转型为国际性的物流公司。

通过上海铁联储运物流信息化的成功，博科资讯也再一次地证明它在物流管理软件行业的领先地位。经过 8 年的辛苦耕耘，博科资讯已建立起一个近百家的客户群体，涉及烟草、医药、汽车、石化、乳品业、第三方物流等多个行业领域。客户是博科资讯最宝贵的财富，博科资讯也将本着共同发展、双赢的思想继续为新老客户提供精湛的服务。

（资料来源：优易物流网. http://ue56.com/List.asp?ID=283.）

讨论题

(1) 上海铁联储运与博科资讯是如何进行合作的？

(2) 上海铁联储运在初期面临着什么信息管理问题？

(3) 简述上海铁联储运物流信息化的整个过程。

现代物流已经从传统的仓储运输服务发展成以现代信息和管理技术为支撑的综合物流服务。现代物流与传统物流的区别主要在于现代物流有了计算机网络和信息技术的支撑，并应用了先进的管理技术和组织方式，将原本分离的商流、物流、信息流和采购、运输、仓储、代理、配送等环节紧密联系起来，形成了一条完整的供应链。其中物流信息网络在现代物流中起着越来越重要的作用。通过现代物流信息网络技术，物流系统可以更协调、更高效地运行，保证物流系统中信息的畅通，增加信息流通的透明度，缩短信息获取时间和资金周转周期。本章主要介绍了组建计算机网络的基础知识、物流信息网络的体系结构及组网方案及公共物流信息平台的概念及功能结构设计。

6.1 计算机网络基础知识

6.1.1 计算机网络的概念与分类

1. 计算机网络的概念

计算机网络是通过某种通信介质将不同地域的多台具有独立功能的计算机连接起来，并借助网络硬件，按照网络通信协议和网络操作系统进行数据通信，实现网络上的资源共享和信息交换的系统。计算机网络由硬件系统和软件系统两大部分组成：硬件系统主要包括网络服务器、网络工作站、网卡和连接线；软件系统主要包括网络操作系统、网络协议和应用服务软件。

2. 计算机网络的分类

计算机网络类型有多种划分标准，但从地理覆盖范围划分是一种通用的网络划分标准。按照这种标准计算机网络可分为局域网(Local Area Network，LAN)、城域网(Metropolitan Area Network，MAN)、广域网(Wide Area Network，WAN)和因特网(Internet)。

(1) LAN 是最常见、应用最广的一种网络。随着整个计算机网络技术的发展和提高，近年来 LAN 得到充分的应用和普及，几乎每个单位都有自己的 LAN，有的甚至家庭中都有自己的小型 LAN。LAN 的地理覆盖范围一般在数米至 10 千米以内，其基本特征是结构简单、布线容易，由某一个单位团体建立与管理。

(2) MAN 是在一个城市内部组建的计算机信息网络，与 LAN 相比作用范围一般是一个城市或者跨越几个街区，跨越地理范围约为数千米至数十千米，连接的计算机数量更多，是 LAN 网络的延伸。一个 MAN 通常连接着多个 LAN，如连接政府机构的 LAN、医院的 LAN、电信部门的 LAN、公司企业的 LAN 等。

(3) WAN 的地理覆盖范围较大，一般是将不同城市之间的 LAN 或 MAN 网络进行互联，地理范围可从数百千米到数千千米。因为距离较远，信号衰减比较严重，所以这种网络一般是要租用专线。WAN 的基本特征是：信息的传输距离相对较长，在 WAN 的通信线路上的传输速率相对较低，通常整个 WAN 分属多个部门和单位所有。

(4) 从地理范围来说，Internet 可以是全球计算机的互联，这种网络的最大特点就是不定性，整个网络的计算机随着网络用户的不断接入每时每刻都在变化。Internet 的其他特点还有开放性、全球性、虚拟性和身份不确定性。

除此之外，还有几种常用的计算机网络分类标准。例如，根据计算机网络的交换方式，可以将计算机网络分为电路交换网、报文交换网和分组交换网 3 种类型。根据网络的传输介质，可以将计算机网络分为有线网、无线网和光纤网 3 种类型。根据网络的通信方式，可以将计算机网络分为广播式传输网络和点到点传输网络。

6.1.2 计算机网络体系的结构

1. 计算机网络体系结构的概念

体系结构是研究系统各部分组成及相互关系的技术科学。所谓网络体系就是为了完成计算机之间的通信合作，把每台计算机互连应实现的功能划分成有明确定义的层次，并规定了同层次的进程通信的协议和相邻层次之间的接口及服务，通常把计算机网络层次模型和各层协议的集合定义为计算机网络体系结构(Network Architecture)。

为了减少网络设计的复杂性，计算机网络结构采用了结构化分层设计的思想。所谓分层设计，就是按照信息的流动过程将网络的整体功能分解为不同的功能层，不同机器上的同等功能层之间采用相同的协议，同一机器上的相邻功能层之间通过接口进行信息传递，下一层为上一层提供网络服务。这种分层参考模型有如下优点：各层之间相互独立，即上层不需要知道下层的具体结构即可通过层间接口使用下层所提供的服务；灵活性好，即只要层间接口不变就不会因某层的变化而引起其他层的变化，各层可以采用最合适的技术实现本层功能而不影响其他层；有利于促进网络互连标准化，因为每层的功能和提供的服务都已经有了精确的说明。

2. 网络协议与参考模型

如同人与人之间交流需要依赖于各种交流渠道和手段一样，计算机之间实现通信就必须依靠网络通信协议。网络协议(Network Protocol)是为了屏蔽网络中计算机硬件和软件存在的各种差异，保证相互通信及双方能够正确地接收信息而事先建立的规则标准或约定。网络协议有 3 个要素：语法、语义和同步。语法用来规定传输信息的格式，语义用来确定通信双方通信的内容是什么，同步则是详细说明通信过程中各事件的先后顺序。在连接网络时，必须选用正确的网络协议，以保证不同连接方式和操作系统的计算机之间可以进行数据传输。常用的网络协议有 TCP/IP(Transmission Control/Protocol/Internet Protocol，传输控制协议)、NetBEUI(NetBIOS Extend User Interface，NetBIOS 用户扩展接口)协议、NWLink IPX/SPX/NetBIOS 兼容传输协议、DLC(Data Link Control，数据链路控制)协议和 AppleTalk 协议等。为了实现不同厂家生产的计算机系统之间及异构网络之间的数据通信，就必须遵循相同的网络体系结构模型。常用的有 OSI(Open System Interconnection，开放系统互连)参考模型和 TCP/IP 参考模型两种。

1) OSI 参考模型

ISO 在 1985 年推出了 OSI 参考模型。OSI 参考模型定义了开放系统的层次结构、层次之间的相互关系及各层所包含可能的服务。它是作为一个框架来协调和组织各层协议的制定，也是对网络内部结构最精练的概括与描述。根据分而治之的原则，OSI 将整个通信功能划分为 7 个层次，由上至下分别是应用层、表示层、会话层、传输层、网络层、数据链路层及物理层。

根据网络中各层完成的功能不同，可将计算机网络分为通信子网和资源子网。网络层、数据链路层和物理层可看作是传输控制层，负责有关通信子网的工作，解决网络中硬件设备的通信问题；应用层、表示层和会话层为应用控制层，负责有关资源子网的工作，解决应用进程的通信问题；传输层为通信子网和资源子网的接口，负责将上层数据分段并提供端到端的传输。OSI 参考模型的最高层为应用层，面向用户提供所需的应用服务；最低层为物理层，连接通信媒体实现数据传输。层与层之间的通信是通过各层之间的接口来进行的，上层通过接口向下层发送服务请求，而下层通过接口向上层提供服务。

这里需要注意的是，OSI 参考模型并没有提供一个可以实现的方法。OSI 参考模型只是描述了一些概念，用来协调进程间通信标准的制定。在 OSI 范围内，只有在各种协议可以被实现并且各种网络互连设备和 OSI 的协议相一致才能互连。也就是说，OSI 参考模型并不是一个标准，而只是一个在制定标准时所使用的概念性的框架。

2) TCP/IP 参考模型

TCP/IP 又叫网络通信协议，它是 Internet 的基础。TCP/IP 包括上百个各种功能的协议，如远程登录、文件传输和电子邮件等，其中 TCP 和 IP 是保证数据完整传输的两个重要的协议，因此被称为 TCP/IP 协议簇。

TCP/IP 参考模型分为 4 层：应用层、传输层、网络层和网络接口层。TCP/IP 参考模型是为 TCP/IP 协议量身制作的。TCP/IP 参考模型的应用层与 OSI 参考模型上三层功能相似，它向用户提供一组常用的应用程序；传输层提供应用程序间的通信；网络层负责相邻计算机之间的互连通信；网络接口层是 TCP/IP 参考模型的最低层，负责接收 IP 数据包并通过网络进行发送，或者从网络接口层上接收物理帧，去掉帧头帧尾剥出 IP 数据包再交给网络层。OSI 参考模型与 TCP/IP 参考模型及协议的层次对应关系见表 6-1。

表 6-1　OSI 参考模型与 TCP/IP 参考模型的层次对应关系

OSI 参考模型	TCP/IP 参考模型及协议	
应用层	应用层	Telnet、FTP、SMTP、DNS、HTTP 及其他应用协议
表示层		
会话层		
传输层	传输层	TCP、UDP
网络层	网络层	IP、ARP、RARP、ICMP
数据链路层	网络接口层	各种通信网络接口
物理层		

3. 计算机网络的组建模式

组建计算机网络通常采用 3 种模式模式：对等网模式、客户机/服务器(Client/Server，C/S)模式、浏览器/服务器(Browser/Server，B/S)模式。

(1) 对等网通常是由几台计算机组成的工作组，它采用分散管理的方式，网络中的每台计算机既可作为客户机又可作为服务器来工作，每个用户分别管理自己机器上的资源。随着网络技术的发展和改进，对等网模式使用得越来越少，而 C/S 模式和 B/S 模式最为普遍并被广泛应用。

(2) C/S 可以被理解为是一个物理上分布的逻辑整体，它是由客户机、服务器和连接支持部分组成的，如图 6.1 所示。其中，客户机是体系结构的核心部分，是一个面向最终用户的接口设备或应用程序。客户机向网络中的其他设备或应用程序提出请求，然后再向用户返回所需信息；服务器是服务的提供者，它包含并管理数据库和通信设备，为客户的请求提供服务；二者是通过通信媒介、网络协议、应用接口等连接在一起的。C/S 模式组建的网络具有以下特点：可实现资源共享，可实现管理科学化和专业化，可快速进行信息处理，能更好地保护原有资源，具有极好的可扩充性。

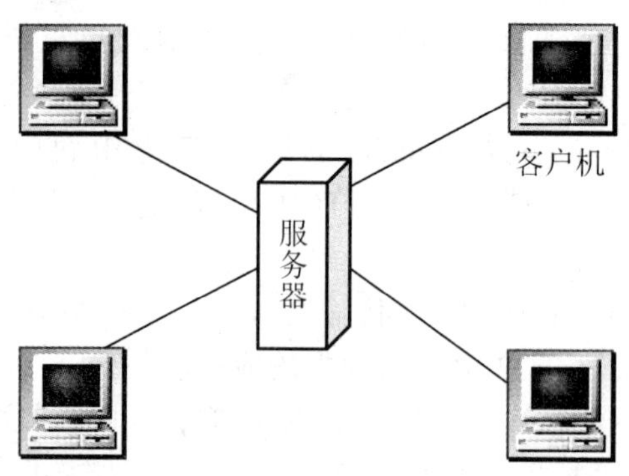

图 6.1　C/S 模式

(3) B/S 模式是随着 Internet 技术的兴起，对 C/S 模式进行改变或者改进的一种结构，如图 6.2 所示。在这种结构下，用户可以通过 Web 浏览器界面实现不同的人员、从不同的地点、以不同的接入方式访问和操作共享的数据库；它能有效地保护数据平台和管理访问权限，服务器数据库也很安全。B/S 模式最大的优点就是可以在任何能够上网的地方进行操作而不用安装任何专门的软件。此外，B/S 模式还具有维护和升级方式简单、组网成本低等特点。

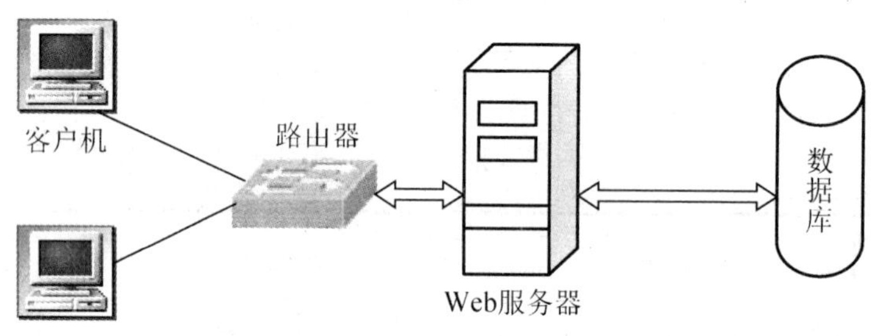

图 6.2　B/S 模式

6.2　物流信息网络的构建

6.2.1　物流信息网络概述

1. 物流信息网络的概念

物流信息网络，是指在物流领域综合应用现代计算机技术和通信技术，将分布在现代物流网络中各个物流子系统的物流信息系统进行互连，形成一个功能完善的大型信息网络系统，最终达到物流信息资源的充分开发和普遍共享，以实现降低物流成本，提高物流效率的目标。

从构成要素分析，物流信息网络主要包括物流信息资源网络、物流信息通信网络和计算机网络3方面内容。其中，物流信息资源网络是指各种物流信息库和信息应用系统实现联网运行，从而使运输、储存、加工、配送等信息子系统汇成整个物流信息网络系统，以实现物流信息资源共享；物流信息通信网络是指建立能承担传输和交换物流信息的高速、宽带、多媒体的公用通信网络平台；计算机网络，是指把分布在不同地理区域的计算机与专门的外部设备通信线路互连成一个规模大、功能强的网络系统。与传统的物流信息网络相比，现代物流信息网络具有网络专业性强、信息来源广泛、网络覆盖地域广及网上信息实时性和动态性等特点。

2. 国内外物流信息网络的发展现状

1) 国外物流信息网络发展现状

全球物流信息网络的建设是在国际互联网广泛应用的过程中不断完善的。无论是在物流信息技术上还是在系统理念上，美国、日本、欧洲等国家和地区在全球物流信息网络的发展道路上都走在了世界前列，成为全球物流信息网络的主干。他们开发了基于国际互联网的各种物流在线查询系统、客户端工具、桌面工具条形式的导航与查询，以及企业内部、企业间包括物流信息在内的资源集成系统、数据仓库、数据中心和智能专家系统等。同时，大量通用数据的应用大大提高了信息服务的效率。通用数据是国际互联网上信息流通的标准形式。在RFID、EDI、ERP等不同数据采集和交换系统层出不穷的情况下，一个国际通用的信息标准有利于不同国家、不同企业的物流信息在国际互联网上自由传递。

一些大规模的跨国企业成为全球物流信息网络的重要支撑节点。例如，跨国物流企业联合包裹服务公司(United Parcel Service，UPS)从20世纪90年代开始致力于物流信息技术的广泛利用和不断升级。公司建立的覆盖全球的物流信息网络是将应用在美国国内运输货物的物流信息系统扩展到所有国际运输货物上，在这个基础上建设了UPSnet。这是一个全球电子数据通信网络，至今已覆盖全球220多个国家。借助这个系统，客户可以在任何时间、任何地点用手机或者上网查询到他的包裹当前处于世界何处，并可以在包裹送达的几分钟内得到签收的数字化证据。同时，速递资料收集器(Delivery Information Acquisition Device，DIAD)也是一种高效的管理工具，UPS的主机每天将信息下载到DIAD，向送货车司机提供当日的送货行程，DIAD则实时地将位置信息上载到主机，以供分析和调度。通过使用这个电子数据通信网络，UPS可以大大缩短票据循环周期，简化客户供应链的管理。

2) 我国物流信息网络发展现状

我国物流信息网络建设是伴随着经济信息网络化进程而发展的。以“三金”工程为起点，目前经济领域已初步形成覆盖面广、横向纵向相结合的信息网络。中国经济信息网实现了全国经济信息的动态查询，向用户提供覆盖全国主要企业、产品、流通渠道的信息资源。中国商品市场信息网络、全国生产资料市场信息网、中国粮食贸易计算机网络和全国食品流通电子网络等将生产企业的商品供应信息、流通企业的商品购销信息及消费者的购买需求信息融为一体，极大地促进了全国范围的合理调配，为部门分析市场、组织指导物流合理流向提供依据。

尽管我国物流信息网络的建设为全面实现物流现代化打下了良好的基础，但与国外信息网络系统相比还存在较大差距，主要表现在以下几个方面：信息网络建设缺乏统一规划协调；通信网络系统较为脆弱；网上信息资源建设相对薄弱；物流信息标准不统一；信息网络立法不完善；缺乏既懂得流通又懂得信息网络技术的复合型人才；经费投入不足等。

近年来，国家出台了许多支持物流信息网络化建设的相关政策法规。在 2009 年 3 月国家出台的《物流业调整和振兴规划》中强调，“积极推进企业物流管理信息化，促进信息技术的广泛应用”。还特别指出：“加快行业物流公共信息平台建设，建立全国性公路运输信息网络和航空货运公共信息系统，以及其他运输与服务方式的信息网络。推动区域物流信息平台建设，鼓励城市间物流平台的信息共享。”因此，加强物流行业的信息化建设，特别是加强物流信息网络及公共物流信息平台的建设，将是我国物流行业的重要发展方向及发展趋势。

6.2.2 物流信息网络的体系结构

构建高效和谐的物流信息网络体系是构建物流信息网络、实现物流信息化过程中的重要一环。常用的物流信息网络体系包括基于 Internet/Intranet 及基于网格技术的物流信息网络体系结构。通过这两种技术可以将物流企业的物流信息系统和其他相关部门(如工商企业、政府部门)的信息系统相连接，以实现整个物流系统的资源共享和网络体系的高效管理。

1. 基于 Internet/Intranet 的物流信息网络体系结构

Internet 是基于 TCP/IP 的全球性计算机网络，是现今世界上覆盖范围最广、应用最广泛的全球化、开放的信息资源网。Internet 采用通信技术和网络协议，将分布在世界各地的计算机通过路由器等网络互连设备进行互连，从而实现数据通信和资源共享的目的。Intranet 是指利用 Internet 技术在单位或部门内部建立起来的属单位所有的计算机网络。Intranet 将一个企业内部的信息资源连接起来，企业用户利用 Intranet 可以共享和利用整个企业系统及 Internet 上的资源。

随着计算机技术与网络通信技术的快速发展，基于 Internet/Intranet 的物流信息网络体系结构已经成为物流信息网络的主流体系构架，也被越来越多的物流企业网络所采用。基于 Internet/Intranet 的物流信息网络体系结构如图 6.3 所示。从网络结构上看，这种网络体系结构由物流企业内部局域网(Intranet)和连接各个物流企业的外部网络(Internet)两部分组成。Internet 和 Intranet 之间由路由器和防火墙等设备进行连接，其中路由器的功能是路径寻址和数据转发，防火墙的功能是进行包过滤以阻止非法入侵。

企业的 Intranet 一般采用 C/S 模式组网。其中企业的运输、仓储、包装、装卸等部门通常将本部门的数据和信息存放在本地客户机中。服务器通常放置在企业的信息中心或网络中心等部门，包括文件服务器、Web 服务器、数据库服务器等，可提供 WWW(万维网)服务、文件传输服务、域名服务、邮件传输服务等。各部门的用户通过 Intranet 可访问网络中的应用程序及数据资源。物流企业和其他合作伙伴及客户相连时一般采用 B/S 模式。这种模式利用 Internet 的万维网技术建立标准的信息平台，同时采用防火墙技术将 Intranet 和 Internet 分开。用户可从已联网的任何 PC 上访问公共物流信息平台，访问业务处理系统、决策支持系统和办公自动化系统等，完成信息的发布与查询及各种业务处理功能。

基于 Internet/Intranet 的物流信息网络实现了物流企业内部与物流网络中各合作伙伴和

客户之间的信息交互与资源整合，通过统一的网络通信协议与访问标准，将分布在不同地点的物流信息系统进行集成，在网络环境下对企业的计划、库存、业务管理等方面的数据信息进行集中管理，保证了网络中的各种物流信息流的畅通无阻和高效运转，为合理配置整个物流系统的硬件和软件资源及提高整个物流网络的运作效率提供了坚实保障。

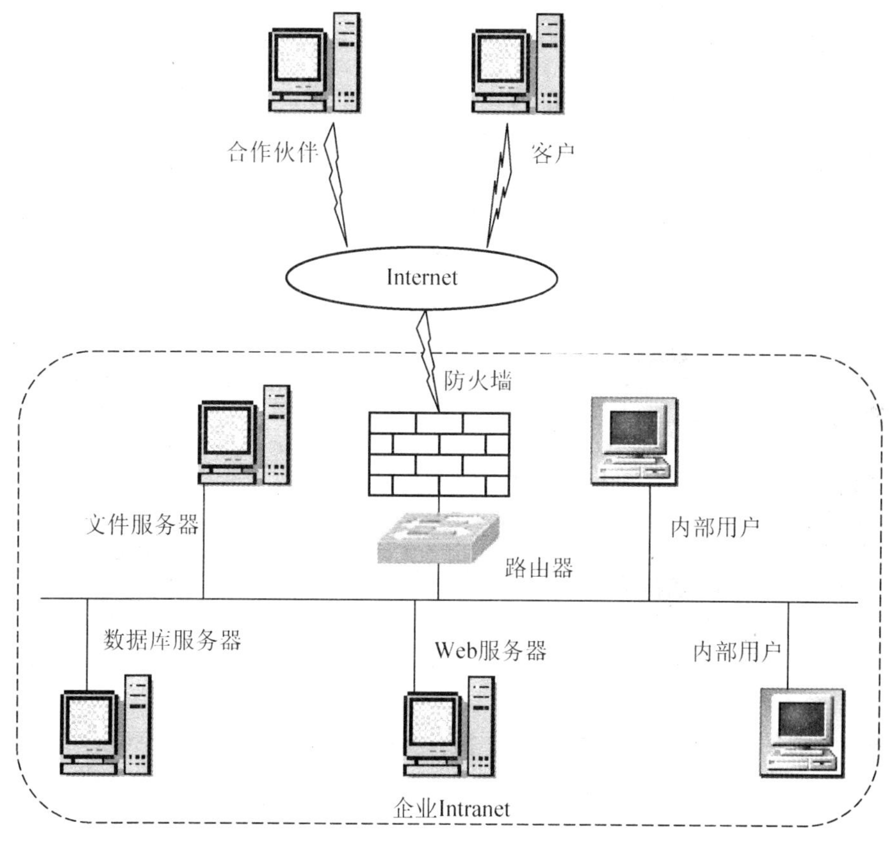

图 6.3 基于 Internet/Intranet 的物流信息网络体系结构

阅读案例 6-1

华运通公司物流信息网络系统应用

华运通物流有限公司总部在上海，是一家专业第三方物流公司。它作为原国家经济贸易委员会(已整合为商务部)34 家重点联系的物流企业之一，拥有一个覆盖全国的、完善的物流配送网络，致力于为大中型企业原材料供应、产成品转移和销售提供 SCM 和物流服务。为了提供更加高效、快捷、安全的专业物流服务，公司组建了基于 Internet/Intranet 的物流信息网络系统。系统采用 Java 语言编写，支持 HTTP、SSL、J2EE、COM+等业界标准，是跨平台的开放体系。该网络系统对内可以将公司总部与全国各地的配送中心连接成一个内部通信网，通过系统实现公司合理调配和使用车辆、库房、人员等各种资源；对外能与上游的厂商和下游的最终收货人通过 EDI 连接，客户端通过 Web 浏览器，可随时了解货物的动态情况(包含在途运输状况、各地库存状况等)，并提供实时的信息查询、统计报表及承运物品的各种运作指标。其物流信息网络架构如图 6.4 所示。

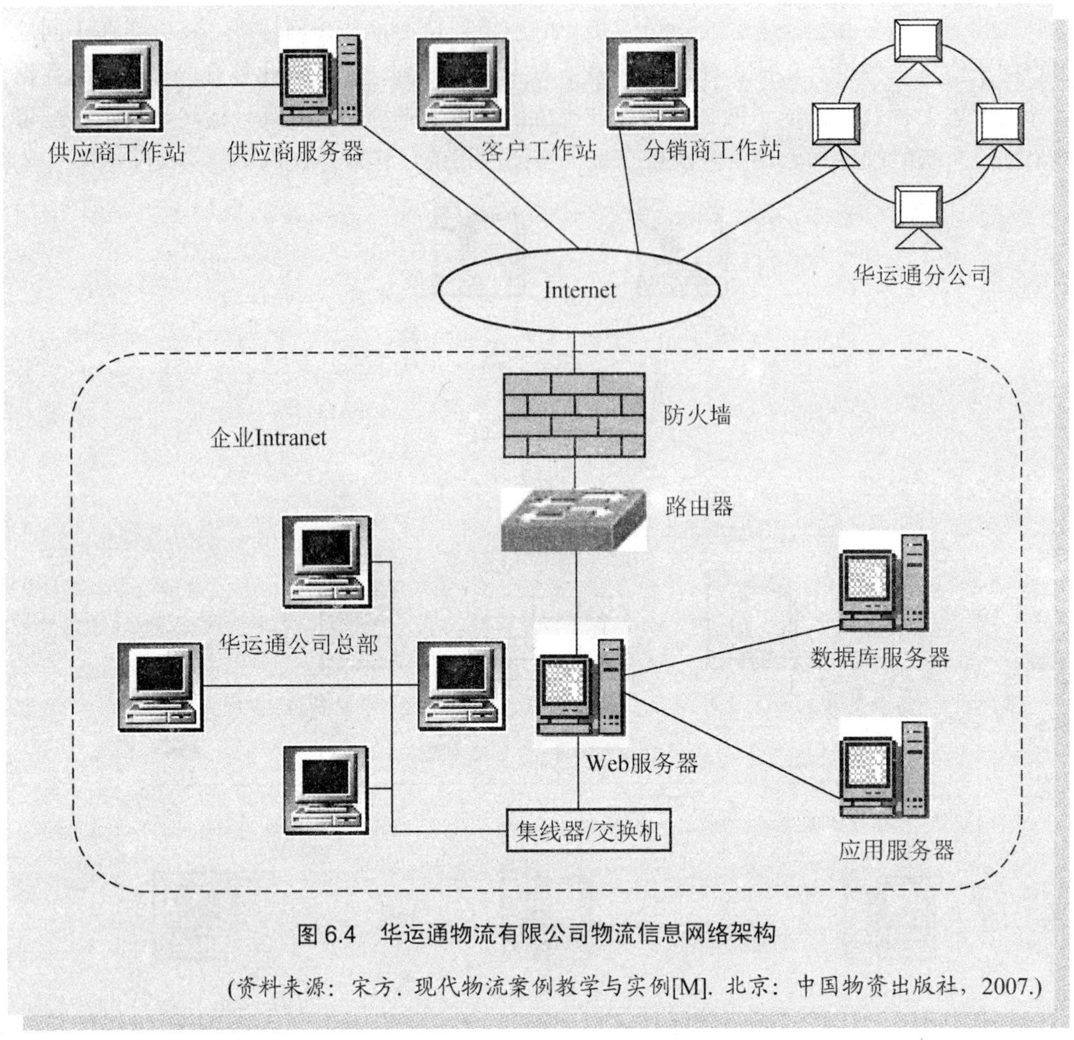

图 6.4　华运通物流有限公司物流信息网络架构

(资料来源：宋方. 现代物流案例教学与实例[M]. 北京：中国物资出版社，2007.)

2. 基于网格技术的物流信息网络体系结构

1) 网格技术概述

随着科技的快速发展，网格技术成为近年来在全球引起了广泛关注的一种重要信息技术。美国阿贡国家实验室的伊安 • 福斯特(Ian Foster)教授认为：“网格是构筑在互联网上的一种新兴技术，它将高速互联网、高性能计算机、大型数据库、传感器、远程设备等融为一体，实现计算资源、存储资源、通信资源、软件资源、信息资源及知识资源等的全面共享和协同工作。”为解决不同领域复杂科学计算与海量数据服务问题，人们以网络互连为基础构造了不同的网格，有代表性的如计算网格、拾遗网格、数据网格等，它们在体系结构和需要解决的问题类型等方面不尽相同，但都需要共同的关键技术，主要有 3 种：高性能调度技术、资源管理技术和网格安全技术。

网格技术与现代物流网络的融合体现在网格的以下 5 个特点。

(1) 分布与共享。网格的分布性是指网格的资源是分布的。同样，物流服务(物流设施、物流信息、物流组织等)也具有分布性。

(2) 自相似性。网格的局部和整体之间存在着一定的相似性，局部往往在许多地方具有全局的某些特征，而全局的特征在局部也有一定的体现。

(3) 动态性与多样性。对网格来说，原有的资源或功能在下一时刻可能就会出现故障或者不可用；而原来没有的资源，可能随着时间的推移会不断地加入进来。

(4) 自治性与管理的多重性。网格允许资源拥有者对他的资源有自主的管理能力，即网格的自治性。

(5) 开放性。网格之父伊安·福斯特等结合 Web Service 提出了开放网格服务结构体系(Open Grid Services Architecture，OGSA)。这种框架支持服务的发现，还能动态地创建和删除服务，使网格提供的服务更加广泛。

网格研究的目标是建立大规模计算和数据处理的通用基础支撑结构。将网络上的各种高性能计算机、服务器、PC、信息系统、海量数据存储和处理系统、应用模拟系统、虚拟现实系统、仪器设备和信息获取设备(如传感器)集成在一起，为各种应用开发提供底层技术支撑，最终实现资源共享和分布协同工作。网格的这种概念可以清晰地指导行业和企业中各个部门的资源进行行业或企业整体上的统一规划、部署、整合和共享，而不仅仅是行业或大企业中的各个部门自己规划、占有和使用资源，这种理念和建设物流信息网络的初衷不谋而合。网格技术对现代物流各方面的影响将是全方位的，它为物流网络的高效实施提供了基础。

2) 基于网格技术的物流网络体系结构

网格体系结构用来划分系统的基本组件，指定系统组件的目的和功能，说明组件之间如何相互作用，规定了网格各部分相互的关系与集成的方法。可以说，网格体系结构是网格的骨架和灵魂，是网格技术中最核心的部分。主流的网格体系结构主要有 3 种：第一种是伊安·福斯特等人在早些时候提出的五层沙漏结构(Five-Level Sandglass Architecture)；第二种是在以 IBM 为代表的工业界的影响下，伊安·福斯特等人结合五层沙漏结构和 Web Service 技术提出的 OGSA；第三种是由 Globus 联盟、IBM 和惠普公司于 2004 年年初共同提出的 Web 服务资源框架(Web Service Resource Framework，WSRF)。

五层沙漏结构是一种早期的抽象层次结构，以协议为中心，强调协议在网格的资源共享和相互操作中的地位。通过协议实现一种机制，使得虚拟组织的用户与资源之间可以进行资源使用的协商，建立共享关系，并且可以进一步管理和开发新的共享关系。这种网络体系结构将网络中的共享资源进行使用和管理的功能分散在 5 个层次中，由上而下分别是应用层、汇聚层、资源层与连接层以及构造层。下面以经典的五层沙漏结构为基础构建物流信息网络体系架构，如图 6.5 所示。

由于五层结构各部分的协议数量分布不均匀，形如沙漏，因此称为五层沙漏结构模型。考虑到核心技术移植升级的方便性，核心部分的协议数量相对比较少(如 Internet 上的 TCP 和 HTTP)。五层沙漏结构最核心的部分既要实现上层协议(沙漏的顶层)向核心协议的映射，同时又要实现核心协议向下层协议(沙漏的底层)的映射。在五层结构中，资源层与连接层共同组成这一核心的瓶颈部分，因此协议数量不宜太多。

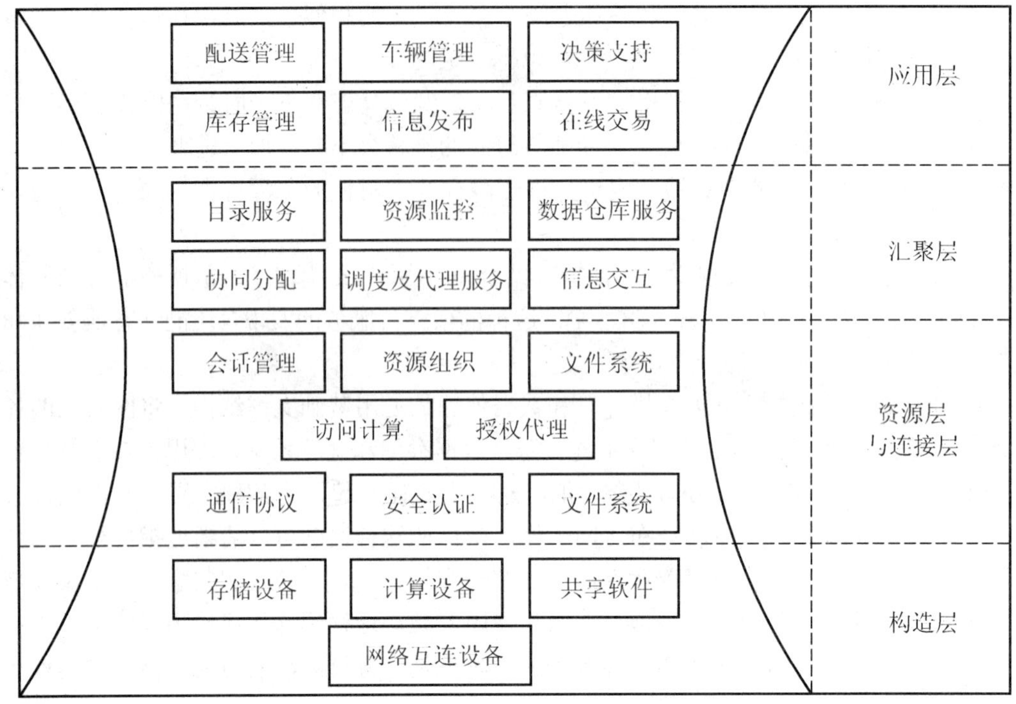

图 6.5　以五层沙漏结构为基础的物流信息网络体系架构

6.3　物流企业内部网络的组建

6.3.1　物流企业内部网络概述

1. 物流企业内部网络的概念

企业内部网又称 Intranet，是指利用网络技术和通信技术将企业内部各部门的计算机、网络互连设备及传输介质进行互连，以实现企业各部门内部及部门之间的数据通信及资源共享。物流企业建立 Intranet 可以将业务相关部门(如财务、仓储、运输、调度等)之间进行互连，以实现企业各部门之间的数据通信和资源共享，便于决策者快速、有效地获得决策所需的各种信息，提高决策的质量和效率。

Intranet 中的计算机之间通常采用 TCP/IP 协议簇作为通信协议。网络互连设备通常包括路由器、交换机、网桥及集线器等。其中，物理层使用集线器、数据链路层使用网桥或交换机、网络层使用路由器进行互连。组建 Intranet 常用的传输介质包括光缆、同轴电缆和双绞线等。企业内部网络一般基于 Internet/Intranet 体系结构进行组网，Intranet 与 Internet 通过建立路由器和防火墙进行互连，以保证网络的安全稳定运行。

2. 物流企业组建内部网络的目的

物流企业组建Intranet的目的主要体现在物流运作的信息化、并行化和全局化3个方面。

1) 物流运作的信息化

通过 Intranet 可以实现信息流对物流的实时控制，可以提高物流运作的准确性和敏捷

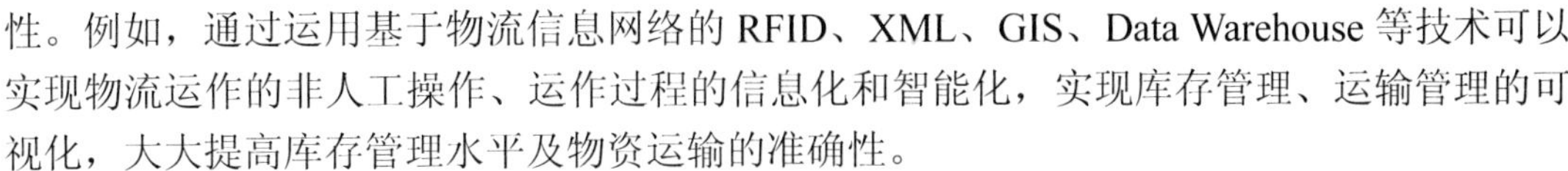

性。例如，通过运用基于物流信息网络的 RFID、XML、GIS、Data Warehouse 等技术可以实现物流运作的非人工操作、运作过程的信息化和智能化，实现库存管理、运输管理的可视化，大大提高库存管理水平及物资运输的准确性。

2) 物流运作的并行化

Intranet 为企业物流管理提供了一个交互的、多维反馈的柔性环境，使得企业采购、运输、仓储等部门可以针对企业用户的需求信息，以协同的方式进行物资和服务的采购、运输、仓储、配送及逆向回收等，而传统的企业物流运作的各环节通常是顺序进行的。在信息共享的 Intranet 环境下，通过获取各个物流环节的运行情况，可对各环节的运作进行推断、模拟及仿真，形成由多信息流控制的多层次平行运作的模式，提高企业物流运作的快速反应能力。

3) 物流运作的全局化

Intranet 将物流活动涉及的各环节、各部门连接在一起，使整个物流过程实现了整体优化。同时各部门在有效信息的指引下，可对整个物流活动做有效的、全盘的考虑与决策。此外，现代物流管理要求企业物流部门必须在综合平衡整个物流运行环节效率的前提下，优化物流系统，确定系统范围的采购策略、运输方案、库存策略及配送策略，达到整体运行的效率最佳。以运输环节为例，在制订运输方案时，不仅要考虑运输方式、路线等的选定，还要充分利用信息共享的条件，考虑库存情况、企业用户分布情况等因素。

6.3.2 物流企业内部网络的组建方案

1. 物流企业内部网络的建设原则

现代企业物流集运输、仓储、分销、代理于一体，区别于单一的运输业务与传统意义上的物流。所以，企业内部物流信息网络的开发不仅是从效率上提高交易的简洁性与快捷性，更注重整体性能的集成，整体经济效益的实现。从现代物流所具有的企业特性来分析，企业内部的物流信息网络在实现信息交换、转化的功能之外，更注重按以下原则来设计、分析和实施。

1) 完整性原则

所谓的完整性就是根据企业物流管理的实际需要，使开发的系统能全面、完整地覆盖物流管理的信息化要求。要保证系统开发的完整性，必须要制定出相应的管理规范，如开发文档的管理规范、数据格式规范、报表文件规范，以保证系统开发和操作的完整和可持续性。

2) 可靠性原则

系统在正常情况下可靠运行就要要求系统的准确性和稳定性。一个可靠的物流信息网络应该在正常情况下达到系统设计的预期精度要求，即无论输入的数据多么复杂，只要是在系统设计要求的范围内，都能输出可靠的结果。在非正常情况下的可靠性是指系统的灵活性，即系统在软、硬件环境发生故障的情况下仍能部分使用和运行。同时，一个可靠的物流系统也要求具有安全性，即系统能够正确地识别系统用户，执行授权用户的权限及能够正确跟踪用户的操作。

3) 经济性原则

企业是趋利性组织，追逐经济利益是其活动的最终目的。所以对于物流企业来说同样要关心组建网络所需的硬件和软件费用，即在保证质量的情况下尽量节省开发费用。同时，网络系统投入运行后，必须保持较低的运行维护费用，减少不必要的管理费用。

4) 扩展性原则

任何网络系统都要求具有可扩展性，力争以较小的成本满足系统未来的需要。在实际运行中，物流企业的核心竞争业务模式有时需要在较短的期限内进行转变，如核心客户的信息接口需要更新、信息系统数据格式需要变化、多个物流信息系统需要整合等。所有这些都要求物流信息系统具有较高的灵活多变性，在相对比较短的时间内进行转化。因此，所构建的物流信息网络必须具有一定的灵活性且易于扩展。

2. 物流企业内部网络的拓扑结构

所谓网络拓扑结构是指用通信线路将多个网络结点进行互连的物理布局，即用某种方式把网络中的计算机等设备连接起来。物流企业网络通常由多个部门的子系统互连而成，因此，网络的拓扑结构要根据物流企业的网络应用、安全需求及物理空间分布情况来确定。网络拓扑结构通常由网络结点、通信设备和传输介质组成。网络拓扑结构图一般给出网络服务器、工作站的网络布局及相互间的连接，主要有星型拓扑结构、总线型拓扑结构、环型拓扑结构、混合型拓扑结构等。

1) 星型拓扑结构

星型拓扑结构由一个中央结点(通常由集线器或交换机实现)及多个工作站以星型方式进行连接组成，中央结点与其他结点(工作站、服务器)之间为直接相连，如图 6.6 所示。

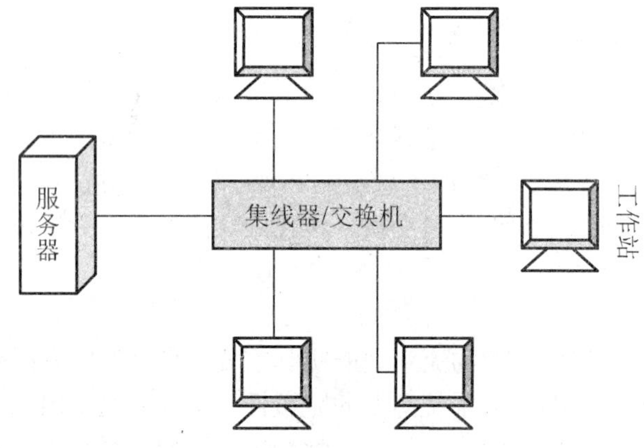

图 6.6　星型拓扑结构

这种结构以中央结点为中心，因此又称为集中式网络。星型拓扑结构的优点有：便于集中控制，因为各工作站之间进行通信时必须经过中央结点，便于维护管理；当一个工作站出现故障时也不会影响其他工作站之间的通信；网络延迟较小，数据传输误差率较低等。这种结构的缺点是对中央结点的依赖度过高，一旦中央结点发生故障整个系统便趋于瘫痪，因此其中央结点通常采用双机热备份来提高系统的可靠性。由于星型拓扑结构具有易实现、易维护管理及数据传输速率较高等优点，使其成为应用最广泛的企业组网方案之一。

2) 总线型拓扑结构

总线型拓扑结构是使用同一传输介质将所有工作站进行连接。所有网络站点均共享同一传输介质(称为公用总线)，各工作站地位平等，无中心结点控制，如图 6.7 所示。

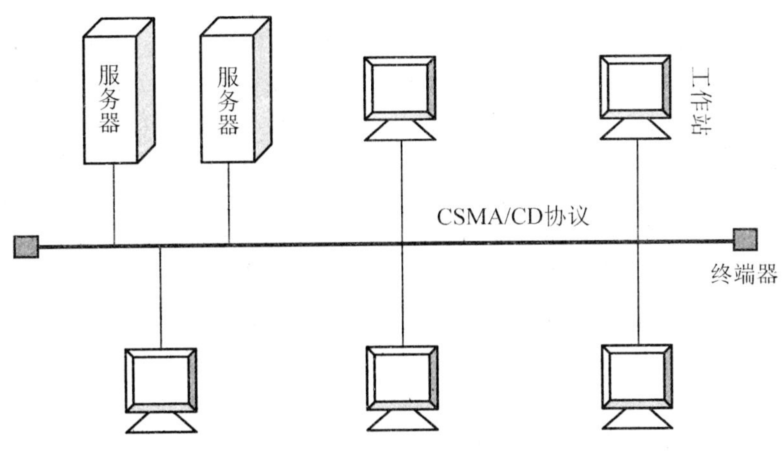

图 6.7　总线型网络拓扑结构

总线上的信息以基带形式串行传递，其传递方向总是从发送信息的结点开始向两端扩散，因此又称广播式计算机网络。为了避免因信号反射造成的信息传输错误，需在总线的两端安装终端器来吸收总线上广播信号。由于信号采用广播式传输，因此各结点在接受信息时都要进行目的地址检查，如果和自己的工作站地址相符则接收，不相符则放弃信息的接收。

由于总线是被各工作站共享的，因此通常采用带有碰撞检测的载波侦听多路访问协议(Carrier Sense Multiple Access/Collision Detect，CSMA/CD)来解决传输介质的冲突问题。这种结构的缺点是一次仅能由一个站点发送数据，媒体访问控制机制较复杂，故障维护困难等。但是，也具有费用低、站点入网灵活、某个站点发生故障不会影响其他站点之间的通信等优点，因此在局域网组网时使用也非常普遍。

3) 环型拓扑结构

环型拓扑结构是将工作站用传输介质顺序相连，并首尾相接直到将所有的工作站连成环型。数据在环路中沿着一个方向在各个结点间传输，如图 6.8 所示。

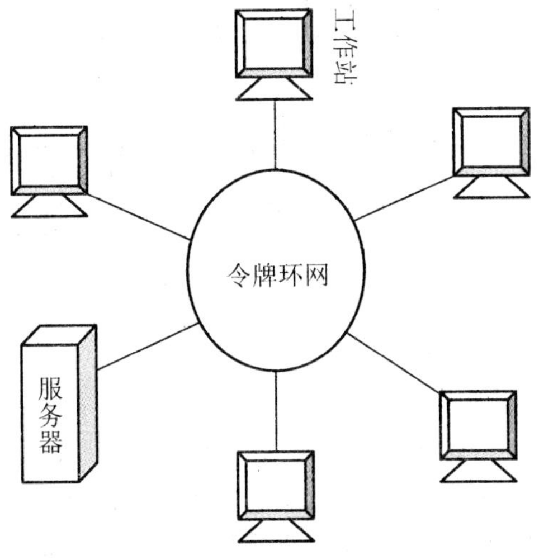

图 6.8　环型网络拓扑结构

环行拓扑结构的特点是：每个节点都与相邻的两个节点相连，数据以单向方式传输，于是便有上游节点和下游节点之称；信息流在网络中是沿着固定方向流动的，因此简化了路径选择机制；由于数据在环路中是串行传输的，因此可能影响信息的传输速率，使网络的响应时间延长；可靠性低，一个节点故障将会造成全网瘫痪；故障的维护和定位较难。环型拓扑结构的一个典型应用就是以同轴电缆为传输介质的令牌网，目前也有用光缆作为传输介质的环型网，大大提高了网络的性能。

4) 混合型拓扑结构

混合型网络拓扑结构通常是由星型拓扑结构和总线型拓扑结构结合在一起的，如图 6.9 所示。这种网络结构主要用于较大型的局域网中，如单位中的各部门如果分布在不同办公楼内或不同楼层中，则可采用这种网络结构。这种拓扑结构结合了星型拓扑结构和总线型拓扑结构的优点，不仅解决了星型网络在传输距离上的局限，又解决了总线型网络对连接用户数量的限制。组网时同一楼层可采用双绞线为传输介质的星型结构，不同楼层之间可以采用以同轴电缆为传输介质的总线型结构。如果需要在楼与楼之间联网，则可以采用传输速率较高的光缆为传输总线进行连接。

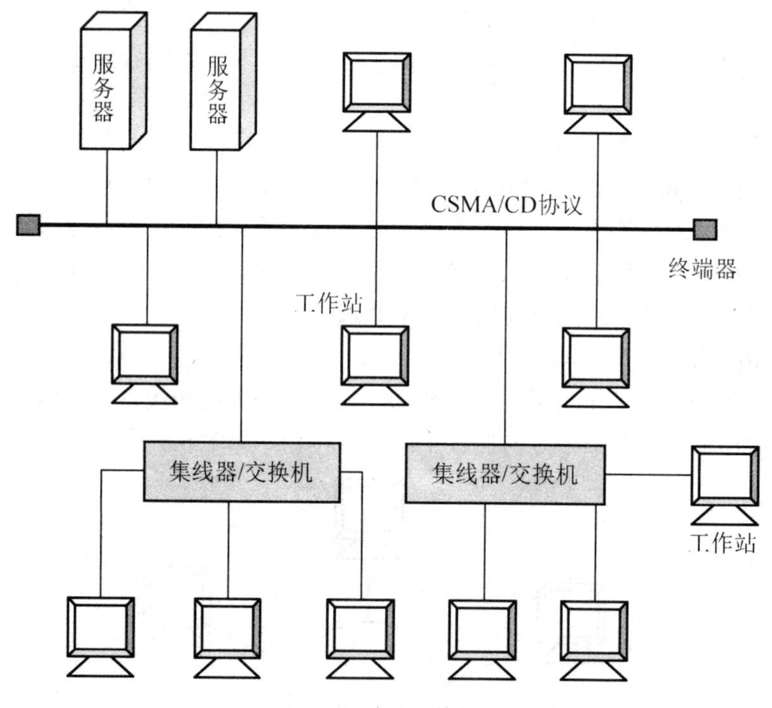

图 6.9　混合型网络拓扑结构

3. 物流企业内部网络组网方案

1) 物流企业部门内部组网方案

为了便于物流企业部门(如仓储、运输、调度、财务等)内部进行信息化管理及信息的共享，需要将各部门内部的计算机进行互连。部门中的计算机等网络设备通常分散在较小地理范围内，因此可采用如图 6.6 所示的结构较简单的星型拓扑结构来组建各自的局域网。这里中央节点一般采用集线器或交换机，部门中的计算机或打印机等网络设备可以采用双绞线作为传输介质集中连接在集线器或交换机上。

目前集线器或交换机有 16、32、48 甚至更多的端口，因此较适合在部门内部的各办公室之间进行联网，如仓储部门可将各仓库的计算机等网络设备采用这种形式进行互连，以动态及时地管理和调度这种物资设备。另外，可采用在此结构基础上通过多台集线器或交换机进行级联的形式组建较复杂的星型网络，以满足更多的用户连接和不同端口带宽需求，其中两层交换机通常为不同型号和档次的，以满足不同级别的需求，如图 6.10 所示。

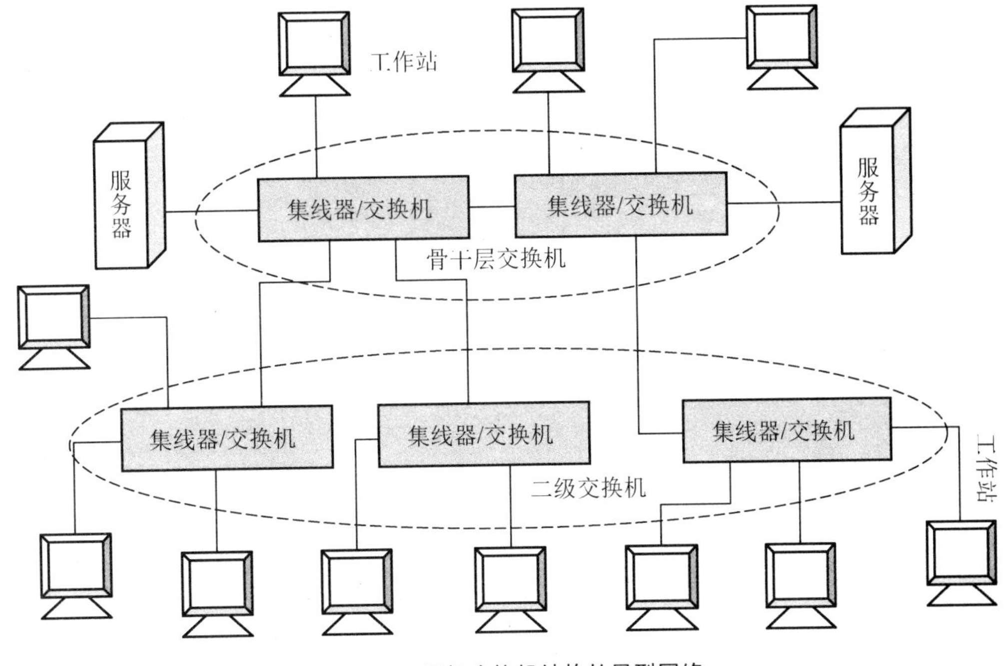

图 6.10 两级交换机结构的星型网络

2) 物流企业主体网络的组建

物流企业的主体网络通常需要将各部门的局域网进行连接，以实现部门之间的数据通信和资源共享。如采购部门可以根据物资部门传递的信息了解物资的使用情况，并对未来的采购量进行准确、实时的预测；运输部门可以根据用户物资的使用情况及采购部门的采购计划，制定运输计划、规划运输方案等。这些物流信息的共享必须通过各部门局域网的互连来实现。而各部门的局域网有可能采用不同类型的局域网拓扑结构，因此可以采用混合型网络拓扑结构来组建物流企业主体网络。

图 6.10 的混合型网络结构较为简单，当物流企业的不同部门分布在地理位置相隔较远的不同建筑物内，或者分布在同一建筑的不同楼层时，可采用另一种较复杂的混合型网络结构，如图 6.11 所示。图中采用一根总线将多个部门中的星型结构网络进行互连，结合了两种拓扑结构的优势。同一楼层(部门)内部可采用性能较强、档次较高的核心交换机将普通交换机或集线器相连，构成两级交换机星型拓扑结构。不同楼层之间互连可采用同轴电缆为传输总线。如果各个部门分布于不同的建筑物，则楼与楼之间可采用传输速率较高、误码率较低的光缆作为传输总线。另外，由于地理位置或办公环境不适宜铺设有线网络时，可通过无线路由器与企业的主干网络进行互连，如图 6.11 中的仓储部门。

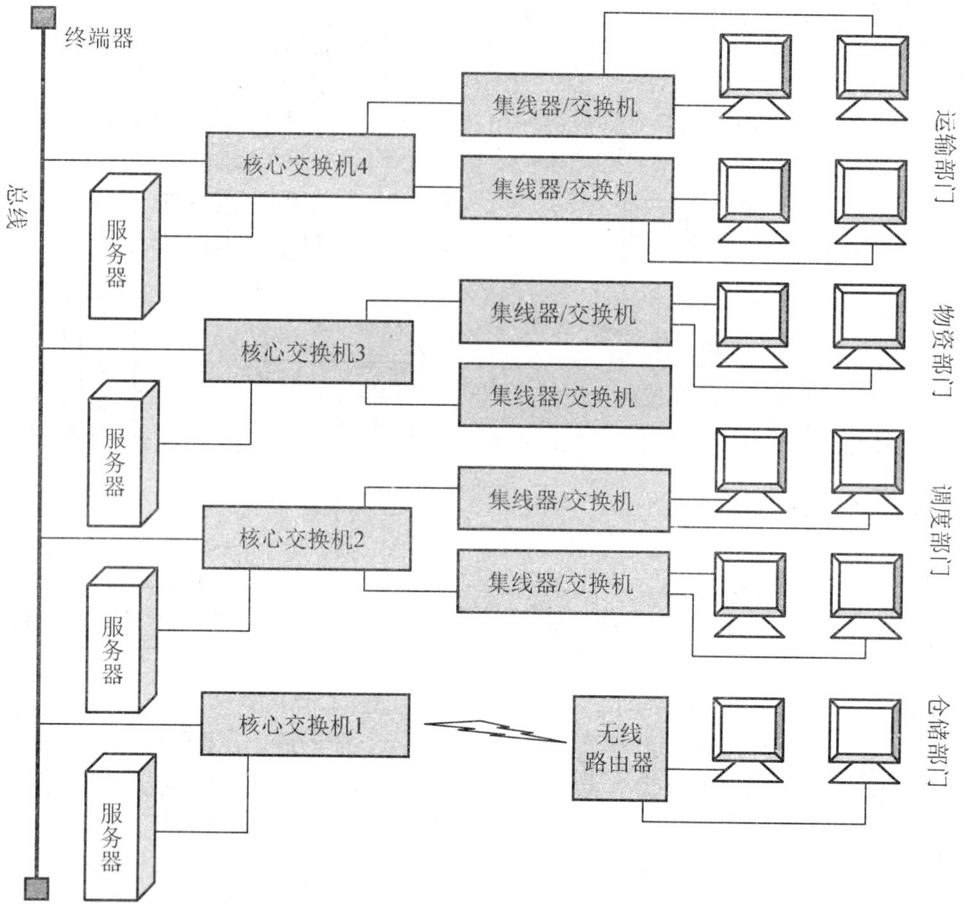

图 6.11　多楼层的混合型网络结构

阅读案例 6-2

台塑网际网络采购系统

在激烈的商业竞争中，企业除了加强开发、生产能力及品质的提升之外，还要有效利用信息系统进行生产计划与管理，做到实时供给与成本控制。台塑集团通过引入网际网络采购系统将 20 多个关系企业进行互连，只要这些企业的任何一个部门有采购需求，便将信息输入关贸网络股份有限公司架构的网络环境；获得许可的厂商则透过该网络的网站查询台塑集团的采购需求，同时进行报价，双方直接在网络上进行交易，杜绝人为接入操纵，充分发挥自由竞价的市场机制，促使价格透明化、合理化。系统的主要功能包括：询价作业、报价作业、订单管理作业、库存及收货管理、发票及账款查询作业。通过使用网络采购系统，台塑集团和供货商省下了 1.5 天处理询价报价的时间，而光是纸张邮寄费用，台塑集团每个月就省下了 38 万元。该系统不但吸引了更多的合作厂商，也带来了企业转做代购服务的机会。

(资料来源：牛鱼龙. 中国物流经典案例[M]. 深圳：海天出版社，2004.)

6.4 数据库技术的基本知识

6.4.1 数据库的概念和基本类型

1. 数据库的概念

数据库起源于 20 世纪 50 年代，当时的美国因战争需要，把各种情报集中一起放在计算机中，称为 Information Base 或 Database。

数据库，顾名思义，是存放数据的仓库，是长期保存在计算机的存储设备上，并按照某种模型组织起来的，可以被各种用户共享的数据集合，该集合中的数据可以为公司或组织的各级经过授权的人员或应用程序以不同的权限所共享。例如，企业物流活动中生产、运输、库存、销售等环节数据，银行存款、借贷等账目数据，药房管理数据，政府部门的管理、统计和计划等数据。以往这些数据是靠手工方式保存，分散在各个数据发生源，数据检索、查询不便，不同地点的数据不能共享。随着计算机技术的发展，为了保存和管理大量的数据，数据库技术被广泛地应用。

知识链接

数据库管理就是对数据进行处理的过程。数据库管理技术的发展是与计算机技术及其应用的发展联系在一起的，这一过程大致分为 4 个阶段：人工管理阶段、文件系统阶段、数据库系统阶段和高级数据库技术阶段。

1. 人工管理阶段(计算机产生～20 世纪 50 年代)

这一阶段计算机主要用于科学计算。外部存储器只有磁带、卡片和纸带等，还没有磁盘等直接存取存储设备。软件只有汇编语言，尚无数据管理方面的软件。数据处理方式基本是批处理。这个阶段有如下几个特点：①计算机系统不提供对用户数据的管理功能；②数据不能共享；③不单独保存数据。

2. 文件系统阶段(20 世纪 50 年代后期～60 年代中期)

在这一阶段，计算机不仅用于科学计算，还用于信息管理方面。随着数据量的增加，数据的存储、检索和维护问题成为紧迫的需要，数据结构和数据管理技术迅速发展起来。此时，外部存储器已有磁盘、磁鼓等直接存取的存储设备。软件领域出现了操作系统和高级软件。操作系统中的文件系统是专门管理外存的数据管理软件，文件是操作系统管理的重要资源之一。数据处理方式有批处理，也有联机实时处理。这个阶段有如下几个特点：①数据以文件形式可长期保存在外部存储器的磁盘上；②数据的逻辑结构与物理结构有了区别，但比较简单；③文件组织形式已多样化；④数据不再属于某个特定的程序，可以重复使用，即数据面向应用；⑤对数据的操作以记录为单位。

3. 数据库系统阶段(20 世纪 60 年代后期)

这一阶段数据管理技术进入数据库系统阶段。数据库系统克服了文件系统的缺陷，提供了对数据更高级、更有效的管理。这个阶段的程序和数据的联系通过 DBMS 来实现。这个阶段的特点如下：①采用数据模型表示复杂的数据结构；②有较高的数据独立性；③数据库系统为用户提供了方便的用户接口；④数据库系统提供了数据控制功能；⑤增加了系统的灵活性。

4. 高级数据库技术阶段(20 世纪 80 年代后期至今)

这一阶段，计算机数据库技术快速发展，产生了许多新型数据库，从而实现了远程数据在逻辑上的整体化。高级数据库技术的发展为物流和电子商务的区域化、全球化提供了信息技术平台。

2. 数据库的类型

按照所使用的数据结构的不同，数据库可分为层次式数据库、网状式数据库和关系式数据库。

1) 层次式数据库

层次式数据库主要用树形结构描述实体之间的联系。现实世界中，许多实体之间的联系都表现出一种很自然的层次关系，如家族关系、行政机构等。其整体结构用一棵“有向树”的数据结构来表示各类实体及实体间的联系，如图6.12所示。

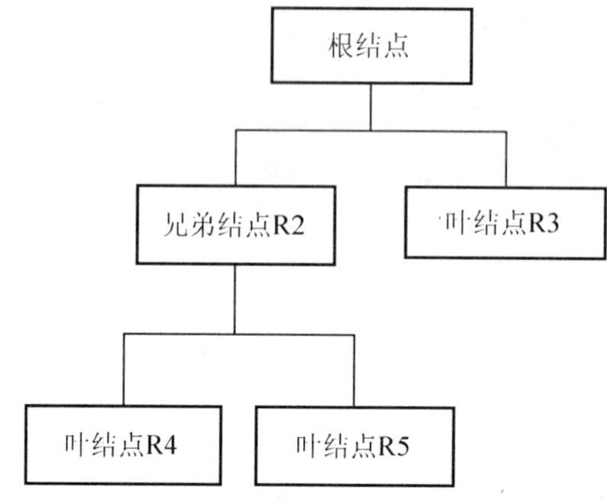

图6.12 层次式数据库

层次式数据库具有以下特点。

(1) 有且仅有一个根结点，其他子节点有且仅有一个父结点。

(2) 层次式数据库的基本联系是一对一和一对多的联系。

2) 网状式数据库

网状式数据库主要用网络结构表示实体间的多个从属关系，如图6.13所示。

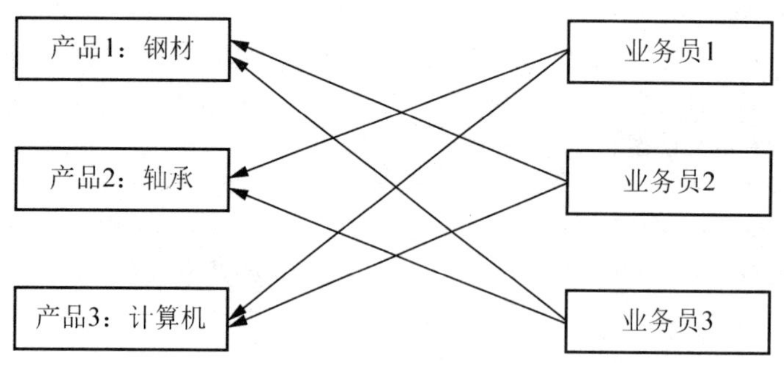

图6.13 网状式数据库

网状式数据库具有以下特点。

(1) 可以有一个或一个以上的根结点。

(2) 至少一个子结点有两个或两个以上的父结点。

(3) 可反映多对多的联系。

3) 关系式数据库

关系式数据库的数据结构是一个二维表框架组成的集合，每个二维表又可称为系，所以关系式结构是关系框架的集合。表中每一列称为字段(或属性)，字段名相当于标题栏中的标题；表中的每一行称为记录。关系式数据库模型与层次式数据库模型、网状式数据库模型不同，它是建立在严格的数学概念之上的。表 6-2 所示的职工档案表就是一个关系式数据库。

表 6-2 职工档案表

职工编号	姓 名	性 别	工作部门	基本工资/元
001	汪洋	男	事业部	3 000
002	陈丹	女	销售部	3 000
003	李可	男	业务部	2 000

关系式数据库必须满足以下几个基本条件。

(1) 表中每一列必须是最基本的数据项，不能再分解。

(2) 表中每一列必须是相同的数据类型。

(3) 表中每一列的字段不能重复。

(4) 表中每一条记录的内容不能完全相同。

(5) 表中行与列的顺序不影响表中的数据。

6.4.2 数据库系统的基本组成

数据库系统一般由硬件、软件、数据库和人员构成。下面分别介绍这几个部分的内容。

1. 硬件平台及数据库

由于数据库系统数据量都很大，加之 DBMS 丰富的功能使得自身的规模也很大，因此整个数据库系统对硬件资源提出了较高的要求，这些要求如下。

(1) 有足够大的内存存放操作系统、DBMS 的核心模块、数据缓冲区和应用程序。

(2) 有足够大的磁盘等直接存取设备存放数据库，有足够的磁带(或微机软盘)作数作备份。

(3) 要求系统有较高的通道能力，以提高数据传送率。

2. 软件

数据库系统主要包括以下软件。

(1) DBMS。DBMS 是为数据库的建立、使用和维护配置的软件。

(2) 支持 DBMS 运行的操作系统。

(3) 具有与数据库接口的高级语言及其编译系统，便于开发应用程序。

(4) 以 DBMS 为核心的应用开发工具。应用开发工具是系统为应用开发人员和最终用户提供的高效率、多功能的应用生成器及第四代语言等各种软件工具。它们为数据库系统的开发和应用提供了良好的环境。

(5) 为特定应用环境开发的数据库应用系统。

3. 人员

开发、管理和使用数据库系统的人员主要是数据库管理员、系统分析员和数据库设计人员、应用程序员和用户。不同的人员涉及不同的数据抽象级别，具有不同的数据视图，如图 6.14 所示。

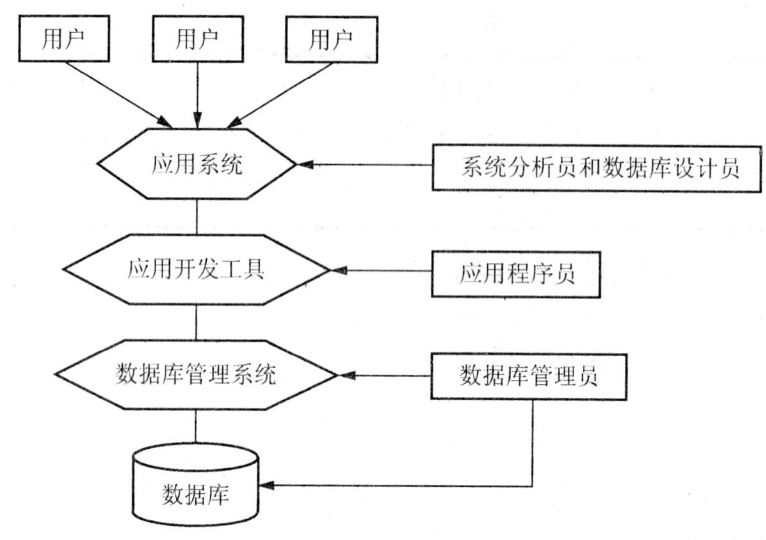

图 6.14 数据库系统组成示意

下面分别介绍各人员及其职责。

1) 数据库管理员

在数据库系统环境下，有两类共享资源。一类是数据库，另一类是 DBMS 软件。因此需要有专门的管理机构来监督和管理数据库系统。DBA 则是这个机构的一个组员，负责全面管理和控制数据库系统

2) 系统分析员和数据库设计人员

系统分析员负责应用系统的需求分析和规范说明，要和用户及 DBA 相结合，确定系统的硬件软件配置，并参与数据库系统的概要设计。

数据库设计人员负责数据库中数据的确定、数据库各级模式的设计。数据库设计人员必须参加用户需求调查和系统分析，然后进行数据库设计。在很多情况下，数据库设计人员就由 DBA 担任。

3) 应用程序员

应用程序员负责设计和编写应用系统的程序模块，并进行调试和安装。

4) 用户

这里的用户是指最终用户。最终用户通过应用系统的用户接口使用数据库。常用的接口方式有浏览器、菜单驱动、表格操作、图形显示、报表书写等，为用户提供简明直观的数据表示。

6.4.3 数据库设计

数据库设计是指根据用户的需求，在某一具体的 DBMS 上，设计数据库的结构和建立数据库的过程。一个单位有大量的信息需要存储，就要把它们存储在一个数据仓库中，而

要把数据存储在数据仓库中就需要建立一个数据库；设计一个数据库，就得了解用户的需求，就得考虑数据库效率问题，如怎样降低数据冗余度、保证数据的完整性及安全性等，尤其是对大型的数据库系统。数据库设计方法总体来说有两种：数据库逻辑设计和数据库物理设计。下面将数据库设计分为 6 个阶段分别讨论，即需求分析阶段、概念设计阶段、逻辑设计阶段、物理设计阶段、数据库实施阶段和数据库运行与维护阶段。

1. 需求分析阶段

1) 信息需求

信息需求指目标系统设计的所有实体、属性，以及实体间的联系等，包括信息的内容和性质，以及由信息需求导出的数据需求。

2) 处理需求

处理需求指为得到需要的信息而对数据进行加工处理的要求，包括处理描述，发生的频度、响应时间及安全保密要求等。进行数据库设计首先必须准确了解与分析用户需求。需求分析是整个设计过程的基础，是最困难、最耗费时间的一步。作为地基的需求分析是否做得充分，决定了在其上构建数据库大厦的速度与质量。需求分析做得不好，甚至会导致整个数据库设计返工重做。

3) 需求任务分析

需求分析的任务是通过详细调查现实世界要处理的对象(组织、部门、企业等)，充分了解原系统(手工系统或计算机系统)的工作概况，明确用户的各种需求，然后在此基础上确定新系统的功能。新系统必须充分考虑今后可能的扩充和改变，不能仅仅按当前应用需求来设计数据库。

4) 需求分析的方法

通过调查了解用户需求之后，需要进一步分析和表达用户的需求。分析和表达用户需求的方法主要包括自顶向下和自底向上两类方法。

2. 概念设计阶段

将需求分析得到的用户需求抽象为信息结构即概念模型的过程就是概念结构设计。概念结构是对现实世界的一种抽象，即对实际的人、物、事和概念进行人为处理，抽取人们关心的共同特性，忽略非本质的细节，并把这些特性用各种概念精确地加以描述。

概念结构独立于数据库逻辑结构，也独立于支持数据库的 DBMS，它是现实世界与机器世界的中介，它一方面能够充分反映现实世界，包括实体和实体之间的联系，同时又易于向关系、网状、层次等各种数据模型转换。它是现实世界的一个真实模型，易于理解，便于和不熟悉计算机的用户交换意见，使用户易于参与，当现实世界需求改变时，概念结构又可以很容易地做相应调整。因此，概念结构设计是整个数据库设计的关键所在。

设计概念结构通常有 4 类方法。

(1) 自顶向下：首先定义全局概念结构的框架，然后逐步细化。

(2) 自底向上：首先定义各局部应用的概念结构然后将它们集成起来，得到全局概念结构。这是最经常采用的策略方法，即先自顶向下地进行需求分析，然后再自底向上地设计概念结构。

(3) 逐步扩张：首先定义最重要的核心概念结构，然后向外扩充，以滚雪球的方式逐步生成其他概念结构，直至总体概念结构。

(4) 混合策略：将自顶向下和自底向上相结合，用自顶向下策略设计一个全局概念结构的框架，以它为骨架集成由自底向上策略中设计的各局部概念结构。

3. 逻辑设计阶段

设计逻辑结构应该选择最适于描述与表达相应概念结构的数据模型，然后选择最合适的 DBMS。设计逻辑结构时一般要分 3 步进行：将概念结构转换为一般的关系、网状、层次模型；将转化来的关系、网状、层次模型向特定 DBMS 支持下的数据模型转换；对数据模型进行优化。

关系模型的逻辑结构是一组关系模式的集合，而 E-R 图则是由实体、实体的属性和实体之间的联系 3 个要素组成的，所以将 E-R 图转换为关系模型实际上就是要将实体、实体的属性和实体之间的联系转化为关系模式，这种转换一般遵循以下原则。

(1) 一个实体型转换为一个关系模式。实体的属性就是关系的属性。实体的码就是关系的码。

(2) 一个 $m:n$ 联系转换为一个关系模式。与该联系相连的各实体的码及联系本身的属性均转换为关系的属性，而关系的码为各实体码的组合。

(3) 一个 $1:n$ 联系可以转换为一个独立的关系模式，也可以与 n 端对应的关系模式合并。如果转换为一个独立的关系模式，则与该联系相连的各实体的码及联系本身的属性均转换为关系的属性，而关系的码为 n 端实体的码。

(4) 一个 $1:1$ 联系可以转换为一个独立的关系模式，也可以与任意一端对应的关系模式合并。如果转换为一个独立的关系模式，则与该联系相连的各实体的码及联系本身的属性均转换为关系的属性，每个实体的码均是该关系的候选码。如果与某一端对应的关系模式合并，则需要在该关系模式的属性中加入另一个关系模式的码和联系本身的属性。

(5) 3 个或 3 个以上实体间的一个多元联系转换为一个关系模式。与该多元联系相连的各实体的码及联系本身的属性均转换为关系的属性，而关系的码为各实体码的组合。

(6) 同一实体集的实体间的联系，即自联系，也可按上述 $1:1$、$1:n$ 和 $m:n$ 三种情况分别处理。

4. 物理设计阶段

物理设计阶段分为两个部分：物理数据库结构的选择和逻辑设计中程序模块说明的精确化。

数据库最终是要存储在物理设备上的，为一个给定的逻辑数据模型选取一个最适合应用环境的物理结构(存储结构与存取方法)的过程，就是数据库的物理设计。物理结构依赖于给定的 DBMS 和硬件系统，因此设计人员必须充分了解所用 DBMS 的内部特征，特别是存储结构和存取方法；充分了解应用环境，特别是应用环境的处理频率和响应时间要求；以及充分了解外存设备的特性。

5. 数据库实施阶段

数据库的实施阶段是根据物理设计的结果产生的一个具体的数据库和它的应用程序，并把原始数据装入数据库。实施阶段主要有 3 项工作。

(1) 建立实际数据库结构。

(2) 装入试验数据对应用程序进行调试。

(3) 装入实际数据。

在数据库实施阶段，设计人员运用DBMS提供的数据语言及其宿主语言，根据逻辑设计和物理设计的结果建立数据库，编制与调试应用程序，组织数据入库，并进行试运行。

6. 数据库运行与维护阶段

数据库系统的正式运行，标志着数据库设计与应用开发工作的结束和维护阶段的开始。运行和维护阶段的主要任务有以下4项。

(1) 维护数据库的安全性与完整性。

(2) 监测并改善数据库运行性能。

(3) 根据用户要求对数据库现有功能进行扩充。

(4) 及时改正运行中发现的系统错误。

数据库应用系统经过试运行后即可投入正式运行。在数据库系统运行过程中必须不断地对其进行评价、调整与修改。

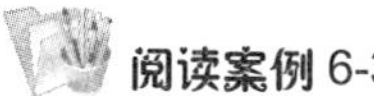
阅读案例6-3

天津港物流信息平台建设

天津港作为打造北方国际航运中心和国际物流中心的核心载体，是世界十强港口之一。区域合作的增强、经济发展的互动、建设国际物流中心的目标要求天津港的现代物流信息化建设必须向最高层次的物流中心边进，坚持用信息技术、网络技术促进港口现代化管理，提高港口的综合能力和国际、国内竞争能力，构建融商流、物流、信息流、资金流的流通功能为一体，并配备高效、便捷、完善服务的现代MIS。

目前，天津港已建成内部的信息化办公系统，可进行快速统计、库场图形化、GPS／GIS定位；EDI中心，可与船代、船公司、码头和海关、商检等政府监管部门进行数据交换；外部的门户网站，可以进行信息发布、宣传，以及各种港口业务信息查询。

但是，天津港港口物流服务尚处于发展初期阶段，还缺乏能适应航运交易、货品交易、金融结算、数据传输、文件传送等社会化信息服务要求的信息网络；缺乏具有较强组织协调能力和相当服务规模的经营主体及大规模、集中发展相关物流业的合理空间；现有相关系统功能单一、规模偏小、服务层次较低，系统化的物流服务能力欠缺。

根据天津港、保税区和电子口岸等物流基地建设及其外部信息交换服务的需要，运用先进的现代物流技术，优化和整合港口、船公司、箱站、外理、船代、检验检疫局、海关、海事局等用户的信息资源，为用户提供信息互动和信息共享的公共应用平台，即天津港数字物流信息系统，以实现电子报关、网上托管、国际中转审批等一系列功能。天津港现代物流信息平台的建设已成当务之急。

(资料来源：http://www.chinatat.com/new/174_202/2010_5_7_su93834759441750102304 38.shtml)

6.4.4 数据仓库

数据仓库是一个面向主题的、集成的、非易失的且随时间变化的数据集合，用来支持管理人员的决策。

由上述数据仓库的定义可以看出，数据仓库具有以下特点。

(1) 数据仓库是面向主题的，即数据仓库中的数据是按照一定的主题域进行组织的。

(2) 数据仓库是集成的。数据仓库中的数据来自于分散的操作型数据，企业将所需数据从原来的数据中抽取出来，对其进行加工与集成、统一与综合之后才能录入数据仓库。

(3) 数据仓库是不可更新的。数据仓库主要是为决策分析提供数据，所涉及的操作主要是数据的查询。

(4) 数据仓库是随时间变化的。数据仓库中主要存储历史数据，因此，随着时间的变化，数据仓库也会有变化的。

知识链接

数据库与数据仓库主要具有以下区别。

(1) 数据库是面向事物设计的，而数据仓库是面向主题设计的。

(2) 数据库一般存储在线交易数据，而数据仓库存储的一般是历史数据。

(3) 数据库设计时尽量避免冗余，一般采用符合范式的规则来设计，而数据仓库在设计时有意引入冗余，采用反范式的方式来设计。

(4) 数据库是为捕获数据而设计，而数据仓库是为分析数据而设计。

本 章 小 结

物流信息化及物流信息网络的建设是国家重点支持和大力发展的物流行业建设项目。通过建设现代物流信息网络，使得物流系统更协调、更高效地运行，保证了物流系统中信息的畅通及共享。网络技术在物流行业应用的前提是了解物流信息网络区别于其他信息网络的特点，了解组建物流信息网络的计算机网络基础知识，以及物流信息网络的发展现状及发展趋势。

物流企业内部信息网络是企业利用网络技术和通信技术将各部门的计算机、网络互连设备及传输介质进行互连，以实现企业各部门内部及部门之间的数据通信及资源共享。基于 Internet/Intranet 的网络结构及基于网格的网络结构是构建物流信息网络最常用的两种体系结构。网格技术与物流信息网络的融合，改善了传统的物流信息网络体系结构的构建理念，被越来越多的网络化物流信息系统和信息平台广泛采用。

数据库是长期保存在计算机的存储设备上，并按照某种模型组织起来的，可以被各种用户共享的数据集合。数据库的基本类型包括层次式数据库、网状式数据库和关系式数据库。数据库系统一般由数据库、DBMS(及其开发工具)、应用系统、数据库管理员和用户构成。数据库的设计分为 6 个阶段，即需求分析阶段、概念设计阶段、逻辑设计阶段、物理设计阶段、数据库实施阶段和数据库运行与维护阶段。数据仓库是一个面向主题的、集成的、非易失的且随时间变化的数据集合，用来支持管理人员的决策。

关键术语

计算机网络　网络协议　OSI 参考模型　TCP/IP 参考模型　物流信息网络
网格技术　物流信息网络体系结构　物流企业内部网络　数据库　数据仓库

习 题

1. 选择题

(1) 计算机网络的硬件系统主要包括______、工作站、网卡和连接线。

A．服务器 B．路由器 C．集线器 D．交换机

(2) 目前互联网中普遍采用的是______协议簇。

A．OSI B．TCP/IP C．IPX D．PPP

(3) 计算机网络体系结构是______和协议的集合。

A．参考模型 B．接口 C．层 D．操作系统

(4) TCP/IP 参考模型共______层。

A．7 B．6 C．5 D．4

(5) 五层沙漏结构是一种早期的抽象层次结构，它是以______为中心，强调其在网格的资源共享和互操作中的地位。

A．层次 B．协议 C．服务 D．功能

(6) 总线型拓扑结构网络通常采用______协议来解决传输介质的冲突问题。

A．CSMA/CD B．SMTP C．HDLC D．PPP

(7) 数据库系统的特点是______、数据独立、减少数据冗余、避免数据不一致和加强了数据保护。

A．数据共享 B．数据存储 C．数据应用 D．数据保密

(8) 数据库系统的最大特点是______。

A．数据的三级抽象和二级独立性 B．数据共享性

C．数据的结构化 D．数据独立性

2. 简答题

(1) 什么是计算机网络？它有哪些类型？

(2) 简述 OSI 模型和 TCP/IP 模型的异同点。

(3) 常见的物流信息网络体系结构有哪两种？

(4) 简述网格技术的概念及与物流信息网络的关系。

(5) 组建物流信息网络有哪几种常用的网络拓扑结构？

(6) 数据库系统的基本组成有哪些？

(7) 数据库设计的步骤有哪些？

(8) 什么是数据仓库？它有哪些特点？

3. 判断题

(1) 计算机网络体系结构是层和协议的集合。 ( )

(2) 在 C/S 网络中，服务器是网络的基础，而客户机是网络的核心。 ( )

(3) 根据网络的通信方式可分为电路交换网和报文交换网。 ( )

(4) 物流信息网络主要包括物流信息资源网络、物流信息通信网络和计算机网络 3 方面内容。 (　　)

(5) TCP/IP 参考模型共有 7 层。 (　　)

(6) 物流信息网络设计的完整性原则就是根据企业物流管理的实际需要，使开发的系统能全面、完整覆盖物流管理的信息化要求。 (　　)

(7) 环型拓扑结构网络一般采用双绞线作为主干线传输介质。 (　　)

(8) 对数据库的管理主要包括建立和删除数据文件、检索、统计、修改和组织数据库中的数据等。 (　　)

4. 思考题

(1) 基于网格的五层沙漏模型与传统的 TCP/IP 模型有哪些异同点？

(2) 通过建设物流信息网络给企业带来了哪些好处？

(3) 试述概念数据库设计的任务和目标。

案例分析

沃尔沃集团的物流信息化

瑞典的沃尔沃集团曾有这样的苦恼，由于生产与物流环节不畅，因此出现了多年库存积压的现象。近年来，由于引入信息化管理手段，建立了一个全新的 MIS，沃尔沃集团将过去的“缺陷”变成了“特长”。

1. 自己度身定制电子系统

在新物流构架的建造过程中，沃尔沃集团体现了“说得不多，听得多，做得更多”的特点，他们在专心致志地倾听物流专家高谈阔论之余，潜心研究本集团的汽车生产和销售全过程，竭尽全力把物流专家提出的精辟理论和研究结论，按照自己的计划付诸物流实践中。

经过认真的市场调查和专家咨询以后，沃尔沃集团下属的沃尔沃物流公司拨出巨额投资，推出了专门为出口物流提供合作物流操作的全新物流电子信息系统，把汽车制造、零售商、汽车部件生产商、承包商、托运人、承运人和运输公司全部联结在一起。这套系统于 2001 年年初正式引进，同年 10 月份在沃尔沃集团全面推广。这一招非常精明，因为沃尔沃物流公司看到，汽车全球物流运作过程中大量的原材料、半成品、零部件和产成品均承受沉重的费用负担，大幅度降低成本是当务之急。同时客户对汽车物流提出越来越高的标准，迫切要求供应商随时提供有关订货情况和所需货物的实时信息。解决这些问题的关键因素，就在于提供实物分销或者供应运作的信息，还有就是传递这种信息的能力。

目前全球物流管理信息正在替代实物资源，成为物流经济活动的重要资源，世界上的著名汽车生产厂商越来越重视数据处理、信息系统，并开始积极地在通信基础设施上进行投资。沃尔沃物流公司看到了这个趋势。沃尔沃物流公司的配送应用信息系统 A4D 是一种全新的，覆盖面非常广的出口物流信息系统网站，从汽车生产流水线车间到交货地点，出口链上的所有部门和外商合伙人都能访问该网站的电子商贸平台，确保供应链的透明度。这套配送技术应用信息网络系统，是沃尔沃集团自己设计开发的。沃尔沃物流公司发现，用于汽车内销的软件在外面市场上容易找到，而专门用于汽车外销的电子信息系统软件则找不到，他们曾经试过与汽车外销物流要求类似的水果外销行业的网络软件，以及更加先进的自动化行业应用的信息系统软件，但是效果都不够理想，最后他们只好自己设计研制。

2. 解决方案——保持与客户从头到尾的紧密联系

汽车的订货与供货是一个庞大的物流过程，提供一个从头到尾与客户保持紧密联系的解决方案，是提高物流效率的必要手段。通过 A4D 信息系统和数字交换系统，沃尔沃物流公司不仅要与新老客户保持密切的联系，而且还要提供沃尔沃汽车从订货到交货的一条龙服务。

在通常情况下，一些大型的汽车制造厂商会专门设立负责听取消费者投诉和提供售后服务的客户服务部，或者信息技术部门，但是沃尔沃集团自从推出 A4D 信息网络和数字交换系统以后，所有的售后服务和消费者投诉的受理全部由网络信息系统解决，因为沃尔沃物流公司配送中心的总经理就是负责网络电子商贸应用系统的兼职总经理，消费者的投诉信息一到他的手里，他就立即着手处理，从而让消费者得到最快的回应。

沃尔沃物流公司目前使用的 A4D 电子信息系统的商贸平台，是全球汽车制造行业中的第一台，该电子信息系统主要具有以下性能。

(1) 确保向消费者提供精确的交货信息。

(2) 缩短汽车从订货到交货的时间。

(3) 为客户提供灵活、优先和便捷的交易操作。

(4) 能够同时进行沃尔沃品牌及其他汽车品牌的交易。

(5) 降低管理成本、产品库存量和经营成本。

(6) 明确显示产品的详细情况，包括开始生产、完成生产和从订货到交货的时间，物流配送操作和周边成本，以及交货时汽车的质量。

(7) 及时参与新产品的物流规划。

例如，当沃尔沃汽车生产厂商设计出一种全新型号的沃尔沃汽车车身产品时，沃尔沃物流公司立即着手为这一新型沃尔沃汽车提前安排物流操作计划和运输规格。这方面的工作全部由沃尔沃物流公司完成。现在汽车消费者的主要注意点已经不在交货时间上，而是落在交货质量和汽车的销售成本上，对于汽车产品进行全程监视的 A4D 电子信息系统，可以有效地解决这个问题。通过 EDI 或者通过 A4D 系统互联网，可以对每辆汽车进行跟踪和监督，取得有关数据。这一套系统可以实际应用到客户订货合同中规定的每一项细节，把生产厂商提供的产品、客户的订货和市场销售系统有机地结合起来，使得汽车零售商能够通过 A4D 系统互联网络，清楚地了解新型汽车产品的信息。

与此同时，沃尔沃集团的配送系统随时向承运人和其他有关运输公司提供信息。每当汽车零售商把客户的订单输入信息系统后，A4D 网络系统立即开始计算出“交货许诺”，根据这个“许诺”，有关汽车从生产、装配、包装、运输一直到交货的每一步都可以安排好。沃尔沃集团在 A4D 信息系统中设立的“前期程序”，把订单上每一辆汽车从生产点到交货点的路线都编制成信息，再把信息发给零售商或者销售商。如果有必要，该信息系统会自动调整交货时间。总而言之，沃尔沃物流公司通过网络与多家承运人保持密切的联系，具有多种运输方式可供选择，有足够的能力优化组织交货。

由于现在沃尔沃集团基本上都由网络信息系统指导，以产定销，包括生产的汽车数量、型号、内部装饰、配件，过去曾有过的库存积压的现象已经不复存在。在过去的几年中，沃尔沃物流公司在联合承包和提供物流等方面积极发展与其他汽车生产厂商的合作，如美国的福特汽车公司、日本的陆虎(兰德罗孚)汽车公司、法国雷诺汽车公司和美国的麦克货车有限公司。但是沃尔沃物流公司本身并不拥有对外运输的承运工具，所有的对外运输车辆全部是租用的。因此，沃尔沃物流公司必须通过签订协议和合同，与远洋承运人的货运代理和其他运输公司的物流部门和运输部门保持密切的业务联系，随时通过他们提供的运输服务，把出厂的沃尔沃汽车送到每一个汽车销售点。信息化的物流管理系统，无疑为沃尔沃集团良好监控与合作伙伴的业务联系，提供了良好的基础。

(资料来源：中国信息主管网. http://www.cio360.net/show-126-78100-2.html.)

讨论题

(1) 本案例介绍的沃尔沃集团物流信息平台的主要特点有哪些？

(2) 试分析沃尔沃集团物流运作与其他企业的物流有哪些异同点。

(3) 谈谈本案例对其他企业的物流信息化带来哪些启示。

第7章 物流EDI技术

【本章教学要点】

知识要点	掌握程度	相关知识	应用方向
EDI的定义和特点	掌握	传统EDI的定义；物流EDI的定义；EDI的特点	EDI的基本概念、特点和数据标准，为物流EDI系统的构建打下基础
EDI的分类与作用	熟悉	根据系统功能和EDI的不同发展特点和运作层次对EDI进行分类；EDI在企业中的作用	
EDI数据标准	熟悉	EDI数据标准的形成；UN/EDIFACT标准的规则及构成要素	
EDI的应用现状	了解	EDI的发展简史及EDI在我国的应用情况；企业应用EDI的意义	
EDI的应用领域	了解	EDI主要应用在哪些领域；EDI在物流领域有哪些应用	
EDI系统构成要素	熟悉	EDI技术标准、EDI技术软件及硬件、EDI技术通信网络	EDI系统结构和工作原理介绍，用于EDI系统及物流EDI系统的构建
EDI系统特点与结构	熟悉	利用计算机与通信网络来完成标准格式的数据传输；5个模块	
EDI系统的工作原理	掌握	EDI的工作方式、通信方式；EDI的工作流程	
物流EDI系统	重点掌握	EDI在物流企业的应用；传统物流配送方式与应用EDI技术的物流配送方式的比较；物流EDI的工作过程、构建技术及物流企业EDI模型	

导入案例

美的集团EDI技术的应用

创业于1968年的美的集团(以下简称美的)，是一家以家电业为主，涉足房产、物流等领域的大型综合性现代化企业集团，旗下拥有4家上市公司、四大产业集团，是中国最具规模的白色家电生产基地和出口基地之一。目前，美的有员工20万人，拥有十余个品牌，拥有中国最大最完整的小家电产品群和厨房家电产品群，同时产业拓展至房产、物流及金融领域。美的在全球设有60多个海外分支机构，产品销往200多个国家和地区，年均增长速度超过30%。2010年，美的整体实现销售收入达1 150亿元，其中出口额50.8亿美元，名列中国企业100强。

随着自身业务在全球范围内的不断扩大，美的已经形成了一个覆盖全球，从生产制造、供应商、物流、渠道到客户的庞大企业供应链群。2010年，美的制定“十二五”发展规划，定下了5年内进入世界500强，成为全球白色家电前三位的具备全球竞争力的国际化企业集团的发展目标。美的意识到，当前的市场竞争已经由企业与企业之间的竞争变为供应链与供应链之间的竞争，要实现既定目标，成为一个屹立全球市场的企业，就必须要进一步联合上下游的业务伙伴，紧密合作关系，加强供应链一体化管理，共同增强整条供应链的竞争力，实现“敏捷供应链”。

敏捷供应链的第一步，便是提升供应链成员在业务合作中大量信息交换的速度和准确性，这将直接影响到整个供应链的运作效率。美的的供应链伙伴群体十分庞大，上下游企业和合作伙伴众多，每年需要交换大量的单据。

之前，美的是采用人工的方式实现对大量业务单据的接收、处理和发送，需要花费较长时间来完成单据的处理；同时，人工处理方式难免发生错误。为了满足美的与供应链合作伙伴之间的实时、安全、高效和准确的业务单据交互，提高供应链的运作效率，降低运营成本，美的迫切需要利用提供企业级(B2B)数据自动化交互和传输技术，即EDI方案来解决这个问题。

在选型的时候，美的着重EDI解决方案具有以下特性。

(1) 美的供应链内众多的合作伙伴，包括供应商、物流商、渠道商、银行和保险机构等都有自己的业务数据标准和传输协议，同时，美的内部各子应用系统也有各自的数据标准，因此EDI平台方案必须具备强大的数据处理能力，能够将各类异构数据迅速转换为标准EDI报文，同时还要具备支持多种传输协议的能力。

(2) EDI平台作为连接美的与众多合作伙伴的中间平台，是双方进行业务数据集成和交互的核心，处理速度直接影响到业务流程的效率，因此需要具备数据快速处理和传输能力。同时，整个处理和传输过程应该完全自动化而无须人工干涉。

(3) 随着业务不断发展，美的供应链内的合作伙伴、业务流程、数据标准会发生相应的变动，因此EDI平台方案必须具备良好的柔韧性，以迅速适应业务需求的变更和拓展。

经过反复的筛选和比较，美的最终选择业界领先的SCM解决方案提供商SinoServices(厦门锐特信息技术有限公司)为其提供EDI解决方案和技术支持。SinoServices提供了SinoEDI企业级数据整合解决方案，主要的功能模块包括：集成服务器(业务流程引擎)、网关、映射转换、数据流管理(数据的路由、数据监控管理等)、EDI组件(支持ANSIX.12及UN/EDIFACT标准之组件)、适配器。

SinoEDI企业级数据整合解决方案支持各类传输协议、加密算法，同时也是一款性能非常优异的数据处理平台，支持任意数据格式之间的转换，数据流程可灵活定制，路由功能强大，且具备各类适配器与后台系统、数据源的集成。开发、部署由图形化的统一开发平台来完成，简单易用。它具备以下优点。

(1) 高度灵活、反应敏捷，可高效、快速地适应业务需求的变化。不管是有新的合作伙伴的加入，还是有新的数据格式，EDI平台都可在不影响现有平台运行的情况下，快速接入新合作伙伴，增加新的数据格式，且平台架构不会发生任何大的变化。

(2) 支持任何数据格式，如EDIFACT、ANSIX12、RosettaNet、XML、IDOC、FlatFile等。强大的EDI引擎可支持各个时期各个版本的EDI标准。

(3) 安全、高效、统一的B2B传输网关。B2B传输网关不仅提供了一个B2B传输的统一接入点，便于管理，具备强大的合作伙伴管理(TPM)功能；同时，保证所有通过网关的数据都能安全发送与接收，提供多层次的安全防护，包括协议安全策略、SSL/TLS策略等。

(4) 强大的数据并发及处理能力。EDI平台独特的设计，具备高效的数据处理能力，性能极其出色。

(5) 实现与后台各种系统无缝集成。例如，SAP、IBMMQ、J2EE应用、数据库等都有相应的直连接口，便于美的内部各业务系统与EDI平台的高度集成。

利用SinoEDI企业级数据整合解决方案，美的和各业务伙伴之间大量的数据和业务表单往来便可实现完全的自动化传输和识别，而不受各类数据源的结构和传输协议的影响。

2009年11月4日，美的和SinoServices成立了由双方专家组成的项目实施小组，宣布EDI项目正式启动。在项目实施过程中，首先进行EDI平台及对各种网络系统、数据备份、防火墙、入侵检测等运行环境进行部署、调试。同时SinoServices深入到美的业务系统应用的各部门中去，对实际工作业务流程等进行深层次的调研，并结合美的合作伙伴的业务和操作流程进行全面的分析。然后在调研的基础上，立即着手进行EDI平台上的设计和开发，围绕所确定的业务范畴中的流程与数据的调研分析，按照产品线和业务类型的划分，分析企业数据流需求和详细的各类业务数据需求，在此基础上提交了整体项目分析和设计文档。同时，SinoServices对美的业务人员进行EDI操作流程培训，对美的EDI平台管理人员分阶段进行了平台管理和监控方面的培训。

2010年2月3日，是美的EDI项目的重要日子，在这一天，伊莱克斯股份有限公司(Electrolux，以下简称伊莱克斯)作为美的第一家EDI对接合作伙伴，成功上线运行，实现了双方出货通知、发票等的自动化EDI流程。2010年11月4日，北滘码头成功上线运行，实现了美的与北滘码头的订舱确认、调柜指令等的自动化EDI流程。2011年5月4日，美的与中国出口信用保险公司(以下简称中信保)EDI对接成功，双方实现了费率同步、OA限额申请、LC限额申请、出运申报、出运反馈、收汇反馈等业务数据的交互。这一系列项目的上线，大大提高了美的和伙伴双方业务贸易的效率，减少了人工干预的工作量。

美的的EDI已成功运转了一年多，先后接入伊莱克斯、北滘码头、中信保等业务合作伙伴，美的已经明显感到集成、开放、灵活的EDI应用所带来的效益。

首先，美的与业务伙伴之间的数据交互由过去的人工方式转变为完全的自动化，极大地提升了供应链的工作效率。以前的人工处理方式需要从美的的各个业务子系统如ERP、CRM等提取出相关数据，再人工转换成合作伙伴所需要的单据格式，通过邮件、传真、电话等方式向相应的接收方发送(人工转换的过程可在美的或合作伙伴方进行)。同样地，当从合作伙伴处接收到各类异构形态的单据之后，要通过人工方式识别、读取，并录入到相应的子系统中。现在，这个工作流程变为EDI平台自动接收各子系统发出的数据，再自动转换成标准EDI报文(或者合作伙伴系统能够直接识别的数据格式)，再自动传输给接收方，整个过程无须人工干预，极大地提升了工作效率。

其次，实施EDI平台方案后，美的大大加快了业务处理速度并且降低了人工处理方式下的相关成本。

再次，由于实行了无纸化和全自动操作，大大降低了人工处理过程中由于人为操作、纸张丢失等造成的出错率，基本实现了无错化处理。

EDI在欧美发达国家已经得到了广泛的应用，我国的企业在加入全球供应链、为全球市场提供产品和服务的同时，往往会遇到来自国外客户的压力，尤其是大量的中小企业，正面临着减少订单甚至被排除在供应链一体化之外的风险。SinoServices的SinoEDI企业级数据整合解决方案为企业实施的应用结果表明，EDI技术可以提高数据处理速度、准确性和安全性，降低成本，改善经营状况，提高顾客服务水平，从而大大增强企业的竞争优势。目前几乎所有的SCM的运作方法如QR、高效客户反应(ECR)

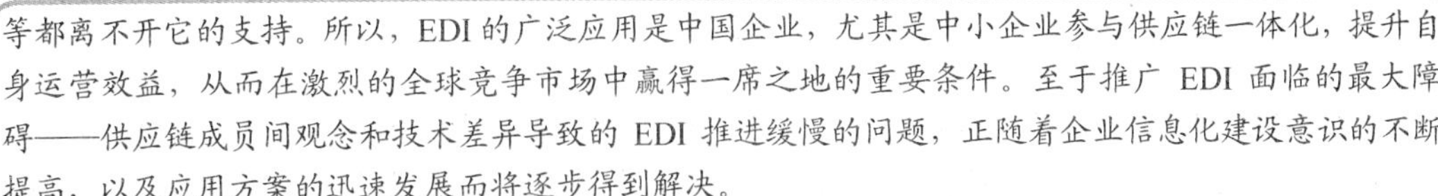

等都离不开它的支持。所以，EDI 的广泛应用是中国企业，尤其是中小企业参与供应链一体化，提升自身运营效益，从而在激烈的全球竞争市场中赢得一席之地的重要条件。至于推广 EDI 面临的最大障碍——供应链成员间观念和技术差异导致的 EDI 推进缓慢的问题，正随着企业信息化建设意识的不断提高，以及应用方案的迅速发展而将逐步得到解决。

(资料来源：中国物流与采购网. http://www.chinawuliu.com.cn/xsyj/201202/09/177882.shtml.)

讨论题

(1) 美的为什么迫切需要 EDI 技术？该 EDI 解决方案应该具有什么能力？

(2) 美的为什么最终选择 SinoServices 为其提供 EDI 解决方案和技术支持？

(3) 通过对该案例的分析，简述引入 EDI 后给美的带来了哪些好处。

随着电子商务及计算机网络技术的发展，越来越多的物流企业利用电子化的手段，尤其是利用互联网等通信载体来完成物流全过程的协调、控制和管理。在实际应用中，从使用户了解企业的产品，到在线交易过程中的合同、协议、订单、支付等过程，大量的数据和信息需要在企业、用户、金融机构等实体间进行多次交互流动。而 EDI 系统的引入实现了从网络前端到终端客户涉及所有中间过程的电子化数据交换服务。EDI 技术的普及和应用使企业降低了物流成本，改善了内部管理和操作并提高了人员的工作效率，从而有效地提高了企业在国际市场上的竞争能力。

7.1　EDI 技术概述

7.1.1　EDI 的定义与特点

1. 传统 EDI 的定义

EDI 是 20 世纪 80 年代发展起来的一种新颖的电子化贸易工具，是计算机、通信和现代管理技术相结合的产物。ISO 将 EDI 描述成“将贸易(商业)或行政事务处理按照一个公认的标准变成结构化的事务处理或信息数据格式，从计算机到计算机的电子传输”。而 ITU-T(International Telecommunication Union-Telecommunication Standardization Sector，国际电信联盟-电信标准化部门)将 EDI 定义为“从计算机到计算机之间的结构化的事务数据互换”。由于使用 EDI 可以减少甚至消除贸易过程中的纸面文件，因此 EDI 又被人们通俗地称为“无纸贸易”。实际上，EDI 的应用并不局限于贸易领域，还广泛应用于其他领域，如医院中的信息交流也已采用 EDI 的思想和方法，并在国外得到了实际应用。

简单来说，EDI 就是供应商、零售商、制造商和客户等在其各自的应用系统之间利用 EDI 技术，通过公共 EDI 网络，自动交换和处理商业单证的过程。EDI 是近年来出现的利用计算机进行商务处理的新方法，它将贸易、运输、保险、银行和海关等行业的信息，用一种国际公认的标准格式，通过计算机通信网络在各有关部门、公司与企业之间进行数据交换与处理，并完成以贸易为中心的全部业务过程。需要强调的是，EDI 不是用户之间简单的数据交换，EDI 用户需要按照国际通用的消息格式发送信息，接收方也需要按国际统一规定的语法规则，对消息进行处理，并和其他相关系统的 EDI 系统进行综合处理。整个过程都是自动完成的，无需人工干预，减少了数据传输中可能会出现的差错，提高了工作效率。

2. 物流EDI的定义

所谓物流EDI是指货主、承运业主及其他相关的单位之间，通过EDI系统进行物流数据交换，并以此为基础实施物流作业活动的方法。物流EDI参与单位有发送货物业主(如生产厂家、贸易商、批发商、零售商等)、承运业主(如独立的物流承运企业等)、实际运送货物的交通运输企业(如铁路企业、水运企业、航空企业、公路运输企业等)、协助单位(如政府有关部门、金融企业等)和其他的物流相关单位。

下面通过一个实例来说明EDI在企业物流系统中的应用，如图7.1所示。某企业采用EDI系统后，通过计算机通信网络接收到来自用户的一笔EDI方式的订货单，企业的EDI系统随即检查订货单是否符合要求和工厂是否接收订货，然后向用户回送确认信息。企业的EDI系统根据订货单的要求检查库存，如果需要则向相关的零部件和配套设备厂商发出EDI订货单；向铁路、海运、航空等部门预订车辆、舱位和集装箱；以EDI方式与保险公司和海关联系，申请保险手续和办理出口手续；向用户开EDI发票；同银行以EDI方式结算账目等。从订货、库存检查与零部件订货，办理相关手续及签发发货票等全部过程都由计算机自动完成，既快速又准确。

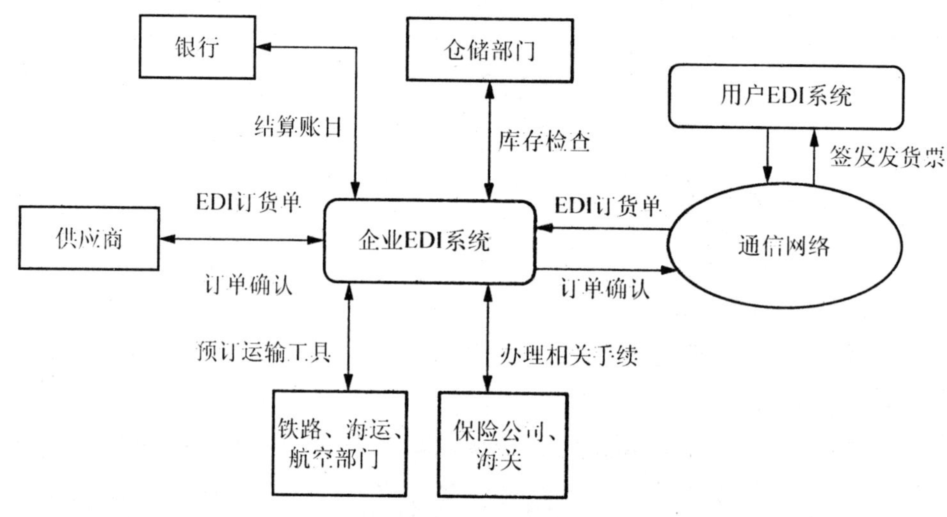

图7.1 企业应用EDI系统实例

3. EDI的特点

EDI作为一种全球性的电子化贸易手段，具有以下显著的特点。

1) 单证格式化

EDI传输的是格式化的数据，如订购单、报价单、发票、货运单、装箱单、报关单等，这些信息都具有固定的格式与行业通用性，而信件、公函等非格式化的文件不属于EDI处理的范畴。

2) 报文标准化

EDI传输的报文符合国际标准或行业标准，这是计算机能自动处理的前提条件。目前，应用最为广泛的EDI标准是UN/EDIFACT(Electronic Data Interchange For Administration, Commerce and Transport，联合国标准EDI规则适用于行政管理、商贸和交通运输)和ANSI X.12(由美国国家标准化协会特命标准化委员会第12工作组制定)。

知识链接

报文是网络中交换与传输的数据单元。

3) 处理自动化

EDI 信息的传递路径是从计算机到数据通信网络，再到商业伙伴的计算机。信息最终被传递到计算机应用系统，它可以自动处理 EDI 系统传递的信息。因此，EDI 是一种机—机模式或应用—应用模式的数据交换技术，不需人工干预。

4) 软件结构化

EDI 功能软件由 5 个模块组成，即用户接口模块、报文生成及处理模块、格式转换模块、通信模块和内部接口模块。这 5 个模块功能分明、结构清晰，形成了较为成熟的 EDI 商业化软件。

5) 运作规范化

任何一个成熟、成功的 EDI 系统，都有相应的规范化环境作基础，如联合国国际贸易法委员会制定了《电子贸易示范法》，国际海事委员会制定了《CMI 电子提单规则》，上海市制定了《上海市国际经贸电子数据交换管理规定》等。此外，EDI 主要传递重要的业务票据或合同等，单证报文具有法律效力，这也要求其按照相关规范进行运作。

7.1.2 EDI 的分类与作用

1. EDI 的分类

从不同的角度可以对 EDI 进行不同的分类。根据系统功能可将 EDI 分为以下 4 类。

(1) 订货信息系统，是最基本、最知名的 EDI 系统。又可称为贸易数据互换系统(Trade Data Interchange，TDI)，它用电子数据文件来传输订单、发货票和各类通知。

(2) 电子金融汇兑系统(Electronic Fund Transfer，EFT)，即在银行和其他组织之间实行电子费用汇兑。EFT 已使用多年，但仍在不断地改进之中，其中最显著的改进是同订货信息系统联系起来，形成一个自动化水平更高的金融汇兑系统。

(3) 交互式应答系统(Interactive Query Response，IQR)，可应用在旅行社或航空公司作为机票预订系统。在应用这种 EDI 时，先要询问到达某一目的地的航班，要求显示航班的时间、票价或其他信息，然后根据旅客的要求确定所要的航班，打印机票。

(4) 带有图形资料自动传输的 EDI。最常见的是 CAD 图形的自动传输。例如，设计公司完成一个厂房的平面布置图，将其平面布置图传输给厂房的主人，请主人提出修改意见。一旦该设计被认可，系统将自动输出订单，发出购买建筑材料的报告。在收到这些建筑材料后，自动开出收据。例如，美国一家厨房用品制造公司 Kraft Maid 公司，在 PC 上用 CAD 软件设计厨房的平面布置图，再用 EDI 传输设计图纸、订货单证、收据等，大大提高了工作效率。

阅读案例 7-1

因赛特公司的订货信息系统

因赛特直销公司于 1987 年 10 月始建于亚利桑那州潭蓓谷市，业务范围是计算机硬件和软件的分销。公司的客户，即软件产品的最终用户平均每天发出 2 000 个订货要求。公司拥有 400 个订货终端，这使得销售员可以从公司的 5 700 件库存品中挑选需要的产品，有效地满足客户的订货需求。但是由于因赛特直销公司库存软件产品订货至交货周期相当长，销售—订货流程不够顺畅，极大地影响了公司的业务发展。为了解决这一问题，公司开发了一种可以即时地得到软件销售商的软件产品库存信息的企业间订货信息系统。该系统由企业内部系统、销售商系统和客户组成。企业可以通过 EDI 的方式和销售商之间进行订货并得到库存状况，如图 7.2 所示。该系统的使用使得因赛特直销公司的订货流程变得更加流畅，销售人员可以更清楚地掌握产品的可得性及库存地点的信息，大大提高了企业内部和企业间的运作效率。

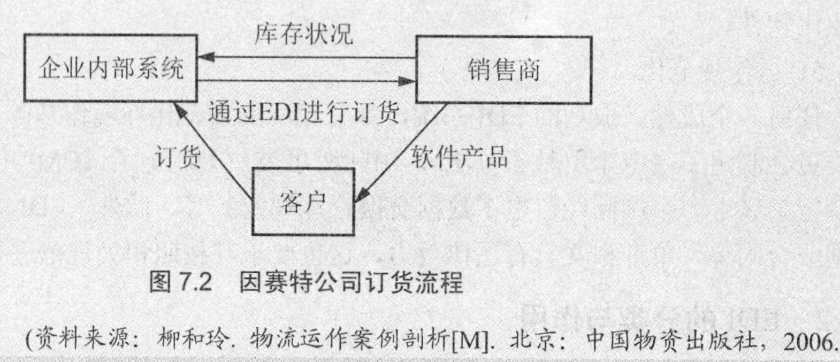

图 7.2　因赛特公司订货流程

(资料来源：柳和玲. 物流运作案例剖析[M]. 北京：中国物资出版社，2006.)

根据 EDI 的不同发展特点和运作层次，还可以将 EDI 分为封闭式 EDI、开放式 EDI 和交互式 EDI。

1) 封闭式 EDI

现行的 EDI 必须通过商业伙伴之间预先约定协议(如技术协议或法律协议)来完成。当其他贸易伙伴要加入时，也必须遵守原 EDI 参与方间所有的约定、协议和方法。由于不同行业、不同地区实施 EDI 所采用的标准和协议的内容是不同的，于是出现了大量不同结构的 EDI 系统。各个系统之间由于所采纳的标准和传输协议不同，彼此之间相对处于封闭状态，因此这种形式的 EDI 被称为封闭式 EDI。

2) 开放式 EDI

为了避免逐渐形成专用的、封闭的 EDI 孤岛式的格局，一些国际组织提出了开放式 EDI 的概念，即“使用公共的、非专用的标准，以跨时域、跨商域、跨现行技术系统和跨数据类型的交互操作性为目的的自治使用方之间的电子数据交换”。开放式 EDI 保证了 EDI 参与方对实际使用 EDI 的目标和含义有一个共同的理解，以减少乃至消除对专用协议的需求，使得任何一个参与方不需要事先安排就能与其他参与者进行 EDI 业务。

3) 交互式 EDI

传统 EDI 系统中报文发送方通过网络服务方将报文发至接收者的信箱中，接收者定期从信箱中提取报文，由于采用这种方式存在一定的时滞，因此被称为批式 EDI。由于用户对反应时间的要求越来越高，于是出现了交互式 EDI。交互式 EDI 是指在两个计算机系统之间连续不断地以询问和应答的形式，经过预定义和结构化的自动数据交换达到对不同信息的自动实时反应。这种方式可以使得用户等待应答的时间达到 1s 甚至更短。目前交互式 EDI 的研究仍处在理论和开发的初级阶段，是将来 EDI 的发展方向。

2. EDI 在企业中的作用

EDI 之所以在世界范围内得到如此迅速的发展和应用，是因为使用 EDI 有着纸面单证处理系统无法比拟的优势，能给企业用户带来实质性的好处。这些好处主要体现在以下 4 个方面。

1) 降低企业的成本

EDI 能够节省企业的成本包括减少单据处理任务和费用，减少人事的层次和更好地安排人事，减少库存和随之减少的储运费和其他成本。根据联合国组织的一次调查，进行一次进出口贸易，双方约需交换近 200 份文件和表格，其纸张、行文、打印及差错可能引起的总开销等大约为货物价格的 7%。据统计，美国通用汽车公司采用 EDI 后，每生产一辆汽车可节约成本 250 美元，按每年生成 500 万辆计算，可以产生 12.5 亿美元的经济效益。

2) 减少重复劳动，提高工作效率

如果不使用 EDI 系统，即使是高度计算机化的公司，也需要经常将外来的资料重新输入本公司的计算机。而传统的纸张单据流通过程复杂且容易出现疏漏。EDI 的使用，不仅改善了内部管理和操作，也提高了人员的工作效率。例如，一个采购部经理过去要花 80% 的时间用于纸张单据的操作，而只有 20%的时间能用于采购业务。使用 EDI 后，他可以把绝大部分时间用于真正的采购、找货源和谈判等方面。

3) 改善贸易双方关系，提高贸易效率

通过引入 EDI，厂商可以准确地估计日后商品的需求量，货运代理商可以简化大量的出口文书工作，商户可以提高存货的效率，大大提高企业的竞争能力，从而改善贸易双方的关系。另外，EDI 简化了订货或存货的过程，使双方能及时地充分利用各自的人力和物力资源，能够以更迅速有效的方式进行贸易。美国 DEC 公司(Digital Equipment Corporation，美国数字设备公司)应用了 EDI 后，存货期由 5 天缩短为 3 天，每笔订单费用从 125 美元降到 32 美元。新加坡采用 EDI 贸易网络之后，海关贸易的手续从原来的 3～4 天缩短到 10～15min。

4) 提高企业的国际市场竞争能力

在美国，EDI 得到了许多行业的欢迎和广泛应用，如汽车制造、石油和天然气、化工、铁路、仓储、海运、医药、零售等行业，一般都希望贸易伙伴采用 EDI 方式。特别是在国际物流业中，EDI 在某些行业已成为一种必备条件和行业规范。因此，EDI 可以帮助企业适应当今全球市场的需要，有效地提高企业在国际市场上的竞争能力。

7.1.3 EDI 数据标准

1. EDI 标准的形成

标准化工作是实现 EDI 互通和互连的前提和基础。自从 EDI 产生以来，其标准的国际化就成为人们日益关注的焦点之一。早期的 EDI 使用的大都是各处的行业标准，不能进行跨行业 EDI 互连，严重影响了 EDI 的效益，阻碍了全球 EDI 的发展。例如，美国就存在汽车工业的 AIAG 标准、零售业的 UCS 标准、货栈和冷冻食品贮存业的 WINS 标准等；日本有连锁店协会的 JCQ 行业标准、全国银行协会的 Aengin 标准和电子工业协会的 EIAT 标准等。

为促进 EDI 的发展，世界各国都在不遗余力地促进 EDI 标准的国际化，以求最大限度地发挥 EDI 的作用。目前，国际上通用的 EDI 标准有两个：ANSI X.12 标准和 UN/EDIFACT 标准。其中，UN/EDIFACT 已被 ISO 接收为国际标准，编号为 ISO 9735。现在，ANSIX.12 和 UN/EDIFACT 已经被合并成为一套世界通用的 EDI 标准，并得到了现行 EDI 客户的广泛认可。为了向国际标准靠拢，我国企业和政府部门大多采用的是 UN/EDIFACT 标准。目前亚太地区使用 EDI 标准的情况见表 7-1。

表 7-1　亚太地区 EDI 标准使用情况

国家或地区	使用标准	运营公司
澳大利亚	UN/EDIFACT	Paxus
新 西 兰	UN/EDIFACT	GEIS、Netway
新 加 坡	UN/EDIFACT	SNS
中国香港	UN/EDIFACT	HKT-CSL、INET、Gazatlenet
日　　本	N/A	NTT Data、NEC、AT&T 等
韩　　国	ANSI X.12	Dacom、KT-Net
中国台湾	N/A	DGT、TTN

EDI 标准包括 EDI 网络通信标准、EDI 处理标准、EDI 联系标准和 EDI 语义语法标准等，下面分别进行说明。

(1) EDI 网络通信标准是要解决 EDI 通信网络应该建立在何种通信网络协议之上，以保证各类 EDI 用户系统的互连。目前，国际上主要采用 MHX(X.400)作为 EDI 通信网络协议，以解决 EDI 的支撑环境。

(2) EDI 处理标准是要研究那些不同地域不同行业的各种 EDI 报文，针对相互共有的“公共元素报文”的处理标准。它与数据库、管理信息系统(如 MRPII)等接口有关。

(3) EDI 联系标准解决 EDI 用户所属的其他信息管理系统或数据库与 EDI 系统之间的接口。

(4) EDI 语义语法标准(又称 EDI 报文标准)是要解决各种报文类型格式、数据元编码、字符集和语法规则及报表生成应用程序设计语言等。

2. 国际统一的 EDI 标准——UN/EDIFACT

1) UN/EDIFACT 标准的形成

人们在相互通信过程中必须使用每个人都能理解的规则，这样才能进行顺畅的交流。应用 EDI 也同样需要一个大家都能接受的标准。在 EDI 应用的初期，EDI 报文格式的设计仅能满足个别组织、公司及部门间传递的需要。各组织、公司及部门的计算机系统间的 EDI 传输是建立在专用性标准之上的。随着应用 EDI 进行贸易的公司不断增多，这些组织、公司及部门都意识到这种专用性标准的局限性，认为他们不仅需要与其贸易伙伴进行联系，而且还需要同本行业内的其他组织、公司和部门进行联系。于是，按照更广泛通信要求制定的行业标准相继诞生。例如，ODETTE(欧洲电信数据交换组织)标准是专门为欧洲的汽车工业和其他工业制定的；TradeNet 标准则是针对英国的零售业制定的。即使有了各地方的行业标准，一些跨行业贸易的组织仍面临着跨行业实施 EDI 的大量障碍，制定 EDI 国家标准的要求日益强烈。

1985 年，两个 EDI 国家标准相继问世，并且很快得到广泛的认可和支持。这两个国家标准分别是北美地区的美国国家标准 ANSIX.12 和欧洲的 GTDI(贸易数据交换指南)。虽然这两个不同的国家标准基本满足了 EDI 国内应用的需要，但是却给国际 EDI 业务造成了困难。为解除国际 EDI 业务中的这一障碍，一些国家将此问题提请联合国贸易简化工作组(UN/ECE/WP4)关注。1985 年 9 月，UN-JEDI(联合电子数据交换工作组)成立。北美地区和欧洲地区的专家成为该工作组的成员，并共同研究将 GTDI 和 ANSIX.12 合并为一个国际标准，这促使了 UN/EDIFACT 的诞生。1986 年 UN/ECE(联合国欧洲经济委员会)通过了 UN/EDIFACT 的缩写。

2) UN/EDIFACT 标准的内容

UN/EDIFACT 是“联合国用于行政、商业和运输的电子数据交换”的英文字母的缩写，以下简称为 EDIFACT。EDIFACT 的概念很简单，它是一个完全满足政府和专门行业需求的唯一的国际 EDI 标准。EDIFACT 的出现迅速得到世界各国的接受，并作为全球性 EDI 标准得到各国的认可。1992 年，美国决定从 X12 第 4 版后转向 EDIFACT 的标准报文的开发，并且从 1997 年开始不再继续维护 X12 的标准。EDIFACT 定义了传送报文所需的语法规则，并且可以跨行业、跨国在政府、个人之间使用。EDIFACT 很快在欧洲、澳大利亚、新西兰及亚洲流行起来。EDIFACT 标准由一系列国际认可的用于 EDI 的标准、规则和指南组成。EDIFACT 与一般文字语言的比较见表 7-2。

表 7-2　EDIFACT 与一般文字语言的比较

EDIFACT	一般语言文字
报文	单据表格
语法规则	文法
数据段	句子
代码	简写、简称

EDIFACT 标准主要涉及以下 6 个方面的标准化工作。

(1) EDI 语法规则。语法规则是控制交换结构、交换功能组、报文、段及数据元的规则。这些规则仅适用于所交换的数据，并且与所使用的计算机类型、应用程序、通信协议及交换媒体无关。《UN/EDIFACT 应用层语法规则》是由 ISO 和 UN/ECE 共同认可，并以国际标准 ISO 9735 的形式公布的。目前，EDIFACT 系统中使用的是 ISO 9735 第 4 版本，其语法规则由 6 部分组成：批式 EDI 与交互式 EDI 共用的语法规则；批式 EDI 语法规则及批式 EDI 服务目录；交互式 EDI 专用语法规则及交互式 EDI 服务目录；批式 EDI 的语法和服务的报告报文；批式 EDI 和交互式 EDI 的安全；可靠性鉴别和确认报文。

(2) 数据元目录和复合数据元目录。数据元是构成 EDIFACT 报文的最小单位，也称为简单数据元，它等效于一个语句中的一个字或一个词。它由唯一的 4 位数字标记、数据元名称、数据元描述及表示方式来标识。EDIFACT 报文中所使用的全部数据元均收入

EDIFACT 数据元目录(EDED)中。采用 EDIFACT 用户应首先从 EDED 中选用数据元来设计所需要的 EDIFACT 报文，目前《EDIFACT 数据元目录(EDED)》收录了 200 个与设计 EDIFACT 报文相关的数据元，并对每个数据元的名称、定义、数据类型和长度都予以具体的描述。由简单数据元组成的复合数据元等效于一个词组。复合数据元由唯一的 4 位字母数字标记来标识，并收入《EDIFACT 复合数据元目录(EDCD)》中，目前 EDCD 中收录了在设计 EDIFACT 报文时涉及的 60 多个复合数据元。

(3) 段目录。段是 EDIFACT 报文中的中间信息单位，它等效于一个句子。它是由预先定义的、功能上相关的数据元集合组成，这些数据元由其在集合中的序列位置来定义。每个段都由 3 个字母段标记标识，并收入《EDIFACT 段目录(EDSD)》中。

(4) 代码表。代码是数据元值表示的一种方式，它以缩略语数字代码的方式来表示某数据元的值。EDIFACT 代码以 ISO 代码为基础，如国家代码、地点代码、运输方式代码、计量单位代码等。所有的代码型数据的代码均收入《EDIFACT 代码表(EDCL)》中。

(5) 报文目录。报文是由涉及的业务报文类型所需要的段按照逻辑顺序排列组成的。EDIFACT 报文(即联合国标准报文)相当于书面单证，它涉及贸易、货管、运输、海关、制造、金融、保险、统计、旅游等多个领域。联合国标准报文共分为 3 类：0 状态报文是一种草案级报文，并提交 EN/ECE/WP4 研究；1 状态报文是一种 UN/ECE 推荐正式使用的报文；2 状态报文则是 UN/ECE 推荐的报文。《EDIFACT 报文目录(EDMD)》中包括了所有的报文。

(6) 指南和规则。为了规范和指导 EDIFACT 标准的制定和使用，EN/ECE/WP4 设立了专门的工作组来起草相应的指南和规则。目前，已出版的指南和规范主要包括《UN/EDIFACT 语法应用指南》和《报文设计指南》。此外，UN/ECE/WP4 还起草了《交互式 EDI 报文设计指南》及《UN/EDIFACT 业务和信息的模型化框架》等。

EDIFACT 标准主要包括下列文件。

(1) 各种指南与规则。其中包括 UN/EDIFACT 应用语法规则、UN/EDIFACT 语法实施指南、UN/EDIFACT 报文设计指南。

(2) UNTDID(联合国贸易数据交换目录)，主要用于 2 状态的报文。其中包括《EDIFACT 报文目录(EDMD)》、《EDIFACT 段目录(EDSD)》、《EDIFACT 复合数据元目录(EDCD)》、《EDIFACT 数据元目录(EDED)》、《EDIFACT 代码表目录(EDCL)》、《EDIFACT 工作目录集》，主要用于 1 状态的报文。

3) UN/EDIFACT 标准的管理机构

随着 UN/EDIFACT 的出现，UN/ECE 被指定为专门管理 EDIFACT 的机构。在 UN/ECE/WP4 下设立两个专家组：第一专家组(GE1)负责数据元和自动数据交换的研究；第二专家组(GE2)负责制定处理规程和文档说明。为制定 EDIFACT 标准，GE1 指派专人(地区 UN/EDIFACT 召集人)来负责协调各地区的报文开发、技术评估、文档建立及促进 EDIFACT 应用等方面的活动。这些 EDIFACT 召集人，由当地政府提名并由 UN/ECE/WP4 任命。

1987 年 UN/ECE/WP4 任命了第一批地区召集人，即北美地区、西欧地区、东欧地区的召集人。1991 年 UN/ECE 任命澳大利亚/新西兰的召集人和亚洲召集人，1993 年任命了非洲召集人，各地区分别成立各自的 EDIFACT 理事会(如亚洲 EDIFACT 理事会，澳大利亚/新西兰 EDIFACT 理事会，)以支持地区召集人履行其职责，UN/ECE/WP4 不负责管理各地区理事会的组成，以允许地理语言及政治环境上的区域差别。

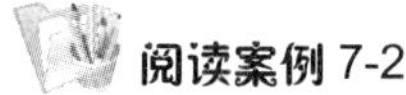
阅读案例 7-2

比利时安特卫普港的 EDI 系统

港口 EDI 应用提供了大量的数据交换，包括货物信息、调度信息、报关信息、动态报告的监控、危险品(进口/出口/转运)等数据和表格，并且能够提供远程通信服务，使得港口运输链中信息实现无缝交换，货运代理、物流公司、船东、船务代理、码头公司、陆路运输公司和官方机构能够借助这个平台紧密配合，避免了部门之间联系松散的现象。

SEAGHA(安特卫普电子数据交换信息系统)是比利时安特卫普港的 EDI 系统，也是安特卫普港和布鲁塞尔港的货运管理系统，始建于 1986 年 10 月 28 日，主要用于企业之间进行数据和信息交换。SEAGHA 的报文标准是 UN/EDIFACT，在此基础上他们开发了 33 种报文标准，到 1992 年 SEAGHA 已拥有用户 127 家，包括集装箱码头公司、货运代理商、托运公司和航空公司等。SEAGHA 的未来发展计划是与安特卫普港信息和控制系统(APICS)连接，与比利时铁路系统连接；实施 PROTECT 工程，包括安特卫普港、不来梅港、汉堡港、鹿特丹港、弗利克斯托港和勒阿佛尔港关于危险品货物的 EDI。

(资料来源：邓少灵. 口岸物流信息平台[M]. 北京：人民交通出版社，2007.)

7.1.4 EDI 的发展与应用现状

1. EDI 的发展简史

EDI 技术于 20 世纪 60 年代末产生于美国，当时的贸易商们在使用计算机处理各类商务文件的时候发现，由于人工输入到一台计算机中的数据 70%是来源于另一台计算机输出的文件，由于过多的人为因素，影响了数据的准确性和工作效率的提高，人们开始尝试在贸易伙伴之间的计算机上使数据能够自动交换，EDI 应运而生。

EDI 技术是随着计算机和网络通信技术的迅速发展应运而生的产物，是商贸和行政管理向现代化自动化发展的必然结果。从早期运用于同行业、同地区的一种电子商务手段(即封闭式 EDI)，到现行的适应于全球化商务活动的一种商务体系(即开放式 EDI)，EDI 技术已经大大缩短了企业间的物流时间，然而采用这种 EDI 方式，从发出报文到接收报文存在一定的时滞，现今越来越多的商务活动要求 EDI 应用系统有较高的实时反应水平，因而以开放式 EDI 技术为基础的交互式 EDI 技术将是未来 EDI 的发展方向。

20 世纪 90 年代开始出现了 Internet EDI，即用廉价的互联网代替昂贵的专用网络进行电子数据交换，使 EDI 从专用网扩大到 Internet，降低了实现成本，满足了中小企业对 EDI 的需求。到 20 世纪 90 年代中期，美国有 3 万多家公司采用 EDI；西欧有 4 万多家 EDI 企业用户，包括化工、电子、汽车、零售业和银行。到 1998 年年初，美国应用 EDI 的企业超过五万家。近年来由于基于 Internet 的 EDI 技术、标准的不断出台和完善，一些 VAN 上的 EDI 大用户开始考虑用 Internet 传输 EDI 文件，越来越多的企业分享并采用了 Internet Mail 和 Web-EDI 等新型 EDI 带来的好处。随着网络技术和计算机技术的不断发展和快速普及，基于 Internet 各种新技术的 EDI 必将被越来越多的企业应用，并从中得到更多的益处。

如今 EDI 的应用水平已经成为衡量一个企业在国际和国内市场上竞争能力大小的重要指标。目前，在发达国家已建立起了大量的连接各子公司、同行企业(如银行、航空公司等)及相关合作伙伴(如海关、货运代理、船舶公司、集装箱经营人等)的 EDI 系统；在发展中国家，尤其是在亚洲，EDI 的发展也非常迅速。

2. 我国 EDI 业务的发展现状[①]

国际 EDI 应用的迅猛发展促进了我国 EDI 的发展，目前我国还处于 EDI 应用的初期。EDIFACT 概念在 1990 年首次引入我国，立即受到国内有关部门的高度重视，并将其列为我国“八五”计划的关键性应用推广项目。1991 年由国务院电子信息系统推广应用办公室牵头成立了中国促进 EDI 应用协调小组(中国 EDIFACT 委员会的前身)，由国家技术监督局(现已并入国家质量监督检验检疫总局)、对外贸易经济合作部(现已整合为商务部)、海关、银行、保险、交通运输等单位的主管业务领导组成。同年，我国以中国 EDIFACT 委员会(CEC)的名义首次参加了亚洲 EDIFACT 理事会(ASEB)，并成为 ASEB 的正式成员国。

中国 EDIFACT 委员会自成立以后，确定了我国 EDI 应用的发展目标，并成立了相应的工作组，组织开展相应领域的 EDI 研究工作。目前，CEC 的成员单位已达 17 个，主要包括中国海关总署、国家商检局、国家技术监督局、中国银行、中国人民银行、中国保险公司、中国远洋运输总公司、贸促会、外经贸部、国家外汇管理局、公安部、中国物品编码中心、中国民航管理总局、国家科委、邮电部和电子部等单位。一些部门和地方根据需要也设立了 EDI 的组织协调机构(如 EDI 分会或领导小组)来负责本部门或当地 EDI 发展的统筹规划管理工作。

在“八五”期间，国内几个 EDI 应用试点工程相继实施，并取得一些可喜的成绩，为国内 EDI 推广应用积累了经验。1993 年起实施“金关工程”即对外贸易信息系统工程，它是 EDI 技术在外贸领域的应用的试点、网络和服务中心建设。“九五”期间海关、交通、商检、商业的 EDI 应用项目已被列为国家重点项目。20 世纪 90 年代初，EDI 应用最多的是进出口贸易行业。1995 年 5 月，海关总署的物品 EDI 清关系统已完成部分试运行，北京机场海关已开始办理 EDI 的结关业务。对外贸易经济合作部计算中心承担的“国家纺织品出口许可证 EDI 系统”也于 1994 年投入试运行。中国远洋运输集团总公司设立了其 EDI 的管理中心，并通过 CHINAPAC(中国公用分组交换数据网)和 DDN 网实现与其他国际网间的 EDI 单证的自动交换和自动管理。公司还做出从 1995 年 5 月 1 日起在其所有的集装箱航线上开始实施舱位定位图(BAYPLAN)EDI 传送的决定。此外，国家质检总局也进行了有关 EDI 的试点工作。在国内 EDI 应用试点工程实施的同时，CEC 下属的技术评估工作组(TAG)还先后将 EDIFACT 基础标准转化为国家标准，如 ISO 9735、ISO 7372 及国家标准 GB/T 14915—1994《电子数据交换术语》等，为国内广泛应用 EDI 奠定了基础。

3. EDI 的应用领域

EDI 的应用领域相当广泛，不仅能用于外贸交易，也可用于内贸交易。它实质上是利用电子技术进行商务活动的重要手段，它的标准数据交换格式将成为处理订货、发货及支付等业务的通用媒介，在物资经销业、仓储与批发业、物流中心、配送中心等方面都有广阔的应用前景。它具有反应快速、手续简化、资金周转周期短等优势，已被越来越多的国家所重视，并逐渐成为市场竞争中必不可少的有力武器。总的来说，EDI 主要应用于以下 3 个领域。

1) 商业贸易领域

在商业贸易领域，通过采用 EDI 技术，可以将不同制造商、供应商、批发商和零售商

---

① 百度文库——EDI 在中国的发展现状及趋势探讨。

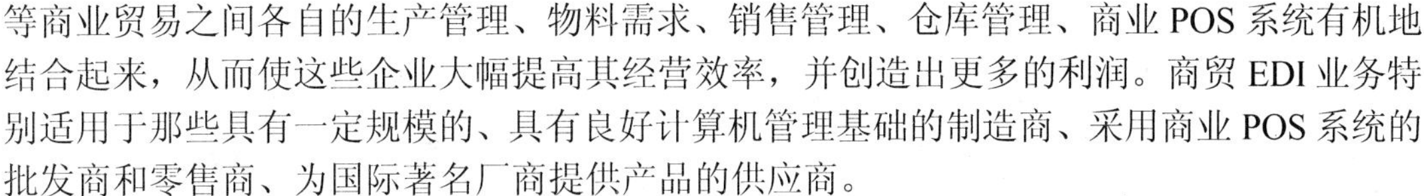

等商业贸易之间各自的生产管理、物料需求、销售管理、仓库管理、商业POS系统有机地结合起来，从而使这些企业大幅提高其经营效率，并创造出更多的利润。商贸EDI业务特别适用于那些具有一定规模的、具有良好计算机管理基础的制造商、采用商业POS系统的批发商和零售商、为国际著名厂商提供产品的供应商。

2) 运输业领域

在运输行业，通过采用集装箱运输EDI业务，可以将船运、空运、陆路运输、外轮代理公司、港口码头、仓库、保险公司等企业之间各自的应用系统联系在一起，从而解决传统单证传输过程中的处理时间长、效率低下等问题。可以有效提高货物运输能力，实现物流控制电子化。

3) 通关自动化

在外贸领域，通过采用EDI技术，可以将海关监管部门与外贸公司、来料加工企业、报关公司等相关部门和企业紧密地联系起来，从而可以避免企业多次往返多个外贸管理部门进行申报、审批等。大大简化了进出口贸易程序，提高了货物通关的速度。最终起到改善经营投资环境，加强企业在国际贸易中竞争力的目的。

另外，EDI技术也广泛应用于税务、银行、保险等贸易链路的多个环节中，未来将具有更加广泛的应用前景。

阅读案例7-3

上海联华超市的EDI应用系统

上海联华超市股份有限公司(以下简称联华超市)成立于1992年，主要有直营、加盟和合营3种经营方式。3种方式的门店都由总部统一进货。公司1999年年底又建成一个大的配送中心。随着经营规模的越来越大，管理工作越来越复杂。公司领导意识到，必须加强高科技的投入，搞好计算机网络应用。从1997年开始，公司成立了总部计算机中心，完成经营信息的汇总、处理。

联华超市作为国家科学技术委员会(现为科学技术部)“九五”科技攻关项目“商业EDI系统开发与示范”的示范单位之一，从1998年3月开始，与北京商学院、杭州商学院、上海商业高新技术开发公司合作开发自己的EDI应用系统，如图7.3所示。

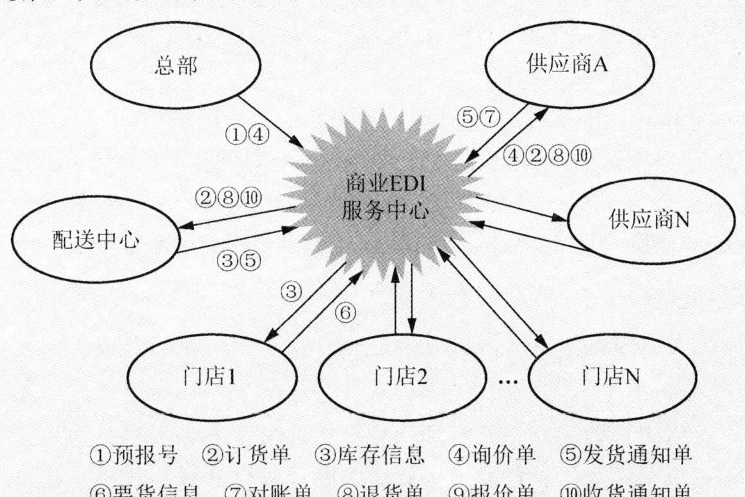

①预报号　②订货单　③库存信息　④询价单　⑤发货通知单

⑥要货信息　⑦对账单　⑧退货单　⑨报价单　⑩收货通知单

图7.3　上海联华超市EDI系统的应用结构

这个 EDI 应用系统包括配送中心和供货厂家之间、总部与配送中心之间、配送中心与门店之间的标准格式的信息传递，信息通过上海商业 VAN EDI 服务中心完成。

应用 EDI 系统之后，联华超市的配送中心可直接根据各门店的销售情况和要货情况产生订货信息发送给供货厂家。供货厂家供货后，配送中心根据供货厂家的发货通知单直接去维护库存，向门店发布存货信息，这样做的结果，使得信息流在供应商、配送中心、门店之间就能顺畅流动，如图 7.4 所示。此外，利用 EDI 传输数据时，所有数据只有一个入口，从而保证了数据传递的及时、准确，降低了订货成本和库存费用。

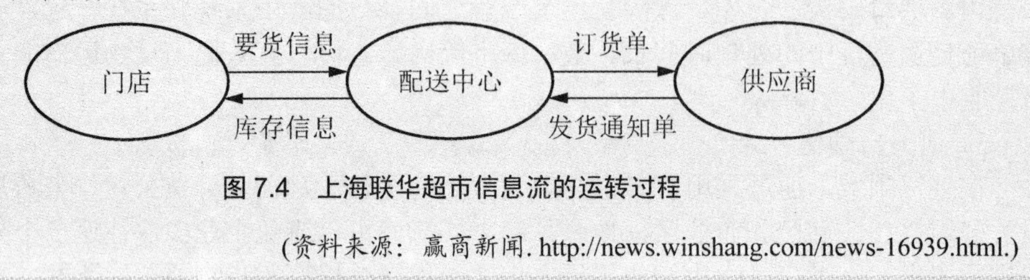

图 7.4 上海联华超市信息流的运转过程

（资料来源：赢商新闻. http://news.winshang.com/news-16939.html.）

7.2 EDI 系统概述

7.2.1 EDI 系统的构成要素

EDI 的产生是以现有的通信技术、计算机软件和硬件及数据的标准化为前提条件的。换句话说，数据通信网络是实现 EDI 的基础，业务处理的计算机化是实现 EDI 的条件，数据的标准化是实现 EDI 的保证。因此，EDI 系统由 EDI 技术标准、EDI 软件及硬件、EDI 技术通信网络 3 个要素构成。

1. EDI 技术标准

EDI 技术标准明确了进行电子事务处理的数据格式和内容，定义了一种在不同部门、不同公司、不同行业及不同国家之间进行信息传送的通用方法。现有的 EDI 标准已经达到可以满足全球业务数据交换的阶段，EDI 用户可以在全球范围内进行有关的事务处理资料的交换。

目前世界上的 EDI 标准主要是由两家著名的标准组织所制定和管理的。美国的 EDI 标准组织 ANSI X.12 在美国国家标准化协会(ANSI)的全力支持下于 1979 年成立，1983 年美国国家标准化协会公布了第一个美国 EDI 国家标准 ANSI X.12；另一个国际标准组织 UN/ECE 于 1985 年由联合国发起成立，制定了 UN/EDIFACT 标准。

2. EDI 软件及硬件

企业实现 EDI 需要配备相应的 EDI 软件和硬件。

1) EDI 软件

EDI 软件可以将用户数据库系统中的信息译成 EDI 的标准格式，以方便 EDI 数据的传输和交换。EDI 系统中常用的软件有转换软件、翻译软件和通信软件 3 种。

转换软件：帮助用户将原有计算机系统的文件转换成平面文件，或将从翻译软件接收到的平面文件转换成原计算机系统中的文件。

翻译软件：将平面文件译成EDI的标准格式，或将接收到的EDI标准格式的文件翻译成平面文件，然后交给有关的通信软件，通过EDI网络传送给指定的接收者。

通信软件：将EDI标准格式的文件外层加上通信信封，再送到EDI系统交换中心的邮箱，或从EDI系统交换中心将接收到的文件取回。

2) EDI硬件

EDI系统所需的硬件包括计算机、调制解调器和通信线路等。

计算机：是存储和处理EDI数据的主要设备，各种类型的计算机都可在EDI系统中使用。

调制解调器：用来进行模拟信号和数字信号之间的转换。用户可根据实际传输速度的需求选择合适型号的调制解调器。

通信线路：是保证信息传递的通路。最常用的通信线路是由通信部门提供的通信公网，如果用户对传输时效和传输流量有特殊要求，可考虑租用DDN专线。

3. EDI技术通信网络

EDI的通信环境由一个EDI通信系统和多个EDI用户组成。EDI的开发、应用就是通过计算机通信网络实现的。各种数据通信网络(如公用电话网、专用网、分组交换网等)都可用于构成EDI的网络环境。EDI的通信方式主要有3种，即点对点(PTP)方式、VAN方式和MHS方式。

1) 点对点方式

点对点方式即EDI按照约定的格式，通过通信网络进行信息的传递和终端处理，完成相互的业务交往。早期的EDI通信一般都采用此方式，但它有许多缺点，如当EDI用户的贸易伙伴不再是几个而是几十个甚至几百个时，这种方式很费时间，需要许多重复发送。同时这种通信方式是同步的，不适于跨国家、跨行业之间的应用。点对点的方式又可分为一点对一点方式、一点对多点方式、多点对多点方式。

2) VAN方式

它是指那些增值数据业务(VADS)公司利用已有的计算机与通信网络设备，除完成一般的通信任务外，增加EDI的服务功能。VADS公司提供给EDI用户的服务主要是租用信箱及协议转换，后者对用户是透明的。信箱的引入，实现了EDI通信的异步性，提高了效率，降低了通信费用。另外，EDI报文在VADS公司自己的系统(即VAN)中传递也是异步的，即存储转发的。

VAN方式尽管有许多优点，但因为各VAN的EDI服务功能不尽相同，VAN系统并不能互通，从而限制了跨地区、跨行业的全球性应用。同时，此方法还有一个致命的缺点，即VAN只实现了计算机网络的下层，相当于OSI参考模型的下三层。而EDI通信往往发生在各种计算机的应用进程之间，这就决定了EDI应用进程与VAN的联系相当松散，效率很低。

3) MHS方式

MHS(信息处理系统)是ISO和ITU-T联合提出的有关国际间电子邮件服务系统的功能模型。它是建立在OSI开放系统的网络平台上，适应多样化的信息类型，并通过网络连接，具有快速、准确、安全、可靠等特点。它是以存储转发为基础的、非实时的电子通信系统，非常适合作为EDI的传输系统。MHS为EDI创造了一个完善的应用软件平台，减少了EDI设计开发上的技术难度和工作量。ITU-T X.435/F.435规定了EDI信息处理系统和通信服务，把EDI和MHS作为OSI应用层的正式业务。EDI与MHS互连，可将EDI报文直接放入MHS的电子信箱中，利用MHS的地址功能和文电传输服务功能，实现EDI报文的完善传送。

EDI与MHS结合，大大促进了国际EDI业务的发展。为实现EDI的全球通信，EDI通信系统还使用了X.500系列的目录系统(DS)。DS可为全球EDI通信网的补充、用户的增长等目录提供增、删、改功能，以获得名址网络服务、通信能力列表、号码查询等一系列属性的综合信息。EDI、MHS和DS的结合，使信息通信有了一个新飞跃，并为EDI的发展提供了广阔的前景。

7.2.2 EDI系统的特点与结构

1. EDI系统的特点

EDI系统的最大特点就是利用计算机与通信网络来完成标准格式的数据传输，不需要人为地重复输入数据。也就是说，数据在物流公司的应用程序(如采购系统)与货物业主的应用程序(如订单输入系统)之间进行电子化转移，不需人为干预或重复输入。数据不仅在物流公司与货物业主之间电子化流通，而且在每一个物流公司和货物业主内部的应用程序之间电子化流通，同样不需要重新用键盘输入。例如，物流公司的订单进入货物业主的订单输入系统后，同样的数据就会传递到货物业主的仓储、运输、加工、财会等应用程序，并由各程序自动相应产生加工安排表、库存记录更新、货运单、发票等。数据在一个组织内部的应用程序之间的电子化流通称为“搭桥”。由于报文结构与报文含义有公共的标准，交易双方所往来的数据能够由对方的计算机系统识别与处理，因此大幅度提高了数据传输与交易的效率。

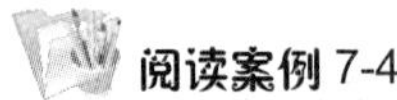
阅读案例 7-4

耐克公司的EDI应用

耐克公司(NIKE)采用EDI方式与供应商联系，直接将成型的款式、颜色和数量等条件以EDI方式下单，将交货期缩短至3～4个月。它同时要求供应布料的织布厂先向美国总公司上报新开发的布料，由设计师选择合适的布料设计为成衣款式后，再下单给成衣厂商生产，而且成衣厂商所使用的布料必须来自耐克公司认可的织布厂生产地。这样一来，织布厂必须提早规划新产品供耐克公司选购，但由于布料是买主指定的，买主给予成衣厂商订布的时间缩短，成衣厂商的交货期也就越来越短，从以往的180天缩短为120天甚至90天。显然，耐克公司的库存压力减轻了。

(资料来源：牛鱼龙. 世界物流经典案例[M]. 深圳：海天出版社，2003)

2. EDI系统的结构

一般来说，EDI系统的基本结构包括报文生成和处理模块、格式转换模块、通信模块、用户接口模块、内部接口模块5个部分，EDI系统结构如图7.5所示。各部分的功能如下所述。

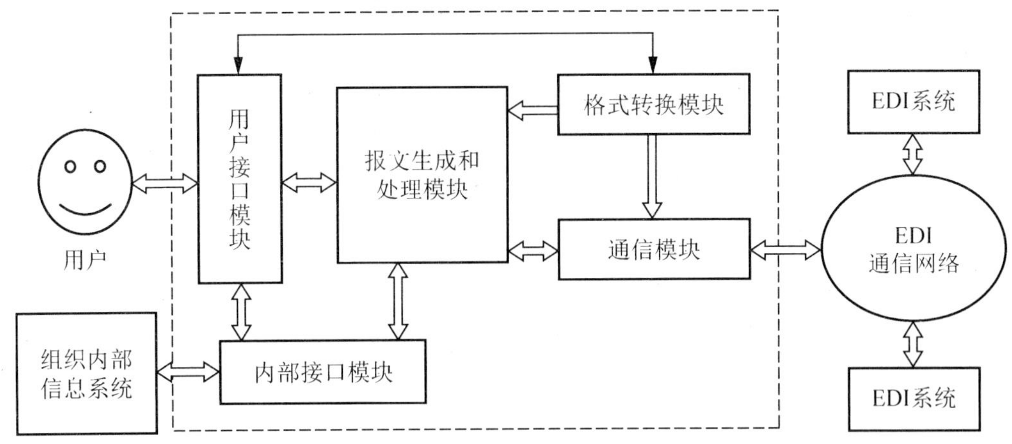

图7.5　EDI系统结构

1) 报文生成和处理模块

报文生成和处理模块的一个功能是接收来自用户接口模块和内部接口模块的命令和信息，按照 EDI 的公共标准生成所需要的订单、发票、合同及其他各种 EDI 报文和单证，然后经格式转换模块处理后交给其他模块处理。另一个功能是自动处理由其他 EDI 系统发来的 EDI 报文，按照不同的 EDI 的报文类型，应用不同的过程进行处理，一方面从信息系统中取出必要的信息回复发来单证的 EDI 系统，另一方面将单证中的有关信息传递至本单位其他信息系统。

2) 格式转换模块

格式转换模块的主要功能是把企业自己生成或是其他企业发来的各种 EDI 报文，按照一定的语法规则进行处理，从而形成标准化、结构化的报文以方便其他模块进行处理。转换过程包括语法上的压缩、嵌套，代码的替换，以及添加必要的 EDI 语法控制字符。同样，经过通信模块接收到的结构化的 EDI 报文，也要做非结构化的处理，以便本单位内部的信息做进一步处理。该模块实现的具体功能可总结为：统一的国际标准和行业标准；所有 EDI 单证必须转换成标准的报文；转换过程中进行语法检查；其他系统的 EDI 报文的逆处理。

3) 通信模块

通信模块是企业本身的 EDI 系统和其他企业 EDI 系统的接口。通信模块负责在接收到 EDI 用户报文后，进行审查和确认。根据 EDI 通信网络的结构不同，该模块功能也有所不同。其主要功能是执行呼叫、自动应答、确认身份和报文传送等。除此之外本模块还包括自动重发、合法性和完整性检查、出错报警及报文拼装和拆卸等功能。

4) 用户接口模块

用户接口模块也称为联系模块，是 EDI 系统和本单位内的其他信息管理系统或数据库的接口。其主要功能是为 EDI 用户提供良好的接口和人机界面，业务管理人员可通过此模块进行输入、查询、统计、中断、打印等操作，以便及时了解市场变化，调整应对策略。此模块同时也是 EDI 系统和企业内部其他系统进行信息交换的纽带。由于 EDI 不是将订单直接传递或简单打印，而是通过订单审核、生产组织、货运安排及海关手续办理等事务的 EDI 处理后，再将有关结果通知其他信息系统，或印出必要文件进行物理存档，因此一个单位的信息系统应用程度越高，用户接口模块也就越复杂。

5) 内部接口模块

内部接口模块是连接 EDI 系统与企业内部其他信息系统或数据库的接口。企业的信息系统应用程度越高，内部接口也就越复杂。一份来自外部的 EDI 报文，经过 EDI 系统处理之后，大部分相关内容都需要经内部接口模块送往其他信息系统，或查询其他信息系统才能给对方 EDI 报文以确认的答复。

7.2.3 EDI 系统的工作原理实现

1. EDI 的工作方式

根据接入 EDI 网络的方式不同，可以将 EDI 分为 3 种工作方式，如图 7.6 所示。

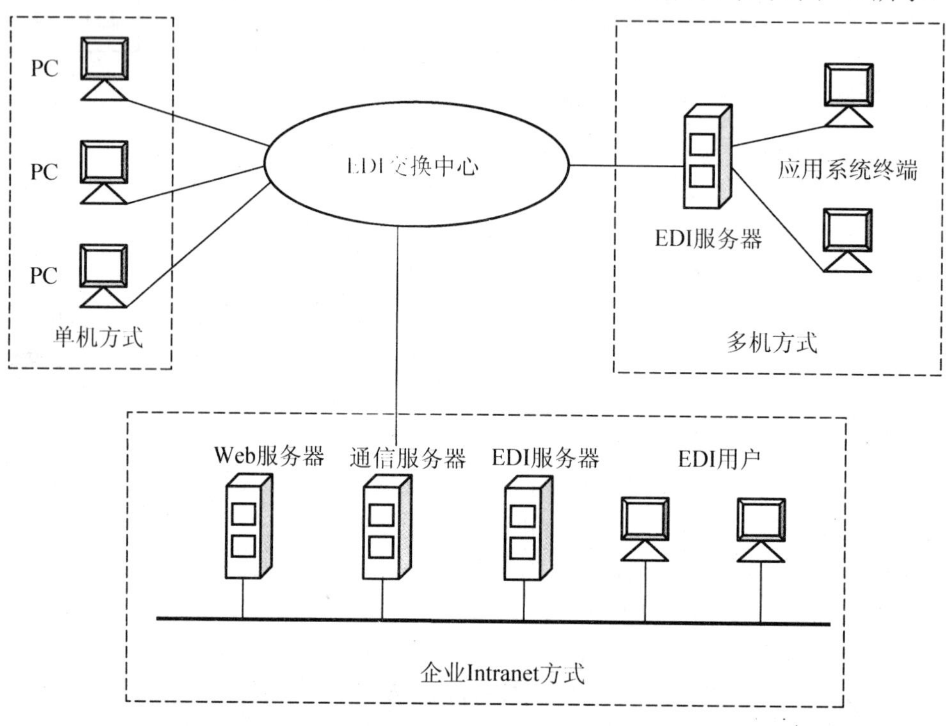

图 7.6 EDI 的工作方式

(1) 单机方式：具有单一计算机应用系统的用户接入方式。用户通过连接电话交换网的调制解调器直接接入 EDI 交换中心，该计算机应用系统中需要安装 EDI 系统的专用通信软件及相应的映射和翻译软件。

(2) 多机方式：具有多个计算机应用系统的用户接入方式。多个应用系统(如销售系统、采购系统、财务系统等)采用连网方式将各个应用系统首先接入负责与 EDI 中心交换信息的服务器中，再由该服务器接入 EDI 交换中心，该服务器不仅负责各个应用系统与 EDI 中心的统一通信，还承担 EDI 标准格式的翻译、企业各部门 EDI 的记账。

(3) 企业 Intranet 方式：通过企业内部 Intranet 的用户接入方式。可以采用基于 Internet 技术建立的企业内部专用网络 Intranet 来接入 EDI 交换中心。外联网(Extranet)概念的提出，使 Intranet 由企业内部走向外部，它通过向一些主要的贸易伙伴添加外部连接来扩充企业内部网络 Intranet。目前，在很多 EDI 系统中，用户已经可以使用浏览器通过 EDI 中心的 Web 服务器访问 EDI 系统。

2. EDI 的工作流程

简单来说，EDI 是指用约定的标准编排有关的数据，通过计算机传送业务往来信息。其实质是通过约定的商业数据表示方法，实现数据经由网络在贸易伙伴所拥有的计算机应用系统之间的交换和自动处理，以达到迅捷和可靠的目的。

其工作流程可以分为 3 个阶段。

(1) 文件的结构化和标准化处理。用户首先将原始的纸面商业和行政文件，经计算机处理，形成符合 EDI 标准的、具有标准格式的 EDI 数据文件。

(2) 传输和交换。用户用自己的本地计算机系统将形成的标准数据文件，经由 EDI 数据通信和交换网，传送到登录的 EDI 服务中心，继而转发到对方用户的计算机系统上。

(3) 文件的接收和自动处理。对方用户计算机系统收到发来的报文后，立即按照特定的程序自动进行处理。如有必要，则输出纸面文档。

EDI 技术的实现主要体现在结构化标准报文在计算机应用系统之间的自动交换和处理。其单证处理过程可分为以下 4 个步骤，如图 7.7 所示。

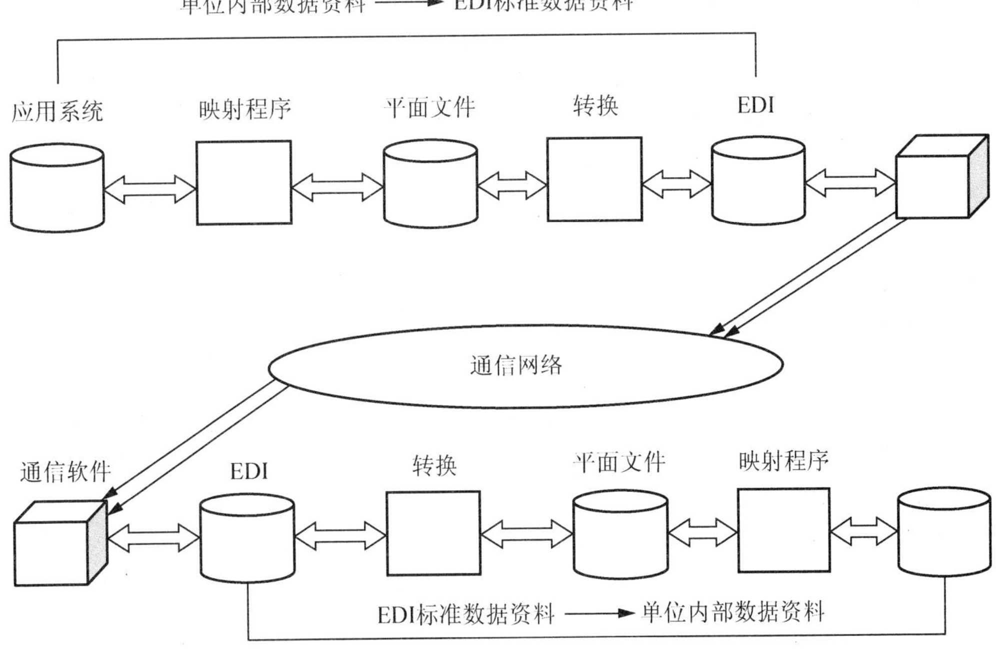

图 7.7　应用 EDI 的单证处理过程

(1) 生成 EDI 平面文件。用户应用系统将用户的应用文件或数据库中的数据取出，通过映射程序把用户格式的数据转换为被称为平面文件的一种标准中间文件。平面文件是一种普通的文本文件，其作用在于生成 EDI 电子单证，以及用于内部计算机系统的交换和处理等。应用文件是用户通过应用系统直接进行编辑、修改和操作的单证和票据文件，可直接阅读、显示和打印输出。

(2) 翻译生成 EDI 标准格式文件。将平面文件通过翻译软件生成 EDI 标准格式文件。EDI 标准格式文件是按 EDI 数据交换标准，即 EDI 标准的要求，将单证文件(平面文件)中的目录项，加上特定的分隔符、控制符和其他信息，生成的一种包括控制符、代码和单证信息在内的只有计算机才能阅读的 ASCII 码文件。EDI 标准格式文件就是所谓的 EDI 电子单证，或称电子票据。它是 EDI 用户之间进行贸易往来的依据，具有法律效力。

(3) 通信。这一过程由用户端计算机通信软件完成。通信软件将已转换成标准格式的 EDI 报文，经通信线路传送到网络中心，将 EDI 电子单证投递到对方的信箱中。信箱系统自动完成投递和转接，并按照 ITU-T X.400/X.435 通信协议的要求为电子单证加上信封、信头、信尾、投递地址、安全要求及其他辅助信息。

(4) EDI 文件的接收和处理。接收和处理过程是发送过程的逆过程。用户首先需要通过通信网络接入 EDI 信箱系统，打开自己的信箱，将 EDI 文件还原成应用文件再进行编辑、处理和回复。

7.3 物流 EDI 系统的应用

7.3.1 EDI 在物流企业中的构建、模型和主要功能

1. 物流 EDI 系统构建技术及工具

近年来，市场上出现了许多便于构建物流 EDI 系统的技术和工具。这里以物流 EDI 系统的构成要素为核心，简单介绍这些技术和工具。

1) 网络功能

Internet 因其通信费用低和良好的开放性，通常作为 EDI 系统的基础网络。可是 Internet 最大的缺陷是数据传输的时间得不到保障。这是因为 Internet 的主干网没有形成统一的一元化管理，由于信息传递的无序而导致经常发生数据传递的延迟。因此，如果作为 EDI 的基础网络使用 Internet，应限于传送时间较充裕的业务。

2) 通信功能

(1) S/MIME(Secure/ Multipurpose Internet Mail Extensions)。S/MIME 是为安全收发信息而制定的电子邮件收发协议，加密方法采用公开密钥的 RSA 算法。S/MIME 已被组合在美国微软公司的 Outlook Express 及网景公司的 Netscape Messenger 等软件中，由于使用这两个软件的用户的广泛性，S/MIME 正在成为采用公开密钥的电子邮件系统的事实上的标准。

(2) FTP(File Transfer Protocol，文件传输协议)。FTP 是基于 TCP/IP 的文件传输协议，把基于 TCP/IP 的 FTP 原封不动地用于 EDI。但使用 FTP 会存在以下问题：因故障而中途停止，停止之前传送的数据会全部丢失；没有从文件中间开始续传的功能。

(3) HTTP(Hyper Text Transfer Protocol，超文本传输协议)。HTTP 是 Web 服务器与客户端的数据传输协议，使用这一协议的 EDI 称为 Web-EDI。采用 HTTP 可以很容易地实现交互式 EDI，并且 HTTP 可方便地处理多媒体数据，原有的 EDI 不能实现的非标准业务及商品图像等信息的交换也成为可能。但是将 HTTP 用于交互式 EDI 可能存在以下问题：每一次交互都要中断会话；每一次都需确认发信者的身份。

3) 翻译功能

(1) 转换器软件。CII 转换软件是最为常用的转换器软件工具。另外，还有 UN/EDIFACT 转换软件，具有双向通信 EDI 及加密功能。

(2) EDI 服务器。兼有通信和翻译功能的 EDI 服务器可与具有业务功能的主机连接使用。通过使用这种产品，可以低成本地引入 EDI 系统。

(3) XML(Extensible Markup Language)。XML 是文本标记语言的超集，是与 HTML 类似的一种语言。目前，为人熟知的 Web-EDI 变换为 HTML 文件，以 XML 文件交换的 EDI 称为 XML/EDI。HTML 用户不能定义标签，XML 用户可以定义自己的标签。因此，XML 文件中数据项的识别成为可能，也容易把 EDI 数据存入用户数据库。

(4) CII Base XML/EDI。CII Base XML/EDI 是把 CII 标准(物流 EDI 标准 JTRN 等)的消息加入 XML 的方法。消息本身是采用 CII 语法规范开发的标准信息。在此方法中，把 XML 的标签作为 CII 语法规范的标签而使用。具体地说，就像序号“00001”变成“JP00001”一样，在 XML 标签头追加 JP。XML 为识别动态和可变长数据的长度，把 CII 语法规定的循环标签变换为动态标签。如果给 CII 变换器追加极少的功能，就可以制作并解释 CII Base XML/EDI 的电文。

2. 物流企业 EDI 模型

目前，许多国际和国内的大型制造商、零售企业、大公司等对于贸易伙伴都有使用 EDI 技术的需求。将 EDI 技术与企业内部的仓储管理系统、自动补货系统、订单处理系统等企业 MIS 集成使用之后，可以实现商业单证快速交换和自动处理，简化采购程序、减低营运资金及存货量、改善现金流动等，也使企业能更快地对客户的需求进行响应。物流企业 EDI 的框架模型如图 7.8 所示。

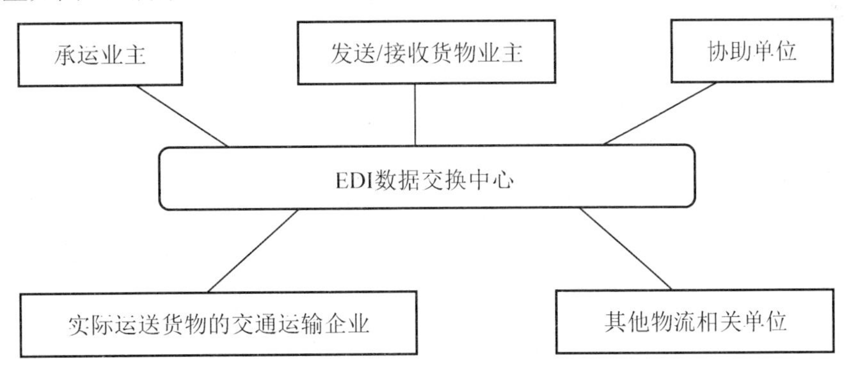

图 7.8 物流企业 EDI 的框架模型

企业使用 EDI 技术后的物流模型的主要步骤如下。

(1) 发送货物业主(如生产厂家)在接到订货后制订货物运送计划，并把运送货物的清单及运送时间安排等信息通过 EDI 发送给物流运输业主和接收货物业主(如零售商)，以便物流运输业主预先制订车辆调配计划和接收货物业主制订货物接收计划。

(2) 发送货物业主依据顾客订货的要求和货物运送计划下达发货指令、分拣配货、打印出物流条形码的货物标签并贴在货物包装箱上，同时把运送货物品种、数量、包装等信息通过 EDI 发送给物流运输业主和接收货物业主，并下达车辆调配指令。

(3) 物流运输业主在向发送货物业主取运货物时，利用车载扫描读数仪读取货物标签的物流条形码，并与先前收到的货物运输数据进行核对，确认运送货物。

(4) 物流运输业主在物流中心对货物进行整理、集装，做成送货清单并通过 EDI 向接收货物业主发送发货信息。在货物运送的同时进行货物跟踪管理，并在货物交给接收货物业主之后，通过 EDI 向发送货物业主发送完成运送业务信息和运费请示信息。

(5) 接收货物业主在货物到达时，利用扫描读数仪读取货物标签的货物条形码，并与先前收到的货物运输数据进行核对确认，开出收货发票，货物入库。同时通过 EDI 向物流运输业主和发送货物业主发送收货确认信息。

3. EDI 在物流企业中的主要功能

阅读案例 7-5

EDI 在日本花王株式会社中的应用

日本花王株式会社(Kao Corporation，以下简称花王)是日本最大的家化类企业。长期以来，花王卓越的经营业绩使其成为该产业中的佼佼者，其奥妙就是它构筑了一个从原材料采购，经生产、销售到零售店铺物流管理一整套现代化、高度信息化的 MIS。而综合 EDI 系统 EDIPACK 则是花王整个物流管理系统的核心。花王的综合 EDI 系统是和其他供应商、销售商等合作伙伴共同推出的，该系统囊括的企业除了零售企业外，还包括合作生产企业、批发企业、专业物流企业、金融业等许多产业。EDIPACK 为花王 B2B 交易提供了一种非常便利、迅捷的全方案解决手段，基本功能包括 4 个方面，即信息汇集、传送、计划功能，控制管理功能，对应多门户功能及格式变换功能，如图 7.9 所示。

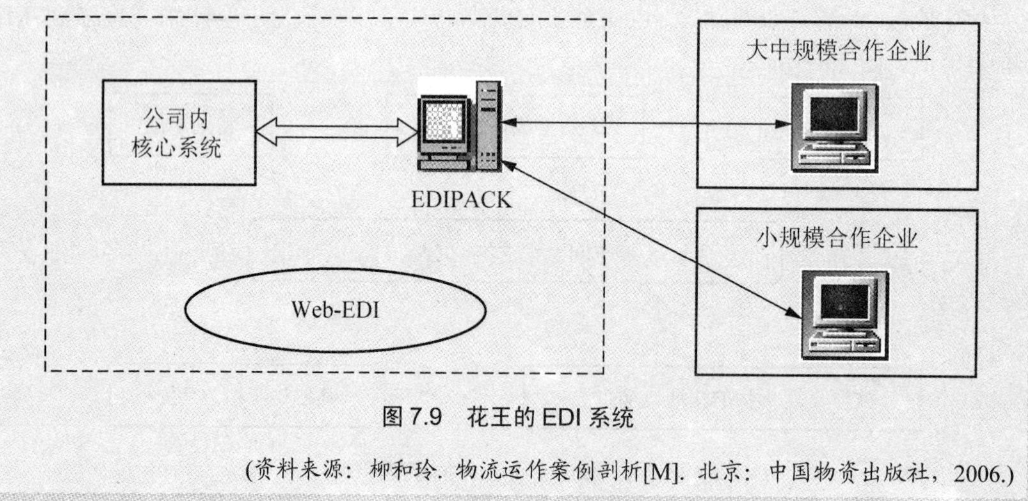

图 7.9 花王的 EDI 系统

(资料来源：柳和玲. 物流运作案例剖析[M]. 北京：中国物资出版社，2006.)

从阅读案例 7-5 可以看出，EDI 的应用使得企业商务活动的要约和承诺变得快捷、高效，为物流企业节约了大量成本，提高了企业的工作效率，从而获得了巨大的经济效益。下面以海关系统的 EDI 应用为例，简述物流企业中的 EDI 应用所能实现的主要功能，其功能结构如图 7.10 所示。

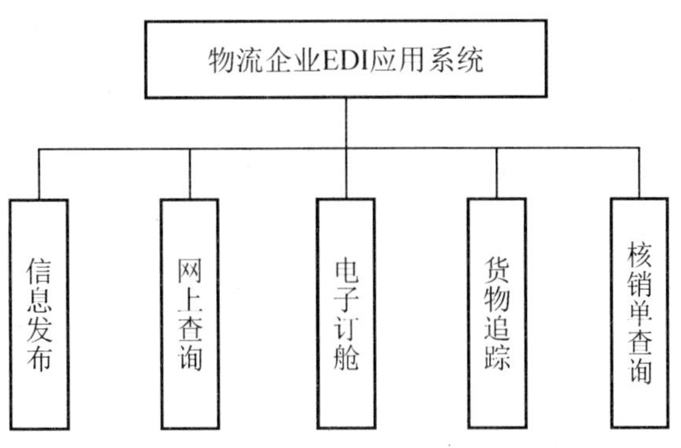

图 7.10 海关 EDI 系统功能结构

1) 信息发布

在互联网上建立公司的网站并发布公司的各类信息，主要有运价查询、业务知识、货物追踪、海关编码、汇率等。

2) 网上查询

由于企业的业务具有跨地域广的特点，过去客户如果要查询货物的实时运送情况是不太可能的，这些货物信息的传递大都依靠电话和传真来完成，但是电话不能存底，而传真的文字不能用数据处理，而现在通过与系统配套的电子商务网站，公司可以为客户、有协作关系的同行和海外代理提供统一服务标准的、高效的物流信息服务。

3) 电子订舱

客户可以通过物流公司在互联网上的网址直接在网上订舱，从而取代传统的订舱方式。客户只要到互联网上查询就可知道自己的货物是否已配船，舱位是否订好，配的是哪条船，预配舱单是否已做等。

4) 货物追踪

对于客户来说，最关心的是所托运的货物的运输过程及货物能否安全准确地到达指定的目的港及卸货港。通过 EDI 系统，客户可以根据物流公司所提供的用户查询口令和密码，在互联网上在线查询货物的现状，跟踪其货物，同时客户可以通过互联网对货物的状况进行信息反馈或得到公司的信息反馈。

5) 核销单查询

核销单是由国家外汇管理局制发的，由出口单位和受托行及解付行填写的，海关凭此受理报关、外汇管理部门凭此核销收汇的一种有顺序编号的凭证。在海关受理报关后的一段时间内，客户只要在公司网上核销单查询项下输入核销单号码，便可知道此核销单海关是否已处理完毕，以便及时做好退税核销事宜。

7.3.2 基于 EDI 的电子订货系统

在 EDI 出现之后，企业之间的交流得到了进一步发展，借此，电子订货系统也有了新的运作模式——基于 EDI 的电子订货系统。这一运作模式，与以往传统的电子订货方式不同，它更多地具有了 EDI 运作的特点。

1. EDI方式的特点

(1) 数据信息标准化。一般采用EDIFACT标准单证格式，便于计算机系统的自动识别。

(2) 数据交换、处理自动化。EDI强调从应用到应用(Application To Application)的数据交换，也就是零售商的应用系统根据销售情况自动产生订单，发送给供货方。供货方收到订单后进行发货处理，向零售商发出发货通知，所有工作由计算机自动完成而无须用户干预。

(3) 强调与内部应用系统的集成。由于各个企业情况不同，计算机应用系统也千差万别，而EDI是不同应用系统之间数据库传输信息的技术。因此，应用系统的接口开发是一项非常重要的工作。

2. EDI方式下的电子订货过程

EDI方式下的电子订货过程如图7.11所示。

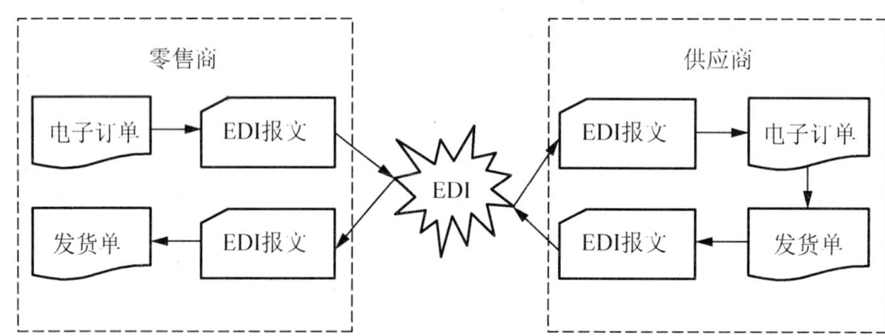

图 7.11　EDI方式下的电子订货过程

(1) 零售商根据自己的需求在计算机上操作，制作出订单，并将所有必要的信息以电子传输的格式存储下来，同时产生一份电子订单。

(2) 将电子订单通过翻译软件转换成EDI报文，通过EDI系统传送给供应商。

(3) 供应商使用邮箱接受命令，从EDI交换中心自己的信箱中收取全部邮件。

(4) 供应商在收妥订单后，进行备货处理，并制作发货单。

(5) 将发货单通过翻译软件转换成EDI报文，通过EDI系统传送给零售商。

(6) 零售商从EDI中心自己的信箱中取出发货单后，根据发货单上的信息验货、付款。

经过以上6个步骤的运作，一个订货过程便完成了。

7.3.3　EDI在我国物流行业的应用

为适应国际贸易发展的需要，从1990年开始，我国对外贸易经济合作部开始着手EDI的应用试点和理论研究，提出了“以市场为导向，以业务发展为突破口，采用点、线、面上下结合的推广模式，选择试点，总结经验，加快发展”的基本方针。通过近年来的努力，如今在EDI试点、总体规划、标准的制定、宣传教育和国际合作等方面都取得了大量成果。

EDI在物流领域的应用主要包括以下几个方面：制造业利用EDI可以有效地减少库存量及生产线待料时间，降低生产成本；运输业利用EDI可以快速通送报检、科学合理地利用运输资源、缩短运输距离、降低运输成本费用和节约运输时间；零售业利用EDI可以建立快速响应系统，减少商场库存量与空架率，加速资金周转，降低物流成本；同时也可以建立起物流配送体系，完成产、存、运、销一体化的SCM。

此外，EDI 在物流组织供应链中也得到了广泛的应用。一方面，在不必频繁接触的情况下 EDI 能加强组织间的协调，供应链问题的最根本解决方法是将供应链变成一个管道，或者设计更新供应链所有层次的系统，或者将供应链中各个层次连接起来形成具有 QR 的系统，使其对当前的要求具有接受、处理和传递到供应链的下一层的能力；另一方面，对数据提供了自动化控制，EDI 为信息到达所有作业层次提供了通道，并鼓励基层做出决策。以下是对传统物流配送方式与应用 EDI 技术的物流配送方式的比较。

1. 传统物流配送方式的不足

从信息传递来看，传统的物流配送采取链式的信息传递方式，链式结构有如下缺点：信息传输时间长、效率低，企业对市场变化反应速度慢，不能适应现代市场经济的要求；由于采用链式结构，一旦信息传输出现失误，将造成整个系统信息联系的中断；系统内信息交换或联系较少，整个系统内相互之间的协作性较差。从生产效率来看，由于传统的物流配送方式信息传递速度慢、效率低、差错率高，造成配送管理效率低、配送差错率高、生产成本增加，生产效率受到极大的限制。

2. 应用 EDI 技术的物流配送优点

与传统的链式信息传输方式相比，EDI 信息传输方式具有时间短、效率高的特点。信息的获取准确及时，失误和中断减少。企业采用 EDI 技术后，信息传输速度加快。一方面节省了时间，另一方面生产效率有了很大提高，同时因为信息传输快速及时，车辆空载率大大降低，进而经济效益有了极大的提高，实现物流系统内部信息传递的便捷化与实时化。物流系统应用 EDI 技术的主要有以下优点。

(1) 快速响应。快速响应能力关系到服务商是否具有及时满足顾客服务需求的能力。物流系统快速响应顾客的需求，最低限度地减少顾客的重复性工作，最大限度地满足顾客的服务需求，进而提高整个物流系统的服务质量。

(2) 保持物流系统信息联系通畅。物流系统内部及货主，承运人、收货人等相关系统之间的信息交换和商业交易活动都需要频繁的信息传递，应用 EDI 技术能够实现信息联系的畅通。

(3) 物流信息的完整与最小变异性。物流系统内的各机构应用 EDI 技术进行信息交换，能够保证信息的完整、充分、及时，实现信息的最小变异。变异是指破坏系统表现的任何意想不到的事件，它可以产生于任何一个领域，如到货时间延迟、损坏、货物交付地点不正确等。减少变异的可能性关系到物流系统的信息传递是否准确。物流系统运用 EDI 技术使用电子文书进行内部及外部的标准化信息传输，从而降低人工输入次数及错误。

本 章 小 结

EDI 是通过计算机通信网络将贸易、运输、保险、银行和海关等行业信息，用一种国际公认的标准格式，实现各有关部门与企业或企业与企业之间的数据交换处理，完成以贸易为中心的全部过程。本章介绍了 EDI 的基本概念、EDI 系统的组成要素及物流 EDI 系统的实现和应用。

EDI 系统由 EDI 技术标准、EDI 软件及硬件、EDI 技术通信网络 3 个要素组成。其中 EDI 技术标准是实现 EDI 系统的基础要素，这里重点介绍了使用较广泛的 EDIFACT 标准，包括一系列涉及 EDI 的标准、指南和规则。联合国推荐的 EDIFACT 标准由 UN/ECE 印刷为《联合国贸易数据元目录(UNTDED)》，包括 10 个部分。

物流 EDI 是指货主、承运业主及其他相关的单位之间，通过 EDI 系统进行物流数据交换，并以此为基础实施物流作业活动的方法。企业通过使用 EDI 技术可以使物流系统内的信息传递和共享更加快速便捷、物流系统的内部管理更加高效规范，并且大大节省了管理和处理费用。其中，管理和处理费用的节省是企业实施 EDI 系统获得的最为实在的效益，包括各企业之间交易周期的加快、订货到交货时间的显著缩短及物流系统内信息流动的无缝隙性和实时性。

关键术语

EDI　物流 EDI　EDI 组成要素　EDI 数据标准　EDI 系统　报文格式转换
EDI 物流模型　通关自动化　电子订货系统

习　题

1. 选择题

(1) 根据 EDI 的不同发展特点和运作层次，还可以将 EDI 分为封闭式 EDI、开放式 EDI 和_______。

A．分布式 EDI　B．集中式 EDI　C．分散式 EDI　D．交互式 EDI

(2) UN/EDIFACT 是_______公布的 EDI 标准。

A．ANSI X.12　B．ISO
C．国际标准组织 EDIFACT　D．IEEE 协会

(3) 下列选项中，EDI 系统中常用的软件不包括_______。

A．转换软件　B．编码软件　C．翻译软件　D．通信软件

(4) 在 EDI 的硬件系统中，_______用来进行模拟信号和数字信号之间的转换。

A．计算机　B．调制解调器　C．通信线路　D．路由器

(5) 物流 EDI 系统的主要功能就是提供_______。

A．报文转换　B．数据通信　C．数据处理　D．文件传输

(6) _______是指 EDI 按照约定的格式，通过通信网络进行信息的传递和终端处理，完成相互的业务交往。

A．MHS 方式　B．LAN 方式　C．PTP 方式　D．VAN 方式

(7) _______是构成 EDIFACT 报文的最小单位。

A．数据元　B．段目录　C．代码表　D．报文目录

(8) 在EDI的功能模块中，________是EDI系统与EDI通信网络的接口。

A．内部接口模块　　　　B．报文生成及处理模块

C．格式转换模块　　　　D．通信模块

2. 简答题

(1) 什么是EDI？什么是物流EDI？

(2) EDI的特点有哪些？

(3) 简述EDI系统的基本结构及各组成模块的作用。

(4) 为什么要制定EDI标准？目前国际上公认的EDI标准有哪些？

(5) EDI系统的构成要素有哪些？

(6) 简述物流EDI的工作方式和通信方式。

(7) 简述EDI方式下的电子订货过程。

(8) 简述EDI在我国的应用情况。

3. 判断题

(1) EDI不需要按照国际通用的消息格式发送消息和对消息进行处理。 (　　)

(2) EDI按系统功能可分为订货信息系统、电子金融汇兑系统、交互式应答系统、带有图形资料自动传输的EDI。 (　　)

(3) EDI系统的用户接口模块是连接EDI系统与企业内部其他信息系统或数据库的接口。 (　　)

(4) EDI的通信方式主要有PTP方式、VAN方式和MHS方式。 (　　)

(5) 订货信息系统可以应用在旅行社或航空公司作为机票预定系统。 (　　)

(6) UN/ECE会制定和颁布的电子数据交换规则是ANSIX.12。 (　　)

(7) 在EDI系统中，翻译软件可以帮助用户将原有计算机系统的文件转换成平面文件。 (　　)

(8) 根据接入EDI网络的方式不同，EDI的工作方式可分为单机方式、多机方式和企业Intranet方式3种。 (　　)

4. 思考题

(1) 传统配送方式和使用EDI后的物流配送方式有何不同？

(2) 作为物流企业的EDI工作人员应掌握哪些技能？

(3) 企业引入EDI系统为现代物流管理带来哪些好处？

案例分析

上海海关通关业务计算机及EDI应用

1. 背景资料

上海海关是中国历史最悠久的海关之一，至今已有329年的历史。1950年2月16日江海关正式改名为中华人民共和国上海海关。上海海关是国家设在上海口岸的进出境监督管理机关，隶属中华人民共和国

海关总署。上海海关现设各类机构49个，包括办公室、法规处、监管通关处、审单处、行邮处、加贸处、关税处等20个内设职能处室(含缉私局)，现场业务一处、二处、三处、驻邮局、车站办事处等8个派驻机构，浦东、机场、吴淞、浦江、外高桥港区、洋山、外高桥保税区等14个隶属海关，以及全国海关进出口商品归类中心上海分中心、海关总署上海商品价格信息处、中国电子口岸数据中心上海分中心等6个其他机构和驻上海世博会园区监管服务中心1个临时机构，设立监管点共计275个。它的主要任务是：按照《中华人民共和国海关法》和其他有关法律、法规，监管经上海口岸进出境的运输工具、货物、行李物品、邮递物品和其他物品，征收关税和其他税费，查缉走私并编制海关统计和办理其他海关业务。

近年来，随着发展步伐的加快，上海口岸监管的业务量以每年20%左右的速度递增，口岸的年进出口货值和税收流量约占全国的1/4，各项主要业务指标位列全国海关首位，其全部通关业务均使用计算机作业。

2. 采用的技术

(1) 上海海关EDI发展历程。从1985年，上海海关就开始在通关业务方面应用计算机管理，从当时的单独业务环节处理程序发展成现在功能完备的大型数据处理系统，其发展过程经历了3个阶段。

第一阶段——计算机进行辅助处理阶段。该阶段从1985年到1990年，是上海海关计算机应用的起步阶段。

第二阶段——电子数据处理阶段。该阶段从1990年到1995年，上海海关全面使用了海关总署开发的H883报关自动化计算机管理系统，该系统是一种系统内部的EDP(Electronic Data Processing，电子数据处理)系统。1994年上海海关开始应用“海关空运快递EDI系统”，该系统作为海关EDI通关系统的一部分一直沿用至今，其年均处理200万批国际快递物品，并全面实现无纸作业，世界海关组织(WCO)和国际快递协会(IECC)曾联合在上海虹桥国际机场海关召开现场会，向全世界推荐该EDI系统。

第三阶段——EDI系统阶段。该阶段从1995年到1999年，海关总署将原来的H883系统升级为H883/EDI系统，并为上海海关配备了EDI平台使用的AMTrixEDI系统，使上海海关的计算机管理系统从EDP阶段发展到了EDI系统阶段。

(2) 上海海关EDI通关系统。为了进一步促进上海国际经贸事业的发展，使上海与国际接轨，体现上海在全国经贸、交运的龙头地位，上海市EDI中心和上海海关合作于1998年开发了“海关EDI通关系统”(以下简称EDI通关系统)。在技术上，EDI通关系统采用EDIFACT标准，其中对EDIFACT的报文类型CUSEXP的应用，还成为全球首例，使中国海关在EDI方面进入世界先进行列。该系统现已集成了货运舱单录入、普货进出口报关和快递物品通关(包括空运快递及邮政EMS速递)等软件。使用至今，EDI海关通关系统用户仅上海地区就已达400余家，日平均处理10 000余份单证，占上海通关总数的40%。可以说该EDI通关系统的成功开发与应用为我国进出口业务的繁荣、海关业务的稳定发展做出了贡献，也对EDI技术在我国的应用起到了推动与示范的作用。

该系统在技术上分为两大部分：EDI中心系统和客户端系统。

① EDI中心系统。EDI中心服务系统作为海关信息系统的外部网，主要用于向社会提供报关服务，并且起到隔离海关内部网与社会其他信息网的作用，使得各个进出口企业既可以得到方便的EDI通关服务，又可以保证海关内部信息系统的安全。而且EDI中心支持多种通信协议和灵活的报文翻译功能，可以方便地与各种不同的系统连接。其主要功能如下。

a. 通信服务功能：提供各种不同的接入方式，如DDN、专线、拨号线、X.25等；支持各种不同的通信协议，EDI用户可选择FTP、WWW、E-Mail等各种通信服务来传送报关单报文。

b. 报文翻译功能：系统能对各种报文进行灵活的翻译，可以将EDIFACT报文自由地翻译成ANSI X.12、TRADACOMS、ODETTE或自定义格式中的任一种格式，反之亦然；除完成报文翻译外，系统还对报文的语法错误进行检查。

c. 管理功能：完善的计费系统，可对各类用户按其传输的信息量、传输距离的长短、是否享受优惠等条件按月打印收费通知书；数据备份和日志，对经EDI中心传送的所有报文进行备份，以备日后查阅，同时对系统处理报文的每一个阶段的状态自动做好日志，并对事先设定的特定事件，一旦发生即通过电子邮件、传呼机等手段向管理员报警，保证每一份报文都被正确地处理；用户授权，系统对用户身份进行检查，保证用户能正确地发送和接受EDI报文。

d. 安全和保密：使用数字签名和数据加密/解密技术，对通过EDI中心传输的一些敏感数据提供数字签名和数据加密技术，防止数据被未经授权用户非法阅读。

e. 系统监控功能：系统提供分布或集中监控，允许从一点管理多个分系统；使用图形界面，可方便配置系统，维护系统，观察日志信息，浏览EDI标准或生成自定义格式。

f. 存证功能：EDI存证是将用户已接收数据及用户在EDI系统的会话记录，加上一些必要的信息，按一定的格式以文件形式保存。在存证文件中包含有单证的发送方、接收方数据类型、单证类型、单证编号、接收/发送/删除时间及单证具体内容等重要信息，凡是发送成功的报文的存证就有发送信箱记录，同时又提供根据用户身份分级检索，支持Web界面的检索、浏览及单证计费、统计等功能。

② 客户端系统。客户端系统通过各种通信线路连接到EDI中心，EDI中心对这些数据进行查错、翻译、加密/解密等处理后发送给指定的海关主机系统。同样的方法，海关主机系统通过EDI中心将海关回执发送给各个EDI用户。该系统的用户主要是各报关行、预录入公司等专业的进出口单证录入公司及进出口货运、快递公司，目前上海约有80%的报关行及60%的货运公司使用该EDI系统。该系统主要包括各种单证录入软件、通信软件、报文翻译软件和系统配置软件，运行平台基于INTELPC机和Windows系列操作系统。录入软件主要完成舱单、报关单、合同备案、快递等单证的录入。通信软件主要完成EDI用户与EDI中心之间的报文发送和接收，通过FTP发送，也可使用E-Mail格式发送，或者使用HTTP经WebServer发送。报文翻译软件主要用于把录入好的报关单数据文件或合同文件按EDIFACT标准翻译成报文格式(如CUSDEC)发送到EDI中心。另外，把从EDI中心取回的海关回执报文(如CUSRES)翻译成海关回执文件。

3. 发展前景

上海海关在海关总署的统一领导和具体指导下，其通关业务计算机及EDI应用会向更高的目标迈进，在网络化报关、无纸化作业、开放式的体系结构等多方面会取得新的进展。从上海海关通关业务的EDI应用可以看出，海关EDI应用会有以下趋势。

(1) 从双边应用到多边应用。通过本案例我们可以看出，中国海关的EDI应用是从双边应用开始的，但这是不够的，只有在与货物通关业务有关的舱单核销、税费缴纳、许可证核销、加工贸易合同备案、转关运输、进出口结汇、出口退税等所有相关业务都采用了EDI，海关和企业才能得到更大的好处，营造出一个真正意义上的无纸化的通关环境。这就需要通关业务相关部门的共同参与。事实上，EDI在海关通关领域的多边应用已经起步。在北京、上海口岸进行的税费电子化支付的试点及进出口结汇业务采用报关单联网查询核销的推广使用，就是很好的例子。多边应用将是海关EDI应用的一个大趋势。

(2) 从行业应用到跨行业、跨地区、跨国境应用。如果说EDI在通关领域的多边应用只能算作在单一行业的应用，那么海关EDI应用的另一大趋势是跨行业、跨地区、跨国境的应用。可以设想从货物订单到产品生产、从货物的进出口通关到货款的结算都实现无纸化后，会给企业带来多大的效益。从这个意义上讲，海关EDI应用的结果必将会带动跨行业、跨地区、跨国境的应用。

4. 总结与建议

上海海关作为中国最大的对外贸易口岸和中国海关部署在全国范围内推进通关作业改革的重点口岸，在电子数据交换通关方面取得了很大的成功，为全国海关无纸化通关的实施提供了榜样、积累了成功的经验，提高了上海口岸的通关效率、缩短了通关时间，从而给外贸企业提供了很大的便利，同时进一步提高了海关信息化管理水平，规范海关执法。

上海海关取得的成功与党和国家的支持是分不开的，除此之外还有一个重要的原因就是：上海海关EDI的实施顺应了国际形势的发展，满足了外贸企业的需求。在新的世纪里，上海海关应该抓住机遇，大力发展信息技术，进一步完善其EDI系统，以更好地适应国际化发展的形势，使上海这个国际化的都市在激烈的国际竞争中立于不败之地。

(资料来源：百度文库. http://wenku.baidu.com/view/3b5198cdda38376baf1fae37.html.)

讨论题

(1) 简述上海海关EDI应用系统可以为其提供哪些功能。

(2) 分析EDI的应用给上海海关带来哪些好处。

(3) 简述此案例给你带来哪些启示。

第 8 章　物流自动化技术

【本章教学要点】

知识要点	掌握程度	相关知识	应用方向
物流自动化的内容、系统和发展	了解	机械自动化、信息自动化、知的自动化，物流自动化的基本构成	物流系统的整体规划及技术应用
自动化仓库的概念	了解	自动化仓库技术经历的 5 个阶段；国内外自动化仓库的发展历史	自动化仓库技术被广泛地应用于机械、家电、汽车、食品等行业
自动化仓库的分类	熟悉	按照货架形式、建筑形式、仓库高度、控制方法等分为不同的类别	
自动化仓库的功能和优点	了解	4 个功能和 3 个优点	
自动化仓库的系统构成	重点掌握	货物储存系统、货物存取系统、货物输送系统和控制管理系统	
自动分拣系统的作业过程	掌握	物流中心的自动分拣作业流程	自动分拣系统适用于多品种、小体积、小批量的物流作业
自动分拣系统的组成	重点掌握	识别及控制装置、分类装置、输送装置和分拣道口的工作原理	
自动分拣系统的主要特点和适用条件	了解	从作业无人化、连续且误差率极低几个方面了解特点；系统投资巨大且对商品外包装要求高的适用条件	
自动识别技术的概念、分类和常见技术	掌握	从自动识别、数据采集和移动计算 3 个方面掌握概念；自动识别技术的分类和常见技术	自动识别技术广泛应用在信息采集、采购、仓储、销售等物流领域中
自动识别技术的优点和应用范围	熟悉	从数据成本、信息价值和工作准确度方面理解优点；4 个方面的应用	
AGV 概念与发展	熟悉	发展历史、定义、优势、特点、功能等	运用在运输管理上
物联网的概念与应用前景	掌握	定义、特点分析	识别、定位、跟踪、监控和管理

导入案例

正泰集团的自动化立体仓库

正泰集团股份有限公司(以下简称正泰集团)是中国目前低压电器行业最大的销售企业。主要设计制造各种低压工业电器、部分中高压电器、电气成套设备、汽车电器、通信电器、仪器仪表等，其产品达 150 多个系列、5 000 多个品种、20 000 多种规格。“正泰”商标被国家认定为驰名商标。该公司 2002 年销售额达 80 亿元，集团综合实力被国家评定为全国民营企业 500 强第 5 位。在全国低压工业电器行业中，正泰集团首先在国内建立了三级分销网络体系，经销商达 1 000 多家。同时，建立了原材料、零部件供应网络体系，协作厂家达 1 200 多家。

1. 立体仓库的功能

正泰集团自动化立体仓库是公司物流系统中的一个重要部分。它在计算机管理系统的高度指挥下，高效、合理地贮存各种型号的低压电器成品，准确、实时、灵活地向各销售部门提供所需产成品。并为物资采购、生产调度、计划制订、产销衔接提供准确信息。同时，它还具有节省用地、减轻劳动强度、提高物流效率、降低储运损耗、减少流动资金积压等功能。

2. 立体仓库的工作流程

正泰集团立体仓库占地面积达 1 600m^2(入库小车通道不占用库房面积)，高度近 18m，3 个巷道(6 排货架)。作业方式为整盘入库，库外拣选。其基本工作流程如下。

1) 入库流程

仓库二、三、四层两端 6 个入库区各设一台入库终端，每个巷道口各设两个成品入库台。需入库的成品经入库终端操作员键入产品名称、规格型号和数量。控制系统通过人机界面接收入库数据，按照均匀分配、先下后上、下重上轻、就近入库、ABC 分类和原则，管理计算器自动分配一个货位，并提示入库巷道。搬运工可依据提示，将装在标准托盘上的货物由小电瓶车送至该巷道的入库台上。监控机指令堆垛将货盘存放于指定货位。

库存数据入库处理分两种类型：一种是需操作员在产品入库之后，将已入库托盘上的产品名称(或代码)、型号、规格、数量、入库日期、生产单位等信息在入库客户机上通过人机界面而输入；另一种是托盘入库。

2) 出库流程

底层两端为成品出库区，中央控制室和终端各设一台出库终端，在每一个巷道口设有 LED 显示屏幕提示本盘货物要送至装配平台的出门号。需出库的成品，经操作人员键入产品名称、规格、型号和数量后，控制系统按照先进先出、就近出库、出库优先等原则，查出满足出库条件且数量相当或略多的货盘，修改相应账目数据，自动地将需出库的各类成品货盘送至各个巷道口的出库台上，经电瓶车将之取出并送至汽车上。同时，出库系统在完成出库作业后，在客户机上形成出库单。

3) 回库空盘处理流程

底层出库后的部分空托盘经人工叠盘后，操作员键入空托盘回库作业命令，搬运工依据提示用电瓶车送至底层某个巷道口，堆垛机自动将空托盘送回立体库二、三、四层的原入口处，再由各车间将空托盘拉走，形成一定的周转量。

3. 立体仓库的主要设施

1) 托盘

所有货物均采用统一规格的钢制托盘，以提高互换性，降低备用量。此种托盘能满足堆垛机、叉车等设备装卸，又可满足在输送机上运行。

2) 高层货架

采用特制的组合式货架，横梁结构。该货架结构美观大方，省料实用，易安装施工，属一种优化的设计结构。

3) 巷道式堆垛机

根据本仓库的特点，堆垛机采用下部支承、上部驱动、双方柱型式的结构。该机在高层货架的巷道内按 *X*、*Y*、*Z* 三个坐标方向运行，将位于各巷道口入库台的产品存入指定的货格，或将货格内产品运出送到巷道口出库台。该堆垛机动性设计与制造严格按照国家标准进行，并对结构强度和刚性进行精密地计算，以保证机构运行平稳、灵活、安全。堆垛机配备有安全运行机构，以杜绝偶发事故。其运行速度为 4～80mm/min(变频调速)，升降速度为 3～16mm/min(双速电机)，货叉速度为 2～15mm/min(变频调速)，通信方位为红外线，供电方式为滑触导线方式。

4. 计算机管理及监控调度系统

该系统不仅对信息流进行管理，同时也对物流进行管理和控制，集信息与物流于一体。同时，还对立体仓库所有出入库作业进行最佳分配及登录控制，并对数据进行统计分析，以便对物流实现宏观调控，最大限度地降低库存量及资金的占用，加速资金周转。

在日常存取活动中，尤其库外拣选作业，难免会出现产品存取差错，因而必须定期进行盘库。盘库处理通过对每种产品的实际清点来核实库存产品数据的准确性，并及时修正库存账目，达到账、物统一。盘库期间堆垛机将不做其他类型的作业。在操作时，即对某一巷道的堆垛机发出完全盘库指令，堆垛机按顺序将本巷道内的货物逐次运送到巷道外，产品不下堆垛机，待得到回库的命令后，再将本盘货物送回原位并取出下一盘产品，依此类推，直到本巷道所有托盘产品全部盘点完毕，或接收到管理系统下达的盘库暂停的命令后进入正常工作状态。若本巷道未盘库完毕便接收到盘库暂停命令，待接到新的指令后，继续完成盘库作业。

正泰集团高效的供应链、销售链大大降低了物资库存周期，提高了资金的周转速度，减少了物流成本和管理费用。自动化立体仓库作为现代化的物流设施，对提高该公司的仓储自动化水平无疑具有重要的作用。

(资料来源：http://www.scetop.com/jpkc/2010/ccgl/ArticleShow.asp?ArticleID=1211&BigClassName=%C0%ED%C2%DB%BD%CC%D1%A7.)

讨论题

(1) 根据本案例分析自动化立体仓库都有哪些设施。

(2) 结合本案例分析自动化立体仓库的功能。

(3) 自动化立体仓库作为现代化的物流设施，对提高仓储自动化水平具有怎样重要的作用？

物流自动化技术是现代物流技术的重要组成部分，包括自动化仓库技术、自动识别技术和自动分拣技术。在物流自动化技术中，信息技术起到关键作用。本章着重介绍了每一种技术的原理和物流中心自动分拣技术的作业过程，突出了信息技术在其中的应用及由此带来的优势，最后，特别指明了每一种技术的应用领域。

8.1 物流自动化概述

物流自动化是充分利用各种机械和运输设备、计算机系统和综合作业协调等技术手段，通过对物流系统的整体规划及技术应用，使物流的相关作业和内容省力化、效率化、合理化，快速、准确、可靠地完成物流的过程。物流自动化最重要的方面是要考虑在哪一个环节自动化，以及用什么样的方法进行自动化等。

8.1.1 物流自动化的内容

1. 机械的自动化

由于物流的主要内容涉及货物的装卸、运输、存储、加工、包装等作业环节，采用机械化的手段进行物流作业是物流自动化的主要内容。特别是在货物的流转过程中，能够使用各式各样的自动搬运设备、自动存储系统及自动分拣传送设备，也是物流机械自动化的主要发展方向。

1) 对机械自动化的理解

自动化计划是系统化的计划，它是以系统全体的作业内容和流程为对象，计划在哪里、将怎样进行自动化，才能达到最好的效果。

一提起自动化就很容易理解为无人操作，实际上机械与人的配合同样也属于自动化的范畴。物流的自动化因为有多种多样的货物形状、尺寸和重量，被分为许多不同的作业机械及具有相应不同的投入成本。机械与人配合的自动化也是物流自动化不可缺少的组成部分。

进行机械自动化，除了关注“自动”外，还应充分估计和分析当自动搬运、自动立体仓库和自动分拣传送等设备投入应用后，是否能够有效、灵活地应用。

2) 叉车的利用

利用托盘进行物流的货物流转是提高物流作业效率的有效手段，叉车是与托盘密不可分的机械化设备。叉车在货物作业过程中解决了人工作业所承受的脏、累和危险等恶劣环境，根据货物作业场所和重量等的不同，叉车的种类各式各样，选择适合物流作业的叉车是非常重要的。由于利用叉车可以对高层托盘货架进行作业，因此可以充分地利用仓库的空间存储商品。

3) 立体自动仓库

带有自动存取装置对高层托盘货架进行托盘作业的仓库称为立体自动仓库。立体自动仓库的托盘货位所保存的商品是由计算机系统自动记录的，一般是一个托盘保存一种商品，即使是每一个托盘的商品不同，也可以由计算机控制系统自动寻找，将所要出库的货物托盘从货区取出，立体自动仓库也可以称作自动配货机械。立体自动仓库的货物出入库，如果是以托盘为单位则效率较高，如果是以箱或每个货物为单位出入库，则效率会大大降低。

立体自动仓库的出库能力与自动存取装置的速度相关，自动仓库的长度和所要配货托盘的位置也会影响出库的效率，在考虑仓库托盘保管容量的同时必须考虑其托盘出库的效率。

4) 自动分拣和分拣传送设备

分拣通常是在货物出库过程中所进行的必要作业。配送中心的配货也可以说是分拣。许多人认为如果应用了自动“分拣”传送设备就可以实现配货的自动化，但自动“分拣”和配货的“分拣”内容是有区别的。配货有摘取式和播种式，使用自动分拣传送设备的前提是指采用播种式配货方式。首先需要确定采用摘取式和播种式哪一种方式效率比较高，这与每一份订单的商品品种数和商品数有关，如果播种式比摘取式效率更高，则可以考虑采用自动分拣传送设备。

在引进自动分拣传送设备时，必须注意货物的形状、尺寸、重量和质量，还要对商品的种类、分拣能力、分拣方向数、如何分拣、自动识别装置、作业空间及故障的应急处理等进行分析、计划和设计。

2. 信息的自动化

物流信息的自动化是指在物流的过程中，对所发生的各种信息，利用信息技术快速、准确和及时地进行收集、存储、加工、分析和检索等处理，为作业的效率化和管理的科学化提供服务的手段。

物流的信息化首先是要在现代物流理念和现代物流管理方式的基础上，利用信息处理的计算机技术、自动识别技术、网络通信技术及与机械自动化的结合，实现物流信息的自动化。现代物流信息系统就是物流信息化的具体实施内容和实施方式。

3. 知的自动化

同样的作业及机械的使用等，由于应用方法和作业流程等的不同，其效率也大不一样。所谓知的自动化就是根据作业的内容，使用相关的物流设备，采用科学、合理的流程并采用适当的作业指示方法，发挥出更高作业效率的方式。

知的自动化是在不改变成本的情况下，提高作业效率的有效方法。可以详细地研究作业内容，考虑使用合理的方法和流程提高物流作业的效率。作业效率的改善就是缩短作业的时间，满足客户的需求。知的自动化所考虑的内容是日常所进行的作业，只要有所改进就是向知的自动化迈进了一步。对日常作业的研究，需要打破原有的习惯和框架。

下面举了一些例子说明知的自动化。

1) 取消作业的环节也属于自动化

取消多余的作业环节是最大的自动化，如废除验货、货架签等。验货和货架签是配货的检查环节，需要一定的人力和时间，是为了防止上一阶段配货的错误。绝对不出现错误是不可能的，问题是遇到配货的错误会带来怎样的影响，是否会造成严重后果。如果与客户方易于沟通，处理错误的方式简单，所产生的损失有限，则停止验货就不仅是缩短时间，同时会大大降低作业的成本。

2) 采用摘取式还是播种式

配送中心的配货作业是采用摘取式还是播种式，也是知的自动化的一个方面。不是按照原有的观念判断和选定，要对利用两种方式的数据进行认真的分析比较，来确定高效率的作业方法。

3) 配货的流程

处理客户的订单，按照订单的先后顺序进行配货，还是按订货量多少的客户顺序进行配货，两种配货的效率是不同的。对订货单的订货量进行ABC分析(把分析对象分成A、B、C三类，A类为主要因素，B类为次要因素，C类为一般因素)后，从订货量少的C类客户开始进行配货，同样的处理量效率却不同。

4) 分散方式

往货物上标贴条码标签的工作，如果在货物集中的地方集中处理则工作量较大，需要一定的人力和花费许多时间，如果在作业的各个环节由大家共同承担作业，由于货物分散并且参加作业的人员较多，这项工作就变得简单和省时了。这就是集中作业的分散化。

5) 基于配送中心特性的作业方法

可以通过配送中心订单的订货件数(E)和其种类(I)及出库量(Q)的关系进行 EIQ 分析，得出配送中心的特性。根据 EIQ 分析的结果，考虑采用高效率的作业方法。例如，将订货量多的客户与订货量少的客户分开进行配货作业，或根据订货种类个数将一个客户的订单集中进行配货，可以提高配货的效率。

知识链接

EIQ 分析就是利用 E、I、Q 这 3 个物流关键要素，来研究配送中心的需求特性，为配送中心提供规划依据。该理论由日本铃木震先生提出并积极推广。其中，E 是指“Entry”，I 是指“Item”，Q 是指“Quantity”。即从客户订单的品项、数量、订货次数等方面出发，进行配送特性和出货特性的分析。

EIO 分析的分析项目主要有 EN(每张订单的订货品项数量分析)、EQ(每张订单的订货数量分析)、IQ(每个单品的订货数量分析)、IK(每个单品的订货次数分析)。

EIQ 分析是根据以上 4 个分析项目的结果进行综合考量，为配送中心提供规划依据。同时 IQ 分析与 IK 分析也能作为库存管理中 ABC 分类的参考依据。

(资料来源：百度百科. http://baike.baidu.com/view/880125.htm.)

知的自动化属于思维方式和智慧的范畴，与销售物流设备不同，不会得到物流设备厂家的关心，是物流经营者所重视的新的自动化方向。知的自动化需要从事物流行业的管理者和作业者的创新和思考，采用更广阔的思路提出提案，以改善、提高物流作业的方法。

8.1.2 物流自动化系统

物流自动化系统是集光、机、电于一体的系统工程，它是把物流、信息流用计算机和现代信息技术集成在一起的系统。物流自动化系统涉及多学科领域，包括激光导航、红外通信、计算机仿真、图像识别、工业机器人、精密加工、信息联网等高新技术。目前，物流自动化技术已广泛应用于邮电、商业、金融、食品、仓储、汽车制造、航空、码头等行业。

1. 物流自动化的基本构成

物流自动化系统按照系统的主要功能可划分为仓储物流自动化系统、中转物流自动化系统、生产物流自动化系统等多种类型，并具有不同的应用范围和技术特征。

仓储物流自动化系统是物流自动化系统中最基本的系统，其基本结构代表了物流自动化系统的主要特征。仓储物流自动化系统具有存储物料、协调供需关系等基本功能，被誉为生产流通领域的“调节阀”。该系统由货架(或堆场)、自动识别设备、自动搬运设备、输送设备、码垛设备、信息管理和控制系统等组成。

中转物流自动化系统的主要功能是实现异地物流运输、物流配送等。系统由各种运输设备(包括公路、铁路、水运、航空运输设备)、自动分拣设备、信息识别设备、包装设备、信息管理和控制系统等组成。

生产物流自动化系统是指生产企业中实现不同场地、不同工序或不同设备之间的物料(原材料、半成品、产品等)或工具(如刀具)自动传送的系统。

物流自动化系统的系统结构如图 8.1 所示。由图 8.1 可知，物流自动化系统主要由以下 5 个部分构成。

(1) 信息采集系统。信息采集是实现物流自动化的前提。通过条码、语音、射频、图像等自动识别系统收集和记录物流实物的相关数据信息，以实现实物流动的自动化控制。自动识别与数据采集技术的核心内容在于能够快速、准确地将现场庞大的数据有效地录入到计算机系统的数据库中，从而加快物流、信息流、资金流的速度，提高企业的经济效益和客户服务水平。

(2) 前端执行系统。前端执行系统是物流自动化系统的核心，具有机电一体化系统的典型特征。该系统根据智能控制系统的指令，完成实物的存取、搬运、输送、运输、分拣等任务。

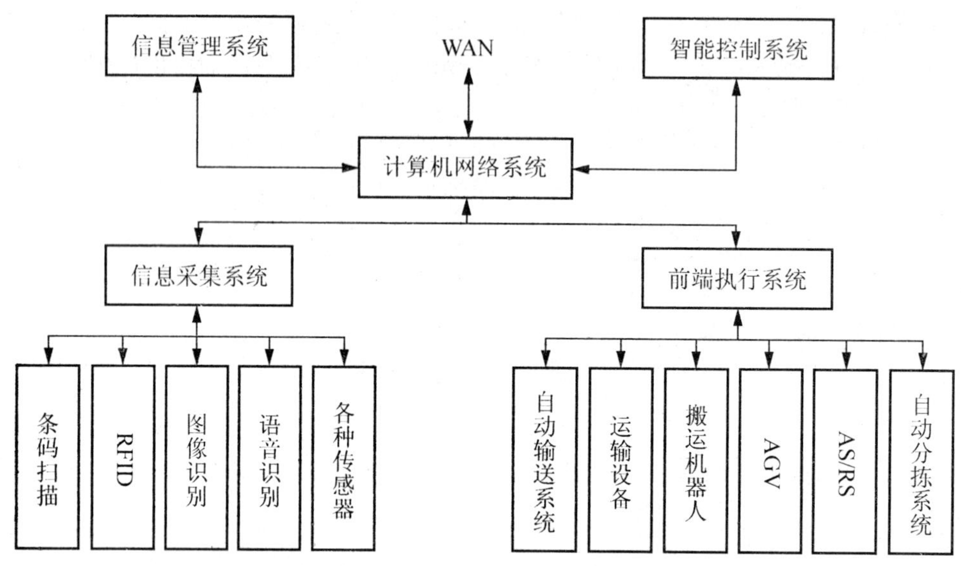

图 8.1　物流自动化系统基本结构

(3) 信息管理系统。信息化是物流自动化系统的基础，集中表现为物流信息的商品化、物流信息收集的数据库化和代码化、物流信息处理的电子化和计算机化、物流信息传递的标准化和实时化、物流信息存储的数字化等。信息管理系统利用终端设备提供的可靠、详实的信息，引入条码技术、数据库技术、电子订货系统、EDI、QR 及 ECR、ERP 等先进的信息化技术，实现信息在物流系统中快速、准确和实时的流动，使企业能动地对市场作出积极的反应，从而实现商流、信息流、资金流的良性循环。

物流信息管理就是对物流信息的收集、整理、存储传播和利用的过程。也就是将物流信息从分散到集中、从无序到有序、从产生传播到利用的过程，同时对涉及物流信息活动的各种要素，包括人员、技术、工具等进行管理，实现资源的合理配置。信息的有效管理就是强调信息的准确性、有效性、及时性、集成性和共享性。

物流信息管理最重要的作用就是能整合各物流信息系统的信息资源，完成各系统之间的数据交换，实现信息共享。物流信息管理系统可以担负信息系统中公用信息的中转功能，各个承担数据采集的子系统按一定规则将公用数据发送给信息平台，由信息平台进行规范化处理后加以存储，根据需求规划或者各物流信息系统的请求，采用规范格式将数据发送出去。通过物流信息系统，可以加强物流企业与上下游企业之间的合作，形成并优化供应链。当合作企业提出物流请求时，物流企业可通过物流信息系统迅速建立供应链接，提供相关物流服务，这有利于提高社会大量闲置物流资源的利用率，起到调整、调配社会物流资源，优化社会供应链，理顺经济链的重要作用，不但会产生很好的经济效益，而且会产生很好的社会效益。

(4) 智能控制系统。物流作业过程中大量的运筹与决策，如库存水平的确定、运输(搬运)路径的选择、自动导向车的运行轨迹和作业控制、自动分拣系统的运行、物流配送中心经营管理的决策支持等问题，都需要借助于大量的知识才能解决。智能控制系统的任务是以尽可能低的成本为顾客做出最好的服务。

(5) 计算机网络系统。物流领域的网络化有两层含义。一是物流配送系统的计算机通信网络，包括物流配送中心与供应商或制造商的联系要通过计算机网络；另外与下游顾客之间的联系也要通过计算机网络通信。例如，物流配送中心向供应商提供订单的过程，可以使用计算机通信方式，借助于 VAN 来自动实现。二是组织的网络化，即所谓的企业内部网，完成企业内部不同部门、不同场所、不同设备之间的数据交换和共享。

目前，越来越多的物流设备供应商已从单纯提供硬件设备转向提供包括控制软件在内的总体物流系统，并且在越来越多的物流装备上加装计算机控制装置，实现了对物流设备的实时监控，大大提高了其工作效率。物流装备与信息技术的完善结合，已成为各厂商追求的目标，也是其竞争力的体现。

2. 自动化物流系统的层次

自动化物流系统的结构在不同企业和行业具有不同的特点，从功能层次上看，可以将自动物流系统分为 3 个层次，即管理层、控制层和执行层，如图 8.2 所示。

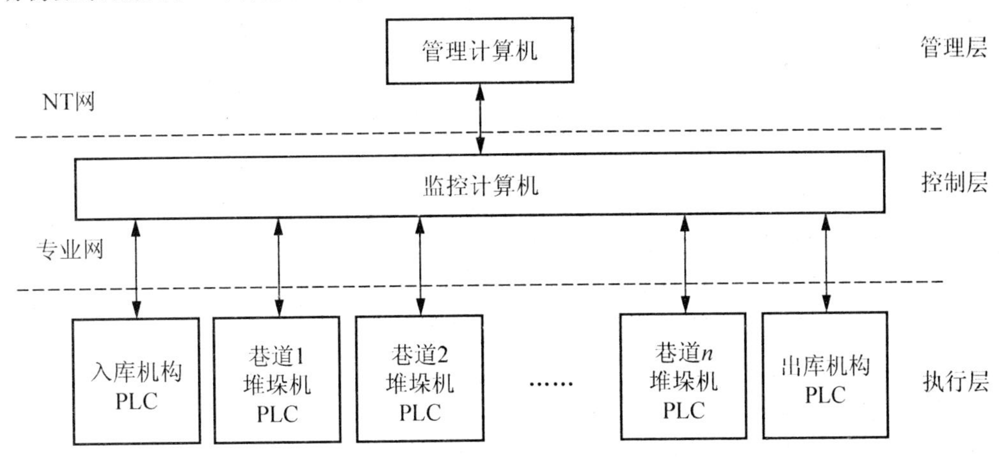

图 8.2 自动化物流系统的层次结构

1) 管理层

管理层是计算机物流管理系统和自动化物流系统的中枢。管理层的功能有以下几个方面。

(1) 接受上级系统(生产系统、销售系统等)的指令。

(2) 调度运输作业。根据运输任务的紧急程度和调度原则，决定运输任务的优先级别；根据当前运输任务的执行情况形成运输指令和最佳运输路线。

(3) 管理立体仓库。包括库存管理、入库管理、出库管理和出入库协调管理。

(4) 统计分析系统运行情况。统计分析物流设备利用率、立体仓库库存状态和设备运行情况等。

(5) 物流系统信息处理。

2) 控制层

控制层是物流系统的重要组成部分，它一方面接受来自管理层的指令，控制物流设备完成指令所规定的任务；另一方面则实时监控物流系统的状态，将监测的信息反馈给管理层，为管理层调度决策提供参考。目前一般采用可编程控制器(PLC)来实现动作控制。

3) 执行层

执行层由自动化的物流机械组成。物流设备的控制器接受控制层的指令，控制设备执行各种操作。执行层一般包括以下几个方面。

(1) 自动存取系统(Automated Storage/Retrieval System，AS/RS)。AS/RS 包括高层货架、堆垛机、出/入库台、缓冲站和输送设备等。

(2) 输送车辆，如自动导向车(Automated Guided Vehicle，AGV)和空中单轨自动车(Sky-RAY)。

(3) 各种缓冲站。缓冲站是临时储存物料的货架或装置，以便交接或转移。设置缓冲站是为了协调各个物流设备的作业速度，保证物流系统正常运作。

物流系统对管理层、控制层和执行层这 3 个层次的要求各不相同，对于管理层要求有较强的数据处理能力，具有一定的智能性。例如，对库存异常进行警告，对物流设备利用率过低进行提示，对物流瓶颈提供必要的分析数据等。对于控制层数据的处理能力并不一定要很强，但要求有较高的实时性，具有较快的处理速度，能够随时将指令送给执行层，并随时监控执行层的运行情况。对于执行层，则要求较高的可靠性，减少物流系统的故障率。

8.1.3 物流自动化系统的研究现状和发展趋势

物流科学是管理工程和技术工程相结合的综合学科。物流技术是物流各项功能实现和完善的手段。物流技术可以分为硬技术和软技术两个方面，物流硬技术是指组织物资实体流动所涉及的各种机械设备、运输工具、仓储建筑、站场设施，以及服务于物流的计算机、通信网络设备等。物流软技术则指组成高效率的物流系统而使用的系统工程技术、价值工程技术、信息技术。物流软技术可以在物流硬技术没有改变的条件下，最合理最充分地调配和使用现有物流技术装备，从而获取最佳经济效益。

应该说，物流技术实际上并不是一种独立的、全新的技术。例如，运输技术、仓储技术、包装技术、信息技术等都是早已存在的，只是由于物流科学的出现，才从理论上更深刻地阐明其意义，并使这些技术如今自觉地向着物流科学的方向发展。物流技术发展的特点是将各个物流环节的物流技术进行综合、复合化，形成最优系统技术。例如，以运输设备高速化、大型化、专业化为中心的集装系统机械的开发，仓储和装卸结合一体的高层自动货架系统的开发，以计算机和通信网络为中心的信息处理技术与运输、仓储、配送中的物流技术在软技术方面的结合(如运输与仓储技术相结合的生鲜食品高质量运送技术)等。

具体来说，物流自动化系统的研究现状和发展趋势表现在以下几个方面。

1) 多维仿真进入物流系统的设计与布局规划

要实现对设备和物流工艺更加有效的布局规划，目前一个重要的工具是仿真软件。仿真软件将凭借经验的猜测从物流系统设计中去除，这对设计一个复杂的工艺流程特别有效。在屏幕上，操作者可以观察不同的场景，通过不同的生产能力对各种物流方案进行评价，并可以假设一些条件，来观察可能发生的情况。

2) 集成化物流系统技术的开发和应用加速

在国内，随着立体仓库储量的增加，立体仓库技术的普及，很多企业已经开始考虑如何使 AS/RS 与整个企业的生产系统集成在一起，形成企业完整的合理化物流系统。国外这种集成的趋势表现在将企业内部的物流系统向前与供应商的物流系统连接，向后与销售体系的物流集成在一起，使社会物流(宏观物流)与生产物流(微观物流)融合在一起。

3) 物流系统更加柔性化

随着市场变化的加快，产品寿命周期正在逐步缩短，小批量多品种的生产已经成为企业生存的关键。目前，国外许多适用于大批量制造的刚性生产线正在逐步改造为小批量多品种的柔性生产线，主要有以下几个趋势：工装夹具设计的柔性化；托盘与包装箱设计的统一和标准化；生产线节拍的无级变化；输送系统调度的灵活性；柔性拼盘管理。

4) 物流系统软件的开发与研究成为新的热点

从对制造执行系统的分析可以看出，企业对储运系统与生产系统的集成的要求越来越高，由于两个系统的集成主要取决于软件系统的发展与完善，因此，目前物流系统的软件开发与研究有以下几个趋势：集成化物流系统软件向深度和广度发展；物流仿真系统软件已经成为虚拟制造系统的重要组成部分；制造执行系统软件与物流系统软件合二为一，并与 ERP 集成；物流系统软件开发过程的综合安全设计。

5) 虚拟物流系统走向应用

随着 GPS 的应用，社会大物流系统的动态调度、动态储存和动态运输将逐渐代替企业的静态固定仓库。由于物流系统的优化目的是减少库存直到零库存，这种动态仓储运输体系借助于 GPS，充分体现了未来宏观物流系统的发展趋势。随着虚拟企业、虚拟制造技术不断深入，虚拟物流系统已经成为企业内部虚拟制造系统的一个重要组成部分。

6) 绿色物流开始被关注

随着环境资源恶化程度的加深，人类生存和发展面临的威胁加大，因此人们对资源的利用和环境的保护越来越重视。对于物流系统中的托盘、包装箱、货架等资源消耗大的环节出现了以下几个方面的趋势：包装箱材料采用可降解材料；托盘的标准化使得可重用性提高；SCM 的不断完善，大大降低了托盘和包装箱的使用。

7) 加强信息集成和共享技术研究

实现最短上市时间(Time To Market)要求供应商、制造商、批发商、代理商、零售商高度合作，致力于将正确的产品在正确的时间以正确的价格送到正确的地点。现在与将来的市场必将是以消费者为中心的买方市场。各方通过相互合作达到最大程度的互利。物流与信息流在这样的配合中起到衔接各方和各个过程的作用。为了使物流支撑适应于先进生产技术的需求，就缺少不了信息的集成和共享，通过它能够建立和支撑起遍及供应链的商务处理能力和响应。

8) 电子商务加快物流业的发展

电子商务时代，由于企业销售范围的扩大，企业和商业销售方式及最终消费者购买方式的转变，送货上门等业务成为一项极为重要的服务业务，促使了物流行业的兴起。物流行业即能完整提供物流技能服务，以及运输配送、仓储保管、分装包装、流通加工等以收取报偿的行业。信息化、全球化、多功能化和一流的服务水平，已成为电子商务下的物流企业追求的目标。电子商务的不断发展，对物流业的发展提出了挑战：物流业的发展方向——多功能化；物流企业的服务——一流化；现代物流业的必经之路——信息化；物流企业竞争的趋势——全球化。

8.2 自动化仓库技术

8.2.1 自动化仓库的概念和发展

1. 自动化仓库的定义

自动化仓库系统，也叫自动存取系统(AS/RS)，是指在不直接进行人工处理的情况下能自动存储和取出物料的系统，广泛应用于机械、家电、汽车、食品、烟草等行业。

自动化仓库技术经历了 5 个阶段：人工仓储阶段、机械化仓储阶段、自动化仓储阶段、集成自动化仓储阶段和智能自动化仓储阶段。

各阶段的特征见表 8-1。

表 8-1 自动化仓库技术经历的 5 个阶段

阶　段	特　征
人工仓储阶段	仓库中物资的输送、存储、管理和控制主要靠人工实现
机械化仓储阶段	仓库中的物料用各种各样的传送带、工业输送车、吊车等设备来移动和搬运，用货架托盘和可移动货架存储物料，人工操作机械存取设备，用限位开关、机械监视器等仪器来控制设备的运行
自动化仓储阶段	在这个阶段，自动化技术对仓储技术的发展起了重要的促进作用，出现了 AGV、自动货架、自动存取机器人等设备。随着仓库管理要求实时、协调和一体化，计算机技术和信息技术在仓储中得到了普遍应用
集成自动化仓储阶段	在集成自动化仓库中，AS/RS、输送系统、自动识别系统等不再是各自独立的系统，而是通过计算机技术和信息技术等进行有效的集成，从而构成一个有机的整体
智能自动化仓储阶段	人工智能技术的发展使得自动化技术向智能自动化方向发展，目前智能自动化仓储技术还处于初级发展阶段，将来仓储技术的智能化将具有广阔的应用前景

2. 国内外自动化仓库的发展

1) 国外自动化仓库的发展

国外自动化仓库的发展是第二次世界大战之后生产和技术发展的结果，美国是研究和应用自动化仓库技术较早的国家之一。20 世纪 50 年代初期，美国出现了采用桥式堆垛起重机的立体仓库，这种仓库是在通用桥式起重机的小车上装设堆货物的装置，从地面上用按钮进行操纵，结果使货架间的通道大大减小，单位面积的储存量平均增加 50%多；1959 年美国国际纸张公司在亚拉巴马州仓库中采用司机操作的巷道式堆垛起重机立体仓库，克服了桥式堆垛起重机的缺点；1963 年美国率先将计算机技术应用于自动化仓库的控制管理，建成世界上第一座自动化仓库，仓库高度达 12m。

自动化仓库起始于美国，但在数量上日本后来居上。日本于 20 世纪 60 年代中期开始兴建立体仓库，1965 年建成第一座自动化仓库；此后发展的速度越来越快，在 1974 年前后出现了建设自动化仓库的热潮，一年时间建起了三四百座自动化仓库。据日本“产业机工”的统计，到 1982 年，日本已拥有各种立体仓库 3 257 座，几乎相当于同时期欧美国家拥有量的总和。

除美国和日本外，德国、瑞士、意大利、英国、法国、瑞典等国家在自动化立体仓库的研究和应用方面均有较大进展。

2) 我国自动化仓库的发展

我国在自动化立体仓库方面的研究和应用起步并不晚，1963 年北京起重运输机械研究所设计了第一台 1.25t 桥式堆垛起重机，并由大连起重机厂完成试制。20 世纪 70 年代中期，郑州纺织机械厂首次利用仓储技术改建了立体仓库，设有 3 排货架组成一条 U 形巷道，堆垛机载重 300kg，投入使用取得明显的经济效益。接着，北京汽车制造厂、第二汽车制造厂建造了规模较大、自动化水平较高的自动化仓库，采用计算机分级管理和数据处理工作。我国目前已建成数百座各种类型的自动仓库，多数是中小型自动仓库。近几年来，随着我国机械制造技术研究和应用的迅速发展，大型自动化仓库系统也开始由国内设计和总承包，如中国国际航空股份有限公司货运部的自动化仓库、保定六零四厂自动化仓库和广州羊城药厂(现更名为广州王老吉药业股份有限公司)的自动化仓库(均是三级计算机集散控制、联网管理的大型自动化仓库)，都是委托北京起重运输机械研究所设计承建的。特别是“九五”末期由该所承建的联想控股有限公司、青岛澳柯玛股份有限公司的自动化立体仓库，其规模和技术已接近世界先进水平。到目前为止，我国已经建成自动化仓库 600 座以上，这些仓库主要应用于机器制造业、电器制造业、化工企业、烟草、通信、商业和储运业、军需部门等优势行业。

8.2.2 自动化仓库的分类

1. 按照货架形式分类

1) 单元式货架仓库

单元式货架仓库使用最广，通用性也较强。其特点是货架沿仓库的宽度方向分为若干排，每两排货架为一组，其间有一条巷道，供堆垛机或其他仓储机械作业。每排货架沿仓库纵长方向分为若干列，沿垂直方向又分若干层，从而形成大量货格，用以储存货物单元(1 托盘或 1 货箱)。在大多数情况下，每个货格存放一个货物单元。如货物单元较小，则一个货格内存放两三个货物单元，以便充分利用货格空间，减少货架投资。

2) 贯通式货架仓库

为了进一步提高仓库面积的利用率，可以取消位于各排货架之间的巷道，将货架合并在一起，使在同一层、同一列的货物互相贯通，形成能依次存放许多货物单元的通道，而在另一端由出库起重机取货。根据货物单元在通道内移动方式不同，贯通式仓库又可进一步划分为重力式货架仓库和梭式小车式货架仓库。重力式货架仓库中的货物在通道中的移动是依据货物自身的重力来实现的，每个存货通道只能存放同一种货物，因此适用于货物品种不太多而数量相对较多的仓库；梭式小车式货架仓库则由梭式小车在存货通道内往返穿梭来搬运货物。

3) 循环货架仓库

循环货架仓库的货架本身是在水平面内沿环形路线来回运行的输送机或一台垂直提升机。前者可在平面内存取或拣选货物，称为水平循环货架仓库。后者可在垂直方向存取货物，称为垂直循环货架仓库。

水平循环货架仓库的每组货架由数十个独立的货柜组成，用一台链式输送机将这些货柜串起来。每个货柜下方有支撑滚轮，上部有导向滚轮。输送机运转时，货柜便相应地运动；需要提取某种货物时，操作人员只需在操作台上给出指令，相应的一组货架便开始运转；当装有该货物的货柜来到拣选口时，货架便停止运转。这种货架仓库对于小件物品的拣选作业十分合适，简便实用，能够充分利用建筑空间，对土建没有特殊要求，在作业频率要求不高的场合很适用。

垂直循环货架仓库与水平循环货架仓库相似，只是把水平面内的环形旋转改为垂直面内的旋转，这种仓库的货架本身是一台垂直提升机，提升机的两个分支上都悬挂有货格。提升机根据操作命令可以正转或反转，使需要提取的货物降落到最下面的取货位置上。这种货架特别适用于存放长的卷状货物，如地毯、地板革、胶片卷、电缆卷等；也可用于储存小件物品。

2. 按照建筑形式分类

1) 整体式仓库

整体式仓库是指货架除了储存货物以外，还可以作为建筑物的支撑结构，即库房与货架形成一体化结构。这种仓库结构质量轻、整体性好，抗震性强；但整体式仓库技术要求高、投资大、建设周期长，只适用于大型企业和流通中心。

2) 分离式仓库

分离式仓库是指储存货物的货架独立存在，建在建筑物内部。和整体式仓库相比，分离式仓库具有以下优点。

(1) 分离式仓库与建筑无关，所以利用车间内部部分空间就可建设与生产工艺密切连接的仓库，也可把现有建筑改造成为仓库。

(2) 分离式仓库的建设周期短。

(3) 分离式仓库的货架、巷道式堆垛起重机和自动化控制等机械设备易标准化、系列化，可实现批量化生产，降低成本。

(4) 当现有建筑地面耐压为 $3t/m^2$，不平度为 30～50mm 时，地面无须处理即可建设分离式仓库；而整体式仓库地基和地面的处理较为复杂，费用约占总费用的 5%～15%。

3. 按照仓库高度分类

按照仓库高度的不同，自动化仓库可以分为高层仓库(12m 以上)、中层仓库(5～12m)和低层仓库(5m 以下)。

4. 按照控制方法分类

根据控制方法的不同，自动化仓库可分为手动控制仓库、自动控制仓库和遥控仓库 3 种。

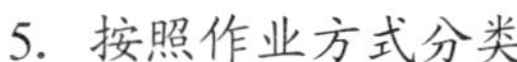

5. 按照作业方式分类

根据作业方式的不同，自动化仓库可分为单元货架式仓库、移动货架式仓库和拣选货架式仓库3种。

1) 单元货架式仓库

单元货架式仓库是一种最常见的结构，货物先放在托盘或集装箱内，再装入单元货架的货格中。

2) 移动货架式仓库

移动货架式仓库由电动货架组成。货架可以在轨道上行走，由控制装置控制货架的合拢和分离。作业时货架分开，在巷道中可进行作业。不作业时可将货架合拢，只留一条作业巷道，从而减小仓库面积，提高空间的利用率。

3) 拣选货架式仓库

拣选货架式仓库的分拣机构是仓库的核心组成部分，有巷道内分拣和巷道外分拣两种方式。每种方式又分人工分拣和自动分拣。

6. 按照仓库在物流系统中的作用分类

按照仓库在物流系统中的作用，自动化仓库可分为生产性仓库和流通性仓库两种。

1) 生产性仓库

生产性仓库是指工厂内部为了协调工序和工序、车间和车间、外购件和自制件物流的不平衡而建立的仓库，它能保证各生产工序间进行有节奏的生产。

2) 流通性仓库

流通性仓库是服务性的仓库，是企业为了调节生产厂家和用户间的供需平衡而建立的。这种仓库进出货物比较频繁，吞吐量较大，一般都和企业的销售部门有直接联系。

7. 按照与生产联系的紧密程度分类

根据与生产联系的紧密程度的不同，自动化仓库可分为独立型仓库、半紧密型仓库和紧密型仓库。

1) 独立型仓库

独立型仓库是指从操作流程及经济性等方面来说都相对独立的自动化仓库，又称为离线仓库。这种仓库一般规模都比较大、存储量大，仓库系统具有自己的计算机管理、监控、调度和控制系统，又可分为存储性仓库和中转仓库。例如，宝钢集团有限公司的备件自动化立体仓库共有9 000个货位，存储量达4 500t。

2) 半紧密型仓库

半紧密型仓库是指其操作流程、仓库的管理、货物的出入和经济性与其他厂或者部门等有一定关系，且又未与其他生产系统直接联系。例如，济南第一机床集团有限公司中央立体仓库就属于这种仓库。

3) 紧密型仓库

紧密型仓库是指与工厂内其他部门或生产系统直接相连的立体仓库，两者之间的关系比较紧密。例如，中石化仪征化纤股份有限公司涤纶长丝立体仓库和天水长城开关厂有限公司板材立体仓库均属于这种仓库。

8. 按照库存容量分类

库存容量在2 000个托盘(货箱)以下的为小型立体仓库；库存容量为2 000～5 000个托盘的为中型立体仓库；库存容量超过5 000个托盘的为大型立体仓库。

8.2.3 自动化仓库的功能和优点

1. 自动化仓库的功能

概括起来，自动化仓库主要有以下4个功能。

1) 储存和保管功能

储存和保管功能是自动化仓库最基本的功能。为了保证被储存物品的质量，仓库要根据物品的特性配备相应的设备，如通风设备、空调、恒温控制设备等。在仓库作业时，为了防止搬运和堆放时碰坏、压坏物品，要不断改进和完善搬运机具和操作方法，使仓库真正起到储存和保管的作用。

2) 调节供需功能

现代化生产形式是多样的，有些生产形式是均衡的，有些是不均衡的，而消费需求却是在持续均衡进行。由于供需之间存在着不均衡性，需要自动化仓库在其中起调节作用，避免生产和消费的脱节。

3) 调节运输能力功能

各种运输工具的运输能力存在差异，如海运船的运输能力一般是万吨级，而汽车的运输能力仅为4～10t。这种极度不平衡的运输能力的差异需要通过仓库进行调节和衔接。

4) 流通配送加工功能

现代仓库已经由传统的储存保管中心向流通销售中心转变，仓库里除了储存保管货物的设备外，还增加了分拣、配送、包装、加工等设施，这些都扩大了仓库的综合利用率和作业范围。

2. 自动化仓库的优点

与普通仓库相比，自动化仓库的优点有以下3个方面。

1) 空间利用率高

自动化仓库采用高层货架存储货物，存储区大幅度向高空发展，充分利用仓库地面和空间，节省了库存占地面积，提高了空间利用率。

2) 劳动生产率高

自动化仓库采用机械和自动化设备，加快了作业处理速度，能满足特殊货物(如有毒、易爆货物等)特定的存储要求(如黑暗、低温)。因此可以提高劳动生产率，降低操作人员的劳动强度。

3) 作业准确率高

通过使用计算机控制系统，对各种信息进行存储和管理，减少了货物处理和信息处理过程中的差错，提高了仓库的管理水平。

8.2.4 自动化仓库的系统构成

自动化仓库一般由货物储存系统、货物存取系统、货物输送系统及控制和管理系统 4 个部分组成。

1. 货物储存系统

货物储存系统是自动化仓库的基础，主要由立体货架的货格(托盘或者货箱)组成。货架机械结构可以分为分离式、整体式和柜式 3 种，货架按照排、列、层组合形成仓库的储存系统。

2. 货物存取系统

存取装置要具有高空存储作业的性能，操作要安全、准确，既能自动化作业，又能实现遥控作业。货物存取装置主要有吊车、叉车和堆垛机等。近年来，国外的自动化仓库开始应用货物存取系统，这种存取系统是以单个的装卸机械为主，配以先进的识别装置和控制装置等，组成一个专用的货物存取单元。

3. 货物输送系统

自动化仓库采用什么样的输送装置，需要根据货物的类型、装运条件和仓库的结构等因素来决定。自动化仓库中的货物输送装置主要有传送带、各种流动小车及 AGV 等，短距离的传送还可以用机器人。随着自动化仓库技术的发展，输送装置不断向自动输送系统发展，这种自动输送系统以各种搬运车辆或者机器人为主，配以统计计量装置和自动识别装置及完善的控制系统。组合而成的自动输送系统不仅能独立完成各种输送任务，而且能够自动对输送路径和速度做出最佳选择，并对货物自动堆码和捆包。

4. 控制和管理系统

高级自动化仓库的控制系统采用分布式控制，即由管理计算机、中央控制计算机和直接控制堆垛机、出入库输送机等现场设备的可编程序控制器组成控制系统。管理计算机是自动化仓库的管理中心，中央控制计算机是自动化仓库的控制中心。

阅读案例 8-1

自动化立体仓库市场空间的发展

近几年来，自动化搬运的概念已出现了很久，但自动化搬运实施的时间并不长。自动化搬运开始实施时主要用于纸箱的拣选上，目前自动化搬运已经转向高层仓库 AS/RS。自动化的优势在于：它将资金投资于自动化设备，而不是将资金用来作为机械化搬运系统的人工费用投资。除了减少直接的人员数量以外，自动化系统还提高了操作的速度和准确性。

自动化立体仓库因为可以有效地增加储物空间，便于货品的流动，在工业生产和物流配送中起到重要的作用。仓库作为一个储物的空间不仅有着存储的作用，在工业生产和物流配送中，仓库作为重要的货品采购运销配送的中继站，如果能从管理上提高效率的话，也能大大促进生产进度。

在仓储环节，自动化立体仓库的大规模普及为 PLC、运动控制、传感器等产品及其构成的综合解决方案提供了大量需求；在仓库中往来穿梭的人工车辆或 AGV 也越来越需要完善自动定位及安全功能，这则为安全光幕、广域无线网络等技术开启了大门；堆放、码垛环节的无人化又为越来越多的工业机器人打开了市场，这也离不开高性能的控制器，以及高精度的运控、部件；分拣系统对于终端检测识别的要求高而细，RFID、光电传感器生逢其时；而覆盖各个环节的物流信息系统则为整厂甚至跨厂范围内的软硬件集成整合提出了繁多的问题，如何将各司其职的自动化部件及其提供的丰富信息加以管理和利用，如何将灵活的物流信息系统与规整的ERP、MES等进行无缝连接，如何实现对物品的实时跟踪、定位及信息反馈，这些都为自动化新技术提供了展示的平台。

(资料来源：中国行业研究网.http://www.chinairn.com.)

8.3 自动分拣技术

8.3.1 分拣概述

1. 分拣的概念

所谓分拣，就是把很多货物按品种、地点和客户的订货要求，迅速准确地从其储位拣取出来，按一定方式进行分类、集中并分配到指定位置，等待装车送货。

分拣是配送作业系统的核心，也是物流中心业务流程中一个重要的环节。据统计，分拣作业所需人力占物流中心人力资源的50%以上，分拣作业所需时间占物流中心作业时间的40%，分拣作业的成本占物流中心总成本的15%～20%。可见，分拣作业是决定一个物流中心能否高效运作的关键因素。

从各国的物流实践来看，分拣的对象多为多品种、小体积、小批量的物流作业，这增加了分拣工作的难度，使分拣作业的工艺变得复杂，特别是对于客户多、货物品种多、需求批量小、需求频率高、送达时间要求准的配送服务，分拣作业的速度和质量直接影响到整个配送中心的效益和信誉。

按分拣的手段不同，分拣被分为人工分拣、机械分拣和自动分拣3类，见表8-2。

表8-2 分拣作业的分类

种　类	定　义	特　点
人工分拣	主要靠人力搬运，或利用最简单的器具和手推车等，把所需的货物分门别类地送到指定的地点	劳动强度大，效率最低
机械分拣	以机械为主要输送工具，还要靠人工进行拣选，这种分拣方式用得最多的是输送机	投资不多，可以减轻劳动强度，提高分拣效率
自动分拣	从货物进入分拣系统到送到指定的分配位置为止，都是靠自动装置按照人们的指令来完成的	分拣处理能力较强，分拣分类数量也较大

2. 自动分拣技术的发展

自动分拣首先在邮政部门开设应用，大量的信件和邮包要在极短时间内被正确分拣处理，非凭借高度自动化的分拣设施不可。此后，运输企业，配送中心，通信、出版部门及各类工业生产企业亦相继使用。美国和欧洲在20世纪60年代初开始使用，而日本则在20世纪70年代初才引进自动分拣机，但近年来由于其本国经济的特殊需要，自动分拣技术发展迅速，后来居上。

国外自动分拣系统的规模和能力已有很大发展，目前大型分拣系统大多包括几十个到几百个分拣机。分拣能力每小时达万件以上。国外分拣系统规模很大，主要包括进给台、信号盘、分拣机、信息识别、设备控制和计算机管理等几大都分，还要配备外围的各种运输和装卸机械组成一个庞大而复杂的系统，有的还与立体仓库连接起来，配合无人驾驶小车、拖链小车等其他物流装备组成复杂的系统。自动分拣技术发展的特点是应用部门不断扩大，分拣部门不断改进提高，分拣规模和能力不断发展。例如，瑞典某通信销售中心的自动分拣机有 520 个分拣道；日本佐川宅急便快递公司某流通中心分拣机的分拣能力达每小时 3 万件，单机的最大分拣能力达每小时 1.6 万件。

自动分拣系统之所以能在工业发达国家迅速发展，有其特殊的经济背景和外界条件。首先，在国外随着消费水平的提高，商品经济高度发展，商品种类繁多，流通数量庞大，开展门对门小件运输，各类流通中心、配送中心和运输集散中心的分拣量急剧增加，提高服务质量、迅速及时地送货上门，在客观上需要高效率的分拣系统。其次，国外劳动力工资相对较高，分拣工作要花费大量的劳务费用，为求得更多的经济效益，有必要寻求节省人力的自动化设施。再次，计算机信息系统在物流企业普遍应用，各类装卸、搬运、储存等配套物流设施的齐备，以及作业环境的完善使自动分拣系统具备正常运行的条件。

我国邮政部门在 20 世纪 70 年代在上海等大城市采用简单的翻盘分拣机来处理邮包的分拣；20 世纪 80 年代开始使用条码和邮政编码来分拣信件；1990 年邮政部门已研制生产多席位、自动进包、自动识别的托盘式分拣机，具有一定的技术水平。随着商品品种的增多，配送中心的增多，多品种、高频次、随机性的商品分类(分拣)作业，进入 20 世纪 90 年代后得到迅速发展。出错率高、费时费力的人力分类作业很快被自动分拣机及其系统所替代，自动分拣机目前广泛应用于流通、商业的物流中心和配送中心。

阅读案例 8-2

我国自动分拣机的应用

我国自动分拣机的应用大约始于 1980 年，近期的市场兴起和技术发展始于 1997 年。自动分拣的概念先在机场行李处理和邮政处理中心得到应用，然后普及到其他行业。随着业界对现代化物流的实际需求的增长，各行业对高速精确的分拣系统的要求正在不断地提高。这一需求最明显地表现在烟草、医药、图书及超市配送领域，并有望在将来向化妆品及工业零配件等领域扩展。这些领域的一个共同特点是产品的种类繁多、附加值高、配送门店数量多、准确性要求高和人工处理效率低。

(资料来源：于英. 物流技术装备[M]. 北京：北京大学出版社，2010.)

8.3.2 自动分拣系统

1. 自动分拣系统的作业过程

自动分拣系统是第二次世界大战后在美国、日本和欧洲的物流配送中心广泛采用的一种分拣系统，目前已经成为发达国家大中型物流中心不可缺少的一部分。该系统的作业过程如图 8.3 所示。

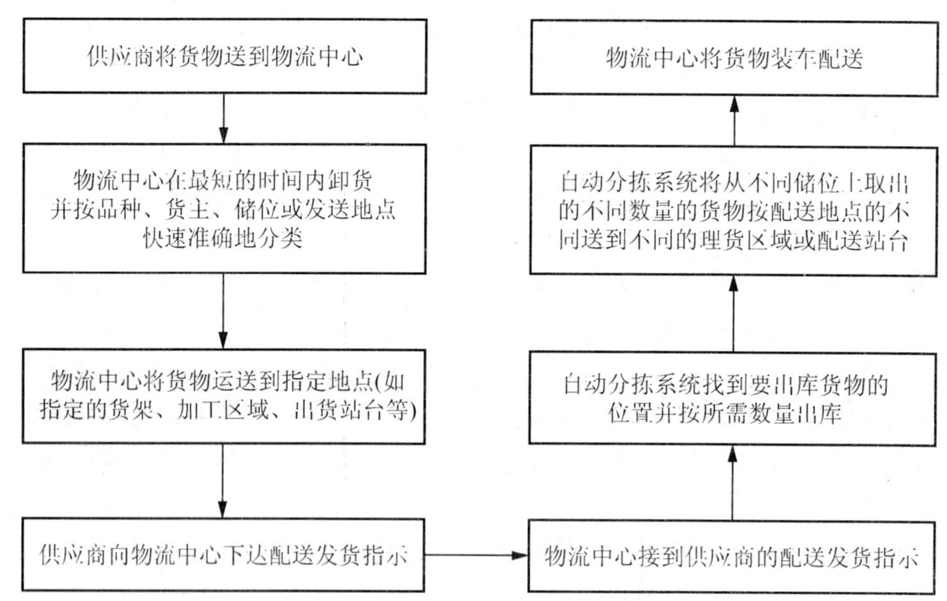

图 8.3　自动分拣系统的作业过程

2. 自动分拣系统的组成

自动分拣系统一般由识别及控制装置、分类装置、输送装置和分拣道口组成，需要 AS/RS 的支持。

(1) 识别装置通过条形码扫描、色码扫描、重量检测、语音识别、高度检测及形状识别等方式，将分拣要求传给分拣控制装置。控制装置接收和处理分拣信号，控制分类装置、输送装置的动作，根据货物品种、货物送达地点或货物的类别对货物进行自动分类，并决定其进入哪个分拣道口。

(2) 分类装置的作用是根据控制装置发出的分拣指示，当具有相同分拣信号或与分拣信息匹配的货物经过该装置时，该装置自动改变货物在输送装置上的运行方向进入其他输送机或进入分拣道口。分类装置的种类很多，一般有推出式、浮出式、倾斜式和分支式几种，不同的装置对分拣货物的包装材料、包装重量、包装物底面的平滑程度等有着不完全相同的要求。

(3) 输送装置的主要组成部分是输送机或传送带，其主要作用是使待分拣货物通过控制装置、分类装置。在输送装置的两侧，一般要连接若干分拣道口，使分好类的货物滑下主输送机(或主传送带)，然后进行后续作业。

(4) 分拣道口是已分拣货物脱离主传送带(或主输送机)进入集货区域的通道，一般由钢带、皮带、滚筒等组成滑道，使商品从主输送装置滑向集货站台，在那里由工作人员将该道口的所有商品集中后或是入库储存，或是组配装车进行配装作业。

以上 4 部分装置通过计算机网络连接在一起，配合人工控制及相应的人工处理环节构成一个完整的自动分拣系统。

3. 自动分拣系统的主要特点

1) 连续、大批量地分拣货物

自动分拣系统采用流水线自动作业方式，不受气候、时间、人的体力等因素的限制，可以连续运行。据统计，自动分拣系统的分拣能力是连续运行 100h 以上，1h 可分拣 7 000 件包装商品。

2) 分拣误差率极低

自动分拣系统的分拣误差率主要取决于所输入分拣信息的准确性，而准确性的高低又取决于分拣信息的输入机制。如果采用人工键盘或语音识别的方式输入，则误差率在 3% 以上；如果采用条形码扫描输入，除非条形码的印刷本身有差错，否则是不会出错的。因此，目前自动分拣系统主要采用条形码技术来识别货物。

3) 分拣作业基本实现无人化

使用自动分拣系统的目的之一，就是减轻员工的劳动强度，提高人员的使用效率。因此，自动分拣系统能最大限度地减少人员的使用，基本做到无人化。分拣作业本身并不需要使用人员，人员主要从事以下工作。

(1) 送货车辆抵达自动分拣线的进货端口时，由人工接货。

(2) 由人工控制分拣系统的运行。

(3) 分拣线末端由人工将分拣出来的货物进行集载、装车。

(4) 自动分拣系统的经营、管理与维护。

例如，美国一公司配送中心面积为 10 万 m^2 左右，每天可分拣近 40 万件商品，但仅使用 400 名左右员工，自动分拣真正做到了无人作业。

4. 自动分拣系统的适用条件

在引进和建设自动分拣系统时，一定要考虑以下条件。

1) 一次性投资巨大

自动分拣系统本身需要建设短则 40～50m，长则 150～200m 的机械传输线、配套的机电一体化控制系统、计算机网络及通信系统等，这需要上万平方米的占地面积；此外，一般自动分拣系统都建在自动化仓库中，这样就要建 3～4 层楼高的立体仓库，库内还需要配备各种自动化的搬运设施。这丝毫不亚于建立一个现代化工厂所需要的硬件投资，这种巨额的先期投入要花 10～20 年才能收回。

2) 对商品外包装要求高

自动分拣机只适于分拣底部平坦且具有刚性的包装规则的商品。袋装商品，包装底部柔软且凹凸不平、包装容易变形、易破损、超长、超薄、超重、超高、不能倾覆的商品不能使用普通的自动分拣机进行分拣。

8.4 自动识别技术

8.4.1 自动识别技术的概念

自动识别技术指的是应用某种识别装置，通过被识别物品和识别装置之间一定距离的接近，识别装置自动获取被识别物品的相关信息，并提供给后台的计算机处理系统的技术，包括条形码技术、RFID 技术、通信技术、磁条技术、语音和视觉系统技术、光学字符识别技术(Optical Character Recognition，OCR)、生物识别技术等。根据目前国际上通用的定义，自动识别技术包括自动识别、数据采集和移动计算 3 个方面。所谓自动识别，就是对字符、影像、条码、声音等记录数据的载体进行机器自动辨识；数据采集是对识别后的数据进行存储和传递；移动计算是依靠通信技术实时或准时地传递识别后的数据。可见，自动识别技术是依赖于信息技术的多学科结合的边缘技术，是以计算机技术和通信技术的发展为基础的综合性科学技术。

自动识别技术不通过键盘直接将数据输入计算机系统、可编程控制器或其他微处理器中，解决了人工输入数据速度慢、错误率高、劳动强度大、效率低等弊端。因此作为快速、准确、有效的数据采集输入手段，自动识别技术正迅速被大众所接受。

完整的自动识别计算机管理系统包括自动识别系统、应用程序接口或中间件和应用系统软件，如图 8.4 所示。自动识别系统完成数据的采集和存储工作，应用系统软件对自动识别系统所采集的数据进行应用处理，应用程序接口软件提供自动识别系统和应用系统软件之间的通信接口，将自动识别系统采集的数据信息转换成应用系统软件可以识别和利用的信息，并进行数据传递。

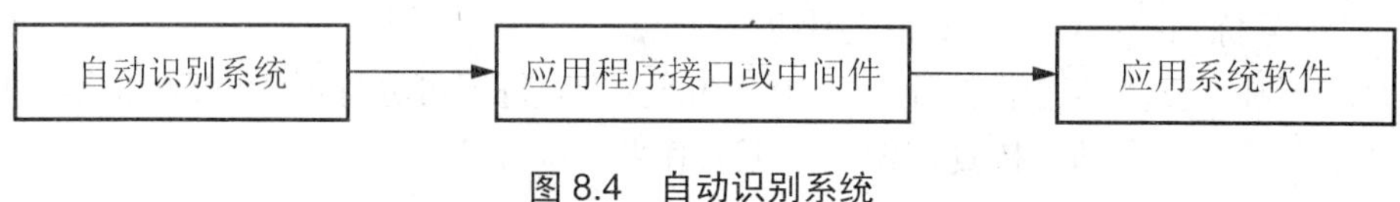

图 8.4　自动识别系统

一般来说，自动识别系统由标签、标签生成设备、识读器及计算机等设备组成。其中，标签是信息的载体，识读器可获取标签装载的信息，并自动转换为与计算机兼容的数据模式传入计算机，实现信息的自动识别及信息系统的自动数据采集。

8.4.2　自动识别技术的分类

自动识别技术可以分为 6 类，见表 8-3。

表 8-3　自动识别技术的分类

类　别	说明和举例
光学	条形码、光学字符识别、视觉系统等
磁	磁条、磁墨字符识别
电磁	RFID 系统
生物识别	语音识别、指纹识别、视网膜扫描
触摸	触摸屏
智能卡	卡的存储/阅读设备

条形码是最常用的自动识别技术，因为输入速度快、准确率高、成本低、可靠性强等，发展非常迅速，被广泛应用于物流业的各个环节。磁卡常用作身份标识以控制访问者。RFID 系统可以远距离识别动态或静态对象，射频数据通信系统则可将在各处采集到的数据发送到远处的计算机上。智能卡可以在嵌入的集成电路上存储信息并进行一定的处理。

8.4.3 常用的自动识别技术

除了前面章节提到的条码技术、RFID 之外，本节另外介绍几种常用的自动识别技术。

1. 光学字符识别技术

光学字符识别技术已有 30 多年历史，这种技术的优点是人眼可视读、可扫描，但输入速度和可靠性不如条形码，数据格式有限，通常要用接触式扫描器。该技术有 3 个重要的应用领域：OA 中的文本输入、邮件自动处理和与自动获取文本过程相关的其他领域，如零售价格识读、订单数据输入、微电路及小件产品上状态特征识读等。

2. 磁条技术

磁条是一层薄薄的由排列定向的铁性氧化粒子组成的材料(也称颜料)，用树脂黏合剂严密地黏合在一起，并涂到纸或塑料这样的非磁基片媒介上。磁条从本质意义上讲和计算机用的磁带或磁盘是一样的，它可以用来记载字母、字符及数字信息。磁条技术应用了物理学和磁力学的基本原理，优点是数据存储量能满足大多数需求，便于使用，成本低廉，还具有一定的数据安全性，且能黏附于许多不同规格和形式的基材上。这些优点使它在很多领域得到广泛应用，如信用卡、机票、会员卡等。磁条不能折叠、撕裂。

3. IC 卡识别技术

IC 卡是 1974 年由法国人罗兰德 • 莫瑞诺(Roland Moreno)发明的，他第一次将可编程设置的 IC 芯片放于卡片中，使卡片具有更多功能。通常说的 IC 卡多数是指接触式 IC 卡。IC 卡的优点是安全性高，存储容量大，便于应用，方便保管，防磁、防一定强度的静电，抗干扰能力强，使用寿命长，一般可重复读写 10 万次以上。但是由于 IC 卡的触点暴露在外面，有可能因人为的原因或静电损坏。在日常生活中，IC 卡的应用也很广泛，如手机 SIM 卡、购电(气)卡等。

4. 生物识别技术

生物识别技术是指通过计算机对人类自身生理或行为特征进行身份认定，包括指纹识别、视网膜和虹膜扫描、手掌几何学、声音识别、面部识别等。这种技术的原理是以数字测量所选择的对象的某些人体特征，与这个人资料中的相同特征信息进行比较来识别。被使用的人体特征包括指纹、声音、掌纹、手腕上和视网膜上的血管排列、眼球虹膜的图像、脸部特征、签字时和在键盘上打字时的姿态等。

所有的生物识别工作基本按照 4 个步骤进行：原始数据获取、抽取特征、比较和匹配。当生物识别系统捕捉到样品的生物特征时，唯一的特征将会被提取并且被转化成数字的符号，接着这些符号被用作个人的特征模版，这种模版存放在数据库、智能卡或条形码中，人们同识别系统交互，根据匹配或不匹配来确定他或她的身份。

由于人体特征具有不可复制的特性，因此依靠人体的身体特征来进行身份识别的技术在安全性上较传统意义上的身份验证机制有很大的提高。生物识别技术适用于所有需要安全防范的场合和领域，包括金融证券、公安、海关等行业。表 8-4 是几种常用的自动识别技术的特点比较。

表 8-4　常用的自动识别技术特点比较

特点＼名称	键盘输入	光学字符	磁　条	条　码	射　频
优点	操作简单、可用眼阅读、键盘价格便宜	可用眼阅读	数据密度高、输入速度快	输入速度快、设备便宜、设备种类多、可非接触式识读、数据不可更改	可在灰尘油污等情况下使用、可非接触式识读
缺点	输入速度慢、输入受个人因素影响	输入速度慢、不能非接触式识读、设备价格高	不能直接用眼阅读、不能非接触式识读、数据可变更	不可用眼直接阅读	发射和接收装置价格昂贵、发射装置寿命短、数据可改写

8.4.4　自动识别技术的优点

与手工作业相比，自动识别技术的优点在于以下 3 点。

(1) 数据成本低。通过使用自动识别技术，大幅度减少了数据的输入时间，降低了数据的输入成本，同时收集到非常详细的数据。

(2) 信息价值大。自动识别技术提供了全面的活动信息，从而加快了与信息相关的业务流程。例如，配送中心在卸车、理货、发货装车时，需要知道包装箱属于哪个采购订单，是按照标准运输步骤发货还是需要特别处理，需要发向何地。如果没有自动识别技术，货物只能处于静止状态等待上述信息；而现在就可以立即向中央计算机系统报告到达的货物，大多数情况下可以将货物直接装车，不需要额外的存储空间，减少了经过仓库的货物总量。

(3) 工作准确度高。自动识别技术的应用，提高了工作效率，加快了业务进度，有助于减少员工人数并增加工作吞吐量，还可以提高工作的准确度和质量，进而保证了与关键客户的关系。

8.4.5　自动识别技术的应用

自动识别技术解决的主要问题是实物与信息之间的匹配关系。实物的整个业务过程可以通过自动识别技术及时地反映到信息网络环境中，操作者因此能够迅速了解物流的全部过程，尤其是在途的情况，从而提高物流过程的作业效率及货物数量的准确性。

自动识别技术主要应用在以下几大模块中。

(1) 初始信息采集。首先根据企业信息系统中的数据库进行分析，对每个产品都设定条形码，条形码使用条形码打印机来打印，从而产生条形码序列号标签。在每个条形码中应包含产品的相关信息，有产品的品名、规格、数量、条形码序列号、入库日期和出库日期等。

(2) 采购管理。在采购入库时，用户需要使用条形码打印机来打印这批产品的条形码标签，完成其初始信息的采集，然后在系统的入库收货单中的“序列号”一栏直接使用

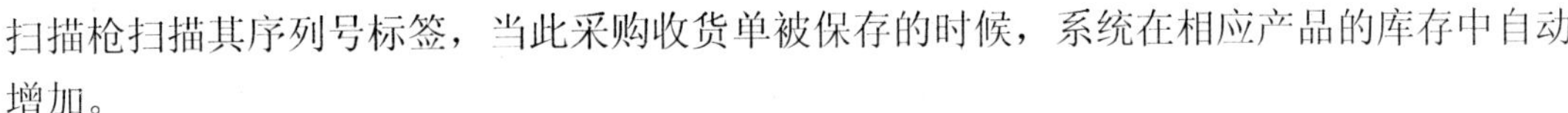

扫描枪扫描其序列号标签，当此采购收货单被保存的时候，系统在相应产品的库存中自动增加。

(3) 仓储管理。在系统的仓储管理中，首先完成的是初始库存管理(初始信息采集)。当采购收货后库存自动增加，当销售出库的时候，系统库存自动减少，且管理员可以随时查询特定型号的库存。

(4) 销售管理。当销售出库的时候，管理员在出库单上的物品“序列号”一栏使用扫描枪直接扫描，当保存出库单的时候，系统在库存中自动减少此产品的库存。通过数据采集器把数据及时地送入计算机，避免错误发生。

8.5 自动导向车系统

运输是物流中的“流”，是物流最重要的环节之一。运输技术包括车辆技术和运输管理技术。为了提高运输效率和服务质量，载货汽车的发展方向是大型化、专用化和集装化，并大力发展甩挂运输。在车身方面，为了装货和卸货的方便，发展低货台汽车，特别是用于配送的厢式货车。多采用车轮数较多而车轮直径较小的低货台汽车，以使车厢内部装载货物的高度增大，使车厢内部装卸作业变得容易。软体厢式车、帘式车也会成为常用的车型，不仅装货和卸货方便，而且车辆自重大大降低，从而提高运输效率。此外，各种专用货运车辆的发展也十分迅速，如专门运油及粉状货物的罐装车、冷冻冷藏车、牲畜运输车、家具运输车、服装运输车、垃圾废料运输车和专门运送制造厂出厂新车的运输车辆。运输管理上，随着计算机技术及光导纤维通信技术等的采用，运输生产向自动化管理系统发展，如GPS、CVPS(车辆运行线路安排系统)等，使运输管理自动化、科学化。

8.5.1 AGV概述

1. AGV的发展及其应用历史

AGV是自动导向车的缩写，它可以按照监控系统下达的指令，根据预先设计好的程序，依照车载传感器确定的位置信息，沿着规定的行驶路线和停靠位置自动驾驶。

AGV最早产生于美国，但第二次世界大战之后却在欧洲率先应用。20世纪50年代，Barret公司设计出无人驾驶卡车，也就是今天我们称之为AGV的最早雏形。后来，美国物料搬运研究所(属美国物流管理协会，现更名为美国供应链管理专业协会)将其定义为AGV，它是可充电的无人驾驶小车，可根据路径和定位情况编程，而且行走的路线可以改变和扩展。

20世纪60年代，斯坦福大学机械工程系设计并制造了一台机器人拖车，首次用计算机进行控制，从而使遥控导向车成为现实。

20世纪70年代，计算机对AGV技术产生了深刻的影响。由于它所提供的物料搬运的灵活性，使之在柔性制造系统(FMS)领域得到了广泛的应用。受到当时电子技术的限制，早期AGV的控制器体积较大而且功能简单，实质上只是简单动力化的拖车或载货车，应用也多限于在仓库内做货物转运。现代电子和微电子技术的发展使 AGV 技术水平不断得到提高，现在的 AGV 上一般都装有车载计算机，整机的复杂性和自动化程度都大大提高，应用范围也扩大了。对于包含有多台小车的自动导向车系统(AGVS)，各台小车在中央控制计算的管理下可协调地工作，并可方便地与系统中其他的自动化物流设备如输送辊道、传送带和工位缓冲站等进行集成。

AGV 技术在欧洲各国、美国和日本迅速得到发展和推广应用，并成为制造和装备作业过程中的一种流行的物料搬运设备。欧洲各公司统一了托盘的结构和尺寸，使得 AGV 制造厂不需要频繁地根据用户的要求改变自己的产品形式。其高效、灵活性使得 AGVS 在各工业先进国家获得了广泛的应用，瑞典于 1969 年首次在物流系统中采用了 AGV，到 1985 年为止共有 1 250 台 AGV 在 75 条 AGVS 中工作。1983 年全欧洲有 360 条 AGVS 共 3 900 台 AGV 在工作，而 1985 年所生产的 AGV 总台数超过了 10 000 台。1985 年美国拥有 2 100 条 AGVS 共 8 199 台 AGV，共有 30 多家 AGV 生产厂家。日本在 1963 年首次引进一台 AGV，1976 年以后每年增加数十条 AGVS，1981 年销售量达 60 亿日元，1985 年上升到 200 亿日元，平均每年以 20%的速度递增。

我国 AGV 的研制起步较晚，并且受到国内市场需求的影响而发展缓慢。国内许多物料搬运任务仍然由人工借助简单的机械装置来完成，只有在一些自动化程度要求较高和作业环境对人体有害的场合使用了 AGV，并且多数是进口的，如金山石化总厂涤纶车间和秦山核电站核废料仓库等。为了满足工业发展的需要，国内许多厂家正在进行着生产过程自动化的改造，对于在自动化生产过程中起着纽带作用的 AGV 已有越来越多的需求，因此，及时开发和研制自己的 AGVS 是十分必要的。

2. AGV 的定义

AGV 用于 AGVS 中，按照设定的路线自动行驶或牵引着载货台车，将物料搬运到指定的地点。它具有导向行驶、认址和移交载荷的基本功能。

根据美国供应链管理专业协会的定义，AGV 是指装备有电磁式或光学式自动导引装置，能够沿规定的导引路径行驶，并具有小车编程与停车选择装置、安全保护及移载功能的运输小车。

AGV 是以电池为动力，装有非接触导向装置、独立寻址系统的无人驾驶自动运输车，是现代物流系统的关键设备。它是一种集声、光、电、计算机为一体的简易移动机器人，主要用于柔性加工装配系统、自动化立体仓库及其他行业，作为搬运设备使用。

安全设计是 AGV 开发设计中最重要的环节之一。安全装置的作用包括防止设备在运行中出错，还包括预防运行出错对人员及公共运行环境设施产生的影响。安全装置的功能除了保护 AGV 自身安全，以及维护 AGV 功能的顺利完成外，还在最大可能的范围内保护人员和运行环境设施的安全。

AGVS 的运用是一项复杂的高技术系统工程。一般地，每一个 AGVS 都会包括多台 AGV 设备。为保障 AGVS 的正常运行，其安全防护系统需要涉及许多复杂的因素。

3. AGV 的优势

AGV 可自动装载货物，并按预先设置的路线自动行驶，其自动作业的基本功能分为自动载货、自动行驶和自动卸货。AGV 由于其独特的功能，其优势表现在以下 4 个方面。

(1) 可以十分方便地与其他物流系统实现立体仓库到生产线的连接、立体仓库到立体仓库的连接，从而实现自动化物流；而完成物流及信息流的自动连接，均可通过无线通信完成。

(2) AGV 的最大优势是由于采用埋设地下的通信电缆或采用激光制导技术，能够保持地面的平整和不受损坏。在许多需要其他交通运输工具交叉运行的场合，如生产线等，AGV 的应用十分广泛。

(3) AGV 输送对于减少货物在运输过程中的损坏，降低工人的劳动强度等均具有积极意义。

(4) AGV 系统本身具有较高的可靠性，如能耗较低等，这些特点均使得近年来 AGV 得到了广泛的应用。

4. AGV 的特点及功能

AGV 上装备有自动导向系统，不需要人工操作就能沿预定的路线行驶，另外车上还配置有辅助物料装卸机构(如机械手、有动力或无动力的辊道、推杆、油缸等)，可以与其他的物流设备自动接口，实现物料装卸和搬运全过程的自动化。

AGVS 对于工作环境具有较好的适应性，可以充分利用环境的空间，并且系统的安装和小车运行线路的更改都比较容易。AGVS 的开发研究已经有较长的历史，它并不是针对 FMS 而开发的，但是它所提供的物料搬运的灵活性，很好地满足了现代 FMS 的要求，因此随着 FMS 技术的发展，AGVS 技术也越来越得到人们的重视，并在柔性加工线、自动输送线、自动化仓库的物料搬运系统中得到了广泛应用。此外，作为一般性质的用途，AGV 可以广泛应用于车间、码头、机场、医院、商店等进行物品的转运，也可以用在流水作业线上作为工序间可移动的装配台，尤其适用于工作人员不宜进入的场所，以及对人体有害、强度太高，或对工作精度有一定要求、完全靠手工或仅借助于简单的机械装置难以完成的工作。

可以预计，随着工厂生产自动化程度的不断提高及 FMS 的推广，AGVS 技术将会得到广泛的应用。

在 FMS 中，AGVS 可完成各种工作，主要包括下列各项。

(1) 在加工区、排队等待区和组装站之间进行工件、刀具和夹具的传送。

(2) 把坯料送到 FMS。

(3) 把加工好的工件从 FMS 送到装配区。

(4) 在 AS/RS 之间传送工件、刀具和夹具。

(5) 传送切屑容器。

(6) 在加工站和排队等待站的往复机构处，为了装卸物料，可把托盘升降到和该机构平齐的位置上。

5. AGV 的结构及装置

自动化安全装置的构成，是基于安全保障体系的系统工程。就 AGV 而言，通常可分为自动搬运车、自动拖车和自动叉车等几类；此外，根据导引的方向不同，又可分为电磁导引、激光导引、惯性导引等多种 AGV 形式。由于功能用途和结构的差异，其安全装置的设置也不同。例如，自动拖车和自动叉车的安全装置就不一样。

1) 车身

车身是装配 AGV 其他零部件的主要支撑装置，是运动中的主要部件之一。无论是框式结构还是其他机构，考虑运行中的 AGV 可能会同人或者其他物体相碰撞，除非操作需要，车身的外表不得有尖角和其他突起等危险部分。

2) 障碍物接触式缓冲器

为了避免碰撞产生的负面影响，确保运行环境中人和物品的安全，在 AGV 车身上必须设置有障碍物接触式缓冲器。一般地，障碍物接触式缓冲器设置在 AGV 车身运行方向的前后方。缓冲器的材质具有弹性和柔软性，这样，即使发生碰撞事故，也不会对与之碰撞的人和物及其自身造成大的伤害，故障解除后，能自动恢复其功能。缓冲器的宽度，在正常情况下，大于或等于车身宽度，当发生碰撞事故时，缓冲器能及时使自动搬运车停车。

障碍物接触式缓冲器是一种强制停车的安全装置，它产生作用的前提是与其他物体接触，使其发生一定的形变，从而触动有关限制装置，强行使其断电停车。显然，这种机构的作用将受到路面的光滑平整度、整车及载货重量、运行速度、限制装置的灵敏度等因素的影响，其安全保护措施是终端安全保护屏障。

3) 障碍物接近检测装置

障碍物接近检测装置是障碍物接触式缓冲器的作用辅助装置，在规定的有效作用范围内，AGV 在所有的场合对于确保安全是必不可少的。在此范围内，它将带给 AGV 合适的运行速度，减小惯性，缓慢停车，是先于障碍物接触式缓冲器发生有效作用的安全装置。

为了安全起见，障碍物接近检测装置最好是多级的接近检测装置。一般地，障碍物接近检测装置有两级以上的安全保护设置。例如，在一定距离范围内，它将使 AGV 减速行驶，在更近的距离范围内，它将使 AGV 停车；而当解除障碍物后，AGV 将自动恢复正常行驶状态。

障碍物接近检测装置包括激光式、超声波式、红外线式等多种类型，且都有成熟的产品面市。

4) 自动装卸货物的执行机构的安全保护装置

AGV 的主要功能是解决物料的全自动搬运，除了其全自动运行功能外，还有自动装载和卸载货物的装置，如辊道式 AGV 的辊道，叉车式 AGV 的货叉等，我们把这类机构归为自动装卸货物的执行机构。

执行机构为 AGV 上“动中之动”的结构，其安全保护装置为又一难点，这类结构包括机械和电气两大类。一般地，在同一辆车上，机械和电气这两类保护装置都具备关联性，同时产生保护作用，如位置定位装置、位置限位装置、货物位置检测装置、货物形态检测装置、货物位置对中结构、机构自锁装置等结构。

5) 警报装置

为了通知 AGV 的运动状态和唤起周围的注意，AGV 需装备多种警报装置。

(1) 自动运转显示灯：AGV 自动运行时，显示灯亮；AGV 处于非自动运行状态，显示灯灭。

(2) 运行警报器：AGV 在运行及移载过程中，要求不同的环境，警报装置产生相应的警报信息。

(3) 前进警报器：AGV 由停止状态进入运行状态时，发出警报。

(4) 后退警报器：AGV 处于后退运行状态时，发出警报。

(5) 异常警报器：AGV 发生异常时，警示灯亮，警报器发出声音告诉人们发生了异常情况。

(6) 左转、右转显示灯：识别 AGV 的左转、右转方向，显示灯相应亮。

(7) 急停装置：AGV 在突发异常状况下，必须有急停装置维护自身。急停装置位于车身上便于识别、操作的位置，通过手按等简单的操作就可实现紧急停止的功能。这种装置具有系统连锁保护功能，紧急停止后，只要停止原因的安全性得不到确认，即使已解除异常，AGV 也不会再次启动运行；同时，还具有手动控制功能，在异常状况下，操作人员可以通过手动操作 AGV。

(8) 状态监视装置：监视 AGV 运行状态，特别是当 AGV 发生异常时，能够了解原因的。

6) 充电保护装置

AGV 结构设计的另一难点是其动力源装置的设计。动力源的功率大小直接影响 AGV 的功用，而动力源的体积大小将直接影响整车的体积及外观造型。

AGV 选择蓄电池作为动力源。铅酸蓄电池、镉镍蓄电池、镍锌蓄电池、镍氢蓄电池、锂离子蓄电池等可供选用，需要考虑的因素除了功率、电流、功率质量比、体积等外，还包括充电时间的长短和维护的难易性。快速充电为大电流充电，一般为专业的充电装备，其本身必须有充电限制装置和安全保护装置。

充电装置在小车上的布置方式有多种，一般有地面电靴式、壁挂式等。在设计过程中，必须结合 AGV 的运行状况，综合考虑其在运行状态下可能产生的短路等因素，从而考虑设置 AGV 的安全保护装置。

8.5.2 AGV 的发展趋势与应用

1. AGV 的发展趋势

AGVS 技术在日本、美国、德国等工业发达国家已经非常成熟，应用范围十分广泛。目前主要的发展是开发不需固定线路的具有各方位运行能力的 AGV，以及在超重负荷、高定位精度等一些特殊情况下的工作能力。AGVS 是一种用户性很强的产品，不同的用户都可能提出不同的要求，为了能够进行批量生产，必须统一物流系统中使用的托盘或容器的结构和尺寸。由于不同的 AGV 有许多模块功能是相同的，因此为了能够适应不同的使用要求和缩短新产品的开发周期，最好是采用模块化的设计方法，将 AGV 的各功能模块做成不同的系列，再根据具体的使用要求进行组合。除了 AGV 本身的自动化程度和运行灵活性之外，物流路线设计是否合理，AGV 调度规则的选用是否得当，AGV 运行路线的规划方法是否有效等都直接影响着 AGVS 的性能。在具体实施 AGVS 之前，应当根据特定的工作环境，通过计算机仿真的方法校验控制系统的性能，以便及时发现问题并加以解决和改进。

2. AGV 的应用

1) AGV 在制造业中的应用

在制造业中，AGV 应用最广泛的领域是装配作业，特别是汽车的装配作业。在西欧各国，用于汽车装配的 AGV 占整个 AGV 数量的 57%，德国用于汽车装配的 AGV 占整个 AGV

数量的64%。近年来，电子工业是AGV的新兴用户，由于生产的多品种、小批量的要求，AGV比传统的带式输送机具有更大的柔性。

2) AGV在重型机械中的应用

在重型机械行业中，AGV的主要用途是运送模具和原材料，由于运送物的质量较大，AGV需要配备功率较大的移载装置。在AGV上配备大型机器人用以对大型金属构件进行喷漆(如飞机骨架的喷漆)是AGV在重型行业中的应用之一。

3) AGV在烟草行业中的应用

在烟草行业中，AGV的应用比较广泛，主要用于辅料从立体仓库到生产工位的输送。烟草行业由于其经济效益较好，已成为AGV试点应用的最好行业。在中国，玉溪红塔烟草(集团)有限责任公司于1996年实施物流自动化时，共引进了52台AGV，构成庞大的AGV系统。此后，中国众多的烟草公司纷纷实施物流系统，并把AGV作为必需的项目加以应用。

4) AGV在非制造业中的应用

在非制造业中，AGV应用最广泛的行业是邮政业、图书馆、医院。在邮政部门广泛地采用AGV，如将进区台的邮件送到处理区，再将处理区的邮件送到出区台。为了加大一次运输量，使用了牵引式AGVS，一次可以牵引多台邮件车。在图书馆用于图书的入库和出库，可以自动地将图书送到指定的地点。大型办公楼也开始安装AGVS，用以运送邮件、电文和包裹到各个分区部门。宾馆采用AGV把食品从厨房运送到客房。AGV也可作为机器人的“脚”，使机器人可在更大范围内自动完成作业，如在AGV上配备机器人用于光整水泥地面。在有核辐射危险的地方，常将AGV机器人用于核材料的搬运。总而言之，AGV的应用已越来越广泛。

8.6 物联网概述

8.6.1 物联网的概念

1. 物联网概念的提出

尽管此前已有多种相关论述，但“物联网”这一概念比较正式的提出是在2005年11月17日，在突尼斯举行的信息社会世界高峰会议(WSIS)上，ITU发布了《ITU互联网报告2005：物联网》。该报告指出，无所不在的“物联网”通信时代即将来临，世界上所有的物体(从轮胎到牙刷、从房屋到公路设施等)都可以通过互联网进行数据交换。RFID、传感器技术、纳米技术、智能嵌入技术等将得到更加广泛的应用。

根据ITU的描述，在物联网时代，通过在各种各样的日常用品中嵌入短距离移动收发器，人类在信息与通信世界里将获得一个新的沟通维度，从任何时间任何地点的人与人之间的沟通连接扩展到人与物和物与物之间的沟通连接。

2. 物联网的定义及特点

1) 基本定义

物联网(The Internet of Things，IOT)的定义有多种，普遍认可的一种是：通过RFID、红外感应器、GPS、激光扫描器等信息传感设备，按规定协议，将任何物品通过有线与无线方式与互联网连接，进行通信和信息交换，以实现智能化识别、定位、跟踪、监控和管理的一种网络。物联网可理解为“物物相连的互联网”，但互联网原意是指计算机网络，所以物联网有两层含义：第一，物联网的基础和支撑仍是功能强大的计算机系统，它是以计算机网络为核心进行延伸和扩展而成的网络；第二，其用户端已延伸和扩展到了众多物品与物品之间，进行数据交换和通信，以实现许多全新的系统功能。物联网是个新兴领域，人们对它的认知还在不断充实与完善中。不同行业、不同部门从不同的技术视角出发，都有一些特定的表述。如传感网(SensorNet-works)、普适计算(Pervasive Computing)、泛在计算(Ubiquitous Computing)、环境感知智能(Ambient Intelligence)等，各自从不同的侧面反映了物联网的一些特征。

2) 主要特点

相对于已有的各种通信和服务网络，物联网在技术和应用层面具有以下几个特点。

(1) 感知识别普适化。作为物联网的末梢，自动识别和传感网技术近些年来发展迅猛，应用广泛。仔细观察就会发现，人们的衣食住行都能折射出感知识别技术的发展。无所不在的感知与识别将物理世界信息化，使传统上分离的物理世界和信息世界实现了高度融合。

(2) 异构设备互连化。尽管硬件和软件平台千差万别，各种异构设备(不同型号和类别的 RFID 标签、传感器、手机、笔记本式计算机等)利用无线通信模块和标准通信协议，构建成自组织网络。在此基础上，运行不同协议的异构网络之间通过网关互联互通，实现国际间信息共享及融合。

(3) 物联网终端规模化。物联网时代的一个重要特征是“物品触网”，每一件物品均具有通信功能，成为网络终端。2009 年全球物联网终端规模近亿。

(4) 管理监控智能化。物联网将大规模数据高效、可靠地组织起来，为上层行业应用提供智能的支撑平台。数据存储、组织及检索成为行业应用的重要基础设施。与此同时，各种决策手段包括运筹学理论、机器学习、数据挖掘、专家系统等广泛应用于各行各业。

(5) 应用服务链条化。链条化是物联网应用的重要特点。以工业生产为例，物联网技术覆盖从原材料引进、生产调度、节能减排、仓储物流，到产品销售、售后服务等各个环节，成为提高企业整体信息化程度的有效途径。更进一步，物联网技术在一个行业的应用也将带动相关上下游产业，最终服务于整个产业链。

(6) 经济发展跨越化。经历过 2008 年金融危机的冲击，越来越多的人认识到转变发展方式、调整经济结构的重要性。国民经济必须从劳动密集型向知识密集型转变，从资源浪费型向环境友好型转变。在这样的大背景下，物联网技术有望成为引领经济跨越式发展的重要动力。

阅读案例 8-3

安防、电力、交通三大应用领衔物联网发展

目前，我国电力、交通等领域的物联网应用已经初步具备了规模化的基础。在这些方面，政府、企业及科研机构正在加大对于有关商业模式的探索。2011 年我国物联网产业的市场规模为 2 632.6 亿元，同比增长 42.5%，2012 年的市场规模约为 3 650 亿元，同比增长 38.6%。在物联网主要行业应用中，安防(安全防护、防入侵、智能家居)、电力、交通三大行业仍位居前列。统计显示，安防行业的

物联网应用最为广泛，市场规模达992亿元，但所占份额已有所下降。而电力行业和交通行业的物联网应用发展迅速，市场规模分别达到了405亿元和297亿元。有关部门曾预计2012年，安防、电力和交通三大行业的市场规模将分别达到1 181亿元、546亿元和453亿元。作为主要应用之一的电力物联网，国家电网公司在此方面积极布局。据国家电网南瑞集团公司信息通信研发中心主任介绍，从2009年开始，国家电网公司就开始了在物联网方面的研究，主持了第一个面向智能电网的物联网国家科技重大专项；承担863、973等20余项国家级重大科技项目。并且，国家电网公司还参与了国家发展和改革委员会“国家智能电网物联网应用示范工程”，该示范工程将于2013年年底建成。据介绍，电力物联网的建设规划将分为3个阶段，其中2012—2013年是规划试点阶段，将着重完成物联网顶层设计，并开展少量试点；2014—2015年是逐步推广阶段，在这个阶段形成完整的电力物联网基础体系、技术体系、标准体系和应用体系；2016—2020年电力物联网将完成全部完善提升。

(资料来源：腾讯财经. http://finance.qq.com/a/20121223/000769_1.htm.)

8.6.2 物联网应用前景

1. 智能物流

据2004年世界银行报告的数据，美国的物流消费占GDP的9%，而中国的物流消费占GDP的23%。目前全球零售订货时间为6～10个月，在供应链上的商品库存积压价值为1.2万亿美元，零售商每年因错失交易遭受的损失高达9 301亿美元，其主要原因是没有合适的库存产品来满足消费者的需求。基于物联网的智能供应链技术是对现有信息网和物流网技术的有力补充，应用到整个零售系统，零售商、制造商和供应商可以提高供应链各个步骤的效率，同时还可减少浪费。该技术充分利用互联网和RFID网络设施支撑整个物流体系，从而使物流行业发生颠覆性的变化，可以使客户在任何地方、任何时间以最便捷、最高效、最可靠、成本最低的方式享受到物流服务。

2. 智能交通

现有的城市交通管理基本是自发进行的，每个驾驶者根据自己的判断选择行车路线，交通信号标志仅仅起到静态的、有限的指导作用。这导致城市道路资源未能得到最高效率的运用，由此产生不必要的交通拥堵甚至瘫痪。据统计，目前我国交通拥堵造成的损失占GDP的1.5%～4%。美国每年因交通堵塞造成的损失相当于装载58个超大型油轮装载的燃料，高达780亿美元。

物联网技术的发展为智能交通提供了更透彻的感知，道路基础设施中的传感器和车载传感设备能够实时监控交通流量和车辆状态，通过泛在的移动通信网络将信息传送至管理中心；更全面的互联互通，遍布于道路基础设施和车辆中的无线和有线通信技术的有机整合为移动用户提供了泛在的网络服务，使人们在旅途中能够随时获得实时的道路和周边环境咨询甚至在线收看电视节目；更深入的智能化，通过智能的交通管理和调度机制充分发挥道路基础设施的效能，最大化交通网络流量并提高安全性，优化人们的出行体验。展望一下未来的交通，所有的车辆都能够预先知道并避开交通堵塞，沿最快捷的路线到达目的地，减少二氧化碳的排放，拥有实时的交通和天气信息，能够随时找到最近的停车位，甚至在大部分的时间内车辆可以自动驾驶而乘客们可以在旅途中欣赏在线电视节目。

3. 绿色建筑

绿色建筑是基于生态系统良性循环的原则，以“绿色”技术为支撑，以“绿色”环境为标志建立的一种新型建筑体系。应用物联网技术，绿色建筑具有人员实时管理，能耗数据实时采集，设备自动控制，室内环境舒适度调整，能源状态显示、统计、分析和预警等功能，从而实现建筑的节能降耗。思科系统公司(CISCO)高级副总裁马丁·德贝尔(Marthin De Beer)这样解释智能楼宇：员工刷卡进入了智能互联的建筑时，通过读取这个卡片，这个建筑会非常智能地把该员工所在的办公室的空调、照明灯打开；当该员工离开这个建筑物时，办公室的空调和灯又会自动关闭。更复杂一点的例子包括“利用网络技术，在一个统一的平台上，对成百上千个房间里的电器设备进行统一的管理”。绿色建筑的真正魅力在于“智能互联”，所实现的并非一个房间电器设备的智能管理，而是整个建筑或者多个建筑中，所有房间中的电器设备的协调统一和智能管理。与智能建筑相关联的智能家居、智能办公室及智能社区等应用也成为物联网技术的重要市场。

4. 智能电网

现有的电力输送网络缺少动态调度，从而导致电力输送效率低下。据美国能源部的统计，使用传统电网，大量上网电力被消耗在输送途中。而智能电网通过先进信息系统与电网的整合，把过去静态、低效的电力输送网络转变为动态、可调整的智能网络，对能源系统进行实时监测，根据不同时段的用电需求，将电力按最优方案予以分配。

5. 环境监测

环境监测是指通过检测对人类和环境有影响的各种物质的含量、排放量及各种环境状态参数，跟踪环境质量变化，确定环境质量水平，为环境管理、污染治理、防灾减灾等工作提供基础信息、方法指引和质量保证。传统的以人工为主的环境监测模式受测量手段、采样频率、取样数量、分析效率、数据处理诸方面的限制，不能及时地反映环境变化，预测变化趋势，更不能根据监测结果及时产生有关应急措施的反应。进入21世纪以来，以传感网为代表的自主监测方式逐渐发展起来。大量低成本、小型无线传感器部署在被监控区域，传感器结点包含感知、计算、通信和电池四大模块，能长期准确地监测环境。结点间通过无线信道构成自组织网络，将感知数据及时有效地传送至汇聚结点，汇聚结点进一步将数据提交到互联网，供上层应用使用。同时，来自互联网的命令也可通过汇聚结点传达到网络中的每个传感器。如今，传感网已应用于污染监测、海洋环境监测、森林生态监测、火山活动监测等重要领域。传感网的出现使长期、连续、大规模、实时的环境监测变为了可能，为实现物联网时代对物理世界更透彻的感知迈进了坚实的一步。

本章小结

自动化仓库融合了信息技术和计算机技术，一般由货物储存系统、货物存取系统、货物输送系统和控制管理系统 4 个部分组成。按照不同的分类方法，自动化仓库可以被分成不同的类别。自动化仓库技术经历了 5 个阶段，有独特的功能和优势，因此被广泛地应用于机械、家电、汽车、食品等行业。自动识别技术包括自动识别、数据采集和移动计算 3 个方面，具有数据成本低、信息价值大和工作准确度高的优点，被应用于物流业务的整个过程中。分拣是决定一个物流中心能否高效运作的关键因素，自动分拣系统的出现，降低了分拣的误差率，基本实现分拣作业无人化和连续运行。但引进和建设分拣系统时，要考虑它的适用条件。AGVS 技术在工业发达国家已经非常成熟，应用范围十分广泛。目前主要的发展是开发不需固定线路的具有各方位运行能力的 AGV，以及在超重负荷、高定位精度等一些特殊情况下的工作能力。要充分发挥 AGVS 技术在各个行业中的应用，使其的功能最大化的发挥。物联网被认为是振兴经济、确立竞争优势的关键战略。要着力突破物联网及其相关技术，使信息网络成为推动产业升级、经济增长的“发动机”，让科技引领中国可持续发展。

关键术语

物流自动化　自动化仓库　自动识别技术　分拣　独立型仓库　自动分拣
分拣道口　紧密型仓库　生物识别技术　AGVS　物联网

习　题

1. 选择题

(1) 下列______不属于物流自动化系统的组成部分。
A．信息采集系统　　B．前端执行系统
C．信息管理系统　　D．自动输送系统

(2) 在______出现了 AGV、自动货架和自动存取机器人等设备。
A．人工仓储阶段　　B．机械化仓储阶段
C．自动化仓储阶段　　D．智能自动化仓储阶段

(3) 按照与生产联系的紧密程度，自动化仓库可分为独立型仓库、______仓库。
A．整体式仓库和分离式　　B．垂直循环货架仓库和水平循环货架
C．单元货架式仓库和移动货架式　　D．半紧密型仓库和紧密型

(4) 以下______不属于自动物流系统的层次。
A．信息层　　B．控制层　　C．管理层　　D．执行层

(5) 自动分拣系统需要______的支持。
A．货物储存系统　　B．自动存取系统
C．控制和管理系统　　D．自动识别系统

(6) ______对商品外包装要求高。
A．货物储存系统　　B．自动存取系统
C．自动分拣系统　　D．自动识别系统

(7) 下列______不属于自动识别技术的优点。
A．数据成本高　　B．数据成本低
C．信息价值大　　D．工作准确度高

(8) 按分拣手段不同，分拣可以被分为______类。
A．4　　B．3　　C．2　　D．6

2. 简答题

(1) 简述自动化物流系统管理层的主要功能。
(2) 自动化仓库技术经历了哪几个阶段？
(3) 与普通仓库相比，自动化仓库的优点有哪些？
(4) 自动化仓库由哪几部分构成？
(5) 自动识别技术包括哪些方面？
(6) 和手工作业相比，自动识别技术的优点是什么？
(7) 简述 AGV 的优势。
(8) 简述物联网的主要特点。

3. 判断题

(1) 12m 以上的自动化立体仓库是高层立体仓库。 (   )
(2) 紧密型仓库又称为离线仓库。 (   )
(3) 库存容量超过 5 000 个托盘的为大型立体仓库。 (   )
(4) 货架机械结构可以分为分离式、整体式和柜式 3 种。 (   )
(5) AGVS 对于工作环境具有较好的适应性，可以充分利用环境的空间，并且系统的安装和小车运行线路的更改都比较容易。 (   )
(6) 自动识别技术的数据成本低。 (   )
(7) AGV 选择蓄电池作为动力源。铅酸蓄电池、镉镍蓄电池、镍锌蓄电池、镍氢蓄电池、锂离子蓄电池等可供选用。 (   )
(8) 建设自动分拣系统的一次性投资巨大。 (   )

4. 思考题

(1) 运用自动化仓库技术对企业有哪些重要意义？
(2) AGV 有什么优势？可以应用在那些方面？
(3) 简述你对物联网的理解。

案例分析

蒙牛泰安自动化立体仓库

内蒙古蒙牛乳业泰安有限公司(以下简称蒙牛泰安)乳制品自动化立体仓库，是蒙牛泰安委托太原刚玉物流工程有限公司设计制造的第三座自动化立体仓库。该库后端与公司乳制品生产线相衔接，与出库区相连接，库内主要存放成品纯鲜奶和成品瓶酸奶。库区面积 8 323m^2，货架最大高度 21m，托盘尺寸 1 200mm×1 000mm，库内货位总数 19 632 个。其中，常温区货位数 14 964 个；低温区货位 46 687 年。入库能力 150 盘/h，出库能力 300 盘/h。出入库采用联机自动。

1. 工艺流程及库区布置

根据用户存储温度的不同要求，该库划分为常温和低温两个区域。常温区保存鲜奶成品，低温区配置制冷设备，恒温 4℃，存储瓶酸奶。按照生产—存储—配送的工艺及奶制品的工艺要求，经方案模拟仿真优化，最终确定库区划分为入库区、储存区、托盘(外调)回流区、出库区、维修区和计算机管理控制室 6 个区域。

入库区由66台链式输送机、3台双工位高速梭车组成。负责将生产线码垛区完成的整盘货物转入各入库口。双工位穿梭车则负责生产线端输送机输出的货物向各巷道入库口的分配、转动及空托盘回送。

储存区包括高层货架和17台巷道堆垛机。高层货架采用双托盘货位，完成货物的存储功能。巷道堆垛机则按照指令完成从入库输送机到目标的取货、搬运、存货及从目标货位到出货输送机的取货、搬运、出货任务。

托盘(外调)回流区分别设在常温储存区和低温储存区内部，由12台出库口输送机、14台入库口输送机、巷道堆垛机和货架组成。分别完成空托盘回收、存储、回送，外调货物入库，剩余产品、退库产品入库、回送等工作。

出库区设置在出库口外端，分为货物暂存区和装车区，由34台出库口输送机、叉车和运输车辆组成。叉车司机通过电子看板、RF终端扫描来完成叉车装车作业，反馈发送信息。

维修区设在穿梭车轨道外一侧，在某台空梭车更换配件或处理故障时，其他穿梭车仍旧可以正常工作。计算机控制室设在二楼，用于出入库登记、管理和联机控制。

2. 管理与控制系统

依据蒙牛泰安立体化仓库招标的具体需求，考虑企业长远目标及业务发展需求，针对立体化仓库的业务实际和管理模式，为本项目定制开了一套适合用户需求的仓储物流管理系统。

主要包括仓储物流信息管理系统和仓储物流控制与监控系统两部分。仓储物流信息管理系统实现上层战略信息流、中层管理信息流的管理；自动化立体仓库控制与监控系统实现下层信息流与物流作业的管理。

1) 仓储物流信息管理系统

(1) 入库管理。实现入库信息采集、入库信息维护、脱机入库、条形码管理、入库交接班管理、入库作业管理、入库单查询等。

(2) 出库管理。实现出库单据管理、出库货位分配、脱机出库、发货确认、出库交接班管理、出库作业管理等。

(3) 库存管理。对货物、库区、货位等进行管理，实现仓库调拨、仓库盘点、存货调价、库存变动、托盘管理、在库物品管理、库存物流断档分析、积压分析、质保期预警、库存报表、可出库报表等功能。

(4) 系统管理。实现对系统基础资料的管理，主要包括系统初始设置、系统安全管理、基础资料管理、物料管理模块、业务资料等模块。

(5) 配送管理。实现车辆管理、派车、装车、运费结算等功能。

(6) 质量控制。实现出入库物品、库存物品的质量控制管理。包括抽检管理、复检管理、质量查询、质量控制等。

(7) 批次管理。实现入库批次数字化、库存批次查询、出库发货批次追踪等功能。

(8) 配送装车辅助。通过电子看板、RF终端提示来指导叉车进行物流作业。

(9) RF信息管理系统。通过RF实现入库信息采集、出库发货数据采集、盘点数据采集等。

2) 仓储物流控制监控系统

自动化立体仓库控制与监控系统是实现仓储作业自动化、智能化的核心系统，它负责管理高度仓储物流信息系统的作业队列，并把作业队列解析为自动化仓储设备的指令队列，根据设备的运行状况指挥协调设备的运行。同时，本系统以动态仿真人机交互界面监控自动化仓储设备的运行状况。

控制监控系统包括作业管理、作业高度、作业跟踪、自动联机入库、设备监控、设备组态、设备管理等几个功能模块。

(资料来源：http://www.scetop.com/jpkc/2010/ccgl/ArticleShow.asp?ArticleID=1211&BigClassName=%C0%ED%C2%DB%BD%CC%D1%A7.)

讨论题

(1) 结合本案例分析自动化立体仓库由哪些设施组成。

(2) 自动化立体仓库的特点是什么？

(3) 分析蒙牛泰安采用的立体化仓库的优越性。

第 9 章　物流管理信息系统

【本章教学要点】

知识要点	掌握程度	相关知识	应用方向
物流管理信息系统的基本概念	熟悉	物流管理信息系统发展经历的四阶段模式，系统特征，系统分类	是物流管理信息系统开发的理论支撑，在掌握这些理论的基础上才能对系统进行开发
物流管理信息系统的结构	了解	概念结构，系统结构，功能结构	
物流管理信息系统的功能	了解	对应 4 个层次的功能	
物流管理信息系统的开发方法	掌握	4 种方法的基本思路，各自的特点	
物流管理信息系统的开发过程	熟悉	5 个阶段的工作内容	
仓储管理信息系统	重点掌握	概念，系统目标，系统特点，系统功能	这几种典型的物流业务信息系统是信息技术和物流业务的结合，系统的使用提高了物流效率和工作精确度
运输管理信息系统	重点掌握	概念，系统目标，系统特点，系统功能	
配送管理信息系统	重点掌握	配送中心概念，配送中心管理信息系统的作用和功能	
企业资源计划系统	重点掌握	概念，系统特点，管理思想，功能模块	

导入案例

易通物流管理信息系统

易通交通信息发展有限公司北京物流分公司(以下简称易通物流)是一家快速成长的第三方物流企业，公司从2000年11月份开始正式运作，经营三年后，业绩每年以翻一番的速度迅速发展，达到年营业额2 000多万、运送货物400多万件，送达城市300多个的规模。易通物流的快速发展，不仅得益于第三方物流市场需求的发展，更离不开信息系统的支持。

1. 项目背景

易通物流对信息系统的需求，经历了从单一到全面、从模糊到清晰的发展过程。易通物流信息系统的应用从总体上来说分为4个阶段:

(1) 最初的系统只解决运单的录入和汇总数据的统计查询。

(2) 逐步涵盖委托、集货、调度、出入库、运输、配送、签收各环节的数据录入和统计查询。

(3) 达到调度、出入库、运输监控功能的完善和网上功能的实现。

(4) 进一步进行数据挖掘与系统对接。

2. 物流信息系统结构

本系统分为物流管理子系统、车辆运输管理子系统、出入库管理子系统和企业门户网站四大部分。

1) 物流管理子系统

(1) 基础委托单信息的录入，支持电话、传真、互联网等多种形式。

(2) 客户资料建档，包括客户业务信息、客户信用、客户投诉、客户基础信息、合作状况评价等。

(3) 业务流转过程中相关数据的录入，包括在库相关信息、在途相关信息、费用信息，分别由不同岗位的责任人完成，便于出现问题责任的追究。

2) 车辆运输管理子系统

(1) 司机、车辆基础档案的管理。

(2) 车辆固定成本、可变费用的管理。

(3) 行车安全管理。

(4) 行车效率的管理(路单管理)。

3) 出入库管理子系统

(1) 货物的入库数量、时间、完好情况的记录。

(2) 货物的出库数量、时间、完好情况的记录。

(3) 支持仓库网络分布情况下对货物的统计、汇总。

(4) 支持针对不同权限的客户分库区、分品种的库存货物查询。

(5) 实现上述各项功能的网上查询服务。

4) 企业门户网站

作为物流公司对外界宣传和同客户沟通的工具，物流企业门户网站主要提供网上查询，网上委托，网上交易。

3. 系统特点

1) 体系特点

(1) 采用B/S+C/S模式，n层体系结构，全面支持Internet和移动通信。

(2) 模块化设计，可根据不同的客户需求灵活配置各模块。

(3) 界面友好统一，任何用户稍加培训就可以轻松上手。

(4) 极高的数据处理能力、完善的数据备份机制，保证数据有效、准确。

(5) 支持群集技术和离线处理，支持窄带(电话线)条件下的数据传输和实时应用。

(6) 简单、集中的系统维护，保证系统稳定、安全运行，降低系统维护成本。

2) 应用特点

(1) 源于物流企业的实践，同时结合国内的实际情况，蕴含成功物流企业先进的管理思想和运作模式。

(2) 完善的物流业务管理能力，支持各种成本核算方法、单品管理、票据全程跟踪和历史动态业务数据查询。

(3) 支持工作流管理和各部门(如生产、销售、服务)之间的全面协同工作。

(4) 全程无纸化作业，物流服务企业与发货方、供货方之间通过该系统都可以畅顺迅捷地了解到所需的数据信息。

(5) 开放式接口，易于构建和管理国内外其他应用系统的动态数据交换。

4. 应用体会

物流系统首先就是要用起来。根据易通物流实际应用情况，如果一开始公司就上一套很完善的物流系统，那中途夭折的可能性在95%以上，因为信息系统是企业业务的神经系统，它与企业的骨骼和肌肉(即业务和管理水平)是相互适应的，任何一方面的超前和落后都会阻碍企业的发展。易通公司信息技术应用事业部为想引进信息系统的企业提供了企业诊断和最高限价的咨询服务，根据企业的业务状况、企业规模、管理层认识程度、基层计算机应用程度等，提出一期信息系统应用投资的最高限价，超过这个限价企业就面临着很大的价格风险。企业事先设定一期投入的应用效果评估，在达到一期目标之后，管理层增强了信心总结了经验教训，再考虑二期投入。

数据的积累和挖掘是企业提高管理水平的依据。没有准确数据的长期积累，就谈不上科学的管理。有了准确数据的一年以上的积累，就可以进行各个层面的数据挖掘与分析。根据管理水平的不断提高，为自身企业设定一系列考核指标，根据指标随时监控企业的运行状况，做到提前预知事态发展，及时采取措施趋利避害。

软件良好的表现形式是系统成功应用的保障。信息系统的应用需要人们改变原来通过纸张进行阅览和传递信息的形式，因此，要尽最大的可能去适应操作人员特别是管理人员的习惯，以最简单、最直观形式将各种信息展示出来。

5. 应用效果与效益

由于系统的完善应用，易通物流在相关岗位的人力投入减少了50%以上，差错率降低了80%以上，整个效率提高了46%。另外，系统的统计分析功能使得公司管理层能够及时准确地看到整个业务发生、流量和财务状况，因而为管理层的决策(战略决策和阶段休整决策及突发事件决策等)提供了重要的数据支持。另外，系统对业务流程的再造和实施起到了重要的导向和保障作用，提高了企业的竞争力。

(资料来源：中国物流与采购网. http://www.chinawuliu.com.cn/xsyj/201012/06/143644.shtml.)

讨论题

(1) 易通物流自行开发、自行应用的物流信息系统具有什么特点？

(2) 易通物流还需要在哪些方面进行改进？

(3) 易通物流如何通过建立高效、迅速的现代物流系统，提高了企业的竞争力？

现代物流是物流实体流通与信息流通的结合，最重要的特征是物流的信息化。物流信息化可以提高物流效率、降低物流成本、保障物流安全、提升物流品质，因此物流信息技术得到企业的高度重视。在信息技术的支撑下，形成了以自动化仓储管理、客户服务管理、财务管理等多种业务集成的一体化的现代物流管理信息系统。本章主要介绍物流管理信息系统的基本概念、开发方法、开发过程及几种典型的物流业务信息系统。

9.1 物流管理信息系统概述

9.1.1 物流管理信息系统的概念及分类

1. 物流管理信息系统的概念

物流管理信息系统(Logistics Management Information System，LMIS)是一个以人为主导，以优化物流企业战略、提高效益和效率为目的，利用计算机硬件、软件、网络通信设备及其他办公设备，进行物流信息的收集、传输、加工、储存、更新和维护，支持物流企业高层决策、中层控制、基层运作的集成化的人机系统。

物流管理信息系统是企业信息化的基础，也是企业物流信息系统中与企业业务层关系最密切的一个基础组成部分。物流信息系统通常包括物流管理信息系统、决策支持系统、专家系统、企业内部网、办公自动化系统等一系列的信息系统。

从 20 世纪 60 年代至今，物流管理信息系统的模式经历了 4 个阶段，见表 9-1。

表 9-1 物流管理信息系统模式演变

管理模式	特　征	举　例
以作业为中心	把控制成品运输和仓储管理等单个物流作业作为目标，对作业进行局部改进，没有进行整体系统分析	成品运输管理系统 成品仓库管理系统
以成品流通为中心	将成品流通作为一个整体来进行计划和控制，寻找改进的机会	成品流通管理系统(包括成品运输管理系统、成品仓库管理系统及流通一体化管理系统等)
企业物流一体化	将原材料、在制品和成品的物流管理结合起来，形成企业物流一体化管理模式。从整个企业系统高度进行物流系统分析与设计，保证整个系统内物流效益最佳、成本最低、服务最好	MRP MRP Ⅱ
供应链物流一体化	在企业物流一体化管理模式的基础上，管理功能向企业上下游延伸	ERP

物流管理信息系统具有以下特征。

1) 服务性

物流管理信息系统的目的是辅助物流企业进行事务处理，为管理决策提供信息支持。为了满足管理方面提出的各种要求，系统必须具备大量的基础数据(当前数据和历史数据、内部数据和外部数据等)和管理功能模型(如预测、计划、决策、控制模型等)。

2) 动态性

物流活动是一个动态的过程，随着时空的变化而变化。物流管理信息系统要能根据环境的变化及时进行调整，适应新变化的要求，保证对物流过程的有效跟踪和控制。

3) 易用性

物流管理信息系统要便于用户使用。要实现这一点，友好的用户界面是一个基本条件。易用性是物流管理信息系统推广的重要因素。

4) 网络化

物流活动不再是运行于单机上的，而是运行在网络环境下的。因此，物流管理信息系统是网络化的系统，通过 Internet 实现上下游企业间的有效沟通，从而能够更好地为用户服务。物流企业内部也可以通过 Intranet 与 Internet 进行物流活动的跟踪与管理，提高物流活动的运作效率。

5) 实时化

物流管理信息系统利用自动识别技术、GPS 技术、GIS 技术、网络通信技术等现代信息技术对物流活动进行准确实时的跟踪和信息采集，并通过网络完成实时的信息处理，帮助企业对物流活动进行管理，满足顾客的要求。

2. 物流管理信息系统的分类

根据分类方法的不同，物流管理信息系统可以从以下几个角度分类。

1) 按系统的结构分类

按这种分类标准，物流管理信息系统被分成单功能系统和多功能系统。

(1) 单功能系统是指只能完成一种职能的系统，如物流财务系统、合同管理系统、物资分配系统等。

(2) 多功能系统是指能够完成一个部门或一个企业所包括的物流管理职能的系统，如仓库管理系统、某个企业的经营管理决策系统等。

2) 按系统功能的性质分类

按这种分类标准，物流管理信息系统被分成操作型系统和决策型系统。

(1) 操作型系统是指为管理者处理日常业务的系统。它的主要工作是进行数据处理，如记账、汇总、统计、打印报表等。

(2) 决策型系统是在处理日常业务的基础上，运用现代化管理方法，进一步加工计算，为管理人员或领导者提供决策方案的定量依据。这类系统通常又被称为辅助决策系统或决策支持系统。

3) 按系统所采用的设备和技术分类

按这种分类标准，物流管理信息系统被分成单机系统和网络系统。

(1) 单机系统只使用一台计算机，这台机器可以只有一个终端，也可以有多个终端，通常对数据采用批处理方式。如果计算机采用分时处理方式，就必须配有多个终端。

(2) 网络系统使用多台计算机，相互间以通信网络连接起来，实行资源共享。

4) 按系统作用的对象分类

涉及产品流通的企业可以分为生产型企业、流通型企业和以物流生产为主业的第三方物流企业。因此，物流管理信息系统也被分为相应的 3 类。

(1) 面向生产企业的物流管理信息系统。生产型企业从原材料或者半成品生产厂家购买原材料或者半成品，运用技术和设备生产出产品，然后投放市场，获取产品的销售利润。从这个过程中可以看出，生产型企业获取的利润存在于产品的劳动增值和技术增值中。就采购来看，生产型企业采购的很可能是多种原材料，采购完毕后进入生产环节，产生废弃物和可回收物，最后进行销售。就涉及的物流作业看，包括供应采购、原材料仓储、生产配送(含领料)、产品仓储与销售运输(配送)，此外还包含废弃物物流与回收物流。

(2) 面向流通企业的物流管理信息系统。流通型企业的主要生产方式是向生产型企业采购产品，通过适当的销售渠道销售给顾客，赚取进销的差价利润。在这种生产过程中，针对销售企业不同的销售模式，可能会存在如下的物流过程：订货采购、仓储与配货(含配送、店面及仓库存储)及销售送货(包括退货、补货、销售送货等)等。

(3) 面向第三方物流企业的物流管理信息系统。第三方物流企业服务于生产企业与流通企业及消费者，以提供第三方物流服务为主业。在第三方物流的整个生产过程中，商品本身价值不发生任何变化，但是由于物流成本的存在，商品的价格会发生一定程度的变化。

9.1.2 物流管理信息系统的结构和功能

1. 物流管理信息系统的结构

物流管理信息系统的结构，是指组成系统各部件的构成框架。对部件的不同理解，就产生了物流管理信息系统的各种结构。其中最重要的有概念结构、系统结构和功能结构。

1) 概念结构

从概念上来看，物流管理信息系统由四大部分组成：物流信息源、物流信息处理器、物流信息用户和物流信息管理者，概念结构如图 9.1 所示。物流信息源是信息的产生地；物流信息处理器担负信息的保存、处理任务；物流信息用户是信息的使用者，运用信息进行管理和决策工作；物流信息管理者负责信息系统的设计实现，并在实现以后负责信息系统的运行和协调。

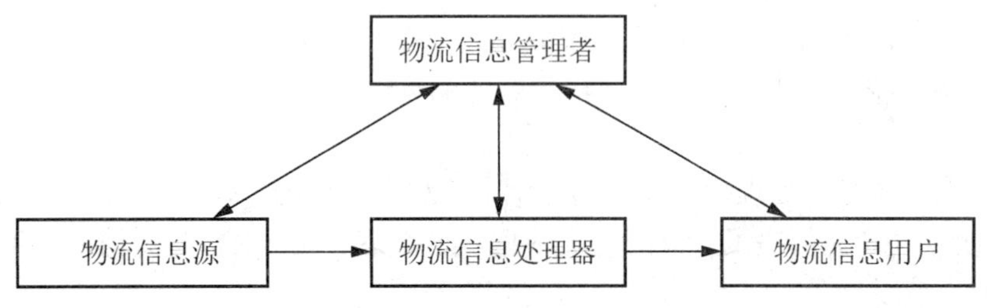

图 9.1 物流管理信息系统的概念结构

2) 系统结构

系统结构由硬件、软件和人员组成。硬件包括计算机及输入/输出设备、存储设备、网络通信设备等。这些设备是物流管理信息系统构建的基础，也是系统运行的平台。软件是物流管理信息系统应用的核心，与物流活动相对应，各个活动都有软件的支持。物流管理信息系统为管理服务，是人机交互的系统，从系统的规划、分析、设计到系统的实施、维护，都有大量的人员参与其中。建设物流管理信息系统，必须重视各类人员在其中的作用。

3) 功能结构

物流管理信息系统的功能结构可以分为日常业务管理系统、管理控制系统、辅助决策系统和战略管理系统，如图 9.2 所示。

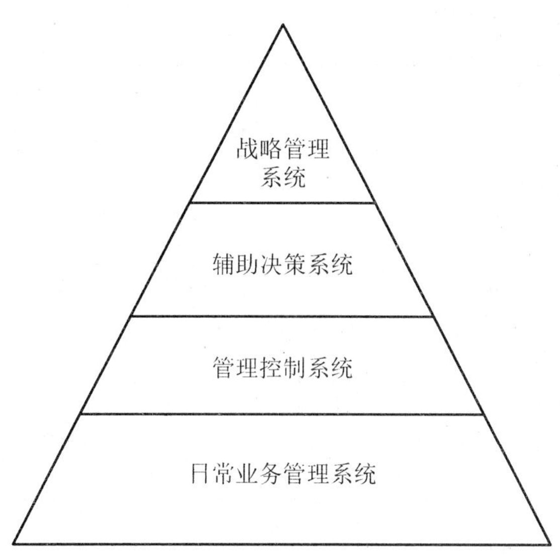

图 9.2　物流管理信息系统的功能结构

(1) 日常业务管理系统记录物流活动最基本的交易内容，从订单开始到存货、装卸、运输、交货及财务结算等各个环节，保证物流活动过程中信息收集的质量和及时准确性。

(2) 管理控制系统是根据客户需求，制订合理的采购计划、库存计划和运输计划等，并对与这些计划相关联的流程进行控制，保证物流活动的正常进行。管理控制系统是与管理理论相对应的战术管理的部分，在物流企业的正常管理中起到主要的作用。特别是对于业务量很大的物流企业，功能强大的管理控制系统可以有效利用企业资源，提高业务处理的效率。

(3) 辅助决策系统的主要作用是帮助管理人员完成决策的制定，既包括战术方面的支持，也包括战略方面的支持。在管理控制方面，辅助决策系统可以帮助管理人员进行车辆日常运用情况的分析、库存管理的分析等；在战略管理方面，辅助决策系统可以帮助高层管理者进行选址分析、客户分析、市场分析等。

(4) 战略管理系统是利用业务管理和控制管理系统所获得的信息，在辅助决策系统的支持下对关系企业发展的长远计划进行决策。这些信息相对抽象和广泛，不仅包括企业内部经过提炼的信息，还包括大量的外部信息。战略管理系统根据收集到的这些信息帮助企业高层管理人员完成企业战略方面的决策。

2. 物流管理信息系统的功能

物流管理信息系统主要实现物流业务处理层、信息查询层的功能，同时也实现部分信息分析层的功能，还包括结构化决策问题的建模与求解。具体功能见表 9-2。

表 9-2　物流管理信息系统的功能

对应层次	功　能
物流业务处理层	(1) 完成原始数据的收集，提供相应的合同、票据、报表，实现订单管理及输入/输出的功能； (2) 及时处理订单管理、配货管理、运输管理、仓储管理、采购管理、流通加工和财务管理等企业相关业务，反馈和控制企业基层的日常生产和经营工作的信息； (3) 将收集、加工后的物流信息存储在数据库中，满足信息查询与分析的需求

续表

对应层次	功　能
信息查询层	(1) 检索数据库中的现存信息或简单加工后的信息，满足企业和客户对相关物流信息的查询需求； (2) 提供对物流系统状况和货物、车辆的监视与跟踪功能； (3) 为顾客提供所需的网上查询和信息服务手段
信息分析层	根据用户的要求，采取适当的计算方法和模型，对数据库、数据仓库中存储的数据进行加工分析，产生相关的分析报告，帮助企业经营管理者对企业的运行状况进行分析评估
决策支持层	对物流业务进行评估和成本-收益分析，主要包括业务量分析、经营成本分析、利润增长点分析、库存优化、配载优化及客户行为分析等功能，为企业高层领导及管理人员提供相应的辅助决策服务

从整个物流行业的角度看，物流活动以物流企业为中心展开，涉及物流企业与运输设备之间的信息交换，对运输设备进行管理；与用户进行信息交换，并从政府相关部门或物流枢纽获取信息支撑。物流管理本身涉及的面非常广泛，业务流程也相当复杂。本章从9.3节开始介绍几种典型的物流业务信息系统。

9.2　物流管理信息系统的开发

物流管理信息系统的开发是一个复杂的系统工程，它涉及系统理论、组织结构、管理理念、计算机处理技术及工程化方法等方面的问题。下面介绍几种常用的系统开发方法和一个物流系统完整的开发过程。

9.2.1　物流管理信息系统的开发方法

目前常用的开发物流管理信息系统的具体方法有结构化系统开发方法(Structured System Development Methodology)、原型法(Prototyping Method)、面向对象(Object Oriented，OO)开发方法和计算机辅助软件工程(Computer Aided Software Engineering，CASE)方法。本节重点介绍各种方法的基本思想和结构化系统开发方法、原型法的特点。

1. 结构化系统开发方法

结构化系统开发方法是自顶向下结构化方法、工程化的系统开发方法和生命周期方法的结合，是目前应用最普遍、最成熟的一种方法。

1) 结构化系统开发方法的基本思想

结构化系统开发方法将软件工程和系统工程的理论和方法引入到信息系统的研制开发中，按照用户至上的原则，结构化、模块化、自顶向下地对系统进行分析和设计。把信息系统的整个开发过程视为一个生命周期，分成系统规划、系统分析、系统设计、系统实施、系统运行维护与评价5个阶段，新系统开发完成后投入使用。经过若干时间，当系统不能再适应业务的发展或用户有了新的需求时，一个新的生命周期重新开始，这是一个循环的过程。结构化系统开发方法的流程如图9.3所示。

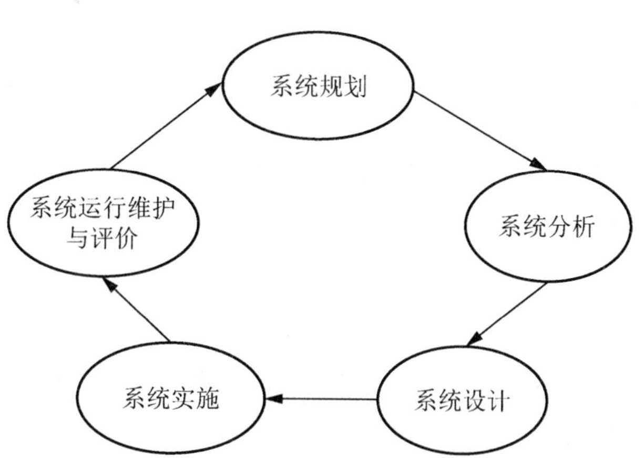

图 9.3　结构化系统开发方法流程

2) 结构化系统开发方法的优缺点

优点：注重系统开发的整体性和全局性，强调在整体优化的前提下考虑具体的分析设计问题；严格区分开发阶段，每一阶段都有明确的任务，同时产生相应的文档资料。

缺点：系统开发周期太长，有时候系统开发尚未完成而内外环境已经发生了变化，用户对系统的需求也发生了变化；在系统实施之前，开发人员只能通过技术文档和用户沟通，交流比较困难。

2. 原型法

原型法是 20 世纪 80 年代随着计算机软件技术的发展，特别是在关系数据库系统、第四代程序语言和各种系统开发生成环境产生的基础之上，提出的一种从设计思想到工具、手段都全新的系统开发方法。

1) 原型法的基本思想

“原型”是指该系统早期可运行的一个版本，反映系统的部分重要功能和特征，其主要内容包括系统的程序模块、数据文件、用户界面、主要输出信息及与其他系统的接口。原型系统不同于最终系统，它需要快速实现、投入运行。因此，必须注意功能和性能上的取舍，可以忽略一切暂时不必关心的部分，力求原型的快速实现。但要能充分地体现原型的作用，满足评价原型的需求。

原型法的基本思想是在系统开发的初期，在对用户需求初步调查的基础上，借助强大的开发工具，快速构造一个可以工作的系统雏形(原型)，将这个原型提供给用户使用，用户在使用中不断提出改进方案，开发人员根据用户的需求不断补充、修改、完善，如此反复循环，直至形成一个相对稳定、较为理想的系统，其流程如图 9.4 所示。

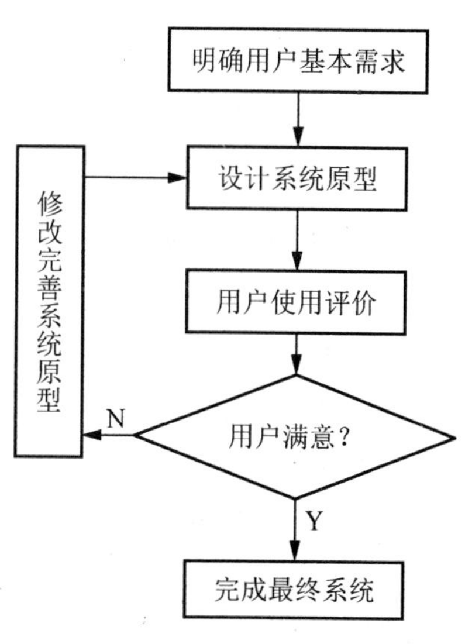

图 9.4　原型法流程

2) 原型法的优缺点

优点：用户满意度高；开发周期短，成本低，风险小；开发人员与用户交流容易；用户参与程度高，这使得系统实施后可以减少用户培训时间；系统的运行维护较为容易。

缺点：原型法很难从整体上把握一个大型复杂系统的全局性能；用户从局部细节之处对原型提出修改意见，如果用户难以改变自己原有的工作习惯，就会使开发人员走上机械地模拟原手工系统的轨道。

3. 面向对象开发方法

面向对象开发方法可以被认为是面向过程技术和面向数据技术相结合的产物，是 20 世纪 80 年代末逐步发展起来的一种新的系统开发方法。客观世界是由各种各样的对象组成的，每种对象有各自的内部状态和运动规律，不同对象之间的相互联系和相互作用就构成了各种不同的系统。面向对象开发方法把数据和过程包装称为对象，以对象为基础对系统进行分析与设计，是一种综合性的开发方法，开发过程如图 9.5 所示。

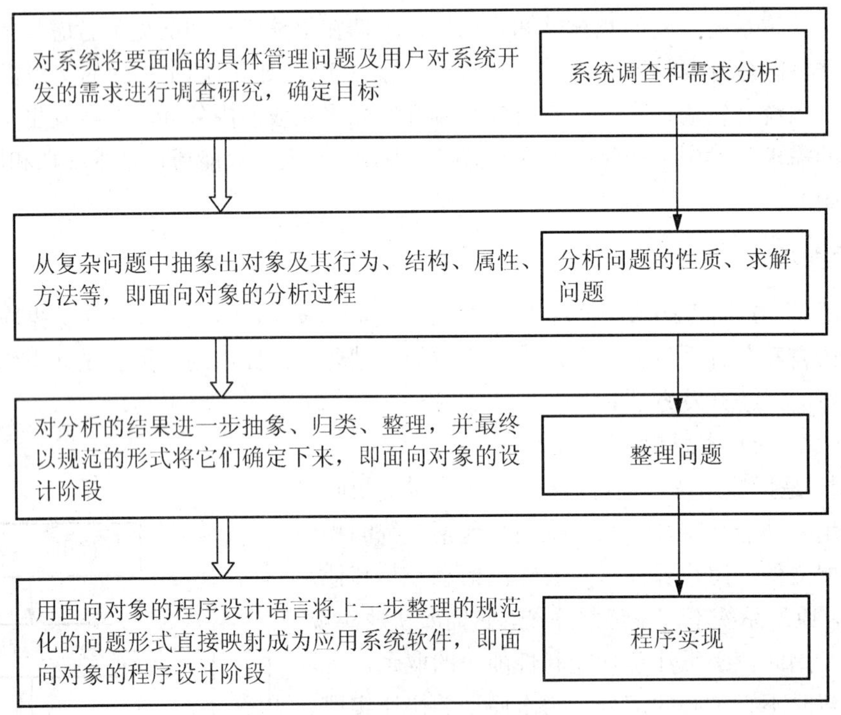

图 9.5　面向对象开发方法流程

4. 计算机辅助软件工程方法

自从计算机在信息处理领域应用以来，系统开发过程，特别是系统分析、设计和实施过程，一直是制约信息系统发展的瓶颈。直到 20 世纪 80 年代中后期，计算机图形处理技术和程序生成技术的出现才有效地缓解了这种情况。解决这一问题的工具就是集图形处理技术、程序生成技术、关系数据库技术和各类开发工具于一身的 CASE 方法。

1) CASE 方法的基本思想

CASE 是计算机技术在系统开发活动和方法中的应用，是软件工具和开发方法的结合体。

CASE 工具是指能够支持或使系统开发中的一个或多个阶段自动化的计算机程序(软件)。

2) CASE 方法解决问题的基本思路

CASE 方法解决问题的基本思路是在前面所介绍的任何一种系统开发方法中，如果自对象系统调查后，系统开发过程中的每一步都可以在一定程度上形成对应关系，就完全可以借助于专门研制的软件工具实现上述一个个的系统开发过程。

由此可见，CASE 方法不是一个真正独立意义上的方法。利用 CASE 工具进行系统开发，必须结合一种具体的开发方法，如结构化系统开发方法、原型法或面向对象开发方法等，CASE 方法只是为具体的开发方法提供了支持每一过程的专门工具，把原先由手工完成的开发过程转变为以自动化工具支持的自动化开发过程。

9.2.2 物流管理信息系统的开发过程

以结构化系统开发方法为例，简要介绍一下物流管理信息系统的开发过程。采用结构化系统开发方法时，开发过程一般分为 5 个阶段，即系统规划、系统分析、系统设计、系统实施、系统运行维护与评价。

1. 系统规划

系统规划既是系统开发工作的初始阶段，又决定了所开发出的系统的功能和运行效率，它始于用户提出要求。在这个阶段，用户提出的要求往往是需要解决的问题的简单罗列，开发人员的任务，就是要对用户的要求进行初步调查和可行性研究，通过关键成功因素法、企业系统规划法等方法提出未来系统的总体功能结构。

2. 系统分析

在系统规划的工作完成后，进入系统开发的第二阶段——系统分析阶段。系统分析是系统开发工作中最重要的一个阶段，这个阶段要解决未来系统“做什么”的问题，是新系统的逻辑设计阶段。这个阶段的工作分为两大部分：一是在规划阶段初步调查的基础上对企业进一步详细调查；二是建立新系统的逻辑方案。

3. 系统设计

系统设计阶段是对新系统进行物理设计，回答新系统“如何做”的问题。主要工作分为两部分：总体设计和详细设计。

总体设计在系统分析的基础上主要完成以下工作。

(1) 设计新系统的硬件结构和系统软件结构。

(2) 根据选定的硬件平台及系统软件的特点，设计新系统的数据处理流程及数据类。

(3) 由新系统的数据处理流程确定新系统的应用软件结构。

(4) 根据数据类完成新系统的数据库设计及共享编码的设计。

详细设计又称物理模型设计，设计对象是构成系统的每一个功能模块。

4. 系统实施

系统实施是将系统设计的结果付诸实践，该阶段包括以下工作：实施系统环境、编写和调试程序、组织系统调试和测试、对用户进行培训和切换交付系统。

5. 系统运行维护与评价

这个阶段的工作包括两部分：系统运行维护和系统评价。

(1) 系统运行维护。为保证系统的正常运行和系统资源的有效使用，需要进行系统维护，通过维护不断完善系统、扩充系统功能和提高系统效率。

(2) 系统评价。系统投入使用后，要看看新系统是否满足了最初系统规划阶段的设想，新系统运行的情况如何等，这称为系统评价。通常从 4 个方面来评价系统：①系统目标的完成情况，看是否实现了设计阶段提出的所有功能；②系统运行的情况，如系统运行的速度、稳定性和可靠性，用户是否满意等；③系统的安全性和保密性；④系统的直接经济效益和间接经济效益。

经过一段时间的维护以后，随着企业业务的变化、规模的扩大，系统需要升级，以求进一步提高效率、满足用户更高的要求。这时这个系统就要达到生命周期的终点了，开发人员将重新进行系统规划、系统分析……一个新的生命周期开始了。

9.3 仓储管理信息系统

仓储是指通过仓库对货物进行储存和保管。仓储是货物流通的重要环节之一，被称为“物流的支柱”。企业为了保证生产和销售的顺利进行，需要储存一定量的物资，满足一段时期内社会生产和消费的需要。

仓储管理的对象主要是货物储存中的收、管、发和与之相关的加工等经营活动，以及围绕货物储存业务所开展的对人、财、物的运用与管理，仓储信息的收集处理和传递等。所有的仓储业务活动，都是围绕货物展开的，并受货物性质制约，因此，货物是仓储管理最重要的对象。

9.3.1 仓储管理信息系统概述

1. 仓储管理信息系统的概念

仓储管理信息系统(Warehouse Management System，WMS)是用来管理仓库内部的人员、库存、工作时间、订单和设备的应用软件。这里所称的“仓库”，包括生产和供应领域中各种类型的储存仓库。仓储作业过程是指以仓库为中心，从仓库接收货物入库开始，到按需要把货物全部完好地发送出去的全部过程。

仓储管理信息系统按照常规和用户自行确定的优先原则，优化仓库的空间利用和全部仓储作业。对上，通过 EDI 等电子媒介，与企业的计算机主机联网，由主机下达收货和订单的原始数据；对下，通过无线网络、手提终端、条码系统等信息技术与仓库的员工联系，上下相互作用，传达指令、反馈信息、更新数据库并生成所需的条码标签和单据文件。

一个仓储管理信息系统的基本软件包支持仓储作业中的全部功能。其支持功能和处理过程见表 9-3。

表 9-3　仓储管理信息系统支持功能和处理过程

支持功能	处理过程
收货	货到站台，收货员将到货数据由射频终端传到仓储管理信息系统，系统随即生成相应的条码标签，粘贴(或喷印)在收货托盘(或货箱)上，经扫描，这批货物即被确认收到，系统则指挥进货储存
储存	仓储管理信息系统按最佳的储存方式选择空货位，通过叉车上的射频终端通知叉车司机，并指引最佳途径。抵达空货位，扫描货位条码，以确保正确无误。货物就位后，再扫描货物条码，系统即确认货物已储存在这一货位，可供以后订单发货
订单处理	订单到达仓库，仓储管理信息系统按预定规则分组，区分先后，合理安排
拣选	仓储管理信息系统确定最佳的拣选方案，安排订单拣选任务。拣选人由射频终端指引到货位，显示拣选数量。经扫描货物和货位的条码，系统确认拣选正确，货物的库存量也同时减除
发货	仓储管理信息系统制作包装清单和发货单，交付发运。称重设备和其他发货系统也能同时与仓储管理信息系统联合工作
站台直调	货到收货站台，如已有订单需要这批货，仓储管理信息系统会指令叉车司机直送发货站台，不再入库

除了支持以上功能外，仓储管理信息系统还能提供更多的附加支持，如库存补充、循环盘存、班组工作实时监管等。更先进的仓储管理信息系统还能连接 AGV、输送带、回转货架和高架 AS/RS 等。最近的新趋势则是仓储管理信息系统与企业的其他管理信息系统相结合，使之融入企业的整体管理系统之内。

2. 仓储管理信息系统的目标

1) 保证作业流程标准化

仓储管理信息系统运用实时数据采集和数据库技术，为物流仓储环节提供了从订单开始到收货、分配仓位、盘点、货物出库和货物装运全过程的信息处理和管理功能，保证了作业流程的标准化和统一化。

2) 提高作业准确度

仓储管理信息系统可以控制错发货、错配货、漏配送的事故，通过订货、发货业务的自动化，提高了作业准确性和工作精确度，缩短了从订货到发货的时间。

3) 提供信息咨询

仓储管理信息系统要为客户提供信息咨询及有关资料的查询和统计，满足用户对信息的实时需求。

总之，通过使用仓储管理信息系统要提高对客户的服务水平，实现物流合理化、降低物流总成本。

3. 仓储管理信息系统的特点

仓储管理信息系统是物流信息系统的一个子系统，它首先具备物流信息系统的特征，除此之外，它还具有自身的特点。

1) 支持零库存管理

仓储管理的终极点是实现零库存，这种零库存是某个组织的零库存，是组织把自己的库存转移给其上游供应商或下游零售商，从而实现自己的零库存。在信息技术发展的今天，通过仓储管理信息系统准确收集与传递库存信息，零库存是完全可以实现的。

2) 支持物流信息采集设备及自动化设备

仓储管理信息系统与先进物流技术，如手持终端、RF、GPS、GIS 等均设有接口，能够与电子标签、自动化物流设备系统相连接。系统可通过应用先进的图形技术，实现“可视化”管理。

3) 支持离散仓储作业管理

仓储管理信息系统采用先进的体系结构，利用最新的网络技术，支持处于离散状态的仓储/物流作业，同时确保系统的安全。

4. 仓储管理信息系统的作用

使用仓储管理信息系统会在以下方面带来切实的效果。

(1) 为仓库作业全过程提供自动化和全面记录的途径。

(2) 改变传统的固定货位，实现全库随机储存，最大限度利用仓容。

(3) 提高发货的质量和正确性，减少断档和退货，提高顾客的满意度。

(4) 为仓库的所有活动、资源和库存提供即时的正确信息。

通过应用仓储管理信息系统，企业物流配送能力一般能提高 20%～30%，库存和发货正确率超过 99%。仓库利用率提高，数据输入误差减少，库存和短缺损耗减少，劳动、设备、消耗等费用降低，这些最终都为企业带来巨大的经济效益。

9.3.2 仓储管理信息系统的功能

仓储管理信息系统主要包含以下功能模块：基本信息管理、入库管理、库内管理、出库管理、查询管理。仓储管理信息系统的总体功能如图 9.6 所示。

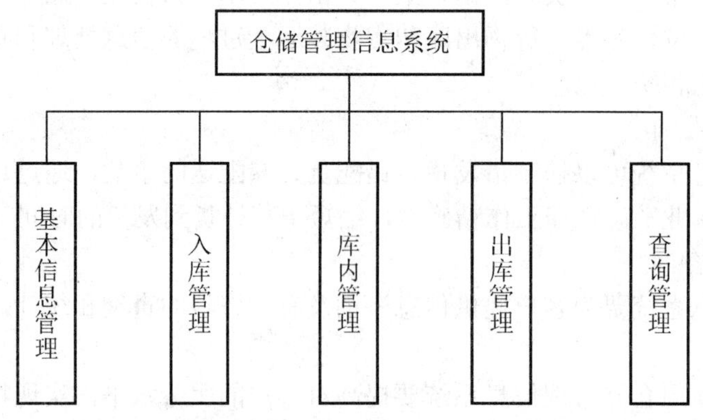

图 9.6 仓储管理信息系统总体功能

仓储管理信息系统对于入库、库内、出库等一系列工作提供了全面的条形码技术和 RF 技术支持，可以有效地收集有关货品、储位及作业状态，信息可以由无线传输方式送到系统的数据库中。同时，系统可以将调度或自动分配给操作人员的任务传输给 RF 持有人。

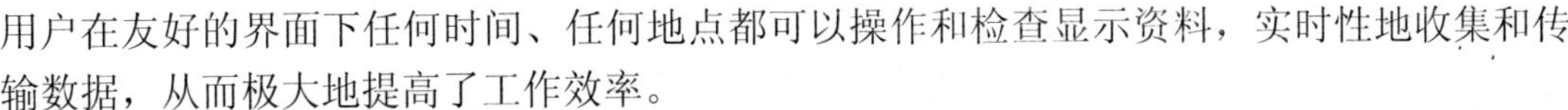

用户在友好的界面下任何时间、任何地点都可以操作和检查显示资料，实时性地收集和传输数据，从而极大地提高了工作效率。

1. 基本信息管理

基本信息管理模块主要是对仓库信息、货品信息、人员信息、客户信息、合同信息的管理。

1) 仓库信息管理

仓库信息管理包括仓库类型、仓库基本信息、仓库区域信息和储位信息等。系统初始化时设置的顺序为仓库类型、仓库信息、区域信息、储(货)位信息。仓库类型指仓库所属的类别，主要包括普通仓库、冷冻仓库、化学仓库、危险品仓库等。

2) 货品信息管理

货品信息管理包括货品类型、计量单位信息、货品信息等。系统初始化时设置的顺序是货品类型、计量单位、货品信息。货品类型是指货品所属的类别，如电器、食品、药品等。货品信息是指条码信息、货品编号、货品种类、规格、型号、单位、重量、体积、尺寸、价值、保质期、最高库存、最低库存等。

3) 人员信息管理

人员信息管理是对企业内部的人力资源进行管理，包括员工编号、员工姓名、所属部门、岗位、工作年限、联系方式等基本信息。

4) 客户信息管理

客户信息管理包括客户编号、客户名称、联系电话、传真、地址、E-mail 及联系人等客户的基本信息。

5) 合同管理

合同管理信息包括合同号、甲方名称、甲方代表人、乙方名称、乙方代表人、签订合同日期、租仓地点、租仓面积、租仓标准、结算方式、保管商品名称等。

2. 入库管理

入库管理主要包括对货品数量的管理，如箱数、件数；对货品的储位管理；对货品的管理，如客户、到期日、重量、体积、批次(号)，并可结合条码管理；对运输工具的管理，如运输公司、车辆号、司机名管理；对验收的确认，根据入库通知单的数量和实际入库数量比较分析，解决少货、多货、窜货等情况。

入库管理操作顺序为填写入库通知单(订仓单)、卸货及验收管理、入库储位分配。

1) 填写入库通知单

入库通知单是在货品到达之前，货主通知在何时进入什么货品的单证，仓库可以根据这些信息制订入库作业计划，如安排和调度装卸货的工具、清理装卸货区域等。入库通知单主要包括客户信息、收货信息和货品明细等，并为安排卸货工具、指定卸货区和处理区提供信息。

入库通知单主表的数据项有入库单号、客户名称、合同号、预计入库时间、制单人等信息。入库通知单明细表的数据项有货品的名称、条码、批次、数量等信息。

2) 卸货及验收管理

卸货及验收管理是收到入库通知单后，指定货品的装卸区及验收处理区等业务。相对应的实际操作是货品到达仓库后，仓管员指定卸货区域，在卸货区装卸货品，检查数量和质量验收等工作。系统根据入库通知单编号自动产生验收单编号，显示入库通知单中货品的详细列表信息。指定卸货区和验收区时，选择仓库号和区域号。验收结束后，如果发现有不合格品，应该进行登记记录。在“不合格数量”、“不合格原因”、“处理意见”3 个字段中录入具体的信息。

3) 入库储位分配

入库储位分配就是为入库货品安排货位的操作：选中某一入库货品，选择合适的仓库号、区域号。在排号、列号、层号中输入分配的数值，确认“分配”即可完成，并依次为每一种货品分配货位。

3. 库内管理

库内管理具体包括仓库储存货品的盘点管理、仓库内部货品在储位间的转储管理、货品在不同仓库间的转库管理、保管货品的报废管理、不合格品的退货管理等业务。

1) 盘点管理

盘点管理提供对货品的全面盘点、随机抽盘与指定盘点等功能。其中指定盘点根据储位盘点和货品盘点的功能，可分区、分类进行盘点。盘点作业，首先要生成盘点单，确定要盘点货品的编号、名称、储存位置、系统结存数量的信息清单；然后录入盘存数据；审核盘点单；盘点差异结转。

2) 转储管理

转储管理主要对货品在同一仓库内不同储位之间转移的作业进行管理。转储单号由系统自动产生，选择要转移货品的所在仓库、转储部门等，并填写制单人、转储时间、制单时间。在转储货品及存储货位清单中选择货物，输入数量及选择目的区域，完成转储货品的选择。

3) 转库管理

转库管理主要对货品在不同仓库之间转移的作业进行管理，即提出转仓申请，指定货品的转出仓库、区位及储位，并指定转入仓库的区域和储位等。系统自动产生转库单号，选择要转移货品的所在转出仓库、转入仓库、转仓部门，填写转仓时间、制单时间、制单人、备注等信息。在转仓货品及存储货位清单中选择货品，输入数量及选择目的区域，并完成整个转仓的过程。

4) 报废管理

报废管理主要对仓库中报废货品的名称、编号、位置等进行管理，即提出报废申请，录入报废货品的信息，指定报废货品的所在仓库、区域及储位，以及对上述报废信息进行维护。

5) 退货管理

退货管理主要对被退回货品的编号、名称、数量、存放位置、处理方法等信息进行管理，主要处理退货申请、审批、结转等相关事务。

4. 出库管理

出库管理包括对出库货品数量的管理，如箱数、件数；对出货方式的选择，如先进先出、后进先出、保质期管理、批次(号)确定；对出货运输工具的管理，如运输公司、车辆号、司机名管理。

1) 出库通知单管理

出库通知单管理，就是处理收货方要求的出库信息，包括收货方名称、编码信息、出库货品明细等，为确定备货区提供信息。将库存表中货品、数量、批次信息自动生成到出库通知单的出库货品列表中。

2) 出库备货

出库备货，指操作员收到出库通知单后，录入出库备货货品信息，指定备货区和安排出库货品的货位等事务。

系统根据出库通知单编号自动产生备货单号，填写出库备货时间、制单人、制单时间等出库备货信息。

根据出库备货货品清单，显示出货仓库和区域指定窗口，选中某一出库备货货品，即可指定出货仓库和区域。针对出库备货货品信息清单中的每一种货品，重复上述的指定工作，可为每一种出库货品指定出库仓库和区域。

3) 出库单管理

出库单管理，是指完成出库备货后，对出库货品的信息进行登记、查询等管理。如采用先进先出的出库原则，可根据入库单的时间自动生成出库单，也可以根据需要，选择指定的入库单来生成出库单。

5. 查询管理

(1) 在任何时间和地点都可以通过终端进行查询。查询内容包括货主信息、商品信息、库存情况、订单状态等。

(2) 每次查询可以包括各项信息的逐一核对，并将有效结果反馈给系统，使得现场实时查询和实时指挥工作变得方便容易。

阅读案例 9-1

宝供物流管理信息系统

宝供物流企业集团有限公司(以下简称宝供)从 1997 年开始在国内物流行业中首家开发基于 Internet 的物流信息管理系统，十多年来宝供物流信息化一直处于行业前列，取得大量成功案例，多次获得行业最高荣誉。例如，2004 年荣获中国物流与采购联合会颁发的科技进步一等奖，连续多年荣获中国企业信息化“500 强”称号，2007—2008 年被美国《信息周刊》杂志评为“中国商业科技 100 强”。

宝供的仓储管理信息系统由 Infor 公司提供，是一套全球领先的仓储管理信息系统。该软件功能强大、技术先进，具有图形用户接口、友好的人机界面、强大的查询能力、多重数据视图和内置的安全管理等多个优点，在流程的灵活性和个性化设计上领先一步，具有专门的接口工具与其他物流管理系统对接。宝供采购此系统用于其在全国各地建设的现代化仓储基地的立体仓库。

宝供仓储管理信息系统的核心功能包括对单据和运作结果的快速传送；对库存进行管理，进行批号和状态跟踪，实现供应链过程的可见性，可控性；支持库内作业管理；快速生成各类统计报表。

宝供仓储管理信息系统融合了最新科技，采用先进的条码扫描和无线网络技术，用户操作通过无线系统来完成，最大限度地在工作场地就地、实时、快速、准确地输入、查询和更新系统数据。系统管理员可以管理指定堆放区域、上架/取货优先原则、补货原则等的设置，编排收货计划、取货计划、装运计划等的操作。由于有完整的数据接口，避免了不必要的数据重复输入和因此而造成的错误，工作效率大幅度提高。

(资料来源：宝供物流. http://www.pgl_world.com/services/index.aspx?ID=15.)

9.4 运输管理信息系统

我国生产企业在物流运输环节支付费用占总成本的30%～40%，货运空载率高达60%，大量产品滞留在运输环节，每年造成的损失惊人。运输费用占物流成本很大的比例，如果运输能有效运作，会给企业节约大量的费用，带来丰厚的利润。运输信息准确、及时、畅通，是物流运输发展的基本条件。运输管理信息系统可以帮助企业进行日常运输工作的管理，实现运输管理信息化、运输服务最优化、运输利润最大化。

9.4.1 运输管理信息系统概述

1. 运输管理信息系统的概念

运输管理信息系统(Transportation Management System，TMS)是基于运输作业流程的管理系统，它利用计算机网络等现代信息技术，对运输计划、运输工具、运送人员及运输过程进行跟踪、调度、指挥。

运输管理信息系统提高了物流运输的服务水平，具体作用表现在以下4个方面。

1) 查询便利化

当顾客需要对货物的状态进行查询时，只要输入货物的发标号码，就能立刻知道有关货物的状态信息。查询作业简便迅速，信息及时准确。

2) 服务及时化

通过货物信息可以确认货物是否将在规定的时间内送到顾客手中，及时发现没有在规定的时间内把货物交付给顾客的情况，以便马上查明原因并及时改正，从而提高运送货物的准确性和及时性，提高顾客服务水平。

3) 竞争优势化

运输管理信息系统可以帮助企业提高物流运输效率，为企业提供差别化物流服务，从而使企业获得有利的竞争优势。

4) 信息共享化

运输管理信息系统提供货物运送状态的信息，丰富了供应链的信息分享源，有利于下游用户预先做好接货及后续工作的准备。

2. 运输管理信息系统的目标和特点

1) 运输管理信息系统的目标

(1) 运输作业流程实现标准化、统一化。

(2) 运输作业信息高度透明化。

(3) 降低空驶率，提高运载效率。

(4) 对货品进行全程跟踪。

2) 运输管理信息系统的特点

(1) 运输管理信息系统是基于网络环境开发的支持多网点、多机构、多功能作业的立体网络运输软件。

(2) 运输管理信息系统是在全面衡量、分析、规范运输作业流程的基础上，运用现代物流管理方法设计的先进、标准的运输软件。

(3) 运输管理信息系统采用先进的软件技术实现计算机优化辅助作业，特别是对于机构庞大的运输体系，此系统能够协助管理人员进行资源分配、作业分配、路线优化等操作。

(4) 运输管理信息系统与现代信息采集技术及物流技术无缝连接，在基于条码作业的系统内可以实现全自动接单、配载、装运、跟踪等。

9.4.2 运输管理信息系统的功能

运输管理信息系统主要包含以下功能模块：客户管理、车辆管理、驾驶员管理、运输管理、财务管理、绩效管理、海关/铁路/航空系统对接管理、保险公司和银行对接管理。运输管理信息系统的总体功能如图 9.7 所示。

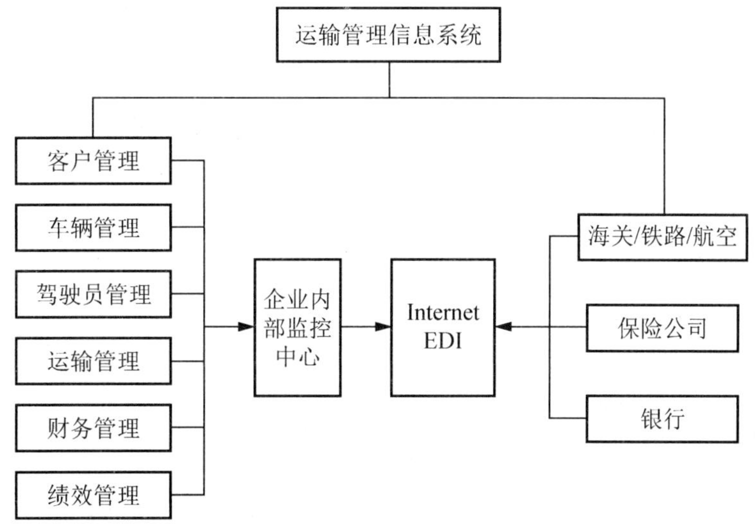

图 9.7　运输管理信息系统总体功能

1. 客户管理

客户管理模块可以实现订单处理、合同管理、客户查询管理和投诉理赔管理功能。

1) 订单处理

订单处理可以提供多种订单受理方式。客户可通过电话、传真提交订单，同时系统在 Internet 环境中实现安全的、标准的 EDI，接受网上直接下单，根据客户的指令进行订单的录入，主要包括受理日期、订单号(可人工输入或自动生成)、起运地址、货物名称、重量、体积、数量、货主及其电话、收货单位、联系人到达地址及各种费用等订单信息。对下达的订单进行分析审核，经双方确认后签订运输合同。系统支持多种发运订单，主要包括车辆运单、散户运单、合同运单和货物运单等。

2) 合同管理

(1) 对签订的合同进行统一管理。主要包括受理日期、合同编号、订单号、起运地址、货物名称、重量、体积、数量、货主及其电话、收货单位、联系人、到达地址、车辆种类、车辆数量、签订人、审核人、起始时间、到达时间、预付费用计算和结算方式等信息。

(2) 合同破损记录。主要指对装车、发货时发生的破损记录情况进行登记、修改工作。理赔部门按照事先双方签订的合同协议进行理赔处理，系统自动将金额转入财务结算。

3) 客户查询管理

客户通过输入货物代码，就可以得知货物在库情况、在途状况和预计到达时间等。

4) 投诉理赔管理

(1) 处理客户投诉。对客户的投诉进行分析和统计，做出投诉处置并进行相关记录，向上汇报。

(2) 对客户反馈的信息进行分析、记录，提高服务水平。

2. 车辆管理

车辆管理模块可以帮助管理人员对运输车辆(包括企业自用车辆和外用车辆)的信息进行日常管理维护，随时了解车辆的运行状况，确保在运输任务下达时，有车辆可供调配。

(1) 管理每天的出车记录，输入运单号，显示出车日期、出车车辆、客户名称、工作内容、吨位、单价、提货地和目的地等。

(2) 输入车辆编号，查看车辆维修与保养计划、车辆维修情况、添加零件情况、车辆违章情况、车辆事故情况等多项信息。

(3) 查看出车的车辆、待命车辆、维修车辆。

3. 驾驶员管理

通过驾驶员管理模块可以了解驾驶员的个人信息和工作状况。

(1) 驾驶员档案管理。主要包括驾驶员姓名、家庭详细住址、家庭电话、手机、身份证号码、所属公司、驾驶证主证号、驾驶证副证号、驾龄、上岗证、准营证和劳动合同情况等信息。

(2) 驾驶员查询。分日常和月度对不同驾驶员的业绩、费用等情况进行统计查询；显示驾驶员月度或年度的业务量情况；对某一驾驶员发生的费用进行统计，显示驾驶员所用的运杂费、人工费、工资等费。

(3) 支持驾驶员刷卡功能，对驾驶员进行考勤监督，实行绩效管理。

4. 运输管理

运输管理模块包括运输计划安排、运输方式选择和运输路线优化 3 个环节。

(1) 根据客户的要求制订运输计划并生成运输计划书。

(2) 根据货物的性质、特点、运输批量及运输距离等实际情况，在保证按时到货及运费不超出预算的前提下，选择合适的运输方式。

(3) 根据客户输入的起点和目的地，自动设计最佳行驶路线，包括最快的路线、最简单的路线、通过高速公路分段次数最少的路线等。线路规划完毕后，显示器自动在电子地图上显示设计线路，并同时显示汽车运行路径。

5. 财务管理

财务管理模块具有以下功能。

(1) 可提供全国各地运输价格和所需时日的查询。

(2) 可设置联盟运输商的价格信息数据库。

(3) 可依据合同分客户编制运输价格表。

(4) 可生成费用结算报表和费用明细列表。

(5) 每趟运输出行的过桥过路费、油费、人工费和资产折旧费等费用进行成本核算。

(6) 支持多种结算方式及利率统计。

6. 绩效管理

绩效管理模块具有以下功能。

(1) 辅助高层管理者对业务管理和经营事务进行控制、优化和决策。

(2) 帮助进行事前、事中和事后的管理和控制。

(3) 支持经营决策。例如，要不要进行外包车辆等，系统都会根据数据给出一个分析和参考的指标。

7. 海关/铁路/航空系统对接管理

这个对接管理模块主要具有以下功能。

(1) 涵盖所有的运输方式，包括水路运输、公路运输、铁路运输和航空运输，并提供对多式联运业务的支持。

(2) 实现对不同运输方式的衔接互补。当某种运输任务牵涉到多种运输方式时，能实时提出运输组织的策略，以合理的组织方式完成运输任务。

(3) 通过与海关部门的对接，为外贸交易提供系统的报关服务，方便了客户也扩大了企业的业务。

8. 保险公司和银行对接管理

这个模块和保险公司/银行相关部门对接，保证了运输业务的保险便捷。

(1) 为物流运输部门的车辆和员工提供保险业务。

(2) 承接网上投保业务，为物流公司承接的运输货物随时办理保险业务。

(3) 分担了物流企业的风险。

(4) 通过与银行接口实现网上支付和结算业务，缩短了作业时间，减少了费用。

在物流运输作业活动中，由于运输车辆处于分散运动状态中，因此，对物流运输车辆的管理有着其他作业管理不能比拟的困难。随着无线技术、GIS 和 GPS 的发展，运输管理信息系统被应用到物流运输作业中，为客户提供迅速、准确、安全、经济的运输服务，满足货主多样化、个性化、多频度、小数量和及时运达的需求。

9.5 配送管理信息系统

配送信息是配送活动的神经中枢，配送活动的计划、决策、组织、指挥、调度、协调、控制均依靠准确、通畅、高效的信息传递，可以说，配送信息的传递与利用是物流配送业务运作成功的关键所在。因此，物流配送企业或企业物流部门在物流系统中如何有效构建配送管理系统，对搞好企业物流管理有着十分重要的意义。

9.5.1 配送管理信息系统概述

1. 配送管理信息系统的概念

配送管理信息系统(Distribution Management System，DMS)是以计算机和通信技术为基础，处理企业的现行配送业务，控制企业的物流管理活动，预测企业的购销趋势，为制定企业物流配送决策提供信息，给决策者提供一个分析问题、构造模型和模拟决策过程的人机系统的集成。

配送管理信息系统是企业物流管理现代化的重要标志之一，目标是通过系统的思想优化配送环节，实现配送作业流程的信息化处理，从而提高配送作业效率、增强配送服务水平和降低配送成本，其具体作用表现在以下 3 个方面。

1) 配送管理信息系统是企业组织物流活动的坚实基础

企业整个物流过程是一个多环节的复杂系统，物流系统中的各个子系统通过物资实体的运动联系在一起，子系统的相互衔接是以信息为纽带的，基本资源的调度也是通过信息的传递来实现的。因此，为了保证配送活动正常而有序地进行，企业必须建立符合实际的配送管理信息系统。

2) 配送管理信息系统是企业进行物流计划决策的辅助工具

在企业计划体系中，物流系统计划很多，并且相互关联。企业的配送计划是建立在销售计划、生产计划、生产用料计划、库存计划基础上的，同时它又决定采购进货计划的制订。因此，信息流通不畅或信息不准确会造成物流活动的混乱，也会影响企业做出正确的计划决策。

3) 配送管理信息系统是企业进行物流控制的有力手段

利用系统对物流进行控制的办法有两种：一是利用信息指挥调度，使物流按照信息规定的路线、任务、时间及各项标准的要求流动；二是利用信息的反馈作用，随时将反馈的信息与标准信息进行比较，找出偏差，调整计划决策，对过程进行控制。

2. 配送的分类

配送可以根据不同的标准划分为不同的类型，由配送的不同类型决定配送信息系统。表 9-4 是根据不同标准划分的配送分类表。

表 9-4 配送的分类

分类标准	配送主体	配送商品种类及数量	配送时间及数量	配送组织的经济功能	配送企业的专业化程度
类型	(1) 配送中心配送 (2) 生产企业配送 (3) 仓库配送 (4) 商店配送	(1) 少品种大批量配送 (2) 多品种少批量配送 (3) 配套配送	(1) 定时配送 (2) 定量配送 (3) 定时定量配送 (4) 定时定路线配送 (5) 即时配送	(1) 销售配送 (2) 供给配送 (3) 销售-供应一体化配送 (4) 代存代供配送	(1) 综合配送 (2) 专业配送

9.5.2 配送中心管理信息系统

在物流业务中，以配送中心为配送主体的配送方式将会成为主流，因此本节介绍典型的配送中心管理信息系统。

1. 配送中心的简要介绍

国家质量技术监督局发布的国家标准 GB/T 18354—2006《物流术语》中，对配送中心的定义是：“从事配送业务的物流场所或组织，符合下列基本要求：主要为特定的用户服务；配送功能健全；具有完善的信息网络；辐射范围小；多品种，小批量；以配送为主、储存为辅。”

在现代物流活动中，配送中心的作用可以归纳为以下几个方面。

(1) 使供货适应市场需求变化。各种商品的市场需求量由于季节、时间的不同存在大量随机性，配送中心通过集散和存储功能，调节供求平衡，解决季节性货物的产需衔接问题，适应生产与消费之间的矛盾与变化。

(2) 经济高效地组织储运。配送的核心是配货，配送中心要根据客户的需求，通过批量分装货物，组织成组、成批直达运输和集中储运，将货物按时按量送达用户。这种方式降低了物流系统成本，提高了物流系统效率。

(3) 提供优质的保管、包装、加工、配送、信息服务。现代物流活动中由于物资物理、化学性质的复杂，交通运输的多方式、长距离、长时间，地理与气候的多样性等，对物资保管、加工、配送信息提出了很高的要求。而配送中心具有存储、加工、配送、信息功能，能提供更加专业化、更加优质的服务。

(4) 促进地区经济的快速增长。配送中心和交通运输设施一样，是经济发展的保障，是吸引投资的环境条件之一，也是拉动经济增长的内部因素。配送中心的建设可从多方面带动经济的健康发展。

(5) 服务于连锁店的各项经营活动。配送中心可以帮助连锁店实现配送作业的经济规模，使流通费用降低，减少分店库存，加快商品周转，促进业务的发展和扩散。批发仓库通常需要零售商亲自上门采购，而配送中心解除了分店的后顾之忧，使其专心于店铺销售额和利润的增长，不断开发外部市场，拓展业务。此外，配送中心还加强了连锁店和供方的关系。

配送中心的一般作业流程如图 9.8 所示。

(1) 供应商根据配送中心的订单将货物送至配送中心，配送中心确认货物后将货物入库储存。

(2) 为了实时掌握库存信息，配送中心要对在库物品进行有效的管理，定期或不定期进行盘点。

(3) 收到用户订单后，将订单按性质进行处理，根据处理后的订单信息，依次进行出库拣选作业。拣选完成后，如果拣选区剩余的存货量过低时，要由储存区补货；而当储存区的存货量低于规定标准时，配送中心则向供应商下订单订货采购。

(4) 从仓库拣选出的物品，经过集货和包装后，准备发货。

(5) 等一切工作准备就绪，将物品装上货车，向各用户进行配送交货作业。

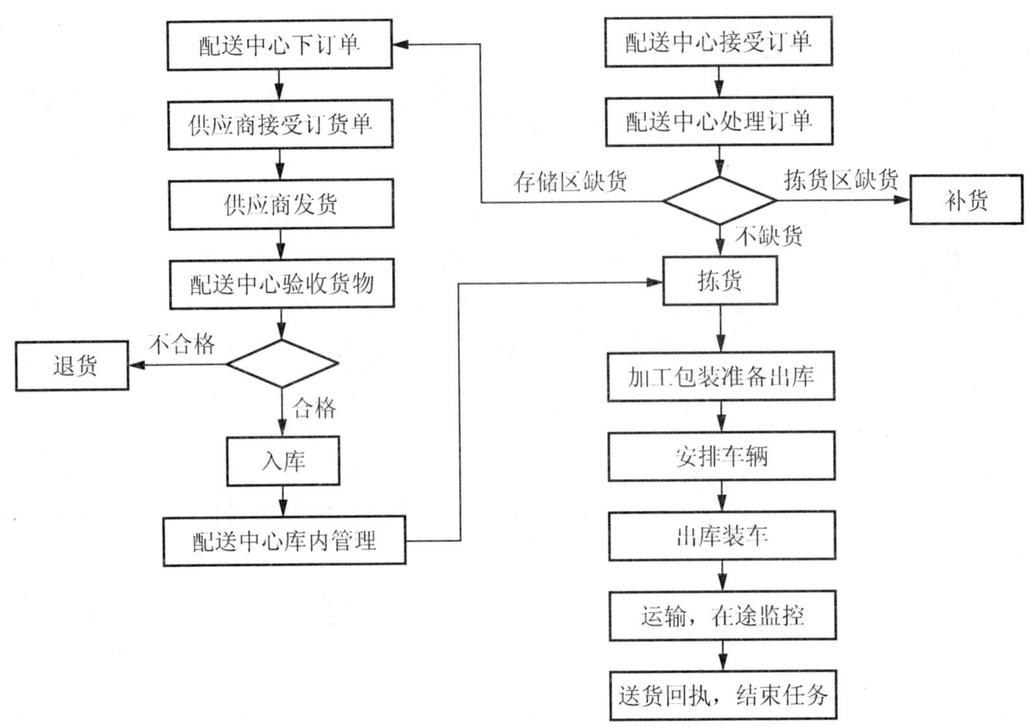

图 9.8　配送中心作业流程

2. 配送中心管理信息系统的功能

配送中心管理信息系统包含以下基本功能模块：订单处理作业、采购作业、进货入库作业、库内管理作业、补货及拣货作业、流通加工作业、出货作业和配送作业。配送中心管理信息系统总体功能如图 9.9 所示。

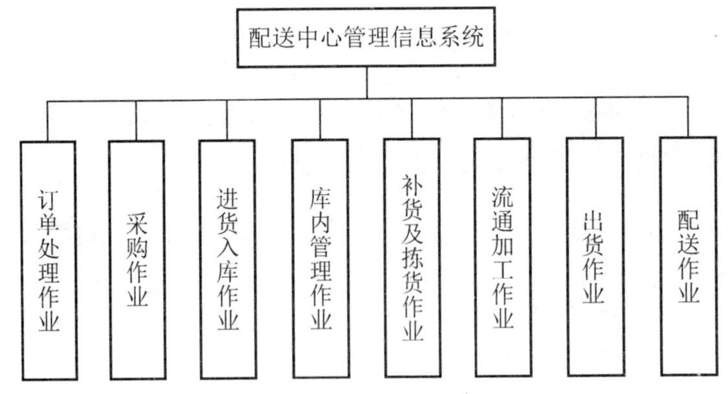

图 9.9　配送中心管理信息系统总体功能

1) 订单处理作业

一般来讲，配送中心的作业起始于客户的查询和业务部门的报价，然后由业务部门接收订单，并查询出货日的存货状况、装卸货能力、流通加工能力、包装能力、配送能力等来答复客户。如果无法遵照客户的要求交货，业务部门应进行协调。同时由于配送中心一般都不是随货收取货款，而是在一段时间后予以结账，因此在订单资料处理的同时，业务人员还要核查该客户的订货是否已超出其信用额度。此外，业务人员还要适时的统计订货数量，进行调货和分配出货，退货资料也应该在此阶段予以处理。另外，业务部门要制定报价计算方式，做报价历史资料管理，规定客户订购最小批量、订货方式及订购结账截止日。

2) 采购作业

接收订单后，如果配送中心的货品不能满足最低需求，配送中心就要向供货厂商或制造厂商订购商品，采购管理的内容包括商品需求数量的统计和查询供货厂商交易条件，然后根据需要的数量和供货厂商提供的不同的批量价格，确定出经济订购批量并提出采购单。采购单发出之后，还需要对该批货物进行进货入库的跟单运作。

3) 进货入库作业

采购单开出之后，进货入库管理员即可根据采购单上的预定入库日期做入库作业排程计划和入库月台排程计划。在商品入库当日，当货品进入时做入库资料核查、入库品验收，核查入库货品是否与采购单内容一致，当质量或数量不符时要做适当的修正或处理，并将入库资料登记建档。入库管理员还要根据商品特性指定卸货和栈板堆叠方式。对于从客户处退回的商品，退货品的入库也要经过退货品检验、分类处理，然后登记入库。

一般商品入库堆叠在栈板上后有两种作业方式：一是商品入库上架，存放于货架上，等候有出库要求时再出货，商品入库上架是由计算机或管理人员根据仓库区域规划管理原则或商品生命周期等因素来指定存放位置，或在商品入库后登记其存放位置，以便于日后的存货管理或出货查询；另一种方式是直接出库，此时管理人员根据出货要求将货品送往指定的出货码头或暂时存放地点；在入库搬运的过程中由管理人员选用搬运工具，调派工作人员，并做出工具、人员的工作日程安排。

4) 库内管理作业

库内管理作业包括仓库区的管理及库存数控制。仓库区的管理包括规划货品在仓库区域内的摆放方式、区域大小、区域的分布等；控制货品进出仓库的时间(按照先进先出或后进先出原则)；指定进货出货方式(货品所用的搬运工具、搬运方式)；调整仓储区储位等。库存数量的控制是根据货品出库数量、入库所需时间等来确定采购数量和采购时间的，并建立采购时间预警系统。此外，还要规定库存盘点方法，再定期制作盘点清册，根据盘点清册内容清查库存数、修正库存账册并完成盘盈盘亏报表。

5) 补货及拣货作业

通过对客户订单资料的统计，配送中心就可以知道货品真正的需求量。在出库日，当库存充足可以满足出货需求时，就根据需求数打印出库拣货单及各项拣货指示，同时进行拣货区域的规划布置、工具的选用及人员调派等工作。出货拣取不只包含拣取作业，更要注意拣货架上商品的补充，要使拣货作业流畅不缺货，这就需要靠补货作业来完成，补货作业包括确定补货水准、设定补货时点、对补货作业排程、调派补货作业人员等内容。

6) 流通加工作业

商品由配送中心送出之前可在配送中心做流通加工处理。在配送中心的各项作业中流通加工最容易提高货物的附加价值，配送中心通过进行流通加工既可以提高客户服务水平，又可以获得较好的经济效益，因此多数配送中心都非常重视这项作业。流通加工作业包括商品的分类、称重、拆箱重包装、贴标签及商品的组合包装。为了妥善完成流通加工任务，必须加强包装材料和容器的管理、组合包装规则的制定、流通加工包装工具的选用、流通加工作业的排程、作业人员的调派等管理工作。

7) 出货作业

完成货品的拣取及流通加工作业之后，就可以进行商品的出货作业了。出货作业包括根据客户订单资料打印出货单据给客户，制定出货排程，打印出货批次报表、出货商品上所需要的地址标签和出货检核表。由排程人员决定集货方式、选用集货工具、调派集货作业人员，并决定运输车辆的大小与数量；由仓库管理人员或出货管理人员决定出货区域的规划布置及出货商品的摆放方式。

8) 配送作业

配送作业包括将货品装车并配送到客户手中。为完成这些作业必须事先划分配送区域，安排配送路线，根据配送路径的先后次序来决定商品装车的顺序，还要注意在商品的配送途中做好商品的追踪与控制注意配送途中意外状况的处理。

除了上述配送中心的实体作业之外，良好的配送中心运作还需要管理者通过各种考核评估来达成配送中心的效率管理，并制定有效的营运决策及方针。营运管理和绩效管理主要是通过分析一线作业人员或中级管理人员提供的各种信息与报表来进行的。这些信息主要包括出货销售的统计资料、客户对配送服务的反应报告、配送商品次数及所需时间的报告、配送商品的失误率、仓库缺货率分析、库存损失率报告、机器设备损坏及维修报告、燃料耗材等使用量分析报告、外雇人员报告、机器和设备成本分析报告、退货商品统计报表、作业人力的使用率分析报告等。

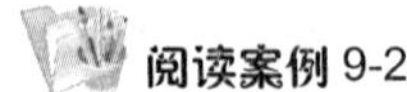

阅读案例 9-2

美国物流配送中心的信息化发展

美国的配送中心大多是在改造老式仓库的基础上，于 20 世纪 60～70 年代逐步发展形成的。为了向流通领域要效益，美国的配送中心引进了计算机化的网络管理，对装卸、搬运、保管实行标准化操作，大大提高了作业效率。

美国的配送中心分为 3 类：一是特大型生产企业独资建设的配送中心，主要为生产企业自身服务；二是大型零售企业或连锁企业自有的配送中心；三是为扩大生产企业和商业企业的服务范围而建立的社会化配送中心。社会化配送中心又分成两种：一种是本身没有商品所有权的纯物流性质的配送组织，主要依托众多的生产企业，受生产企业的委托向零售企业或其他客户配送产品；另一种是兼顾分销活动的配送组织，主要依托零售商、超市等用户从事经营活动。

这些配送中心采用很多方法来降低运营成本，其中之一就是实行配送中心的信息系统管理。例如，这些中心广泛使用计算机信息系统、条形码和激光扫描技术，甚至一些大型配送中心还使用卫星通信、RFID 装置来指挥公路上运输的车辆。

美国加利福尼亚州食品配送中心是美国第二大批发配送中心，建于 1982 年，建筑面积 10 万 m^2，工作人员 2 000 人左右，共有全封闭温控车 600 多辆，1995 年销售额达到 20 亿美元。经营的商品主要是食品，包括牛奶、面包、冰激凌等新鲜食品，共有 43 000 多个品种。该配送中心采用计算机信息管理系统，业务部门通过计算机网络获取各个会员店的订货信息，及时向生产厂家或新的储运部发出要货指示单，厂家和储运部再根据要货指示单的先后缓急安排配送的先后顺序，将分配好的货物放在待配送口等待发运，配送中心 24h 运转，配送半径一般为 50km。

（资料来源：李波，王谦. 物流信息系统[M]. 北京：清华大学出版社，2008.）

9.6 企业资源计划系统

ERP是由美国高德纳咨询公司在1993年首先提出的，作为当今国际上一个最先进的企业管理模式，它在体现当今世界最先进的企业管理理论的同时，也提供了企业信息化集成的最佳解决方案。它把企业的物流、商流、资金流、信息流统一起来进行管理，以求最大限度地利用企业现有资源，实现企业经济利益的最大化。

9.6.1 企业资源计划系统概述

1. 企业资源计划系统的含义

ERP系统是指建立在信息技术基础上，以系统化的管理思想，为企业决策层及员工提供决策运行手段的管理平台。ERP系统是从MRP发展而来的新一代集成化管理信息系统，它扩展了MRP的功能，其核心思想是SCM。它跳出了传统企业边界，从供应链范围去优化企业的资源。ERP系统集信息技术与先进管理思想于一身，成为现代企业的运行模式，反映时代对企业合理调配资源，最大化地创造社会财富的要求，成为企业在信息时代生存、发展的基石。ERP系统对于改善企业业务流程、提高企业核心竞争力具有显著作用。

ERP的主要宗旨是对企业所拥有的人、财、物、信息、时间和空间等综合资源进行综合平衡和优化管理，协调企业各管理部门，围绕市场导向开展业务活动，提高企业的核心竞争力，从而取得最好的经济效益。所以，ERP既是一个软件，也是一个管理工具。它是信息技术与管理思想的融合体，也就是先进的管理思想借助计算机，来达成企业的管理目标。

2. 企业资源计划系统的特点

ERP系统是将企业所有资源进行整合集成管理，简单地说就是将企业的三大流——物流、资金流、信息流进行全面一体化管理的管理信息系统。ERP功能模块不同于以往的MRP或MRPII模块，不仅可用于生产企业的管理，而且在许多其他类型的企业，如一些非生产、公益事业的企业也可导入ERP系统进行资源计划和管理。因此，ERP系统的特点可以归纳为以下两大点。

1) 先进性

采用了计算机最新的主流技术和体系结构：B/S、Internet体系结构、Windows界面。在能通信的地方都可以方便地接入到系统中来。

物流管理系统采用了制造业的MRP管理思想；FMIS有效地实现了预算管理、业务评估、管理会计、ABC成本归集方法等现代基本财务管理方法；人力资源管理系统在组织机构设计、岗位管理、薪酬体系及人力资源开发等方面同样集成了先进的理念。

2) 集成性

ERP系统是一个在全公司范围内应用的、高度集成的系统，数据在各业务系统之间高度共享，所有源数据只需在某一个系统中输入一次，即保证了数据的一致性。

ERP系统对公司内部业务流程和管理过程进行了优化，主要的业务流程实现了自动化。

在企业中，一般的管理主要包括3方面的内容：生产控制(计划、制造)、物流管理(分销、采购、库存管理)和财务管理(会计核算、财务管理)。这三大系统本身就是集成体，它们互相之间有相应的接口，能够很好地整合在一起来对企业进行管理。另外，要特别一提的是，随着企业对人力资源管理重视的加强，已经有越来越多的ERP厂商将人力资源管理纳入了ERP系统的一个重要组成部分。

3. 企业资源计划系统的管理思想

ERP系统的核心管理思想就是实现对整个供应链的有效管理，主要体现在以下3个方面，如图9.10所示。

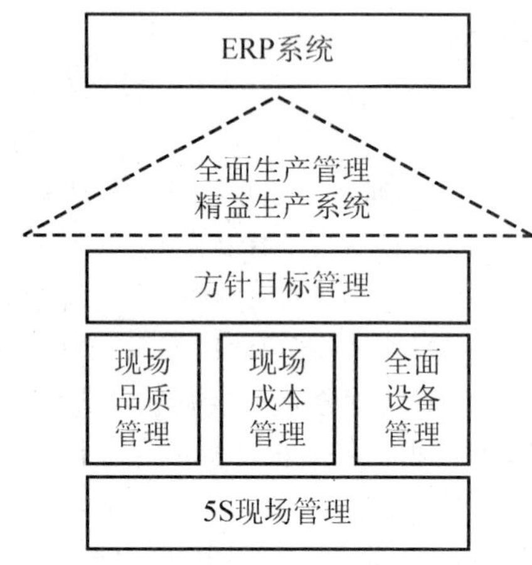

图9.10　ERP系统的管理思想

1) 体现对整个供应链资源进行管理的思想

信息经济时代企业的竞争已经不是单一企业与单一企业间的竞争，而是一个企业供应链与另一个企业供应链之间的竞争，即企业不但要依靠自己的资源，还必须把经营过程中的有关各方如供应商、制造工厂、分销网络、客户等纳入一个紧密的供应链中，才能有效地安排企业的产、供、销活动，满足企业利用全社会一切市场资源快速高效地进行生产经营的需求，以期进一步提高效率和在市场上获得竞争优势。ERP系统正是适应了这一市场竞争的需要，实现了对整个企业供应链的管理。

2) 体现精益生产、同步工程和敏捷制造的思想

ERP系统支持混合型生产方式的管理，其管理思想表现在两个方面：其一是“精益生产(Lean Production，LP)”的思想，它是由美国麻省理工学院提出的一种企业经营战略体系，即企业按大批量生产方式组织生产时，把客户、销售代理商、供应商、协作单位纳入生产体系，同他们建立起利益共享的合作伙伴关系，进而组成一个企业的供应链，这即是精益生产的核心思想；其二是“敏捷制造(Agile Manufacturing，AM)”的思想。当市场上出现新的机会，而企业的基本合作伙伴不能满足新产品开发生产的要求时，企业组织一个由特定的供应商和销售渠道组成的短期或一次性供应链，形成“虚拟工厂”，把供应和协作单位看成是企业的一个组成部分，运用“同步工程(Synchronization Engineering or Simultaneous Engineering，SE)”组织生产，用最短的时间将新产品打入市场，时刻保持产品的高质量、多样化和灵活性，这就是“敏捷制造”的核心思想。

3) 体现事先计划与事中控制的思想

ERP 系统中的计划体系主要包括生产计划、MRP、能力计划、采购计划、销售执行计划、利润计划、财务预算和人力资源计划等，而且这些计划功能与价值控制功能已完全集成到整个供应链系统中。

另外，ERP 系统通过定义事务处理相关的会计核算科目与核算方式，在事务处理发生的同时自动生成会计核算分录，保证了资金流与物流的同步记录和数据的一致性，从而实现了根据财务资金现状，可以追溯资金的来龙去脉，并进一步追溯所发生的相关业务活动，改变了资金信息滞后于物料信息的状况，便于实现事中控制和实时做出决策。

总之，ERP 系统是建立在信息技术基础上，以系统化的先进管理思想，为企业提供决策、计划、控制与经营业绩评估的全方位和系统化的管理平台。ERP 系统集信息技术与先进的管理思想于一身，成为现代企业的一种运行模式，反映了时代对企业合理配置资源、最大化地创造社会财富的要求，成为企业在信息时代生存、发展的基石。

9.6.2 企业资源计划系统的功能

ERP 的主要功能系统是高度集成的企业信息管理系统。ERP 设计总体思路的 4 条干线是 SCM、财务管理、生产管理和人力资源管理。企业的主要目的是盈利，各项活动和功能模块要考虑归集到财务的数据，财务应是各项业务的归集中心，这是大多数 ERP 业务处理的主流业务。围绕这 4 条干线的模块化可分为物流管理模块系列、财务管理模块系列、生产管理模块系列和人力资源模块系列。

1. 物流管理功能模块

物流管理模块主要分为采购管理、分销管理和库存控制 3 个阶段。

采购管理主要是确定合理的订货量，选用优秀的供应商和保持最佳的安全储备，能够随时提供订购、验收的信息，跟踪和催促对外购或委托加工的物料，保证货物及时到达；建立供应商的档案，用最新的成本信息来调整库存的成本。

分销管理是从产品的销售计划开始，对其销售产品、销售地区、销售客户各种信息的管理和统计，并可对销售数量、金额、利润、绩效、客户服务做出全面的分析。

库存控制是用来控制存储物料的数量，以保证稳定的物流支持正常的生产，但又最小限度地占用资本。它是一种相关的、动态的、真实的库存控制系统，能够有效结合、满足相关部门的需求，随时间变化动态地调整库存，精确地反映库存现状。

2. 财务管理模块

清晰分明的财务管理是极其重要的，所以在 ERP 整个方案中，财务管理模块是不可或缺的一部分。ERP 中的财务模块与一般的财务软件不同，作为 ERP 系统中的一部分，它和系统的其他模块有相应的接口，能够相互集成。一般的 ERP 软件的财务部分分为会计核算与财务管理两大块。

会计核算主要是记录、核算、反映和分析资金在企业经济活动中的变动过程及其结果。它由总账、应收账、应付账、现金、固定资产、多币制等部分构成。

财务管理的功能主要是基于会计核算的数据，再加以分析，从而进行相应的预测、管理和控制活动。它侧重于财务计划、控制、分析和预测。

3. 生产管理模块

生产管理模块的功能自 ERP 产生起，就成为 ERP 系统的核心。它将企业的整个生产过程有机地结合在一起，使得企业能够有效地降低库存，提高效率。同时，各个原本分散的生产流程的自动连接，也使得生产流程能够前后连贯地进行，而不会出现生产脱节，耽误生产交货时间。

生产控制管理是一种以计划为导向的先进的生产、管理方法。首先，企业确定它的一个总生产计划，再经过系统层层细分后，下达到各部门去执行，即生产部门以此生产，采购部门按此采购等。

4. 人力资源管理模块

以往的 ERP 系统基本上都是以生产制造及销售过程(供应链)为中心的。因此，长期以来一直把与制造资源有关的资源作为企业的核心资源来进行管理。但近年来，企业内部的人力资源，开始越来越受到企业的关注，被视为企业的资源之本。在这种情况下，人力资源管理，作为一个独立的模块，被加入到了 ERP 系统中来，和 ERP 系统中的财务、生产系统组成了一个高效的、具有高度集成性的企业资源系统。

本章小结

物流管理信息系统是企业信息化的基础，可以帮助企业提高物流效率、降低物流成本、保障物流安全、提升物流品质。物流管理信息系统经历了 4 个阶段的发展模式，按照不同的分类方法，物流管理信息系统可以从不同的角度分类。

物流管理信息系统的开发是一个复杂的系统工程，目前常用的具体方法有结构化系统开发方法、原型法、面向对象开发方法和计算机辅助软件工程方法，这 4 种方法有各自的优缺点。采用结构化系统开发方法时，一个完整的系统开发过程一般分为 5 个阶段：系统规划、系统分析、系统设计、系统实施、系统运行维护与评价。

仓储管理信息系统、运输管理信息系统和配送管理信息系统是 3 种主要的物流业务信息系统，这些信息系统通过特定的功能模块协同完成任务，帮助实现物流业务的信息化、标准化、精确化和高效化。

企业资源计划系统是将企业所有资源进行整合集成管理，简单地说就是将企业的三大流——物流、资金流、信息流进行全面一体化管理的物流管理信息系统。

关键术语

原型法　CASE 方法　面向对象开发方法　结构化系统开发方法　物流管理信息系统　仓储管理信息系统　运输管理信息系统　配送中心　企业资源计划系统

习 题

1．选择题

(1) 利用 GPS 等现代信息技术对物流产品进行准确的跟踪和信息采集属于物流信息系统的______特征。

A．服务性 B．动态性 C．网络化 D．实时化

(2) 按系统功能的性质分类，物流管理信息系统被分成操作型系统和______。

A．面向生产企业的物流管理信息系统

B．多功能系统

C．决策型系统

D．网络系统

(3) 以下______不是物流管理信息系统的系统结构的组成部分。

A．硬件 B．人员 C．信息处理器 D．软件

(4) 目前应用最普遍最成熟的一种系统开发方法是______。

A．原型法 B．结构化系统开发方法

C．面向对象开发方法 D．CASE 方法

(5) 使用______开发的系统是在提供给用户使用的同时，根据用户的需求不断补充、修改、完善，反复循环，直至形成一个相对稳定、较为理想的系统。

A．原型法 B．结构化系统开发方法

C．面向对象开发方法 D．CASE 方法

(6) ______在实际应用时必须结合一种具体的开发方法。

A．原型法 B．结构化系统开发方法

C．面向对象开发方法 D．CASE 方法

(7) 物流管理信息系统开发的一个生命周期的 5 个阶段顺序为______。

A．系统分析→系统规划→系统设计→系统实施→系统运行维护与评价

B．系统规划→系统分析→系统设计→系统实施→系统运行维护与评价

C．系统规划→系统设计→系统分析→系统实施→系统运行维护与评价

D．系统规划→系统分析→系统实施→系统设计→系统运行维护与评价

(8) 回答新系统“如何做”的问题是在系统开发的______。

A．设计阶段 B．规划阶段 C．分析阶段 D．实施阶段

2．简答题

(1) 什么是物流管理信息系统？

(2) 简述物流管理信息系统的特征。

(3) 简述物流管理信息系统的多种分类方法。

(4) 从概念上来看，物流管理信息系统由哪几部分组成？

(5) 简述物流管理信息系统开发的生命周期。

(6) 简述结构化系统开发方法的基本思想。

(7) 简述原型法的优缺点。

(8) ERP 系统的主要功能模块有哪些？

3. 判断题

(1) 物流管理信息系统的动态性特征表示其能根据环境的变化及时进行调整，适应新变化的要求。（ ）

(2) 物流管理信息系统的系统结构仅由硬件和软件组成。（ ）

(3) 物流管理信息系统的物流业务处理层可以为顾客提供所需的网上查询和信息服务手段。（ ）

(4) 仓储管理信息系统不能提供信息咨询。（ ）

(5) 库内管理包括盘点管理、转储管理、转库管理、报废管理和退货管理。（ ）

(6) ERP 是从 MRP 发展而来的新一代集成化管理信息系统。（ ）

(7) 不管使用什么方法进行系统开发，都需要完成系统规划、系统分析、系统设计、系统实施、系统运行维护与评价 5 个阶段的工作，缺一不可。（ ）

(8) 原型法由于开发周期短、成本低、风险小的显著优点，可以取代结构化系统开发方法。（ ）

4. 思考题

(1) 运输管理信息系统如何帮助企业实现运输服务最优化和利润最大化？

(2) 怎样利用配送管理信息系统对物流进行控制？

(3) 怎样利用 ERP 系统对企业人力资源进行管理？

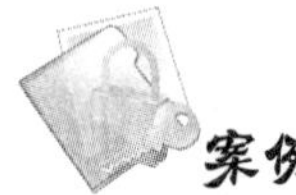

案例分析

通钢集团的 ERP 应用

通化钢铁集团股份有限公司(以下简称通钢)信息化的具体实施指挥者、网航信息技术股份有限公司(以下简称网航)总经理王树强，在 2003 年 11 月举行的金蝶技术大会上做了题为“发挥信息化优势推动国有企业创新实践”的主题演讲。在这个演讲里，王树强将通钢信息化的效益归纳成 3 个方面：管理效益、经济效益和信息化自身创效。在经济效益方面，王树强给出了这样一组数字：实现三网合一年节约资金 300 万，库存降低年节约资金 700 万，电子商务年降低成本 2 000 万，效率提高 10%，产生效益 800 万，氧气平衡系统年效益 350 万……

累计起来，信息化年均产生的直接效益超过千万，而通钢从 2000 年开始的集团信息化投资，到目前为止还不足 1 亿。把自己称为“信息化务实应用者”的通钢信息化团队，务实地为通钢创造了显著的效益。

不过这还不是通钢信息化的全部，2000 年 6 月开始集团信息化时，最主要的目的是要支撑集团管理架构、管理流程和管理模式的转变。而专家总结信息化阶段成果时认为：“通钢的信息化应用有着自己的典型特点，尤其在长材企业中，面向平衡的计划和订单处理系统解决方案、面向流程的模型构造系统 EMD、电子商务、完善的数据收集转储和应用框架等多项关键技术处于领先地位。”

同时，通钢信息化工作也受到了国家、省、市多次表彰，曾荣获 2002 年、2003 年“中国企业信息化先进单位”等荣誉称号，“构建三网合一优势，培育信息化造血机能”项目获冶金工业协会颁发的管理创新成果二等奖，多项信息化技术成果取得国家专利，交易额超过 10 亿元的电子商务应用写入中国电子商务年鉴。

经济效益是良好投资回报的证明，而信息化对集团管理框架变化的有力支持，则为通钢二次创业奠定了坚实的基础。同时，网航作为通钢控股子公司，在实施通钢信息化的过程中，培养了 150 人的信息化队伍。这支队伍，不但是通钢信息化造血机制，也是一个创收的来源。2003 年，网航产值近 1 亿元，利润 1 100 万元。在众多国有企业或深或浅地陷入“信息化泥潭”时，通钢这个“信息化务实应用者”却取得了令人瞩目的阶段成果。

通钢将信息化目标分解成 5 个方面来支持集团管理创新：第一是构建集团化财务运行体系、一级核算体系、全面预算体系，实现财务集中的目的；第二是建立以订单为主线，以计划为核心，包含上下游企业产业链的集中物流体系；第三是建立集团人力资源管理体系，将绩效考核和管理变革有机结合；第四是建立信息的集中体系，确保信息的及时准确；第五是引入商业智能，辅助进行科学决策。通钢信息化的上述目标，就是要实现财务、物流和信息的高度集中和集成。

要实现这样一个高度集成的信息化目标，对管理软件提出了很高的要求。在财务上，要满足集团作为管理中心、投资中心对分公司、子公司的管控，同时还要实现子公司的自主核算。在物流上，引进信息化系统前，通钢有超过 40 个厂单位，每个单位都有自己的仓库，管理着 15 万种的物料，信息化不但要实现对物流信息的管理，还要实现集团级物流系统的流程重组。同时，作为冶金行业，通钢的生产过程是由一系列复杂的物理化学变化组成的，带有很强的行业特点。

另外，作为集团化运用，系统的伸缩性和稳定性也是必须要考虑的问题，目前通钢已经有 1 300 个左右的信息点，按照规划，新厂区和老厂区最后有 3 000 个左右的信息点，并发使用系统的用户一定会超过 1 000 个。

但是通钢信息化并没有选择国外的产品，而是使用了通常被人误解为中小企业应用的金蝶 K/3 系统作为核心，结合实际进行了二次系统构建，形成了具有鲜明特点的全新的解决方案。目前，该主干系统已经上线，并经历了考验。

(资料来源：中国物流与采购网. http://www.chinawuliu.com.cn/xsyj/201109/23/168720.shtml.)

讨论题

(1) 通钢如何应用 ERP 系统实现了信息化目标？

(2) 简述在此案例中你得到的启示。

(3) 谈谈 ERP 系统今后发展的主要趋势。

参 考 文 献

[1] 李家齐，缪立新．现代物流信息技术[M]．北京：中国物资出版社，2008．
[2] 张磊，吴忠．物流信息技术概论[M]．北京：北京大学出版社，2011．
[3] 鲍吉龙，江锦祥．物流信息技术[M]．2 版．北京：机械工业出版社，2009．
[4] 汤齐，谢芳，王亚超．物流技术基础[M]．北京：中国铁道出版社，2008．
[5] 冯耕中．物流信息系统[M]．北京：机械工业出版社，2009．
[6] 陈鸿．现代物流管理系统架构与条码技术[M]．北京：清华大学出版社，2008．
[7] 夏火松．物流管理信息系统[M]．北京：科学出版社，2007．
[8] 林自葵．物流信息系统[M]．北京：清华大学出版社，2004．
[9] 刘浩，吴祖强．物流信息技术[M]．北京：中国商业出版社，2007．
[10] 刘单忠，王昌盛，张玲新．物流信息技术[M]．上海：上海交通大学出版社，2007．
[11] 李素彩．物流信息技术[M]．北京：高等教育出版社，2005．
[12] 孙丽芳．物流信息技术与信息系统[M]．北京：电子工业出版社，2004．
[13] 阎子刚．物流信息技术[M]．北京：高等教育出版社，2003．
[14] 陈建飞．地理信息系统导论[M]．北京：科学出版社，2003．
[15] 黄杏元．地理信息系统概论(修订版) [M]．北京：高等教育出版社，2004．
[16] 邬伦．地理信息系统原理、方法和应用[M]．北京：科学出版社，2001．
[17] 吴信才．地理信息系统原理与方法[M]．北京：电子工业出版社，2002．
[18] 郭仁忠．空间分析[M]．北京：高等教育出版社，2001．
[19] 陆守一，唐小明．地理信息系统实用教程[M]．北京：中国林业出版社，1998．
[20] 郝向阳．地图信息识别与提取技术[M]．北京：测绘出版社，2000．
[21] 赵东明，刘刚，张岳．数据组织与管理[M]．成都：电子科技大学出版社，1999．
[22] 欧阳文霞．物流信息技术[M]．北京：人民交通出版社，2001．
[23] 方轮．物流信息技术与应用[M]．广州：华南理工大学出版社，2006．
[24] 何阿毡．物流信息技术[M]．北京：知识产权出版社，2006．
[25] 李春满．GIS 设计与实现[M]．北京：科学出版社，2003．
[26] 倪志伟．现代物流技术[M]．北京：中国物资出版社，2006．
[27] 游战清，李苏剑．无线射频技术理论与应用[M]．北京：电子工业出版社，2004．
[28] 周全申．现代物流技术与装备[M]．2 版．北京：中国物资出版社，2007．
[29] 邵举平．物流管理信息系统[M]．北京：北京交通大学出版社，2005．
[30] 蔡淑琴，夏火松．物流信息与信息系统[M]．北京：电子工业出版社，2005．
[31] 曾传华．物流管理与信息系统[M]．北京：清华大学出版社，2007．
[32] 冯耕中．物流管理信息系统及其实例[M]．西安：西安交通大学出版社，2003．
[33] 邓爱民，张国方．物流工程[M]．北京：机械工业出版社，2002．
[34] 崔炳谋．物流信息技术与应用[M]．北京：清华大学出版社，2005．
[35] 张予川．物流信息系统[M]．北京：化学工业出版社，2005．
[36] 卞文良．物流信息网络：构建与运作[M]．北京：社会科学文献出版社，2008．
[37] 许良．物流信息技术[M]．上海：立信会计出版社，2007．
[38] 牛鱼龙．世界物流经典案例[M]．深圳：海天出版社，2003．
[39] 周跃进，陈国华．物流网络规划[M]．北京：清华大学出版社，2008．
[40] 谢希仁．计算机网络[M]．5 版．北京：电子工业出版社，2008．
[41] 申金升，卫振林．现代物流信息化及其实施[M]．北京：电子工业出版社，2006．

[42] 陈向阳，肖迎元．网络工程规划与设计[M]．北京：清华大学出版社，2007.
[43] 周城．物流信息化解决方案[M]．成都：四川人民出版社，2002.
[44] 王达．网管员必读：网络组建[M]．北京：电子工业出版社，2006.
[45] 宋方凳．现代物流案例教学与实例[M]．北京：中国物资出版社，2007.
[46] 车丽娜．口岸公共物流信息平台建设规划[D]．上海：上海交通大学，2007.
[47] 邓少灵．口岸物流信息平台[M]．北京：人民交通出版社，2007.
[48] 章学拯．电子商务与物流信息化技术应用[M]．北京：中国商务出版社，2007.
[49] 朱宏辉．物流自动化系统设计及应用[M]．北京：化学工业出版社，2005.
[50] 张铎，周建勤．电子商务物流管理[M]．北京：高等教育出版社，2002.
[51] 饶元，陆淑敏，杨宝刚．面向价值链的 RFID 体系架构与企业应用[M]．北京：科学出版社，2007.
[52] 王道平，杨建华．供应链物流信息系统[M]．北京：电子工业出版社，2008.
[53] 高明波．物流管理信息系统[M]．北京：对外经济贸易大学出版社，2008.
[54] 夏丽华，等．物流管理信息系统[M]．广州：华南理工大学出版社，2005.
[55] 刘小卉．物流管理信息系统[M]．上海：复旦大学出版社，2006.
[56] 王晓平．物流信息技术[M]．北京：清华大学出版社，2011.
[57] 李贞．物流信息技术与应用[M]．北京：航空工业出版社，2011.
[58] 陈文．物流信息技术[M]．北京：北京理工大学出版社，2011.
[59] 路军，王立颖．物流信息系统[M]．北京：国防工业出版社，2010.
[60] 彭扬，傅培华，陈杰．信息技术与物流管理[M]．北京：中国物资出版社，2009.
[61] 李向文．物流实用信息技术[M]．北京：中国物资出版社，2010.
[62] 王汝林．物联网基础及应用[M]．北京：清华大学出版社，2011.
[63] 王晓丽．物流信息管理[M]．北京：中国物资出版社，2011.
[64] 刘纪红．物联网技术及应用[M]．北京：国防工业出版社，2011.
[65] 袁博，邵进达．地理信息系统基础与实践[M]．北京：国防工业出版社，2006.
[66] 王丽亚．物流信息系统与应用案例[M]．北京：科学出版社，2007.
[67] 郑贵洲，胡家赋，晁怡．地理信息系统分析与实践教程[M]．北京：电子工业出版社，2012.
[68] 秦天保．现代物流信息系统：技术、应用与建设[M]．上海：上海交通大学出版社，2010.
[69] 董秀科．物流信息系统[M]．北京：冶金工业出版社，2008.
[70] 田景熙．物联网概论[M]．南京：东南大学出版社，2010.
[71] 刘云浩．物联网导论[M]．北京：科学出版社，2010.

21世纪全国高等院校物流专业创新型应用人才培养规划教材

序号	书　名	书　号	编著者	定价	序号	书　名	书　号	编著者	定价
1	物流工程	7-301-15045-0	林丽华	30.00	33	供应链管理	7-301-19734-9	刘永胜	49.00
2	现代物流决策技术	7-301-15868-5	王道平	30.00	34	逆向物流	7-301-19809-4	甘卫华	33.00
3	物流管理信息系统	7-301-16564-5	杜彦华	33.00	35	供应链设计理论与方法	7-301-20018-6	王道平	32.00
4	物流信息管理	7-301-16699-4	王汉新	38.00	36	物流管理概论	7-301-20095-7	李传荣	44.00
5	现代物流学	7-301-16662-8	吴　健	42.00	37	供应链管理	7-301-20094-0	高举红	38.00
6	物流英语	7-301-16807-3	阚功俭	28.00	38	企业物流管理	7-301-20818-2	孔继利	45.00
7	第三方物流	7-301-16663-5	张旭辉	35.00	39	物流项目管理	7-301-20851-9	王道平	30.00
8	物流运作管理	7-301-16913-1	董千里	28.00	40	供应链管理	7-301-20901-1	王道平	35.00
9	采购管理与库存控制	7-301-16921-6	张　浩	30.00	41	现代仓储管理与实务	7-301-21043-7	周兴建	45.00
10	物流管理基础	7-301-16906-3	李蔚田	36.00	42	物流学概论	7-301-21098-7	李　创	44.00
11	供应链管理	7-301-16714-4	曹翠珍	40.00	43	航空物流管理	7-301-21118-2	刘元洪	32.00
12	物流技术装备	7-301-16808-0	于　英	38.00	44	物流管理实验教程	7-301-21094-9	李晓龙	25.00
13	现代物流信息技术(第2版)	7-301-23848-6	王道平	35.00	45	物流系统仿真案例	7-301-21072-7	赵　宁	25.00
14	现代物流仿真技术	7-301-17571-2	王道平	34.00	46	物流与供应链金融	7-301-21135-9	李向文	30.00
15	物流信息系统应用实例教程	7-301-17581-1	徐　琪	32.00	47	物流信息系统	7-301-20989-9	王道平	28.00
16	物流项目招投标管理	7-301-17615-3	孟祥茹	30.00	48	物料学	7-301-17476-0	肖生苓	44.00
17	物流运筹学实用教程	7-301-17610-8	赵丽君	33.00	49	智能物流	7-301-22036-8	李蔚田	45.00
18	现代物流基础	7-301-17611-5	王　侃	37.00	50	物流项目管理	7-301-21676-7	张旭辉	38.00
19	现代企业物流管理实用教程	7-301-17612-2	乔志强	40.00	51	新物流概论	7-301-22114-3	李向文	34.00
20	现代物流管理学	7-301-17672-6	丁小龙	42.00	52	物流决策技术	7-301-21965-2	王道平	38.00
21	物流运筹学	7-301-17674-0	郝　海	36.00	53	物流系统优化建模与求解	7-301-22115-0	李向文	32.00
22	供应链库存管理与控制	7-301-17929-1	王道平	28.00	54	集装箱运输实务	7-301-16644-4	孙家庆	34.00
23	物流信息系统	7-301-18500-1	修桂华	32.00	55	库存管理	7-301-22389-5	张旭凤	25.00
24	城市物流	7-301-18523-0	张　潜	24.00	56	运输组织学	7-301-22744-2	王小霞	30.00
25	营销物流管理	7-301-18658-9	李学工	45.00	57	物流金融	7-301-22699-5	李蔚田	39.00
26	物流信息技术概论	7-301-18670-1	张　磊	28.00	58	物流系统集成技术	7-301-22800-5	杜彦华	40.00
27	物流配送中心运作管理	7-301-18671-8	陈　虎	40.00	59	商品学	7-301-23067-1	王海刚	30.00
28	物流项目管理	7-301-18801-9	周晓晔	35.00	60	项目采购管理	7-301-23100-5	杨　丽	38.00
29	物流工程与管理	7-301-18960-3	高举红	39.00	61	电子商务与现代物流	7-301-23356-6	吴　健	48.00
30	交通运输工程学	7-301-19405-8	于　英	43.00	62	国际海上运输	7-301-23486-0	张良卫	45.00
31	国际物流管理	7-301-19431-7	柴庆春	40.00	63	物流配送中心规划与设计	7-301-23847-9	孔继利	49.00
32	商品检验与质量认证	7-301-10563-4	陈红丽	32.00	64	运输组织学	7-301-23885-1	孟祥茹	48.00